"十二五"普通高等教育本科国家级规划教材

U0647881

INTERNATIONAL LOGISTICS (3rd edition)

国际物流

（第三版）

主　编 ◎ 王任祥
副主编 ◎ 罗兴武　张宝友　李肖钢
主　审 ◎ 张良卫

ZHEJIANG UNIVERSITY PRESS
浙江大学出版社

图书在版编目（CIP）数据

国际物流 / 王任祥主编. —3 版. —杭州：浙江
大学出版社，2021.6（2024.2 重印）
ISBN 978-7-308-21321-9

Ⅰ.①国… Ⅱ.①王… Ⅲ.①国际物流 Ⅳ.
①F259.1

中国版本图书馆 CIP 数据核字（2021）第 082457 号

国际物流（第三版）

主　　编　王任祥
副主编　罗兴武　张宝友　李肖钢

责任编辑　吴昌雷　黄兆宁
责任校对　陈　欣
封面设计　春天书装
出版发行　浙江大学出版社
　　　　　（杭州天目山路 148 号　邮政编码 310007）
　　　　　（网址：http://www.zjupress.com）
排　　版　杭州青翊图文设计有限公司
印　　刷　杭州钱江彩色印务有限公司
开　　本　787mm×1092mm　1/16
印　　张　19.5
字　　数　439 千
版 印 次　2021 年 6 月第 3 版　2024 年 2 月第 2 次印刷
书　　号　ISBN 978-7-308-21321-9
定　　价　58.00 元

高等院校物流管理与物流工程专业系列教材

审稿专家委员会名单

（以姓氏笔画为序）

前 言

众所周知,全球经济一体化和供应链化的趋势不断增强,各国在国际供应链上形成的合作交往日益密切。相互联系、相互依赖、共同发展是当今世界经济发展的主要特征。这一特征使得现代企业打破原有的国家及地域的局限,在全球范围内配置资源,开展经营活动,使企业的产品和服务跻身全球流通市场。这就是国际物流蓬勃发展的动因。国际物流是国内物流的延伸,是国际贸易的必然组成部分,各国(地区)之间的贸易最终都需要通过国际物流来加以实现。近年来,我国特别是沿海地区物流国际化趋势明显,国际货物运输、国际货运代理、国际化采购和生产等国际物流业务快速增长,成为我国对外开放的保障和经济增长支柱。

国际物流运作的环境远比国内物流复杂,在不同的国家和地区之间,物流活动距离更长,单证更复杂,在产品和服务上顾客需求变化也更多样,各种文化和法规的差异也更大。国际物流运作的复杂性,使得物流管理难度加大。为了保障我国全球经济活动的顺利运转,需要一大批专业化物流管理和实际运作的人才。本教材是由浙江大学出版社组织发起编写的高等院校物流管理与物流工程专业系列教材之一。教材以党的二十大精神为指导,贯彻新时代中国特色社会主义思想,落实立德树人根本任务,实施"为党育人、为国育才"的人才战略,并针对新时期我国对外开放和中国式现代化建设对高等国际物流人才的要求,进行了修订和再版。教材以国际物流运作及管理实务为主要内容进行阐述,注重实用性,适应以高等本科教育为主的教学要求,可作为各类大专院校物流管理专业和外贸相关专业本科教学用书,亦可作为各类物流行业管理人员和从业人员培训教材或参考书。

全书共5篇16章,基本涵盖了国际物流运作环节的业务知识。第一篇国际物流导论,主要介绍国际物流系统构成和运作环节,国际物流与国际贸易的关系;第二篇国际货物运输,阐述了国际海上、国际航空、国际陆上和国际多式联运的主要货物运输业务及国际货运保险知识;第三篇国际货运代理实务,重点阐述了国际海运、航空货运代理业务知识及作为代理人处理货运事故的业务知识;第四篇国际货物进出境运作实务,主要阐述了国际货物通关、检验的业务知识与流程,以及保税物流运作的相关知识内容;第五篇国际物流管理,主要介绍国际物流组织管理和国际物流信息与标准化知识及其发展趋势。在编写过程中业务知识与内容力求紧跟国际物流的实际操作和发展趋势。

该教材第一版、第二版出版以来,得到了全国众多院校的认可和专家教授们的肯定,本教材(第二版)2012年入选教育部首批"十二五"普通高等教育本科国家级规划教材,2017年被评为浙江省普通高校"十二五"优秀教材。第三版对教材进行了全面修订,更新了前版一些陈旧的内容及数据,增补了一些新的业务知识,重点对第12章、第13章和第

14 章,有关货物报关、检验和保税物流等业务知识进行了多处更新或重新编写,力求使教材内容与时俱进。

本教材由宁波工程学院王任祥教授担任主编,浙江财经大学、中国计量学院、浙江万里学院等学校的老师参加了编写工作。其中王任祥编写和修订第一篇、第二篇、第三篇和第五篇内容;罗兴武编写和修订第四篇主要内容;张宝友编写原第五篇的第十六章和参编其他部分章节内容;李肖钢编写原第四篇第十四章。上海海事大学王学锋教授及浙江大学、宁波大学、浙江工商大学、浙江工业大学(恕未全部列出)等来自浙江省多所高校的教授参加了前版教材编写的研讨工作。广东外语外贸大学张良卫教授对书稿提出了诚恳及有价值的修订意见,同时,成书过程凝聚了浙江大学出版社编辑的汗水和心血,在此表示衷心的感谢。

本书作者力求向读者介绍最新的国际物流业务知识,在编写过程中参考了有关的著作,谨对这些文献的专家学者表示诚挚的谢意!

限于编者水平,书中疏漏之处在所难免,恳请专家和读者多多赐教。

编者

2021 年 3 月

目 录

第一篇　国际物流导论

第二篇 国际货物运输

第四篇　国际货物进出境运作实务

第一篇

国际物流导论

第 1 章

国际物流概述

⇨ 本章要点

    国际物流是国与国之间的物流活动,它是一个复杂的物流运作系统,是国际贸易的具体实现途径和方式。本章对国际物流系统及业务范围做了概述,主要包括国际物流的含义及特点、国际物流系统构成、国际物流运作的主要业务活动与主要环节、物流的供应链化发展趋势等内容。

1.1 国际物流的含义及特点

1.1.1 国际物流的含义

    假如你是世界上最大的跨国公司之一——福特汽车公司的一名雇员,负责其物流业务(物流经理),那么管理物流意味着什么呢?首先,福特汽车公司要从分布在世界各地的供应商那里获取零部件,而后配送给分布在世界各地的工厂来组装成汽车,最后销往各地。福特汽车公司制造几十种车型,包括轿车、货车、搬运车以及其他机动车,每种车型需要数千个零部件,这些零部件来自不同的国家和地区。因此,公司必须有物流部门,且必须有专人负责,以便使这些零部件或成品车能在规定的时间到达规定的地方。

    从福特汽车公司的例子中可以看出,物流工作不仅重要,而且复杂。物流管理工作需要完成物品在世界不同国家之间的流动,实现全球供应链管理。这就产生了国际物流业务。

    国际物流(international logistics)是指货物(包括原材料、半成品和制成品)及物品(包括邮品、展品、捐赠物资等)在不同国家(地区)间流动或转移。对此而言,广义的理解是货物在国家(地区)间的实体移动。狭义的理解仅是一国(地区)与另一国(地区)开展的与国际贸易相关的物流活动,如货物集运、分拨配送、货物包装、货物运输、申领许可文件、仓储、装卸、流通中的加工、报关、国际货运保险、单据制作等。

国际物流是不同国家（地区）之间的物流活动，当某国（地区）的一家企业出口其生产或制造的产品给另一个国家（地区）的客户或消费者时，或者当该企业作为进口商从另一国（地区）进口生产所需要的某种原材料、零部件或消耗品时，为了消除生产者和消费者之间的时间和空间上的距离，货物从卖方处所物理性地移动至买方处所，并最终实现货物所有权的跨国（地区）转移，即产生国际物流的一系列活动。有人将此简单地划分为出口物流和进口物流。

国际物流是国内物流的延伸，是国际贸易的必然组成部分，各国（地区）之间的贸易最终都需要通过国际物流来加以实现。随着全球经济一体化的趋势不断增强，各国（地区）在国际分工基础上形成的合作交往日益密切。相互联系、相互依赖、共同发展是当今世界经济发展的主要特征。所有国家（地区）都必须遵守这一发展规律，参与国际分工，提升本国（地区）的未来国际竞争能力，发展世界经济。国（地区）与国（地区）之间合作与交流的日益繁荣，促进了国际贸易的发展，加快了货物及物品在国家（地区）间的流动和转移，这需要有高效的国际物流系统加以支持。因此，国际分工的细化以及国际贸易的增长带动和促进了国际物流的发展。

1.1.2 国际物流的特点

1. 国际物流的经营环境存在着较大的差异

国际物流的一个显著的特点就是各国的物流环境存在着较大的差异。除了生产力及科学技术发展水平、既定的物流基础设施各不相同外，各国文化历史、风俗人文以及政府管理物流适用的法律等物流软环境的差异尤其突出，因此，国际物流的复杂性远远高于一国的国内物流。例如，语言的差异会增加物流的复杂性，从地域面积上看，西欧比美国小得多，但由于它使用多国语言，有德语、英语、法语等，因此企业往往需要更多的存货来支持其市场营销活动，因为每一种语言都需要相应的存货。再比如，作为一种研究领域和专业，不同的国家对物流会有不同的观点。在法国人的眼里，物流就像是运营，因此运营管理和物流管理没有多大的差别。虽然俄罗斯的公司早有与物流相关的工作，但在这一领域的研究水平一直以来没什么提高，各大高校也很少对此进行专门研究。而在日本，物流已经被视为经济发展的一个重要因素。

2. 国际物流的系统广泛、风险性高

物流本身就是一个复杂的系统工程，而国际物流在此基础上增加了不同国家（地区）的要素，这不仅仅是地域和空间的简单扩大，也涉及更多的内外因素，增加了国际物流的风险。例如，运输距离的增加，不仅延长了运输时间，还增加了货物中途运转装卸的次数，使国际物流中货物灭失及短缺的风险增大；企业资信汇率的变化使国际物流经营者面临更多的信用及金融风险；而不同国家之间政治经济环境的差异可能使企业跨国开展国际物流遭遇国家风险。

3. 国际物流运输的主要方式具有复杂性

在国内物流中，由于运输线路相对比较短，运输频率较高，主要的运输方式是铁路运输和公路运输,而在国际物流中,由于货物运送线路长、环节多、气候条件复杂,对货物运输途中的保管、存放要求高,因此海洋运输、航空运输尤其是国际多式联运是其主要运输方式,具有一定的复杂性。如其中的国际多式联运是由一个联运经营人使用一份多式联运的合同将至少两种不同的运输方式连接起来进行国家(地区)间的货物转移。

4. 国际物流必须依靠国际化信息系统的支持

国际物流的发展依赖于高效的国际化信息系统的支持,由于参与国际运作的物流服务企业及政府管理部门众多,如货运代理企业、报关行、对外贸易公司、海关、商检机构等,国际物流的信息系统更为复杂,国际物流企业不仅要制作大量的单证而且要确保其在特定的渠道内准确地传递,因此耗费的成本和时间巨大。目前,在国际物流领域,EDI(Electronic Data Interchange,电子数据交换)得到了较广泛的应用,它极大地提高了国际物流参与者之间的信息传输速度和准确性。但是由于各国物流信息水平的不均衡以及技术系统的不统一,在一定程度上阻碍了国际信息系统的建立和发展。

5. 国际物流的标准化要求较高

国际物流除了国际化信息系统支持外,统一也是一个非常重要的手段,这有助于国家间物流的畅通运行。国际物流是国际贸易的衍生物,它是伴随着国际贸易的发展而产生并发展起来的,是国际贸易得以顺利实现的必要条件。如果贸易密切的国家之间在物流基础设施、信息处理系统乃至物流技术方面不能形成相对统一标准,那么就会造成国际物流资源的浪费和成本的增加,最终影响产品在国际市场上的竞争能力,而且国际物流水平也难以提高。目前,美国、欧洲基本实现了物流工具、设施的统一标准,如托盘统一采用 1000mm×1200mm 的标准,集装箱统一几种规格及互认的条码技术(barcode)等。

1.1.3 国际物流的产生和发展

国际物流是伴随着国际贸易的发展而发展的,是国际贸易的具体实现途径和方式。在买卖双方达成国际货物买卖合同之后,如何在一定成本条件下,使合同规定的货物按质、按量,准时而无差错地从卖方处所转移到买方处所或其指定地点,也就成为国际物流的核心业务内容。国际物流的有效运作不仅能够提升一国产品在国际市场上的竞争能力,促进一国对外贸易的发展,而且能够起到有效满足国内消费需要的作用。在第二次世界大战之前,国际贸易在概念和运作方法上都是较为简单的,发达国家从发展中国家以低价采购大量原材料,而以高价向发展中国家销售制成品,双方之间的贸易极为不平等。第二次世界大战以后,随着跨国投资的兴起,发展中国家生产力水平提高,发达国家与发展中国家之间的贸易以及跨国生产企业内部的国际贸易发展迅速,国际贸易总量以及运作水平都有了新的变化。为了适应这一变化,国际物流逐渐在数量、规模以及技术能力上有了长足的发展。

国际物流在第二次世界大战后的发展经历了以下几个阶段。

第一阶段(20世纪50年代),国际物流发展的准备阶段。第二次世界大战结束后,在世界银行、国际货币基金组织等国际经济组织的推动下,国际经济交往越来越多。在这种新的形势下,原有的仅满足运送必要货物的运输观念已不能适应新的要求,系统物流开始进入国际领域。

第二阶段(20世纪60年代),国际物流设备、工具大型化阶段。随着国际贸易额的增长,60年代开始形成了国际大规模物流,在物流技术上出现了许多大型物流工具,如20万吨级油轮、10万吨的矿石船等。

第三阶段(20世纪70年代),国际货物包装集装箱化,集装箱船、集装箱港口快速发展阶段。不仅国际物流在数量上进一步发展,船舶大型化趋势进一步加强,同时也有了提高物流服务水平的要求。国际集装箱船的大发展满足了难度最大的中、小件杂货的物流要求,国际各主要航线的定期班轮都投入了集装箱船,使散杂货物流水平迅速提高,同时这一时期也出现了物流服务水平更高的国际联运。

第四阶段(20世纪80年代),国际货物多式联运、自动化搬运、装卸技术发展阶段。物流的机械化、自动化水平不断提高,同时,随着人们需求和观念的变化,国际物流面对"小批量、高频率、多品种"的物流要求,出现了许多新的物流技术方法,如自动化搬运、装卸技术等。在集装箱运输基础上,国际多式联运得到了较大发展。

第五阶段(20世纪90年代至2000年),国际物流信息化时代。由于互联网、条码及卫星定位通信技术的发展,这些高新技术在国际物流中的应用越来越普及,极大地提高了物流信息化和物流服务水平,国际物流进入了一个高度发展的时代。

第六阶段(2001年至今),数字化、可视化和人工智能等开始逐步应用于国际物流管理,更进一步提升了这一时代特征。

1.1.4 国际物流的基本分类

根据不同的标准,国际物流主要可以分为以下几种类型。

1. 进口物流和出口物流

按照货物流向进行划分,可分为进口物流和出口物流。凡存在于进口业务中的国际物流行为,被称为"进口物流";而存在于出口业务中的国际物流行为,被称为"出口物流"。鉴于各国的经济政策、管理制度、外贸体制的不同,反映在国际物流中的具体表现既有交叉,又有类型的不同,因此须加以区别。

2. 国家间物流和经济区域间物流

依照不同国家所规定的关税区域予以区别,可分为国家间物流与经济区域间物流。这两种类型的物流,在形式和具体环节上存在着较大差异。如欧共体区域间物流、欧共体与其他国家、欧共体与其他区域间物流的差异现象,自由贸易区(或保税区)之间、自由贸易区(或保税区)与非自由贸易区(或保税区)之间物流的差异现象。

3. 国际商品物流及其他物品的物流

根据国家进行货物传递和流动的方式,国际物流又分为国际商品物流、国际军火物流、国际邮品物流、国际援助和救助物资物流等。

围绕国际物流活动而涉及国际物流业务的企业,包括经营国际货运代理、国际船舶代理、国际物流公司、国际配送中心、国际运输及仓储、报关行等业务的具体企业。

1.2 国际物流系统

1.2.1 国际物流系统组成

国际物流系统是由商品的包装、储存、装卸、运输、报关、流通加工和其前后的整理、再包装以及国际配送与信息化等子系统组成的。运输和储存子系统不仅是物流系统的主要组成部分,也是国际物流系统的主要组成部分。国际物流通过物品的储存和运输,实现其自身的时间和空间效益,满足国际贸易活动和跨国公司经营的要求。同时信息化子系统为整个国际物流系统的运营提供基础。

1.运输子系统

国际货物运输是国际物流系统的核心子系统,其作用是通过物品的空间移动而实现其使用价值。国际物流系统依靠运输作业克服物品在不同国家(或不同地区)的生产地点和需要地点间的空间距离,创造空间效益。物品通过国际货物运输作业由供方转移给需方。国际货物运输具有线路长、环节多、涉及面广、手续繁杂、风险性大、时间性强等特点。国际运输费用在国际物品价格中有时会占有很大的比重。国际运输管理主要考虑运输方式的选择、运输路线的选择、承运人的选择、运输费用的节约、运输单据的处理以及货物保险等方面的问题。

国际货物运输还具有内外运输的两段性和联合运输的特点。所谓内外运输的两段性,是指运输的国内运输段(包括进、出口国内)和国际运输段。

(1)国内运输段

出口货物的国内运输,是指出口商品由生产地或供货地运到出运港(站、机场)的国内运输,是国际物流中不可缺少的重要环节。离开国内运输,出口货源就无法从生产地或供货地集运到港口、车站或机场,也就不会有国际运输段。出口货物的国内运输工作涉及面广,环节多,要求各方面协同努力组织好运输工作,摸清货源、产品包装、加工短途集运、国外到证、船期安排和铁路运输配车等各个环节的情况,做到心中有数,力求搞好车、船、货、港(主要指港口泊位)的有机衔接,确保出口货物运输任务的顺利完成,减少压港、压站等物流不畅的局面。国内运输段的主要工作分发运前的准备工作、发运、装车和装车后的善后工作等几个步骤。

(2)国际运输段

国际运输段是整个国际货物运输的重要一环,它是国内运输的延伸和扩展,同时又是衔接出口国和进口国货物运输的桥梁和纽带,是国际物流畅通的重要环节。国际运输段,主要是指被集运到港(站、场)后的出口货物可以直接装船发运,有的则需要暂进港口仓库储存一段时间,等待有泊位、有船后再出仓装船外运。国际段运输可以采用由出口国装运港直接到进口国目的港卸货的方式,也可以采用中转经过转运点,再运达目的港的方式。运达目的港的货物,一部分可以就在到达港直接分拨出去,送达最终用户,另一部分则需要先送达相关的供应部门,再分运给用户。不论是国际转运还是国内拨交分运,均有相应的仓储设施,以备临时存放中转。

(3)国际货物运输发展的条件

国际货物运输业将随着科技革命的浪潮迅速发展。大宗货物散装化、杂件货物集装箱化已经成为运输业技术革命的重要标志。现代物流业的迅速发展无不与运输业的技术革命相关联。如现代运输中,特别是联合运输和大陆桥运输的重要媒体——集装箱的发展更是令人震惊。这种大规模国际货运业的发展也促进了国际物流业的发展,两者是相辅相成的。

与运输发展息息相关的运输设施的现代化对国际物流和国际贸易的发展起着重大的推进作用,是两者发展的前提。必须超前发展运输设施才能适应国际贸易和国际物流的发展。西方发达国家在国际贸易中处于有利的领先地位,这与其物流运输业的现代化条件是分不开的。

2. 储存子系统

物品的储存会使物品在流通过程中处于一种或长或短的相对停滞状态,有人称储存为运输中的"零速度运输"。即使是在"零库存"的概念下,国际物流中物品的储存也是完全必要的,因为国际物品的流通是一个由分散到集中,再由集中到分散的源源不断的流通过程。例如,国际贸易或跨国经营中的物品从生产厂商或供应部门被集中运送到装运港口,通常需临时存放一段时间,再装运出口,这就是一个集和散的过程。它主要是在各国的保税区和保税仓库中进行的,因此会涉及各国保税制度和保税仓库建设等方面的问题。

从现代物流的理念来看,在国际物流中,应尽量减少储存时间、储存数量,加速物品的周转,实现国际物流的高效率运转。由于储存保管可以克服物品在时间上的差异,所以能够创造时间效益。

3. 检验子系统

国际物流中的物品是国际贸易交易的货物或跨国经营的商品,具有投资大、风险高、周期长等特点。商品检验可以促进销售、维护产品质量和提高国际物流效率,这就使商品检验成为国际物流系统中一个重要的子系统。通过商品检验,双方可以确定交货品质、数量和包装等条件是否符合合同规定,如发现问题,可分清责任。在国际货物买卖合同中,一般都订有商品检验条款,主要包括检验时间与地点、检验机构与检验证明、检验标准与检验方法等内容。

4. 通关子系统

国际物流的一个重要特点就是跨越关境。由于各国海关的规定并不完全相同,所以,对国际货物的流通而言,各国的海关可能会成为国际物流中的"瓶颈"。要消除这一瓶颈,就要求物流经营人熟知有关各国的通关制度,在适应各国的通关制度的前提下,建立安全有效的快速通关系统,保证货畅其流。我国的海关和检验检疫等口岸机构为进出境的货物制定了有关监管规定和程序,以促进我国对外贸易的发展,并为办理有关手续提供方便。

5. 装卸搬运子系统

国际物流运输、储存等作业离不开装卸搬运,因此,国际物流系统中的又一重要子系统是装卸搬运子系统。它是短距离的物品搬移,是储存和运输作业的纽带和桥梁。它也能提供空间效益。高效率地完成物品的装卸搬运,可使国际物流节点更好地发挥作用。同时,节省装卸搬运费用也是降低物流成本的重要途径之一。

6.信息子系统

国际物流信息子系统的主要功能是采集、处理和传递国际物流的信息情报。在现代物流的背景环境下,如果没有功能完善的信息系统,国际贸易和跨国经营就会寸步难行。国际物流信息的主要内容包括进出口单证的作业过程、支付方式信息、客户资料信息、市场行情信息、供求信息以及物品在国际物流环节中的位置和状况等。国际物流信息系统的特点是信息量大、交换频繁,传递量大、时间性强,环节多、点多、线长。所以,应该建立技术先进的国际物流信息系统。国际贸易中 EDI 的发展是一个重要趋势,互联网的发展也为国际物流信息系统的完善提供了条件。

国际物流系统中的上述主要子系统应该与配送子系统、包装子系统以及流通加工子系统等有机联系起来,统筹考虑,全面规划,这样才能建立适应国际竞争要求的国际物流系统。

1.2.2 国际物流系统网络

1.国际物流系统网络的概念

国际物流系统网络,是由多个收发货的"节点"和它们之间的"连线"所构成的物流抽象网络,以及与之相伴随的信息流动网络的集合。所谓"收发货节点",是指进出口过程中所涉及的国内外的各层储货仓库、站场,如生产厂商仓库、中间商仓库、货运代理人仓库、口岸仓库、各类物流中心、保税区仓库等。节点内商品的收发、储运是依靠运输连线和物流信息的沟通、协调来完成的。在节点内,除可以实现收发和储存保管功能外,还可以实现包装、流通加工、装卸等功能。

"连线"是指连接上述国内众多收发货节点的运输连线,如各条海运航线、铁路线、飞机航线以及海、陆、空联合运输线路。这些网络连线代表库存货物的移动,即运输的路线与过程。每一对节点有许多连线以表示不同路线、不同产品的各种运输服务;各节点表示存货流动的暂时停滞,其目的是更有效地移动(收或发);信息流动网的连线通常包括国内外的邮件,或某些电子媒介(如电话、电传、电报、EDI 等),其信息网络的节点则是各种物流信息汇集及处理点,如员工处理国际订货单据、编制大量出口单证或准备运输单证或电脑对最新库存量的记录;物流网与信息网并非独立,它们之间的关系是密切相关的。国际物流系统网络如图 1-1 所示。

2.国际物流系统网络在国际贸易中的作用

国际物流系统网络在国际贸易中的作用包括:

①国际物流系统网络研究的中心问题是确定进出口货源点(或货源基地)和消费者的位置,各层级仓库及中间商批发点(零售点)的位置、规模和数量。这一中心问题将决定国际物流系统的布局是否合理化。

②国际物流系统网络的合理布局,决定了国际物流流动的方向、结构和规模,即决定

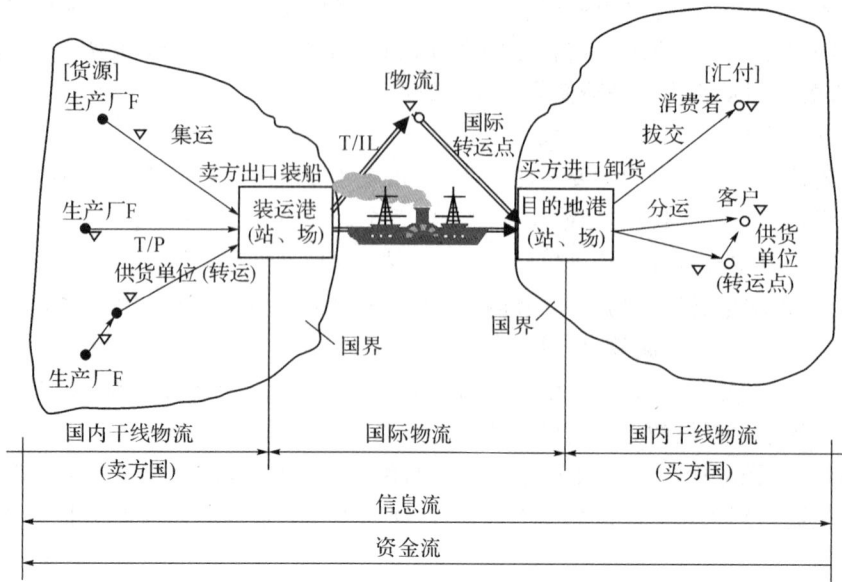

F—生产厂;T—运输;P—分销物流;IL—国际物流

▽—仓储;⇒—国际运输段;→—国内运输段

图 1-1 国际物流系统网络

了国际贸易的贸易量、贸易流程及由此而引起的物流费用和经济效益。

③合理布局国际物流系统网络,为扩大国际贸易、占领国际市场、加速商品的国际流通提供了有效及切实可行的途径。

3.建立国际物流系统网络应注意的问题

建立国际物流系统网络应注意的问题包括:

①要以国家宏观贸易总体规划为前提,以区域内海运港口和航空港为核心节点,充分考虑与国际枢纽港口和国际海运(航空)等干线衔接,紧密围绕商品交易计划来规划和确定网络内建库数目、地点及规模。

②明确各级仓库的供应范围、层次关系及供应或收购数量,注意各级仓库间的有机衔接,以保证国内外物流的畅通,同时避免仓库的重复设置。

③国际物流系统网络的规划要考虑现代物流技术的发展以及经济结构的调整,留有一定的发展空间。

4.国际物流合理化措施

国际物流合理化措施包括:

①合理选择和布局国内外物流网点,扩大国际贸易的范围、规模,以达到费用省、服务好、信誉高、效益高、创汇好的物流总体目标。

②采用先进的运输方式、运输工具和运输设施,加速进出口货物的流转。充分利用海运、多式联运方式,不断扩大集装箱运输和大陆桥运输的规模,增加物流量,扩大进出口贸易量和贸易额。

③缩短进出口商品的在途积压,它包括进货在途(如进货、到货的待验和待进等)、销

售在途(如销售待运、进出口口岸待运)、结算在途(如托收承付中的拖延等),以节约时间,加速商品的资金的周转。

④加快进出境通关工作,实现信息电子化。

⑤改进运输路线,减少相向、迂回运输。

⑥改进包装,增加技术装载量,多装载货物,减少损耗。

⑦改进港口装卸作业,有条件时要扩建港口设施,合理利用泊位与船舶的停靠时间,尽量减少港口杂费,吸引更多的买卖双方入港。改进海运配载,避免空仓或船货不相适应的状况。

⑧国内物流运输段,在出口时,有条件时要尽量做到就地、就近收购,就地加工,就地包装,就地检验,直接出口,即"四就一直"的物流策略,等等。

1.2.3 国际物流运输线路

国际物流流动的路径即是国际化运输线路。随着国际物流的发展,我国已形成国际化运输线路网络,包括国际远洋航线及海上通道、航空网线、公路网线和铁路网线等。这是我国国际物流实现的基础设施。

1. 国际远洋航线及海上通道

(1) 海洋、运河和海峡

1)海洋通道

地球上四大海洋连接着世界各国之间的贸易,其中太平洋、大西洋和印度洋三大洋是国际物流主要的通道。

太平洋沿岸有 30 多个国家和地区,拥有世界 1/6 的港口,货运量居世界第二位。随着亚洲、拉丁美洲、大洋洲发展中国家的兴起,太平洋在世界航运中的作用日益增强。大西洋沿岸拥有世界 3/4 的港口,3/5 的货物吞吐量。大西洋周围几乎都是各大洲的发达地区,贸易、货运繁忙,海运量一直居各大洋的首位,约占世界海运总量的 2/3。印度洋周围有 30 多个国家和地区,拥有世界近 1/10 的港口和 1/6 的货物吞吐量。印度洋上的货运以石油为主。北冰洋因气候寒冷,仅有极少部分有通行的条件,其货运意义不大。

2)运河通道

运河是连接重要海域的节点通道,在海洋通道中起着十分重要的作用。世界上最重要的运河通道有苏伊士运河、巴拿马运河和基尔运河等。

苏伊士运河,位于埃及东北部,居亚、欧、非三洲交通要冲,它沟通地中海和红海,连接了大西洋和印度洋,是一条具有重要战略意义的水道。它大大缩短从欧洲通往印度洋和大西洋西岸的航程,每年承担着全世界 14% 的海运贸易。目前可通行吃水 20.4 米、载重 25 万吨的超级油轮,通过运河平均需要 10 小时。

巴拿马运河,斜贯巴拿马国中部,沟通太平洋和大西洋,航道水深 13～15 米,可通行 7.6 万吨以下船舶。巴拿马运河极大地促进了世界海运业的发展。目前,占全球贸易运输量 5% 的货物通过该运河被送往世界各地。该运河是亚洲与北美东海岸极为重要的水上通道。

基尔运河,位于德国东北部,横贯日德兰半岛,沟通波罗的海和北海。该运河建成后,北海到波罗的海的航程缩短了 370～650 千米之多。现为北海与波罗的海之间最安全、最便捷和最经济的水道。运河长 98.6 千米,深 11 米,可通行吃水 9.4 米、载重 3.5 万吨级以下船舶。

3)海峡通道

最重要的海峡有马六甲海峡、直布罗陀海峡、英吉利海峡和霍尔木兹海峡等。

马六甲海峡,位于马来半岛和苏门答腊岛之间,是沟通太平洋和印度洋的海上交通要道,因靠近海峡的马六甲城而得名。海峡包括新加坡海峡,总长 1188 千米,一般水深 25～27 米,可通过 25 万吨满载海轮。

直布罗陀海峡,位于欧洲伊比利亚半岛南端和非洲西北端之间。全长约 90 千米。直布罗陀海峡是沟通地中海和大西洋的唯一通道,被誉为西方的"生命线"。尤其是在 19 世纪苏伊士运河通航后,直布罗陀海峡更成为大西洋与印度洋、太平洋之间海运的捷径。目前,直布罗陀海峡已成为世界上最为繁忙的海上通道之一。从西、北欧各国到印度洋、太平洋沿岸国家的船只,一般均经直布罗陀海峡—地中海—苏伊士运河—曼德海峡这条航路。而从波斯湾运载石油的船只也通过直布罗陀海峡运往西欧和北欧各国。

英吉利海峡,位于英法两国之间狭窄处,连同多佛尔海峡总长 600 千米,水深 35～172 米,是连接北欧与北美的主要航线。

霍尔木兹海峡,位于阿曼半岛和伊朗之间,西接波斯湾,东联阿曼湾,全长约 150 千米,平均水深 70 米以上。这里是波斯湾进入印度洋的必经之地,因此有"海湾的咽喉"之称,在航运上占有重要地位,是世界著名的石油海峡。

此外,较重要的海峡还有沟通印度洋、亚丁湾和红海的重要水道——曼德海峡,黑海与地中海之间的唯一通道——黑海海峡,等等。

(2)海运航线

在世界各地水域,在港湾、风向、水深及地球球面距离等自然条件的限制下,可供船舶航行的一定路径称为航路。海上运输运营为达到最大的经济效益在许多不同航路中所选定的运营通路称为航线。

航线从不同的角度可分为不同的类型。按船舶营运方式,航线可分定期航线和不定期航线。定期航线又称班轮航线。按航程的远近,航线可分远洋航线、近洋航线和沿海航线。远洋航线是指跨越大洋的运输航线,近洋航线是指与邻国港口间的运输航线,沿海航线是则指本国沿海各港口间的海上运输航线。

1)太平洋航线

太平洋的海运量约占世界海运总量的 20％以上,仅次于大西洋,居第二位,但太平洋的航运发展速度超过了其他几个大洋,已形成了世界航运中心东移之势。其主要航线有:①远东—北美西海岸航线;②远东—加勒比海、北美东海岸航线;③远东—南美西海岸航线;④远东—东南亚航线;⑤远东—澳大利亚、新西兰航线;⑥澳大利亚、新西兰—北美东西海岸航线。

2)大西洋航线

北大西洋两侧是西欧、北美两个世界经济发达的地区,又有苏伊士和巴拿马两条运河通印度洋和太平洋,自16世纪起,两岸间的贸易、航运就开始繁荣。长期以来,大西洋上的航运量一直居世界首位。其主要航线有:①西北欧—北美东海岸航线;②西北欧、北美东海岸—加勒比海航线;③西北欧、北美东海岸—地中海—远东航线;④南美东海岸—好望角—远东航线;⑤西北欧、地中海—南美东海岸—远东航线。

3)印度洋航线

印度洋的航线众多,有:①远东—东南亚—海湾航线;②远东—东南亚—地中海—西北欧航线;③远东—东南亚—好望角—西非、南美航线;④澳大利亚、新西兰—海湾或地中海、西北欧航线;⑤海湾—南非—西北欧、北美运油航线;⑥波斯湾—东南亚—日本航线;⑦波斯湾—苏伊士运河—地中海—西欧、北美航线。

4)北冰洋航线

北冰洋气候严寒,所以航线较少,仅挪威海和巴伦支海西南全年可航。北极海域在夏季俄罗斯沿岸也有不定期航线至远东港口,但需破冰船开航。

5)集装箱航线

主要有:①远东—北美航线(北太平洋航线);②北美—欧洲、地中海航线(北大西洋航线);③欧洲、地中海—远东航线(印度洋航线);④远东—澳大利亚航线,欧洲、地中海—西非、南非航线。

2. 国际航空路线

(1)世界重要航空线

1)北大西洋航空线

本航线连接西欧、北美两大经济中心区,是当今世界最繁忙的航空线,主要往返于西欧的巴黎、伦敦、法兰克福和北美的纽约、芝加哥、蒙特利尔等机场。

2)北太平洋航空线

本航线连接远东和北美两大经济中心区,是世界又一重要航空线,它由香港、东京和北京等重要国际机场,经过北太平洋上空到达北美西海岸的温哥华、西雅图、旧金山、洛杉矶等重要国际机场后,再转接北美大陆其他航空中心。太平洋上的火努鲁鲁、阿拉斯加的安克雷奇国际机场是该航线的重要中间加油站。

3)西欧—中东—远东航空线

本航线连接西欧各主要航空港和远东的香港、北京、东京、首尔等重要机场,为西欧与远东两大经济中心区之间的往来航线。

此外重要的航空线还有:北美—澳新航空线、西欧—东南亚—澳新航空线、远东-澳新航空线、北美—南美航空线、西欧—南美航空线等。

(2)国际航空港(站)

在世界各大洲主要国家的首都和重要城市均设有航空港(站)。其中主要有美国芝加哥欧哈机场、英国希思罗机场、法国戴高乐机场、德国法兰克福机场、荷兰阿姆斯特丹西普霍尔机场、日本成田机场、新加坡樟宜机场,以及我国的北京首都国际机场、北京大兴国际机场、上海浦东国际机场、上海虹桥国际机场、广州白云国际机场、香港国际机场等。这些都是现代化、专业化程度较高的大型国际货运空中枢纽,每年货运量都在数十万吨以上。

3. 大陆桥与小陆桥

（1）美国大陆桥

美国大陆桥包括两条路径：一是从美国西部太平洋的洛杉矶、西雅图、旧金山等港口上桥，通过铁路横贯至美国东部大西洋的纽约、巴尔的摩等港口转海运，铁路全长 3200 千米；另一条路径是从美国西部太平洋港口上桥，通过铁路至南部墨西哥湾的休斯敦、新奥尔良等港口转海运，铁路全长为 500～1000 千米。

（2）加拿大大陆桥

其运输路线是：从日本海运至温哥华或西雅图港口后，换装并利用加拿大铁路横跨北美大陆至蒙特利尔，再换海运至欧洲各港。

（3）西伯利亚大陆桥

该大陆桥的两端连接太平洋与波罗的海和北海，其具体路径是：从俄罗斯远东地区日本海口岸纳霍德卡港或东方港上桥，通过横穿俄罗斯的西伯利亚铁路至波罗的海沿岸港口转海运至西北欧，或者直接通过白俄罗斯、波兰、德国、比利时、法国的铁路到波罗的海沿岸港口转海运至西北欧等地，或者相反方向的运输路线，陆桥部分长达 1 万多千米。

（4）亚欧第二大陆桥

亚欧第二大陆桥东起我国连云港等港口，经津浦、京山、京沪、京广、广深、京九等线路进入陇海线，途经我国的阿拉山口国境站进入哈萨克斯坦，最终与中东地区黑海、波罗的海、地中海以及大西洋沿岸的各港口相连接。

（5）小陆桥与微型陆桥

美国小陆桥路径为从日本或远东至美国东部太平洋口岸，经美国大陆铁路或公路，至南部墨西哥口岸或相反方向的路线。美国微型陆桥是指从日本或远东至美国东部太平洋港口，经铁路或公路到达美国内陆中西部地区或其相反方向的路线。

4. 国际主要输油（气）管道

世界管道运输网分布很不均匀，主要集中在北美和欧洲。据统计资料，2017 年，全球在役油气管道数量约 3800 条，总里程约 196 万千米，其中天然气管道约 127 万千米，占管道总里程的 64.8%；原油管道、成品油管道、液化石油气管道分别约 36 万千米、25 万千米、7.6 万千米。全球管道中北美、俄罗斯及中亚、欧洲、亚太地区，分别占全球总里程的 43%、15%、14%、14%。

至 2018 年，我国已建油气管道总里程达 13.4 万千米，其中原油管道总长超过 3.0 万千米，成品油管道长 2.8 万千米，天然气管道长 7.6 万千米。中国基本形成了贯穿全国、联通海外的油气输送管网，也已逐渐形成了跨区域的油气管网供应格局。随着中国石油企业"走出去"战略的实施，中国石油企业在海外的合作区块和油气产量不断增加，海外份额油田或合作区块的外输原油管道也得到了发展。

1.3 国际物流运作的主要业务活动与主要环节

1.3.1 国际物流运作的主要业务活动

随着物流全球化的形成,企业物流国际化运作成为必然。其业务活动较为广泛,且远比国内物流复杂,主要业务活动有如下几个方面。

1. 进出口业务

一个典型和较完整的进出口物流流程如图 1-2 所示。在实际业务中,有可能只涉及其中的部分角色。

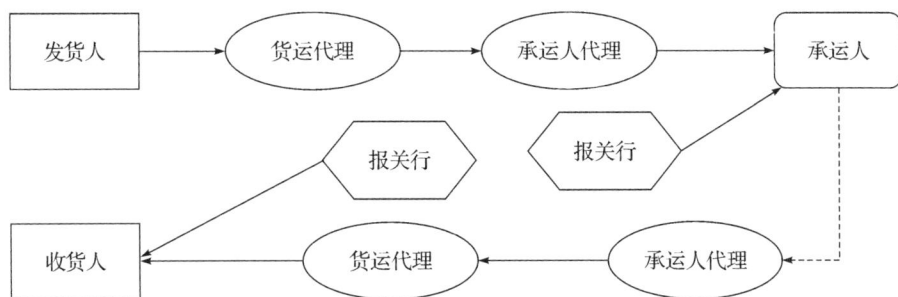

图 1-2 进出口物流流程

注:虚线表示跨国运输

进出口业务涉及的有关参与方有以下几方面:

(1)发货人(shipper)

进出口业务中的发货人即供应商。它可以是生产厂家或他们的经销商,有时也可能是货运公司或货运代理。

(2)货运代理(forwarder)

货运代理是随着国际贸易的发展及货运业务的日益复杂以及传统承运人(船公司或航空公司)的业务专门化而逐步发展起来的新生行业。货运代理是介于货主和实际承运人之间的中间商,它一方面代货主进行租船订舱,另一方面又代实际承运人揽货,从中收取整箱(车)货和零担货之间的差价或收取佣金。对于承运人,货代被相对地看作货主(发货人或收货人);对于货主,货代则被相对地看作承运人。

货运代理角色的出现,使得整个货运行业日趋专业化。目前大多数的进出口货物运输均是与货运代理打交道,因此了解货运代理的业务,将对企业对国际货运中的成本和时间控制有很大帮助。此外,当前的许多货运代理正不断地演变成第三方物流公司。

20 世纪 90 年代以后,随着国际贸易和货运体系的不断完善,特别是银行信用证、海关和商业保险体系对货代运单的认可,货代的地位逐渐提高。

（3）承运人代理（shipping agent）

承运人代理主要是替承运人（如船公司、航空公司）在港口安排接泊、装卸、补给等业务。有时代理承运人签发运单。承运人代理在海运中较为常见，而在空运中较为少见。有的代理承运人也从事货代的业务。

（4）承运人（carrier）

承运人是实施运输的主体，在国际贸易运输中主要是指船公司或航空公司。虽然有的承运人也直接面对货主，但多数情况下货主已经不直接与其打交道了。

（5）报关行（customs broker）

虽然各国对进出口货物的管制政策有所不同，但基本上各国海关都要求进出口货物进行申报。有些货主有自己的报关人员，这时就不需要报关行的介入。许多货代也有报关资格，也不需要单独的报关行介入。报关行或货代的报关服务都需要货主提供必要的单据（主要包括进口报关单、提单、商业发票、原产地证书、进口许可证或进口配额证书、品质证书和卫生检验证书等），由他们代理在海关进行申报。有的报关行还提供代为商检等服务工作。海关产生关税单后，由货主缴纳关税（有时还有由海关代收的其他税收）并自行提货或由服务机构代为提送货。关税一般用征税国本国货币支付。许多国家为吸引海外投资和促进本国进出口贸易的发展还采取了多种报关方式，如电子报关、提前报关实货放行、内陆站点报关等，以缩短货物的在途时间，缓解进出口口岸的交通工具和货物拥挤情况。

（6）收货人（consignee）

运单上所指的收货人，情况较为复杂。一般来说，收货人应是货物的进口人。有时，由于进口管制，最终的收货人并不体现在运单上。运单上的收货人往往是进口代理商，而在"通知人——Notify Party"上显示的可能才是真实的收货人。另外，在复杂的货运情况下，主运单和分运单上所示的收货人的意义有所不同。往往分运单上的收货人才是真正的收货人，而主运单上的收货人则往往是货代。

进出口业务流程是通过各种业务单证的流转来完成的，业务单证是上述各关系人业务交接、责任划分、风险承担及费用结算的凭证和法律依据。因此，在进出口业务过程中，单证起着重要作用。进出口业务中基本单证有：进出口合同（import & export contract）、运单（海运的 B/L、bill of lading 或空运的 airway bill）、商业区发票（commercial invoice）、信用证（letter of credit）、保险单（insurance policy）、装箱单（packing list），还有报关单、商检证书、原产地证书等单据。

2. 国际运输

国际运输是指跨越一国边界的货物或服务的出口或进口。一般最常用的国际运输方式是海洋运输，此外还有航空运输和铁路运输。

国际运输中货物需要跨越国境，且多为远洋运输，货物在途时间往往较长，而且一旦赴运就很难更改目的地，极大地限制了企业物流运作的弹性。企业在进行跨国运作时必须具有较高的市场预测能力，才能保证将正确数量的正确货物在正确的时间内配送到目标市场，否则就会导致有些市场断货，而有些市场则有过剩库存。企业一旦将一定数量的商品运到目标市场，再进行不同市场之间的调货就会造成大量的额外开支，并造成供需时间不一致,长此以往必将削弱企业的竞争能力。

随着现代通信手段的进步和专业物流企业服务水平的提高,现在已经有一些物流企业采用卫星全球定位系统(Global Positioning System,GPS),实现对货主货物的全程监控。还可以对在途货物重新进行调度,使货主可根据市场需求情况重新进行库存定位,随时修改货物目的地,避免地区性调货带来的额外成本,企业的配送活动成效因而得以极大提高。

3. 库存与仓储管理

今天,存货管理已成为最关键也最有挑战性的物流活动之一。而在跨国范围内管理存货则更加困难。由于距离远,港口工作拖延,海关拖延以及转运时间长,用户需要保有比国内物流更多的存货,这当然提高了存货的成本。而政府对于外贸的管制以及关税的征收更加剧了存货问题。用户不得不保有额外存货以应付断货情况。

国际仓储与国内仓储功能相同,包括收货、转运、配货及发送。但通常人们会更重视货物在仓库系统中的快速运转。

4. 包装与物料搬运

保护性包装在跨国经营中所起的作用比之国内更为重要,这是由于货物在途时间长,搬运次数多,要经历更恶劣的天气变化等。通常,跨国性经营的产品的包装会大幅度地增加物流成本,其中一部分是由于特殊的包装要求,此外还有标签和包装标志方面的原因。由于目的国不同,标签要求也不相同。各国对产品标签有许多不同的规定,总的来说,标签规定的目的在于:①迫使货主遵守现行产品标准;②对添加剂的使用加以限制和控制;③禁止使用误导性信息;④建立对产品的标准说明。

物料搬运系统在全球各地都不相同,澳大利亚、新西兰、新加坡等国家及中国香港地区的物料搬运系统属于世界上最先进的系统,均已实现了机械化或自动化。然而在许多发展中国家,物料搬运系统仍然十分落后,产品在仓库和工厂中的搬运效率很低,并且有些货物可能根本就无法进行处理。例如集装箱装卸,有些港口只能处理 20 英尺(1 英尺约为 0.3048 米)集装箱。

5. 信息作业

国际物流中的信息作业主要包括物流过程中所涉及的各种单据传输的电子化、对在途货物的跟踪定位以及市场信息的跨国传递。主要信息通信手段包括 EDI、互联网以及GPS。近年来,各国十分重视信息化方面的建设,在国际物流活动中信息化程度较高。

1.3.2 国际物流运作的主要环节

国际物流运作遵循物流系统模式的原理,由一系列相互影响、相互制约的环节构成一个有机整体,有明确的系统目标,并受到外界环境的影响和制约。在国际物流运行系统中,物流运作的主要环节,以商品出口的物流模式为例来说明。商品出口的物流模式主要包括 3 个主要过程,其业务内容如图 1-3 所示。

对商品出口而言,第一阶段主要包括出口方进行的集货、备货、到证(接到买方开来的信用证)、到船(编制出口货物运输计划等);第二阶段主要包括商品出口前的加工整

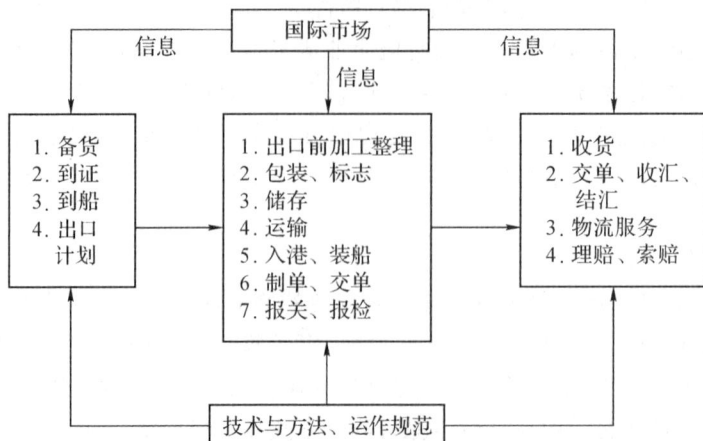

图 1-3　国际物流出口运行模式与主要环节

理,包装,刷标志,储存,运输,商品进港,装船,制单,交单,报关,报检;第三阶段主要包括买方收货,交单结汇,提供各种服务,理赔,索赔等。在这 3 个阶段中,运输和储存通过国际市场上的信息来引导和协调,通过采用先进的流通技术与组织方式,按照国际惯例和国际上通行的动作规程来组织流通过程,完成各环节的运作,使整个物流系统协调运行,高效地实现系统目标。

　　国际物流系统相对国内物流系统,更容易受到国际国内政治、经济、技术和政策、法令、风俗习惯等因素的制约和干扰,因此必须尽可能提高系统对环境的应变和适应能力。

1.4　物流的全球供应链化

　　经济全球化和供应链化是世界经济发展的必然趋势,其发展进程在 21 世纪将更快速地推进和深化。经济全球化同时也是各国经济未来发展依赖的外部环境,处于全球化环境中的企业,不论它们设在何处,市场在哪里,都必须在其竞争战略分析中,考虑到世界上的其余部分,厂商不能忽视其他国家所发生的经济发展趋向或技术创新。就总体和长远而言,经济全球化有利于世界经济的发展,它推动国际贸易的高速增长,有助于国际贸易在更大范围内实现供求平衡,它也有助于生产要素在全球范围内的合理配置,促使物流实现"门到门"的全球供应链化。这也是国际物流发展的大环境。

　　全球供应链物流运作的环境远比国内物流复杂,可以用 4 个 D 来概括,即距离(distance)、单证(documentation)、文化差异(diversity in culture)和顾客需求(demand of customers),也即在不同的国家和地区内,物流活动的距离更长,单证更复杂,在产品和服务上顾客的需求变化更多,各种文化差异也更大。

　　随着跨国公司的发展,全球经济和贸易的增长以及人类环保意识的觉醒,全球供应链物流呈现出如下的新变化趋势。

1.新一轮的国际分工将导致全球供应链物流向集装箱货物为主流的方向发展

国际航运是国际贸易的载体,随着国际贸易和国际航运业务的发展,有条件的国家和地区都十分重视能接纳国际航运船舶的港口的建设,把港口视为通向世界的门户。港口发展的模式随着世界经济贸易发展的变化而不断演进,大致上经历了3个阶段。

在20世纪50年代以前,港口作为国际航运的起始港和目的港,主要服务于国际贸易的流动,起着货物装卸、储存和中转的功能,同时为到港船舶提供供应和维修等服务。港口是水陆运输的枢纽,主要发挥着运输功能的作用。城以港兴、港以城荣。随着国际贸易的开展,在靠泊国际船舶和接卸国际贸易货物的港口所在地逐步发展起居民集中的繁荣的商业贸易城市。

20世纪50年代以后,即第二次世界大战以后,世界经济出现了国际分工的格局,即国家间的贸易不再局限于将本国或地区的产品销往其他国家和地区,而是经济发达国家将原料从产地国和地区运往本国进行生产,然后将制成品销往全球各地。原料加工后的制成品增加了附加值。要发展这样的国际分工格局必须具备以下几个条件。

①原料产地的矿产品位高、质量好,值得长途运输进行加工,如中东的石油、巴西和澳大利亚的铁矿砂。

②经济发达国家具有雄厚的资金和掌握技术的高素质的人才,足以发展资金技术密集型的大型工业企业,如炼油厂、钢铁厂、发电厂、汽车制造厂等。

③要有运输成本低廉的运输工具,以补偿远距离运输所增加的运输费用,为此在该时期开发了10万～30万吨载重量的大型油轮和运矿砂的散货船,通过规模经济效益,大大降低了运输成本。日本用几十万吨的大型油轮从中东运输石油到本土的成本要比在沿海用小型油轮运输到本土的成本还要低。从经济学角度来看,归根结底重要的是运输成本,而不是运输距离。

④要有能接纳大型船舶的深水港湾。第二次世界大战以后,经济发达国家,如西欧和日本在重建战争中被毁坏的港口时,充分利用了临海的深水岸线的良好条件和大型船舶海运成本低廉的特点,发挥深水海港的区位优势,将发展中国家的优质、廉价的原料和能源运到临海港口,建设大型的临海工业区。这次国际分工和全球经济的资源优化配置,对发达国家战后经济的迅速恢复和高速增长起了巨大的推动作用,对世界经济的发展也有促进作用。临海工业区就成了被称为第二代港口发展的经典模式。然而这一切均基于工业社会的国际经济分工,即发展中国家输出原材料和初级产品,发达国家利用发展中国家的原材料和初级产品加工成制成品再销往全球市场。这种工业社会的国际经济分工模式在新经济时代将不再是发展的典范模式。

在新经济时代,发展中国家将自己加工原材料,制造并输出普遍工业品,发达国家则转而生产和输出高科技产品和知识产品,特别是控制高科技产品和知识产品的研究和开发。一般工业品的生产和销售由跨国公司根据资源优化配置的原则在全球范围内进行组织。全球将出现原工业社会国际分工格局与新经济时代新一轮国际分工格局并存的局面,由于发展中国家经济发展的需要,大宗原料和能源的国际运输仍会占有重要地位,但作为全球供应链物流发展的主流将是集装箱运输,只有集装箱运输能实现"门到门"的供应链服务,当前全球集装箱运输量的快速增长正印证了这一科学论断。

2.交通流的强化导致许多地区基础设施能力不足

由于全球经济和贸易量的增长,当今世界许多地方各种运输方式能力过载的现象十分普遍。例如在欧洲,拥堵和瓶颈等造成发运时间延长和运输可靠性降低,从而导致服务质量降低、物品运送耽误、生产中断、车辆利用率降低、能耗增加和工人工时损失等相关的额外成本支出。这些因素迫使物流组织在寻求新的运输方式、新的仓库设置地点或重新配置存货方面做出努力,大致上是沿着下面 3 个思路去改进以回应基础设施紧张的问题:①实施国际资源政策,扩大采购区域;②使生产设施的设置在地域上的分布更广泛;③实施全球的市场营销。

可见,一个国家或地区要使全球物流在本地得到顺畅的流转和发展,必须加强交通基础设施的建设。

3.供应链返回物流快速增长

为了满足市场的需要,企业在制造产品或提供服务的过程中必须完成下列供应链物流中的部分或全部:

①将原料从初始地发运到客户所在地;

②半制成品从制造厂或供应商仓库运出;

③机器或机具从一个制造厂运往另一个制造厂;

④制成品在工厂、公司自有仓库、客户仓库或物流服务公司仓库之间运移;

⑤易耗品和备件从仓库运往修理厂或客户的产品所在地;

⑥客户需要修理的物品或部件从客户处运送到修理厂;

⑦销售的支持设备,如展台、广告牌和资源等从公司运往代理商处;

⑧将空包装从货物送达点往回运到装货点;

⑨将已售出的产品或部件从货物送达点往回运到仓储或制造的初始地点(返回物流);

⑩将已使用过的产品再循环、再使用或废弃(返回物流)。

早先,物流的投资主要集中在从公司流向市场的物流上,而近年来,随着环境保护意识的觉醒和对资源保护的重点关注,对从市场返回公司的返回物流进行管理的需求日益增长,开始注重对使用过的物品进行再使用、再包装、修理或合理废弃。

日益加剧的竞争与取悦顾客也是返回物流大量增加的一个重要原因,有些公司的销售策略中包含了将未销售出去的过时产品进行回收的行动和对不符合质量标准的产品实行"召回"的制度,有些公司则提供 30 天试用期内可退还货款的保证,这些销售策略大大增加了返回的物流量,有些公司甚至达到总订单销量的 20%。

4.信息与通信技术的发展为物流全球供应链化创造了必要条件

技术的更新实质上也是一种内在的经济活动。因此,市场的经济活动与科技的开发活动不断相互作用必然会引发技术的创新。全球化的物流系统需要众多的企业及各国政府、国际组织的广泛合作才能建立,而这种合作则离不开信息技术的发展与应用。信息技术在国际物流全球化发展中起到十分重要的作用,为此,一个国家(或地区)的信息基础设施的建设及普及程度往往就能反映出该国(或地区)的物流竞争力。智能化运输系统(一种安全、高效、对环境无污染的,且集聚了许多高新技术及众多功能的运输系统)

及信息高速公路的应用程度能说明一个国家的国际物流竞争力。

通常人们认为,只有当物流的硬件基础设施完善后,新的信息技术才能服务于先进的物流系统,然而事实并非如此。信息技术的威力是奥妙无穷的,它完全可以用来作为战略性调整物流运行系统的有效手段,而且,未来物流硬件设施的规划与实施建设均不可能离开信息技术的基础设施结构、信息系统的特点及先进的物流网络,如同一个企业的价值链管理已扩张为全球化那样,物流网络也日趋全球化。然而,物流硬件设施、信息技术的基础设施以及先进的全球物流网络系统的综合发展必须考虑众多社会性因素。跨地区、跨国家的物流必须面临许多挑战,如怎样处理和协调各国不同的法规、不同的经济利益关系以及不同的文化背景等,因此,在发展全球物流网络中还应充分重视国与国之间的差异。

物流技术中综合了许多现代信息技术,如 GIS(Geographic Information System,地理信息系统)、GPS、EDI、条码以及 AI(人工智能)等。现代物流信息技术的应用,使全球供应链物流网络更加科学,并由此产生更大的经济效益。

⛬ 思考题

1. 国际物流的发展对国际贸易方式有什么样的影响?

2. 我国的国际物流通道如何与世界上主要的国际物流通道相衔接?

3. 信息化的发展如何促进国际物流的发展?

第 2 章

国际物流与国际贸易

⏩ **本章要点**

　　国际物流是实现国际贸易的必要条件,国际贸易促进物流国际化。掌握国际贸易的基本知识是学习国际物流业务的基础。本章重点阐述了国际贸易的基本程序,国际贸易术语和国际贸易合同的实施过程。通过学习国际贸易的程序和实施过程可了解国际物流的主要流程及其业务内容,以及国际物流与国际贸易的紧密关系。

2.1　国际贸易的概念与基本程序

2.1.1　国际贸易的概念与分类

1.国际贸易的概念

　　国际贸易(international trade)是指世界各国(地区)之间的商品以及服务和技术的交换活动,包括出口和进口两个方面。从一个国家的角度看这种交换活动,即称为该国的对外贸易(foreign trade)。从国际上看,世界各国对外贸易的总和,就构成了国际贸易,也称世界贸易(world trade)。国际贸易与国内贸易的划分是以地理界限为标志的,是跨国界的。

　　随着生产力的发展,科学技术的进步和国家间经济联系的增强,在当代,国际贸易这一概念所包含的内容进一步扩大了。从前,国际贸易实际上只包括实物商品的交换,而现在,还包括服务和技术等非实物商品的交换。所谓实物商品交换,是指原材料、半制成品及工业制成品的买卖;服务交换是指在运输、邮电、保险、金融、旅游等方面为外国人提供服务,或本国工人、技术人员在国外劳动、服务,从而获得外国货币报酬的活动;技术交换包括专利、商标使用权、专有技术使用权的转让以及技术咨询和信息等的提供和接受。

2. 国际贸易的分类

(1)国际贸易按货物的流动方向划分,可划分为出口贸易、进口贸易和过境贸易

出口贸易是指将本国所生产或加工的商品(含劳务)输往国外市场进行销售的商品交换活动。进口贸易是指将外国所生产或加工的商品(含劳务)购买后在本国市场进行销售的商品交换活动。过境贸易是指商品生产国与商品消费国之间进行的商品买卖活动,但在其实物运输过程必须穿过第三国的国境,第三国要对此批货物进行海关监督并作为过境贸易额统计。

(2)以国境或关境作为划分进出口的标准,可分为总贸易和专门贸易

总贸易是以国境为标准划分进口和出口的一种统计方法,总贸易又可分为总进口和总出口。专门贸易是指以关境作为划分进口和出口标准的统计方法,专门贸易又可分为专门进口和专门出口。专门进口是指外国商品进入一国关境并向海关缴纳关税,由海关放行后才能称专门进口;后者是指从国内运出关境的本国产品及进口后未经加工又运出关境的复出口商品。

(3)按商品形态,可分为有形贸易和无形贸易

有形贸易也即实物商品的贸易。联合国为便于统计,把有形商品分成 10 类、63 章、233 组、786 个分组和 1924 个基本项目。无形贸易是指在国际贸易活动中所进行的没有物质形态的交易,主要指劳务、技术、旅游、运输和金融等。

另外,依照货物运送方式可分为陆路贸易、海路贸易、空路贸易和邮购贸易。依照有无第三者参加贸易,可分为直接贸易、间接贸易和转口贸易。依照清算工具的不同,可分为自由结汇方式贸易和易货贸易。

2.1.2　国际贸易业务的基本程序

国际贸易业务(以最基本的国际货物买卖业务为例)分出口业务和进口业务。进出口贸易的业务环节复杂,不仅各交易环节环环相扣、紧密相连,而且交易条件不同,其交易环节也不尽相同。但不管是出口业务或进口业务,就其基本环节而言,可分成 3 个阶段,即贸易准备阶段、交易磋商与合同订立阶段和合同履行阶段。进出口双方在各阶段的主要工作如表 2-1 所示。

表 2-1　进出口双方业务流程与主要工作

基本程序	出　口　方	进　口　方
贸易准备阶段	市场调查、制订出口计划或生产计划、制订价格方案、广告宣传和商标注册、建立客户关系和客户资信调查	市场调查、客户资信情况调查、落实进口许可证、制订进口商品经营方案
交易磋商与合同订立	询盘、发盘、还盘、接受、签订合同	
合同履行	备货,检验,催、审、改证,托运,投保,报关,装船,制单,结汇,索赔理赔	开证、改证、托运、投保、审单付款、进口报关、收货、检验、索赔理赔

1. 出口业务程序

以我国情况为例,在出口业务中,卖方的主要工作环节如下:

在进行交易磋商之前,应做好一系列的准备工作,包括制订出口计划,国外市场调研,建立客户关系,组织生产出口货源,制订出口经营方案,开展广告宣传和商标注册等。

在做好准备工作的基础上,同国外进口商进行交易磋商,磋商的主要内容是国际贸易的各项交易条件,它们是:商品品名和品质、数量、包装、商检、价格、装运、保险、支付、不可抗力、索赔和仲裁。其中品名、品质、数量、包装、价格、装运和支付等 7 条为主要交易条件。交易磋商的形式主要有函电和口头两种形式。以函电或口头方式磋商交易,一般要经过 5 个环节,即询盘、发盘、还盘、接受和签订合同。其中发盘和接受是达成交易、成立合同关系必不可少的两个基本环节。

合同订立后,买卖双方应按照合同和有关的法律、惯例履行各自的义务。在履行出口合同时,卖方应做的工作,视合同中所采用的价格和支付等条件的不同而不同,一般常见的情况是:买方开来信用证,卖方备货和办理商检、租船订舱、投保、报关、装运、缮制各项单据,最后通过当地银行收货款。该环节与国际物流业务紧密相关,具体内容将在后面章节中重点介绍。

2. 进口业务程序

在进口业务中,买方的工作大致也可分为 3 个阶段:一是办理交易洽商前的各项准备工作,包括落实进口许可证和外汇,调查国外市场和制订进口商品经营方案等;二是对外洽商、订立合同,其中尤其要做好比价和还盘工作;三是履行合同。因合同的交易条件不尽相同,买方履行合同的义务也不完全相同,一般包括:买方开出信用证,租船订舱(视贸易术语而选择)和向卖方催装,收到卖方装船通知后办理保险(视贸易术语而选择),审单付款,货到后提货,报关完税,复检和索赔。

2.2　国际贸易术语

国际货物买卖过程的实现,涉及卖方提交合格货物和单据,买方接收货物和支付货款,以及双方在交接货物等过程中可能遇到的风险,因此费用和责任划分是谈判双方均十分关注的问题。尽管国际贸易的买卖双方分处两国,远隔两地,国际贸易线长、面广、环节多、风险大,但贸易的基本问题是相似的,随着国际贸易的发展,一种交易磋商和订立买卖合同中所不可缺少的专门用语——贸易术语便产生了。

国际商会(International Chamber of Commerce,ICC)制定的《国际贸易术语解释通则》(主要是《2000 年国际贸易术语解释通则》和最新的《2010 年国际贸易术语解释通则》)是国际贸易术语最具代表性的依据。通过制定交易条件及价格构成的术语,不同国家之间进行的、较之国内贸易复杂得多的国际货物买卖变得易于操作,既降低交易成本,又减少了贸易摩擦。

2.2.1　贸易术语的含义和有关的国际惯例

1.贸易术语含义

贸易术语(trade term)又称贸易条件或价格术语,它是用一个简短的概念或三个字母来说明价格的构成和买卖双方在货物交接过程中有关手续、费用和风险的责任划分。

使用贸易术语可以简化交易磋商的过程和买卖合同的内容,缩短洽谈的时间,并且还能节省有关的费用。

2.有关贸易术语的国际惯例

早在 19 世纪初,国际贸易中已开始使用贸易术语。经过长期实践,随着国际贸易的发展,逐步形成了一系列的贸易术语,各种贸易术语的含义亦是逐渐定型下来的。为了消除不同国家关于贸易术语解释方面的分歧,国际上某些商业团体、学术机构试图统一对贸易术语的解释,于是根据公认的习惯做法和解释,分别制定了一些有关贸易术语的通用规则。这些规则目前已被大多数国家的工商团体和企业所接受,成为有关贸易术语的国际惯例。其中在国际上影响较大的主要有 3 种:

(1)《1932 年华沙-牛津规则》

国际法协会于 1928 年在波兰华沙举行会议,制定了有关 CIF(成本加保险费、运费)买卖合同的统一规则,共 22 条,称为《1928 年华沙规则》。后经 1930 年纽约会议,1931年巴黎会议和 1932 年牛津会议修改为 21 条,并更名为《1932 年华沙-牛津规则》(WarSaw-Oxford Rules 1932),一直沿用至今。该规则主要说明 CIF 买卖合同的性质和特点,并具体规定了采用 CIF 条件买卖双方的责任划分,其解释的内容比较具体与详尽。

(2)《1941 年美国对外贸易定义修正本》

本定义是 1919 年由美国 9 个大商业团体制定的,1940 年曾进行修订,1941 年经由美国商会、美国进出口商会及全国对外贸易协会所组成的联合委员会通过,定名为《1941年美国对外贸易定义修正本》(Revised American Foreign Trade Definitions 1941)。该定义对以下 6 种贸易术语做了解释:

①原产地交货:Ex(point of origin);

②指定地点运输工具上交货:FOB(Free On Board);

③在运输工具旁边交货:FAS(Free Along Side);

④成本加运费:CFR(Cost & Freight);

⑤成本加保险费、运费:CIF(Cost, Insurance and Freight);

⑥目的港码头交货:Ex Dock (named port of importation)。

《1941 年美国对外贸易定义修订本》在美洲国家采用较多,其中 FOB 术语使用范围很广,既适用于内陆交货,也适用于装运港交货,甚至适用于进口地交货。只有其中的FOB Vessel 与国际贸易中一般使用的 FOB 术语含义相类似,这是值得特别注意的。

(3)《2000 年国际贸易术语解释通则》(后文简称《2000 年通则》)

国际商会于 1936 年在巴黎制定了《1936 年国际贸易术语解释通则》之后,为了适应国际贸易业务发展的需要,先后于 1953、1967、1976、1980、1989 年进行过 5 次修改和补充。《2000年通则》是国际商会根据20世纪90年代国际贸易的发展变化,在《1990年通则》的基础上修订产生的,并于2000年1月1日起生效。《2000年通则》仍按《1990年通则》的做法,将国际贸易中使用的贸易术语归纳为13种,并将这13种术语按不同的性质,不同的交货地点,以及卖方承担责任、费用、风险的程度,从小到大,划分为E、F、C、D 4个组。目前较多采用的有FCA、FOB、CFR、CIF、CPT和CIP 6种。如表2-2所示。

表2-2 《2000年通则》

分组	贸易术语及英文	中文名称	适用的运输方式
E组 (起运)	EXW(EX Works)	工厂交货	各种运输方式,包括多式联运
F组 (主运费未付)	FCA(Free Carrier) FAS(Free Alongside Ship) FOB(Free On Board)	货交承运人 船边交货 装运港船上交货	各种运输方式,包括多式联运 海运和内河运输 海运和内河运输
C组 (主运费已付)	CFR(Cost and Freight) CIF(Cost,Insurance and Freight) CPT(Carriage Paid To) CIP(Carriage and Insurance Paid to)	成本加运费 成本、保险费、加运费 运费付至 运费、保险费付至	海运和内河运输 海运和内河运输 各种运输方式,包括多式联运 各种运输方式,包括多式联运
D组 (到达)	DAF(Delivered At Frontier) DES(Delivered Ex Ship) DEQ(Delivered Ex Quay) DDU(Delivered Duty Unpaid) DDP(Delivered Duty Paid)	边境交货 目的港船上交货 目的港码头交货 未完税交货 完税后交货	各种运输方式,包括多式联运 海运和内河运输 海运和内河运输 各种运输方式,包括多式联运 各种运输方式,包括多式联运

在有关贸易术语的国际贸易惯例中,《2000年通则》曾是包括内容最多、使用范围最广和影响最大的一种。

(4)《2010年国际贸易术语解释通则》(后文简称《2010年通则》)

国际商会于2010年9月通过了《2010年国际贸易术语解释通则》,并于2011年1月1日生效。该通则是迄今为止关于贸易术语的国际惯例最新版本。这次修订的主要目的是扩大《通则》的适用范围。国际商会注意到近年来贸易发展的一个重要趋势,即许多国家的企业将原本只适用于国际贸易的贸易术语也大量运用在国内贸易中。国际商会决定接受这一现实,在修订时对术语的解释做了相应的调整。新的《2010年通则》根据各国代表的意见,对原《2000年通则》中贸易术语的种类进行了整合,对术语的内容进一步完善,使之更方便使用。修订时掌握的主要原则是为了稳定贸易制度环境,语言表述上更符合业务习惯,更加明确,易于理解;另外,尽量保持与《联合国国际货物销售合同公约》的协调。

注意,贸易商人仍可在《2010年通则》实施后继续选择使用《2000年通则》的解释。如果合同中出现了新版本中没有的术语(如DAF、DES、DEQ等),则将被认为选用早期版本。

在《2010年通则》中国际商会将11种贸易术语分为两大类:一类是适用于各种运输方的7种,它们分别是EXW、FCA 、CPT、CIP、DAT、DAP和DDP;另一类是仅适用于水上运输方式的 4 种,分别是 FAS、FOB、CFR 和 CIF。

2.2.2 常用的贸易术语

目前 FOB、CIF、CFR 是国际贸易中,也是在我国对外贸易中被广泛使用的 3 种传统的贸易术语。同时,随着运输技术的发展,在这 3 种传统术语基础上发展起来的 FCA、CPT 和 CIP 3 种术语也是国际贸易中适用面很广的主要术语。基于《2000 年通则》,现将这 6 种贸易术语的主要内容及应用阐述如下。特别需要注意的是,应了解《2010 年通则》对《2000 年通则》的修改,对比二者解释中的区别。

1. FOB

Free On Board(... named port of shipment),装运港船上交货(……指定装运港),是指货物在指定的装运港越过船舷,卖方即完成交货。术语后面要注明装运港的名称,例如:FOB Shanghai。即在上海港的船上交货。本术语仅适合海运和内河运输。FOB 术语买卖双方的责任如表 2-3 所示。

表 2-3 FOB 术语买卖双方的责任

卖 方	买 方
交货(按合同规定)、移交单据	付款、接单、提取货物
办理出口清关手续、支付费用	办理进口清关手续、支付费用
	租船订舱、支付运费
	办理保险、支付保险费
承担货物越过装运港船舷之前的一切风险和费用	承担货物越过装运港船舷之后的一切风险和费用

(1)货物的交付

卖方在合同约定的时间和装运港,将合同规定的货物交到买方所派的船上,完成交货。

(2)风险的转移

货物在装运港装船时,越过船舷之前的风险由卖方承担,越过船舷之后的风险转移给买方承担。

(3)通关手续的办理

卖方自负风险和费用,取得出口许可证或其他官方批准证件,并且办理货物出口所需的一切海关手续。

买方自负风险和费用,取得进口许可证或其他官方批准证件,并且办理货物进口所需的一切海关手续。

(4)主要费用的划分

卖方承担交货前所涉及的各项费用,包括需要办理出口手续时所应缴纳的关税和其他费用。买方承担交货后所涉及的各项费用,包括从装运港到目的港的运费和保险费,以及办理进口手续时所应缴纳的关税和其他费用。

（5）在使用 FOB 术语时应注意的问题

1）"船舷为界"的确切含义

按照国际商会《2000 年通则》的规定，以 FOB 术语成交的合同，卖方须"按照港口惯常办法，把货物装上买主指定的船只"，而买卖双方风险的划分是以货物"越过船舷为界"，即货物装船之前的风险，包括装船时货物跌落海中所造成的损失，均由卖方承担，货物装船后，包括在运输过程中所发生的损失，则由买方承担。这里究竟何谓"装船"？是以货物"越过船舷"为准，还是要将货物"装上船只"呢？事实上装船作业是一个连续的过程，它包括货物从岸上起吊，越过船舷，装入船舱。如果卖方承担了装船责任，就必须完成上述作业，而不可能在船舷上办理交接。所以严格地讲，以船舷为界是说明买卖双方风险划分的界线，而不能确切地作为划分买卖双方承担的责任和费用的界限。

2）船货衔接

在 FOB 合同中，规定由买方负责租船订舱，并将船名、装船地点和装船时间通知卖方，而由卖方负责在合同规定的时间和装运港，将货物装上买方指定的船只。于是便有个船货衔接的问题。

按照有关法律和惯例，如果船只按时到达装运港，而卖方货未备妥，则卖方应承担由此而造成的空舱费或滞期费。反之，如买方延迟派船或未经对方同意提前派船到装运港，卖方就有权拒绝交货，由此而引起的卖方仓储等费用支出的增加，以及因迟收货款而造成的利息损失，均将由买方负责。因此，在 FOB 合同中，买卖双方对船货衔接事项，除了在合同中做出明确规定外，在订约后尚须加强联系，密切配合，防止船货脱节。

此外采用 FOB 术语时，买卖双方可以协商，由买方委托卖方安排运输，办理租船订舱，这是代办性质，运费仍由买方负担。如卖方租不到船或订不到舱位，不承担违约责任。

3）装船费用的负担问题

为了说明装船费用由谁负担，买卖双方往往在 FOB 术语后加列附加条件，这就形成了 FOB 的变形。它们主要有：

①FOB Liner Terms（FOB 班轮条件），指装船费用按照班轮的做法来办，即由船方或买方承担。所以，采用这一变形，卖方不负担装船的有关费用。

②FOB Under Tackle（FOB 吊钩下交货），指卖方负担费用将货物交到买方指定船只的吊钩所及之处，而吊装入舱以及其他各项费用概由买方负担。

③FOB Stowed（FOB 理舱费在内），指卖方负责将货物装入船舱并承担包括理舱费在内的装船费用。理舱费是指货物入舱后进行安置和整理的费用。

④FOB Trimmed（FOB 平舱费在内），指卖方负责将货物装入船舱并承担包括平舱费在内的装船费用。平舱费是指对装入船舱的散装货物进行平整所需的费用。

在许多标准合同中，为表明由卖方承担包括理舱费和平舱费在内的各项装船费用，常采用 FOBST，它代表 FOB Stowed and Trimmed。

FOB 的上述变形只是为了表明装船费用由谁负担问题而产生的。通常它们并不改变风险划分的界限，如果当事人有相反的意图，应在合同中加以具体规定。

4)《1941 年美国对外贸易修订本》对 FOB 的不同解释

该修订本中将 FOB 概括为 6 种,其中有两种要加以注意,即"在出口地点的内陆运输工具上交货"和"装运港船上交货",这两种术语在交货地点上有可能相同,为避免误差,在约定装运港船上交货时在 FOB 与港名之间加上"Vessel"字样,如 FOB Vessel New York,就排除了在纽约市内运输工具上交货的可能。另外,即使"装运港船上交货",该修订本规定买卖双方风险划分的界限在船上而非船舷,买方还要负责办理出口所需的各种证件并支付税费。在与美国、加拿大等国做进口业务时,采用 FOB 术语,要特别注意。

2. CFR

Cost and Freight (. . . named port of destination),即成本加运费(⋯⋯指定目的港),又称运费在内价,以前业务上用"C&F"表示,《1990 年通则》将其国际代码改为 CFR。由于实际业务中仍有人使用"C&F",国际商会在《2000 年通则》的引言中,再次提倡使用CFR。它也是国际贸易中常用的贸易术语之一。CFR 术语后面需要加注的是目的港的名称,例如:CFR Qingdao,这表明我方为进口方,目的港是青岛。本术语仅适用于海运和内河运输。

CFR 术语买卖双方的责任如表 2-4 所示。

表 2-4 CFR 术语买卖双方的责任

卖 方	买 方
交货(按合同规定)、移交单据	付款、接单、提取货物
办理出口清关手续、支付费用	办理进口清关手续、支付费用
租船订舱、支付运费	
	办理保险、支付保险费
承担货物越过装运港船舷之前的一切风险和费用	承担货物越过装运港船舷之后的一切风险和费用

(1)货物的交付

卖方按合同中约定的时间和装运港,将合同规定的货物交到卖方自己所派的船只上,完成交货。

(2)风险的转移

货物在装运港装船时,越过船舷之前的风险由卖方承担,越过船舷之后的风险转移给买方承担。

(3)通关手续的办埋

卖方自负风险和费用,取得出口许可证或其他官方批准的证件,并且办理货物出口所需的一切海关手续。

买方自负风险和费用,取得进口许可证或其他官方批准的证件,并且办理货物进口所需的一切海关手续。

(4)主要费用的划分

卖方承担交货前所涉及的各项费用,包括需要办理出口手续时所应缴纳的关税和其他费用,支付从装运港到目的港的运费和相关费用。买方承担交货后所涉及的各项费用,以及办理进口手续时所应缴纳的关税和其他费用。

(5)在使用CFR术语应注意的问题

1)装船通知的重要性

按CFR术语成交,需要特别注意的是装船通知问题。按照国际惯例,不论是FOB、CIF,还是CFR合同,卖方都必须于货物装船后及时向买方发出装船通知。但在CFR合同中,卖方及时发出装船通知尤为重要,因为这关系到买方能否为进口货物及时办理保险的问题。

2)关于卸货费用的负担问题

按CFR术语成交,卖方负责将合同规定的货物运往约定的目的港,并支付正常的运费。至于货到目的港后,卸货费用由谁负担也是一个需要考虑的问题。如果使用班轮运输,费用中已包括了装卸费用,故在装卸费的负担问题上不会引起争议。而在程租船运输的情况下,船方通常不负担装卸费用,这就需要双方在合同中订明卸货费用由谁负担,以避免争议。为解决大宗货物的租船运输中的卸货费用负担问题,产生了CFR的变形。业务中常见的变形有:

①CFR Liner Terms(CFR班轮条件),指卸货费按班轮做法办理,即买方不负担卸货费。

②CFR Landed(CFR卸至码头),指由卖方承担卸货费,包括可能涉及的驳船费在内。

③CFR Ex Tackle(CFR吊钩下交接),指卖方负责将货物从船舱吊起直接卸到吊钩所及之处(码头上或驳船上)的费用。船舶不能靠岸时,驳船费用由买方负担。

④CFR Ex Ship's Hold(CFR舱底交接),指船到目的港后,由买方自行启舱,并负担货物由舱底卸至码头的费用。

3. CIF

Cost, Insurance and Freight(... named port of destination)即成本、保险费加运费(……指定目的港)。CIF与CFR、FOB同为装运港交货的贸易术语,也是国际贸易中常用的3种贸易术语之一。CIF后面注明的港口名称是目的港,这一点与CFR相同,而不同于FOB,例如:CIF QingDao,这里的青岛即目的港。本术语仅适合海运和内河运输。

CIF术语买卖双方的责任如表2-5所示。

表2-5　CIF术语买卖双方的责任

卖　方	买　方
交货(按合同规定)、移交单据	付款、接单、提取货物
办理出口清关手续、支付费用	办理进口清关手续、支付费用
租船订舱、支付运费	
办理保险、支付保险费	
承担货物越过装运港船舷之前的一切风险和费用	承担货物越过装运港船舷之后的一切风险和费用

(1)货物的交付

卖方按合同中约定的时间和装运港,将合同规定的货物交到卖方自己所派的船只上,完成交货。

(2)风险的转移

货物在装运港装船时,越过船舷之前的风险由卖方承担,越过船舷之后的风险转移给买方承担。

(3)通关手续的办理

卖方自负风险和费用,取得出口许可证或其他官方批准证件,并且办理货物出口所需的一切海关手续。

买方自负风险和费用,取得进口许可证或其他官方批准证件,并且办理货物进口所需的一切海关手续。

(4)主要费用的划分

卖方承担交货前所涉及的各项费用,包括需要办理出口手续时所应缴纳的关税和其他费用,支付从装运港到目的港的运费和相关费用,并且承担办理水上货运保险的费用。买方承担交货后所涉及的各项费用,以及办理进口手续时所应缴纳的关税和其他费用。

(5)在使用 CIF 术语时应注意的问题

1)保险险别问题

在 CIF 术语下,卖方必须自费办理货物运输保险,但应投保何种险别,不同的国际惯例所作规定不同。根据《2000 年通则》规定,卖方只需要投保保险公司责任范围最小的一种险别,而最低投保金额应为合同规定的价款加成 10%,同时须以合同货币投保。其他国际惯例则有不同规定。为了明确责任,在我国外贸业务中,应与国外客户明确投保险别的名称和投保金额。

2)卸货费用负担问题

CIF 术语与 CFR 术语关于卸货费用问题类似,有同种变形。如 CIF Qingdao(CIF 卸至岸上),指由卖方承担卸货费,包括可能涉及的驳船费和码头费。

3)关于象征性交货问题

从交货方式上看,CIF 术语是一种典型的象征性交货。象征性交货是相对实际交货而言的,后者是指卖方要在规定的时间和规定的地点将符合合同规定的货物交给买方或其指定人,而不能以交单来代替交货。在象征性交货方式下,卖方凭单交货,买方凭单付款,只要卖方如期向买方提交了合同规定的全套合格单据,买方就必须履行付款义务。可见,CIF 交易实际上是一种单据的买卖,装运单据在象征性交货方式下有特别重要的作用。

4.FCA

Free Carrier(... named place),即货交承运人(……指定地点)。所谓承运人,是指受托运人的委托,负责将货物从约定的起运地运往目的地的人。承运人既包括拥有运输工具,实际完成运输任务的运输公司,也包括不掌握运输工具的运输代理人。FCA 术语之后要加注双方约定的交货地点,即承运人接运货物的地点。本贸易术语适用于各种运输方式。

FCA 术语买卖双方责任如表 2-6 所示。

表 2-6　FCA 术语买卖双方的责任

卖　方	买　方
交货(按合同规定)、移交单据	付款、接单、提取货物
办理出口清关手续、支付费用	办理进口清关手续、支付费用
	办理运输、支付运费
	办理保险、支付保险费
承担货物交承运人控制之前的一切风险和费用	承担货物交承运人控制之后的一切风险和费用

(1)货物的交付

卖方按合同中约定的时间和地点,将合同中规定的货物交给买方指定的承运人或其他人,完成交货。

(2)风险的转移

卖方承担将货物交给承运人控制之前的风险,买方承担将货物交给承运人控制之后的风险。

(3)通关手续的办理

卖方自负风险和费用,取得出口许可证或其他官方批准的证件,并且办理货物出口所需的一切海关手续。

买方自负风险和费用,取得进口许可证或其他官方批准的证件,并且办理货物进口所需的一切海关手续。

(4)主要费用的划分

卖方承担在交货地点交货前所涉及的各项费用,包括办理出口所需的一切海关手续的相关费用。

买方承担在交货地点交货后所涉及的各项费用,包括办理进口所需的一切海关手续的相关费用。此外,买方要负责签订从指定地点承运货物的合同,支付有关的运费。此贸易术语的性质除运输方式外均与 FOB 术语相似。

(5)使用 FCA 术语应注意的问题

1)交货点和风险转移

由于 FCA 适用于各种运输方式,它的交货点须按不同的运输方式和不同的指定交货点而定。《1990 年通则》对 FCA 合同的卖方在不同运输情况下,如何完成交货,做了不同的规定。由于这些规定比较复杂,而对装货和卸货的义务,却不尽明确,为此,《2000 年通则》对此进行了修订与简化,使之便于理解和应用。《2000 年通则》将 FCA 卖方如何完成交货义务,概括为:

①交货点在卖方所在处所,则当货物被装上由买方指定的承运人的收货运输工具上,卖方即完成了交货义务;

②交货点在买方所在处所,且在卖方的送货运输工具上(未卸下),货交由买方指定的承运人处置时,卖方即完成了交货义务。

2）买方安排运输

FCA 适用于各种运输方式,包括公路、铁路、江河、海洋、航空运输以及多式联运。采用这一交货条件时,买方要自费订立从指定地点起运的运输契约,并及时通知卖方。如果买方有要求,或者根据商业习惯,买方没有及时提出相反意见的,卖方也可按通常条件订立运输契约,但费用和风险要由买方承担。假如,买方有可能较卖方取得较低的运价,或按其本国政府规定必须由买方自行订立运输合同的,则买方应在订立买卖合同时明确告知卖方,以免双方重复订立运输合同而引起问题和发生额外费用。反之,如卖方不愿按买方的请求或商业惯例协助买方订立运输合同,也必须及时通知买方,否则,遗漏安排运输,也将引起额外费用和风险。

3）货物集合化的费用负担

与 FOB 术语一样,FCA 卖方要承担完成交货义务之前所发生的一切费用。由于此前货物大都作集合化或成组化包装,如装入集装箱或托盘,卖方应将货物集合化所需的费用也计算在价格之内。

5. CPT

Carriage Paid To (... named place of destination),即运费付至(……指定目的地)。CPT 与 FCA 是同一种类型的贸易术语,但与 FCA 相比,CPT 条件下卖方的义务有所增加,即由交货地点至指定目的地的运输责任和费用改由卖方承担。在 CPT 后面要注明双方约定的目的地的名称,它可以是两国的边境,也可以是进口国的港口,还可以是进口国的内陆地点。例如:按 CPT 条件进口,可规定:CPT Beijing。

CPT 术语买卖双方的责任如表 2-7 所示。

表 2-7　CPT 术语买卖双方的责任

卖　　方	买　　方
交货(按合同规定)、移交单据	付款、接单、提取货物
办理出口清关手续、支付费用	办理进口清关手续、支付费用
办理运输、支付运费	
	办理保险、支付保险费
承担货物交承运人控制之前的一切风险和费用	承担货物交承运人控制之后的一切风险和费用

（1）货物的交付

卖方按合同中约定的时间和地点,将合同中规定的货物交给卖方自己指定的承运人或第一承运人,完成交货。

（2）风险的转移

卖方承担将货物交给承运人控制之前的风险,买方承担将货物交给承运人控制之后的风险。

（3）通关手续的办理

卖方自负风险和费用,取得出口许可证或其他官方批准证件,并且办理货物出口所需的一切海关手续。

买方自负风险和费用，取得进口许可证或其他官方批准证件，并且办理货物进口所需的一切海关手续。

（4）主要费用的划分

卖方承担在交货地点交货前所涉及的各项费用，包括办理货物出口所需的一切海关手续的费用。此外，卖方要负责签订从指定地点承运货物的合同，支付有关的运费。

买方承担在交货地点交货后所涉及的各项费用，包括办理进口所需的海关手续的费用。

（5）使用CPT术语时应注意的问题

1）保证买方及时办理保险

卖方将货物交给承运人后，应及时向买方发出货已交付的通知，以便买方能及时办理保险及在目的地受领货物。关于这一问题的重要性及其处理方法，已在CFR术语中阐述过。

2）风险划分的界限问题

按照CPT术语成交，虽然卖方要负责订立从起运地到指定目的地的运输契约，并支付运费，但是卖方承担的风险并没有延伸至目的地。按照《2000年通则》的解释，货物自交货地点至目的地的运输途中的风险由买方承担，而不是卖方，卖方只承担货物交给承运人控制之前的风险。

6. CIP

Carriage and Insurance Paid to（...named place of destination），即运费、保险费付至（……指定目的地）。是指卖方自负费用订立将货物运至指定目的地的运输合同，自负费用办理货物运输保险并承办出口清关手续。CIP术语买卖双方责任如表2-8所示。

表2-8　CIP术语买卖双方的责任

卖　　方	买　　方
交货（按合同规定）、移交单据	付款、接单、提取货物
办理出口清关手续、支付费用	办理进口清关手续、支付费用
办理运输、支付运费	
办理保险、支付保险费	
承担货物交承运人控制之前的一切风险和费用	承担货物交承运人控制之后的一切风险和费用

（1）货物的交付

卖方在合同中约定的时间和地点，将合同中规定的货物交给卖方自己指定的承运人或第一承运人，即完成交货。

（2）风险的转移

卖方承担将货物交给承运人控制之前的风险，买方承担将货物交给承运人控制之后的风险。

（3）通关手续的办理

卖方自负风险和费用，取得出口许可证或其他官方批准证件，并且办理货物出口所需的一切海关手续。

买方自负风险和费用,取得进口许可证或其他官方批准证件,并且办理货物进口所需的一切海关手续。

(4)主要费用的划分

卖方承担在交货地点交货前所涉及的各项费用,包括办理货物出口所需的一切海关手续的费用。卖方要负责签订从指定地点承运货物的合同,支付有关的运费,此外,还要办理货运保险,承担保险费。买方承担在交货地点交货后所涉及的各项费用,包括办理进口所需的一切海关手续的费用。

(5)使用 CIP 术语时应注意的问题

1)卖方办理保险问题

和在 CIF 条件下由卖方办理保险的代办性质相类似,在 CIP 条件下,如果买卖双方事先未在合同中规定保险险别和保险金额,卖方只需按最低责任的保险险别取得保险,最低保险金额为 CIP 合同价款的 110%,并以合同货币投保。保险责任的起讫期限必须与有关货物的运输相符合,并必须自卖方需负担货物灭失或损坏的风险时起开始生效,直至货物到达约定的目的地为止。

2)确定价格

与 FCA 相比,CIP 条件下卖方要承担较多的责任和费用。他要负责办理从交货地至目的地的运输,承担有关的运费;办理货运保险,并支付保险费。这些都反映在货价之中。所以,卖方在对外报价时,要认真核算成本和价格。在核算时,应考虑运输距离、保险险别、各种运输方式和各类保险的收费情况,并要预计运价和保险费的变动趋势等方面的问题。

7.FOB、CFR、CIF 与 FCA、CPT、CIP 的比较

FOB、CFR、CIF 与 FCA、CPT、CIP 的异同如表 2-9 所示。

表 2-9　FOB、CFR、CIF 与 FCA、CPT、CIP 的异同

比较项目	FOB、CFR、CIF	FCA、CPT、CIP
运输方式	海运和内河运输	各种运输方式(单式和多式)
承运人	船公司	船公司、铁路局、航空公司或多式联运承运人
交货地点	装运港船上	视不同运输方式而定
风险转移界限	装运港船舷	货物交承运人监管后
装卸费用负担	FOB 的各种变形以明确装船费用由谁负担,CFR、CIF 的各种变形以明确卸货费用由谁负担	FCA 如在卖方所在地交货,则负担装船费。CPT、CIP 卖方支付的运费已包含装、卸货费,不存在术语变形
运输单据	已装船清洁提单	提单、海运单、内河运单、铁路运单、公路运单、航空运单或多式联运单据
术语后注地名	FOB 后加注装运港名称,CFR、CIF 后加注目的港名称	FCA 后加注装运地名称,CPT、CIP 后加注目的地名称

2.2.3 其他几种贸易术语

1. EXW

EX Works（…named place），即工厂交货（……指定地点），指卖方在其所在地或其他指定的地点（工厂、仓库等）将货物交给买方处置时，即完成交货。买方承担在卖方所在地受领货物、办理出口清关手续、将货物装上运输工具及检验等的全部费用和风险，这是卖方承担责任最少的术语。但是，当买方不能直接或间接办理出口手续时，不应该使用该术语。该术语适用于各种运输方式。

EXW 术语常常被误认为只有买方提取货物卖方才算完成待运义务，这种看法直接影响着风险和费用。因此，在双方约定的期限内，无论买方是否前来提货，都要将货物特定化，以保证卖方在买方未按规定提货时，将货物风险和费用提前转移给买方。例如：一份 EXW 合同，买方在约定时间没有去卖方工厂提货，货物在卖方仓库待运期间，因仓库发生火灾而被全部焚毁。这时，如果卖方拿出充分的证据证明货物在焚毁之前已被清楚地分开（在仓库的账本上和货位上将其用专门的标记加以特定化）并已划归买方合同项下，就能要求买方付款。

2. FAS

Free Alongside Ship（…named port of shipment），即装运港船边交货（……指定装运港），是指卖方在指定的装运港将货物交到船边，即完成交货。卖方办理出口清关手续，买方承担卖方交货后的一切费用和风险。该术语适用于水上运输。使用用本术语时，需注意船货衔接问题。

3. DAF

Delivered At Frontier（…named place），即边境交货（……指定地点），是指卖方在边境的指定交货地点，将尚未卸下的货物交给买方处置，办妥货物出口清关手续，但不承办进口清关手续，即完成交货。"边境"可以是出口国边境，也可以是进口国边境或第三国边境。该术语适用于各种运输方式。

4. DES

Delivered Ex Ship（…named port of destination），即目的港船上交货（……指定目的港），是指卖方在指定目的港船上将货物交给买方处置，无须办理货物进口清关手续，即完成交货。卖方须承担货物运至指定目的港卸货前的一切风险和费用。

DES 术语与 CIF 术语因在价格构成、运输方式等方面有相同之处，被称作"到岸价"。但实际上两者的差别很大，具体表现为：①交货地点不同，DES 是目的港船上交货，而CIF 是装运港船上交货；②风险划分不同，海上运输途中的风险 DES 是由卖方承担，而CIF 是由买方承担；③交货方式不同，DES 属实际交货，而 CIF 是象征性交货；④费用负担不同，在 DES 条件下，卖方须负担货物运抵目的港交货前的一切费用，而 CIF 条件下卖方只负担正常的运输费和约定的保险费；⑤保险性质不同，DES 条件下卖方是为自己的货物办理货运保险，而 CIF 条件下卖方办理货运保险是一种约定或惯例规定的义务。可见，DES 才是名副其实的"到岸价"。

5. DEQ

Delivered Ex Quay(… named port of destination),即目的港码头交货(……指定目的港),是指卖方在指定目的港码头将货物交给买方处置,无须办理货物进口清关手续,即完成交货。卖方承担货物运至指定目的港并卸至码头的一切风险和费用。

6. DDU

Delivered Duty Unpaid(… named place of destination),即未完税交货(……指定目的港),是指卖方在指定目的地将货物交给买方,无须办理进口手续,即完成交货。卖方应承担货物运至指定目的港的一切费用和风险,但包括在目的地国需要办理海关手续时应缴的任何"税费"。

7. DDP

Delivered Duty Paid(… named place of destination),即完税后交货(……指定目的地),是指卖方在指定目的地约定地点,办理进口清关手续,将货物交与买方后,即完成交货。卖方须承担将货物运至目的地的一切风险和费用,但包括需要办理海关手续时,在目的地应缴纳的进口"税费"。该术语适用于所有运输方式,是卖方承担责任最大的术语。

2.2.4 《2010 年通则》对《2000 年通则》的修改

新修订的《2010 年通则》与《2000 年通则》相比,主要变化如下:

(1)贸易术语的数量由原来的 13 个变为 11 个,删除《2000 年通则》中 D 组中的 4 个贸易术语,即 DDU、DAF、DES 和 DEQ,只保留了 DDP。新增加两个 D 组贸易术语,即 DAT(Delivered at Terminal)与 DAP(Delivered at Place)。

(2)贸易术语分类的调整,由原来的 E、F、C 和 D 4 组分为两类,适用于各种运输方式类(即 EXW、FCA、CPT、CIP、DAT、DAP 和 DDP 7 个)和水上运输方式类(即 FAS、FOB、CFR 和 CIF 4 个)。

(3)原 E 组、F 组、C 组的贸易术语内容不变。在《2010 年通则》中保留的贸易术语仍然按《2000 年通则》的解释保持不变,修订后的 D 组(DAT、DAP 和 DDP)中新增的贸易术语 DAT 和 DAP 基本上包括了 DAF、DES、DEQ 和 DDU 4 个贸易术语的内容,总之,修订后的 D 组指卖方需承担把货物交至目的地国所面临的全部费用和风险。

(4)风险划分(FOB、CFR 和 CIF)由以装运港"船舷为界"改为"货物在装运港口被装上船时为界"。

2.2.5 贸易术语的选用

在实际业务中当事人如能选用适当的贸易术语,不仅有利于交易的达成,而且对于顺利执行合同和提高经济效益都具有重要作用。根据经验教训,选用贸易术语时应注意以下几个问题。

1. 考虑运输问题

在本身有足够运输能力或安排运输无困难,而且经济上又合算的情况下,可争取按由自身安排运输的条件成交(如按 FCA、FAS 或 FOB 进口,按 CIP、CIF 或 CFR 出口);否则,则应酌情争取按由对方安排运输的条件成交(如按 FCA、FAS 或 FOB 出口,按 CIP、CIF 或 CFR 进口)。

2.考虑货源情况

国际贸易中的货物品种很多,不同类型的货物具有不同的特点,它们在运输方面各有不同要求,故安排运输的难易不同,运费开支大小也有差异。这是选用贸易术语时应考虑的因素。

3.考虑运费因素

运费是货价构成因素之一,在选用贸易术语时,应考虑货物经由路线的运费收取情况和运价变动趋势。一般来说,当运价看涨时,为了避免承担运价上涨的风险,可以选用由对方安排运输的贸易术语成交。

4.考虑运输途中的风险

在国际贸易中,交易的商品一般需要通过长途运输,货物在运输过程中可能遇到各种自然灾害、意外事故等风险,特别是当遇到战争,或正常的国际贸易遭到人为障碍与破坏的时期和地区,则运输途中的风险更大。因此,买卖双方洽商交易时,必须根据不同时期、不同地区、不同运输路线和运输方式的风险情况,结合购销意图来选用适当的贸易术语。

5.考虑办理进出口货物结关手续的难易

当某出口国政府当局规定,买方不能直接或间接办理出口结关手续,则不宜按 EXW 条件成交,而应选用 FCA 条件成交;若进口国当局规定,卖方不能直接或间接办理进口结关手续,此时,则不宜采用 DDP,而应选用 DES 条件成交。

2.3　国际货物买卖合同的履行

在国际贸易中,买卖合同一经依法有效成立,有关当事人必须履行其义务。卖方的基本义务是按合同规定交付货物,移交一切与货物有关的单据和移交货物的所有权;买方的基本义务是按照合同规定支付货款和收取货物。贸易合同履行过程必须依靠国际物流来实现,通过物流活动完成货物、资金和信息的转换。

2.3.1　出口合同的履行

在我国出口贸易中,以 CIF 价格条件,信用证结算方式为例,履行出口合同时,可概括为货(备货、报验)、证(催证、验证和改证)、运(托运、报关、保险)、款(制单结汇)4 个基本的重要工作环节。

信用证支付、CIF 条件出口合同履行的流程如图 2-1 所示。

1.备货、报验

备货是出口企业根据合同或信用证规定,按质、按量、按时准备好应交的货物。卖方

```
                        ┌──────────────┐
                        │   出口合同     │
                        └──────────────┘
          ┌──────────────────┼──────────────────┐
          ▼                   │                  ▼
  ┌──────────────┐            │          ┌──────────────┐
  │备货加工，包装刷唛│            │          │催证，审证，改证│
  └──────────────┘            │          └──────────────┘
          │                   │                  │
          │          ┌──────────────────┐        │
          │          │  申请出口许可证    │◄───────┘
          │          └──────────────────┘
          ▼                   │
  ┌──────────────┐   ┌──────────────┐        ┌──────────────┐
  │向商检机构报检  │   │  租船或订船    │───────►│   办理保险     │
  └──────────────┘   └──────────────┘        └──────────────┘
          │                   │                      │
          │          ┌──────────────┐  ┌──────────────┐
          │          │发运货物，办理报关│  │  制作有关单据  │
          │          └──────────────┘  └──────────────┘
          │                   │
          │          ┌──────────────┐
          │          │  海关检验放行  │
          │          └──────────────┘
          ▼                   │
  ┌──────────────┐   ┌──────────────┐        ┌──────────────┐
  │  检验证书     │   │  货物装船     │        │   保险单      │
  └──────────────┘   └──────────────┘        └──────────────┘
          │                   │                      │
          │          ┌──────────────────┐            │
          │          │取得提单，发装运通知│            │
          │          └──────────────────┘            │
          │                   │                      │
          └───────────►┌──────────────────┐◄─────────┘
                       │   汇集有关的单据   │
                       └──────────────────┘
                                │
                       ┌──────────────────┐
                       │持全套货运单据连同信│
                       │用证向银行办理议付货款│
                       └──────────────────┘
```

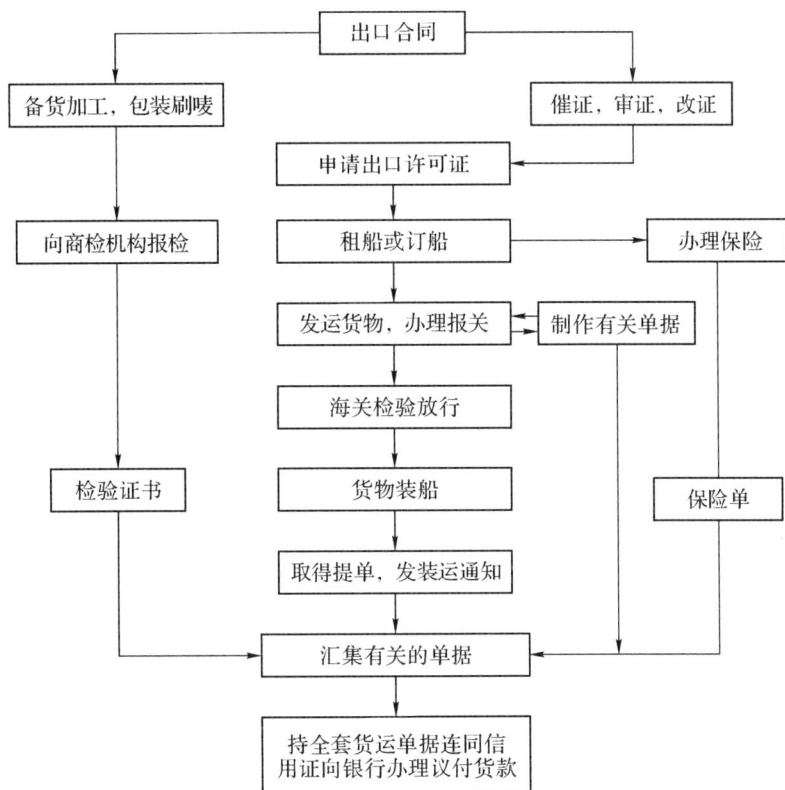

图 2-1　信用证支付、CIF 条件下出口合同履行流程

备货应注意货物的品质和包装不仅要与合同要求一致,也要注意与有关法律的要求一致。另外,进出口企业对应交的货物必须进行清点、加工整理、包装刷制运输标志以及办理申报检验和领证等几项工作。

凡属国家规定法定检验的商品,或合同规定必须经国家商检机构检验出证的商品,在货物备齐后,应向商品检验机构申请检验,一般应在商品出运前一周内提出申请,报验时应填写"出口检验单",并随附合同和信用证副本,以及出口货物报关等通关用的凭证。

货物经检验合格,即由商检机构发给检验证书,进出口公司应在检验证书规定的有效期内将货物出运。对于不属于法定检验范围的出口商品,可由生产经营单位委托其他检验机构检验。

2.落实信用证

以信用证方式结算的出口合同,能否取得买方开立的符合合同要求的信用证,关系到卖方能否安全收汇和得到资金融通,是卖方交货的前提。因此,落实信用证的工作,对卖方来说至关重要。此项工作又包括催证、审证和改证。

(1)催证

按时开立信用证是买方的一项义务,但在实务中,买方由于资金等种种原因,延误开证时间的事时有发生,卖方应注意向买方发出函电提醒或催促对方开立信用证。必要时也可请国家驻外机构或有关银行协助代为催证。

（2）审证

审证是指审核信用证。在贸易实践中，由于种种原因，如工作的疏忽、电文传递的错误、贸易习惯的不同、市场行情的变化或买方有意利用开证的主动权加列对其有利的条款，等等，往往会出现信用证与合同条款不符的情况，从而影响到卖方收汇的安全。

在我国，审核信用证是银行（通知银行）和出口企业的共同责任。银行主要侧重于政策性及信用证真实性的审核。譬如开证银行的政治背景如何，资信状况怎样，印鉴、密押是否相符，索汇路线是否畅通，是否符合支付协定，以及是否需加具保兑，等等。银行一旦发现问题，或者不能确定信用证的表面真实性，即应在转交国外来证时向出口企业加以说明。出口企业则侧重于对信用证条款的审核。审证时，出口企业应特别注意：开证银行的付款责任，信用证有无限制性或保留条款，信用证金额和支付货币，品质、规格、数量、包装、价格、保险、支付等交易条件，装运期、到期日、交单期及其相互关系，信用证的到期地点，分批装运和转运，信用证的性质等内容。

（3）改证

出口企业在审核国外来证后，如果未发现与合同有不符之处，即可按照信用证条款安排出口。如果经审核，发现来证内容与合同条款不一致，此时应根据具体情况，及时通知对方办理改证手续。此外，根据备货、船期或航线的变化，出口企业也可要求开证申请人展延信用证的装运期和到期日、变更装运港或卸货港、增减货物数量或金额、修改出口企业的名称、地址等项目。另外，如开证申请人主动改证应征得受益人同意。

3.托运、投保、报关和装船

按 CFR、CIF 条件成交的合同，由出口方办理租船订舱，或以 FOB 条件成交，而进口方委托出口方代办的，出口方也需办理托运手续。CIF 条件成交的合同，出口方应负责办理保险。除了 EXW 条件外，均由出口方负责出口报关。

（1）托运

一旦信用证收妥无误，货物备妥，即应办理托运手续。出口货物的租船订舱，我国外贸企业均委托货运代理机构办理，填制委托单，发出明确、详细、准确的托运指示。托运单的主要内容包括发货人、收货人、通知人、装运港、运输标志或集装箱编号及封印号码、品名、数量等。这些内容都应和信用证完全相符，并应注明货物的毛重、体积。

货运代理机构接受托运后，即可向承运单位或其代理办理租船订舱业务。在承运人（船公司）或其他代理人签发装货单后，货运代理机构填制显示船名、航次和提单号码的"配舱回单"，连同装货单、收货单一起交付出口企业，托运工作即告完成。

（2）投保

我方出口合同，大多以 CIF 和 CIP 方式成交，由我方向保险公司投保。投保人先填制"运输险投保单"，内容包括投保人名称、货物名称、运输标志、船名或装运工具、装运地（港）、目的地（港）、开航日期、投保金额、投保险别、投保日期和赔款地点等。投保单一式两份，一份由保险公司签署后交投保人作为接受投保的凭证，另一份由保险公司留作签发保险单的依据。保险公司根据投保内容，签发保险单或保险凭证，并计算保险费，单证一式五份，其中一份留存，投保人付清保费后取得另四份正本，投保即告完成。

（3）报关

报关是指出口货物出运前，向海关申报的手续。按照我国海关法规定，凡是进出国境的货物，必须经由设有海关的港口、车站、国际航空站进出，并由货物的发货人或其他代理人向海关如实申报，交验规定的单据文件，请求办理查验放行手续。经过海关放行后，货物才可提取或者装运出口。

当前，我国的出口企业在办理报关时，可以自行办理报关手续，也可以通过专业的报关经纪行或国际货运代理公司来办理。无论是自行报关，还是由报关行来办理，都必须填写"出口货物报关单"，必要时，还需提供出口合同副本。应向海关提交的单据还有：装货单或运单、发票、装箱单或重量单、商品检验证书及其他海关认为必要交验的有关证件。向海关申报出口，海关以出口报关单为依据，在海关监管区域内对出口货物进行查验。经查验合格，在报关单位照章办理纳税手续后，海关在装货单或运单上盖上关印，即为结关放行。

（4）装船

海关放行后，托运人或其代理凭盖有海关放行章的装货单，与有关的港务部门和理货人员联系，核查已发至码头的货物并监督装船（不采用集装箱时）。货物装船后，由承运船舶的船长或大副或其委托人向托运人或货运代理签发"收货单"。托运人持收货单付清运输费后换取已装船提单，并及时向国外买方发出"装船通知"（shipping advice）。

4. 制单结汇

出口货物装船后，出口企业即应按信用证的要求，正确制备各种单据，并在信用证规定的交单有效期内送交银行。单据包括汇票、商业发票、运输单据（如海运提单）、保险单、原产地证明、检验证书、包装单据及其他单证（如装运通知）。向银行交单时还须注意单据的种类和份数与信用证的规定相符；单据的内容，包括所用文字与信用证一致。银行根据"严格符合原则"（即单、证一致，单、单一致）审核无误后，即按照银行与出口企业之间约定的结汇办法和国家外汇管理规定，向出口企业支付货款。

5. 出口核销与退税

我国自 1991 年 1 月 1 日起，由外汇管理部门对所有贸易方式项下的出口收汇实行核销制度，这套制度是以"出口收汇核销单"为主线建立起来的一整套对每笔出口进行跟踪监测的制度。此项业务内容将在后面第三篇的章节中进行详细阐述。

出口退税是指国家为扶持和鼓励本国商品出口，将所征税款退还给出口企业的一种制度。退税的条件是财务上作出口销售，属于增值税、消费税征税范围且报关离境的货物。随着我国开放程度的提高，这项制度或将被逐步取消。

2.3.2 进口合同的履行

国际货物买卖合同中，买方的基本义务是接货、付款。我国传统的进口合同大多以FOB 价格条件成交，以信用证方式结算货款。随着我国经济的发展，我国进口企业在国际市场中树立了良好的信誉。因此，在进口业务中采用非信用证方式成交的将日益增多，这对进口商降低进口成本、控制货物质量，有明显的好处。由于目前信用证方式仍是进出口贸易中的主要结算方式，本节将仍以 FOB 条件加信用证支付方式的合同为例，说明进口合同的履行手续。此类合同中,特别强调买方的接货义务。买方的接货义务,主要是指按时派船接货和按时开立符合合同的信用证。买方在履行合同义务的同时,应随时注意和卖方接洽,督促其按合同履行交货义务。进口环节中还包括保险、审单付款、报关、检验以及可能的索赔等事项,进口商应与各有关部门密切配合,逐项完成。

1.开立信用证

进口合同签订后,进口方必须按合同内容填写开证申请书向银行办理开证手续。开证申请书是银行开立信用证的依据,也是申请人和银行之间的契约关系的法律证据。开证申请书包括两个部分。一是信用证的内容,包括受益人名称、地址,信用证的性质、金额,汇票内容,货物描述,运输条件,所需单据种类和份数,信用证的交单期、到期日和地点,信用证通知方式等。二是申请人对开证银行的声明,其内容通常固定印制在开证申请书上,包括承认遵守 UCP 600(跟单信用证统一惯例,国际商会第 600 号出版物)的规定保证向银行支付信用证项下的货款、手续费、利息及其他费用;在申请人付款赎单前,单据及货物所有权属银行所有;开证行收下不符合信用证规定的单据时申请人有权拒绝赎单;等等。

卖方收到信用证后,如提出修改信用证的请求,经买方同意后,即可向银行办理改证手续。最常见的修改内容有:延长装运期和信用证有效期、变更装运港口等。

2.运输和保险

(1)运输

如以 FOB 条件成交,将由买方负责租船订舱。我国外贸公司大都通过外运代理机构办理此项业务,也可直接向中国远洋运输公司等实际承运人洽办。

在办理运输中,应注意船货衔接,通常由卖方在交货期前的一定时间内,将预期货物备妥待装的日期通知买方。买方按该通知规定的日期,及时通过运输代理或自行办理租船订舱手续。在接到船方配舱回单后,买方应立即向卖方发出派船通知,告之船名及船期。以便卖方按照船期安排装船。按《2000 年通则》规定,卖方装船后,应向买方发出货物已交至船上的充分通知,以利买方准备接货。该装船通知一般应列明合同号、货名、数量、金额、船名及起航日期。买方据此资料办理保险。

(2)保险

为了简化投保手续,防止漏保,我国外贸公司和经常有货物进口的企业与保险公司订有预约保险合同(open policy)。该合同对进口货物的投保险别、保险费率、赔付方法和承保货物的范围都做了具体的规定。在预约保险合同规定范围内的货物,一经起运,保险公司即自动承担保险责任。外贸企业在接到国外卖方的装船通知后,应立即填制预约保险起运通知书或将装船通知送达保险公司,即完成了投保手续。

未与保险公司签订预约保险合同的企业,对进口货物须逐笔办理保险。进口企业在收到国外卖方的装船通知后,应立即填制投保单或装货通知单。内容包括货物名称、数量、保险金额、投保险别以及船名、船期、起运日期和估计到达日期、装运港和目的港。

3.审单和付款

(1)审单

以信用证方式结算,出口商必须提交与信用证相符合的单据。开证行和进口方都必须对全套单据进行审核。银企双方应密切配合。现将主要单据审核要点简述如下：

①汇票。信用证名下汇票，应加列出票条款(drawn clause)，说明开证行、信用证号码及开证日期。金额应与信用证规定相符，一般应为发票金额。如单据内含有佣金或货款部分托收，则按信用证规定的发票金额的百分比开列。金额的大小写应一致。国外开来汇票，也可以只有小写。汇票付款人应为开证行或指定的付款行。若信用证未规定的，应视为开证行，不应以申请人为付款人。出票人应为信用证受益人，通常为出口商，收款人通常为议付银行。付款期限应与信用证规定相符。出票日期必须在信用证有效期内，不应早于发票日期。

②提单。提单必须按信用证规定的份数全套提交，如信用证未规定份数，则一份也可算全套。提单应注明承运人名称并经承运人或其代理人签名，或船长或其代理人签名。除非信用证特别规定，提单应为清洁已装船提单。若为备运提单，则必须加上装船注记(shipped on board)并由船方签署。

③商业发票。除非信用证另有规定，发票应由信用证受益人出具，无须签字。发票上应有商品的名称、数量、单价、包装、价格条件、合同号码等描述，必须与信用证严格一致。发票抬头应为开证申请人。必须记载出票条款、合同号码和发票日期。

④保险单。保险单正本份数应符合信用证要求，全套正本应提交开证行。投保金额、险别应符合信用证规定。保险单上所列船名、航线、港口、起运日期应与提单一致。应列明货物名称、数量、唛头等，并应与发票、提单及其他货运单据一致。

⑤产地证。应由信用证指定机构签署。货物名称、品质、数量及价格等有关商品的记载应与发票一致。签发日期不迟于装船日期。

⑥检验证书。应由信用证指定机构签发。检验项目及内容应符合信用证的要求，检验结果如有瑕疵者，可拒绝受理。检验日期不得迟于装运日期，但也不得距装运日期过早。

（2）付款或拒付

信用证受益人在发运货物后，将全套单据经议付行寄交开证行（或保兑行）。如开证行经审单后认为单证一致、单单一致的，即应予以即期付款或承兑或于信用证规定的到期日付款，开证行付款后无追索权。如开证行审单后发现单证不符或单单不符的，应于收到单据次日起 7 个工作日内，以电信方式通知寄单银行，说明单据的所有不符点，并说明是否保留单据以待交单人处理或退还交单人。

对于单证不符的处理，按 UCP 600 规定，银行有权拒付。在实际业务中，银行须将不符点征求开证申请人的意见，以确定拒绝或仍可接受。作为开证申请人的进口方，对此应持慎重态度。因为，银行一经付款，即无追索权。

开证行向外付款的同时，即通知进口企业付款赎单。进口企业付款赎单前，同样须审核单据，若发现单证不一致，有权拒绝赎单。

4.接货和报关

（1）接货

接货包括监卸和报验。进口企业通常委托货运代理公司办理接货业务。可以在合同和信用证中指定接货代理，此时出口商在填写提单时，在被通知人栏内应填上被指定的货运代理公司的名称和地址。船只抵港后，船方按报单上的地址，将"准备卸货通知"

寄交接货代理。接货代理应负责现场监卸。如果未在合同和信用证中明示接货代理,则也可由进口方在收到船方径直寄来的"准备卸货通知"后,自行监卸。但大多情况下,仍可委托货运代理公司作为收货人的代表,现场监卸。监卸时如发现货损货差,应会同船方和港务当局,填制货损货差报告。卸货后,货物可以在港口申请报验,也可在用货单位所在地报验。但有下列情况之一的,应在卸货港口向商检机构报验:①属于法定检验的货物;②合同规定应在卸货港检验;③发现货损货差情况。

《联合国国际货物销售合同公约》(下称《公约》)规定,卖方交货后,在买方有一个合理的机会对货物加以检验以前,不能认为买方已接收了货物。如果买方经检验,发现卖方所交货物与合同不符,买方有权要求损害赔偿直至拒收货物。因此,买方收到货物后,应在合同规定的索赔期限内对货物进行检验。

(2)报关

进口企业可自行报关,也可委托货运代理公司或报关行代理报关。我国《海关法》规定,进口货物收货人应当自载运该货物的运输工具申报进境之日起 14 日内向海关办理进口申报手续,超过 14 日期限未向海关申报的,从第 15 日起按日征收 CIF 价格 5‰的滞报金。

海关接受申报后,应对进口货物实施查验。经查验,缴纳关税后,由海关在货运单据上签章放行,即为结关。收货人或其代理可持海关签章的货运单据提取货物。

注意:对于返销产品的中小型补偿贸易、来料来件加工装配业务以及部分进料加工贸易其进口料、件和设备属海关保税货物(系指经海关批准未办理纳税手续进境,在境内储存、加工、装配后复运出境的货物),料、件自进口加工之日起至加工成品出口之日止,有关设备自进口之日起至全部偿还并按海关规定期限解除监管止,均应接受海关监管。在办理报关手续时有不同要求。

5.进口索赔

在进口业务中,有时会发生卖方不按时交货,或所交货物的品质、数量与合同规定不符的情况,也可能由装运保管不当或自然灾害、意外事故等原因造成货物损坏或短缺。进口方可因此而向有关责任方提出索赔。

(1)索赔对象

1)向卖方索赔

凡属下列情况的,可向卖方索赔:货物品质规格不符合合同规定、原装数量不足、包装不符合合同规定或因包装不良致使货物受损,以及未按期交货或拒不交货。

2)向承运人索赔

凡属下列情况的,可向承运人索赔:货物数量少于运单所载数量;提单为清洁提单,由承运人保管不当造成的货物短损。

3)向保险公司索赔

属于投保险别的承保范围内的损失可向保险公司索赔。

(2)索赔注意事项

1)索赔依据

索赔时应提交索赔清单和有关货运单据[如发票、提单(副本)、装箱单]。此外,在向卖方索赔时,应提交商检机构出具的检验证书;向承运人索赔时,应提交理货报告和货损货差证明;向保险公司索赔时,除上述各项证明外,还应附加由保险公司出具的检验报告。

2)索赔金额

向卖方索赔金额,应按买方所受实际损失计算,包括货物损失和由此而支出的各项费用(如检验费、仓租、利息等),以及所失利益(以卖方可以预见的为限)。向承运和保险公司索赔,均应按有关章程办理。

3)索赔期限

向卖方索赔应在合同规定的索赔期限之内提出,如商检工作确有困难可能需要较长时间的,可在合同规定的索赔有效期内向对方要求延长索赔期限,或在合同规定索赔有效期内向对方提出保留索赔权。如合同未规定索赔期限,按《公约》规定,买方行使索赔期限自其收到货物之日起两年内。向船公司索赔期限为货物到达目的港交货后一年之内。向保险公司提出海运货损索赔的期限,则为被保险货物在卸载港全部卸离海轮后两年。

4)关于买方责任

买方在向有关责任方提出索赔时,应采取适当措施保持货物原状并妥善保管。按国际惯例,如买方不能按实际收到货物的原状归还货物,就丧失宣告合同无效或要求卖方交付替代货物的权利。按保险公司规定,被保险人必须按保险公司的要求,采取措施避免损失进一步扩大,否则不予理赔。

2.4　国际物流与国际贸易的关系

国际物流是随着国际贸易的发展而产生并发展起来的,在当前已成为影响和制约国际贸易进一步发展的重要因素。通过前面内容的阐述,我们可以明白国际物流与国际贸易之间存在着非常紧密的关系。

1. 国际物流是国际贸易的必要条件

世界范围的社会化大生产必然会引起不同的国际分工,任何国家都不能够包揽一切,因而需要国家间的合作。国家间的商品和劳务流动是由商流和物流组成的,前者由国际交易机构按照国际惯例进行,后者由物流企业按各个国家的生产和市场结构完成。为了克服它们之间的矛盾,人们要求开展与国际贸易相适应的国际物流。出口国企业只有把物流工作做好了,才能将国外客户需要的商品适时、适地、按质、按量、低成本地送到,从而提高本国商品在国际市场上的竞争能力,扩大对外贸易。

2. 国际贸易促进物流国际化

第二次世界大战以后,出于恢复重建工作的需要,各国积极研究和应用新技术、新方法,从而促进生产力迅速发展,世界经济呈现繁荣兴旺的景象。国际贸易也因此发展得极为迅速。同时,由于一些国家和地区的资本积累达到了一定程度,本国或本地区的市场已不能满足其进一步发展的需要。加之交通运输、信息处理及经营管理水平的提高,出现了为数众多的跨国公司。跨国经营与国际贸易的发展,促进了货物和信息在世界范围内的大量流动和广泛交换。物流国际化成为国际贸易和世界经济发展的必然趋势。

3.国际贸易对国际物流提出新的要求

随着世界技术经济的发展和政治格局的风云变幻,国际贸易表现出一些新的趋势和特点,从而对国际物流提出了更新、更高的要求。

(1)质量要求

国际贸易的结构正在发生着巨大变化,传统的初级产品、原料等贸易品种逐步让位于高附加值、精密加工的制成品。由于高附加值、高精密度的商品流量的增加,对物流工作质量提出了更高的要求。同时国际贸易需求的多样化,以及物流多品种、小批量化等趋势,要求国际物流向优质服务和多样化发展。

(2)效率要求

国际贸易活动的集中表现就是合约的订立和履行。而国际贸易的合约和履行很大部分涉及国际物流活动,因而要求物流有很高的效率。从输入方看,提高物流效率最重要的是如何高效率地组织所需商品的进口、储备和供应。也就是说,从订货、交货,直至运入国内保管、组织供应的整个过程,都应加强物流管理。如根据国际贸易商品的不同,采用与之相适应的巨型专用货船、专业泊位以及大型机械等专业运输,这对提高物流效率起着主导作用。

(3)安全要求

由于社会分工和社会生产专业化的发展,大多数商品在世界范围内分配和生产。国际物流所涉及的国家多,地域辽阔,在途时间长,会受诸如气候条件、地理条件等自然和政局、罢工、战争等社会政治经济因素的影响。因此,在组织国际物流,选择运输方式和路线时,要密切注意所经地域的气候条件、地理条件,还应注意沿途所经国家和地区的政治局势、经济状况等,以防不可抗拒的自然力和人为因素造成货物灭失。

(4)经济要求

国际贸易的特点决定了国际物流的环节多,储运期长。随着经济全球化的深入,降低物流成本以获得价格优势是大势所趋。从可能性上看,现代信息技术、全球卫星定位系统在国际物流上的运用,使降低物流成本具有很大潜力,对于国际物流企业来说,选择最佳物流方案,提高物流经济性,降低物流成本,保证服务水平,是提高竞争力的有效途径。

总之,国际物流必须适应国际贸易结构和商品流通形式的变革,向国际物流合理化方向发展。国际贸易商品结构、市场结构的巨大变化,需要专业化、国际化的物流运作。如果国际物流从业者无法在低成本或不增加客户费用的条件下,实现跨国货物交付的准确、准时、无差错或少差错以及安全,国际贸易合同的履约率就会受到限制,就会影响到国际贸易企业的生存和发展。

▷ **思考题**

1. 比较《2010 年通则》中贸易术语 FOB、CFR、CIF 与 FCA、CPT、CIP 在买卖双方所承担责任、风险和费用的异同。

2. 在国际贸易中常用的支付方式有哪些？各有何优缺点？

3. 国际贸易合同实施的过程与国际物流的运作过程有什么样的关系？

4. 国际物流的技术发展如何影响国际贸易的交易模式？

第二篇

国际货物运输

第 3 章

国际海上货物运输

⊡ **本章要点**

国际海上货物运输是国际货物运输中最主要的方式,主要有班轮运输和租船运输两种经营形式。本章重点介绍了国际班轮,特别是集装箱班轮运输业务。阐述了班轮货运程序、主要单证及其流程、集装箱货运程序和单证、国际海运运费计收等业务内容。

货物运输按照运输工具及运输设备的不同可分为海洋运输、铁路运输、航空运输、公路运输、内河运输、邮政和管道运输等几种主要方式,此外还有集装箱运输、国际多式联运和大陆桥运输等。各种运输方式有其自身的特点,并且分别适合运输不同距离、不同形式、不同运费负担能力和不同时间需求的物品。国际运输一般最常用的运输方式是海运,本章主要阐述国际海上货物运输业务。

3.1 国际海上货物运输概述

3.1.1 国际海上货物运输的特点

1.水路运输方式的特点

水路运输与其他几种运输方式相比,具有运量大、成本低、效率高、能耗少、投资省的优点;同时也存在速度慢、环节多、自然条件影响大、机动灵活性差等缺点。

水路货物运输最适合承担运量大、距离长,对时间要求不太紧,且运费负担能力相对较低的货运任务。

世界上国际贸易货物有 2/3 以上是通过海上运输的。国际海上货物运输伴随着国际贸易的开展,具有活动范围广、航行距离长、运输风险大的特点;其经营活动要受到有关国际公约和各国法律的约束,也受国际航运市场的影响。

2.海上货物运输危险性的特点

在国际海上货物运输中,遭遇海上危险的可能性很大。由于船舶经常是长时间在海洋上航行,也由于海洋环境复杂、气象多变,随时都有可能遭遇到巨浪、暴雨、雷电、海啸、浮冰等人力不可抗拒的海洋自然灾害,船舶遭遇危险的机会比沿海运输要多,比江河运输则更多。

在国际海上货物运输中,海上危险造成的损失巨大。因为一艘远洋运输船舶通常有较大的规模,一次载运的货物数量之多也是任何其他运输工具所无法比拟的,特别是超大型船舶,一旦造成损失,其损失程度都是十分巨大的。而且当遭遇危险时,能得到外来力量援助的及时性差,或者根本无法得到援助,因此,已经遭遇的危险和遭受的损失会进一步扩大。例如,油轮遭遇事故后,除了油轮本身和所载运的货油损失外,还会因货油流入海洋造成海洋环境的污染,其后果和损失更是惊人,尤以那些超大型油轮的事故更甚。

在国际海上货物运输中,为适应海上危险而建立了特殊制度。面对海上危险的客观存在,人们在长期海上货物运输实践并总结所发生的海上危险的情况下,为了分散危险,防止和减少海上事故的发生,为了在发生事故并带来损失时能得到一定的经济补偿,也为了促进海上货物运输事业的发展,逐步形成和发展出一些适应海上危险的比较特殊并被普遍接受的制度。这些制度包括共同海损制度、海上保险制度、海上救助制度、承运人责任限制制度和船舶所有人责任限制制度等。另外,目前还存在着反垄断有限豁免制度。

3.国际海上货物运输国际性的特点

国际海上货物运输国际性的特点主要表现在国际海运市场的影响、货运单证和适用法律的国际统一性等方面。

(1)船公司的业务经营对国际海运市场的依存性

一个国家的国际海运船舶除承担本国进出口货物的运输外,还会进入国际海运市场,开展对第三国的运输。而国际海运市场中汇集了许多船舶经营人,他们之间的竞争非常激烈。在国际海运市场上,运力的供给与需求的平衡关系左右着运价和租金水平的变动,任何的船舶经营人都不能对市场的运价和租金水平的变化给予很大的影响。相反,个别船舶经营人的经营活动都要适应国际海运市场的变化。一国的货主或国际货运代理人通常会选择本国的船公司作为海上货物运输的承运人。但是,当其他国家的船公司能够提供更为合适的运输服务时,货主就会选择非本国的船公司作为海上货物运输的承运人。

(2)主要货运单证的国际通用性

国际海上货物运输中所使用的货运单证繁多,其作用各不相同,各个国家、港口或船公司所使用的货运单证并不完全一致。但是,因为国际海上货运船舶航行于不同国家(地区)的港口之间,作为划分各方责任和业务联系主要依据的货运单证,应能适用于不同国家和港口各个方面的要求。在单证的内容和编制方法上,不但要符合本国法令的规定和业务需要,而且也必须适应国际公约或有关国家和港口的法令或习惯要求,使之能为各关系方所承认和接受。所以,就一些主要的货运单证而言,在名称、作用和记载内容上大多是大同小异,可以在国际上通用。

（3）适用法规的国际统一性

国际海上货物运输从事的是国际贸易的货物运输，是在不同国家或者地区之间进行的货物运输，在运输中经常会发生各种事故或争议。这些问题的发生不一定是在本国的水域范围内，纠纷或争议的各方也可能分属不同国家，因此，在处理这些问题时，就有适用哪一个国家法律规定的问题，有时同一个案件按不同国家的法律处理就可能得出完全不同的结果。为此，世界各国海运界一直都在谋求制定一系列能为各国所接受，并共同遵守的国际公约，各个国家在批准这些国际公约后，再相应地进行国内立法，以求得国际上的统一。目前在这一方面各国虽然还不完全一致，但已经取得了很大成果。

3.1.2　国际海运营运方式

国际海运船舶的营运方式可分为两大类：一类是定期船运输，也称班轮运输；另一类是不定期船运输，也称租船运输。

1. 班轮运输

班轮运输（liner shipping），又称定期船运输，是指在一定的航线上，按照公布的船期表，以既定挂靠港口顺序进行规则的、反复的航行和运输的船舶营运方式。班轮运输的特点可归纳为"四固定一负责"：固定航线、固定挂靠港口、固定船期、相对固定运输费率和负责装卸货，这"四固定一负责"为交易双方制定交货条款、掌握交接货时间、安排货物运输等提供了必要依据。班轮运输是目前海运货物的主要形式，特别是传统件杂货运输和集装箱运输基本采用班轮运输，这是因为该营运方式给货方带来了很大的便利。

（1）杂货班轮运输

最早的班轮运输是杂货班轮运输。杂货班轮运输的货物以件杂货为主，还可以运输一些散货、重大件等特殊货物。对货主而言，杂货班轮运输具有以下优点：

① 班轮运输所承运的货物在数量上和货种上一般无特殊限制，因此特别适应零星小批量货物的运输需求。

② 班轮运输的承运人负责包括装货、卸货、理舱等作业并将其费用全部计入班轮运费中，货方只需一次付费即可。

③ 班轮运输的承运人与货主之间在货物装船前不须签订运输合同或租船合同，只在货物装船后由船公司或其代理签发提单作为承托运双方处理运输问题的依据。

④ 一般承担班轮运输的公司均拥有技术性能较好的船舶、较安全的设备、业务水平较高的船员和严格的管理制度，因此，班轮运输不仅能满足各种货物对运输的需求，而且能较好地保证运输质量。

（2）集装箱班轮运输

20 世纪 60 年代后期，随着集装箱运输的发展，班轮运输中出现了以集装箱为运输单元的集装箱班轮运输方式。由于集装箱运输具有运送速度快、装卸方便、机械化程度高、作业效率高、便于开展联运等优点，到 20 世纪 90 年代后期，集装箱班轮运输已逐渐取代了传统的杂货班轮运输。

对货主而言，集装箱班轮运输除了具有与杂货班轮相似的优点外，在运输速度、货运质量等方面更具有优势。但是,目前大多数班轮公司不接收小批量的拼箱货,因此需要集拼经营人来安排小批量的拼箱货运输。

2.租船运输

租船运输,又称不定期船运输(tramp shipping),是相对于班轮运输即定期船运输而言的另一种方式。与班轮运输不同,租船运输既无固定的船期表,也无固定的航线和挂靠港口,何时、运何种货物、跑哪条航线、经停何港均以船舶所有人与需运输的一方根据事先签订的租船合同为依据。租船运输主要适合运输大宗散货,如谷类、油类、矿石、煤炭、木材、砂糖、化肥等,其营运费用开支取决于不同的租船方式,船舶租金的高低视当时的世界经济、政治状况及船舶运力供求变化而定,船舶所有人与承租人间的权利与义务也根据不同当事双方而有所不同。

(1)租船运输的特点

租船运输区别于班轮运输,具有以下特点:

①按照船舶出租人与承租人双方签订的租船合同安排船舶与航线,组织运输;没有相对于定期班轮运输的船期表和航线。

②适合运输大宗散货,货物的特点是批量大、附加值低、包装相对简单。因此,租船运输的运价(或租金率)相对班轮运输而言较低。

③舱位的租赁一般以提供整船或部分舱位为主,主要是根据租约来定。另外,承租人一般可以将舱位或整船再租与第三人。

④船舶营运中的风险以及有关费用的负担责任根据租船合同的规定。

⑤租船运输中的提单性质不完全与班轮运输中的提单性质相同,它一般不是一个独立的文件,对于承租人和船舶出租人而言,仅相当于货物收据。这种提单要受租船契约约束,所以银行一般不愿意接受这种提单,除非信用证另有规定。当承租人将提单转让与第三人时,提单起着权利凭证作用;而在第三人与船舶出租人之间,提单则是货物运输合同的证明。

⑥承租人与船舶出租人之间的权利和义务是通过租船合同来确定的。

⑦租船运输中,船舶的港口使费、装卸费及船期延误赔偿,按租船合同规定由船舶出租人和承租人分担、划分及计算,而班轮运输中船舶的一切正常营运支出均由船方负担。

(2)租船运输方式

租船运输方式依承租人的不同需要分为航次租船、定期租船、包运租船、光船租船和航次期租船5种形式,其中最主要的是航次租船和定期租船。

航次租船(voyage charter),又称航程租船或程租船,是指船舶所有人提供一艘船舶在指定的港口之间进行一个航次或数个航次并承运指定货物的租船,在航次租船情况下,船舶的营运调度工作和船员的配备工作仍由船舶所有人负责,还负担船舶的燃料费、物料费、修理费、港口费用、淡水费以及船员的工资、伙食等费用,承租人只需按合同规定将货物装上船舶后,即可在卸货港等待提货。但合同中须定明装卸时间及装卸时间的计算办法,装卸费用的负担人,滞期费、速遣费标准等,以便明确责任。航次租船合同常见的合同范本有"金康合同"等。

定期租船(time charter),又称期租船,是指船舶所有人将船舶出租给承运人供其使用一个时期的租船。租期的长短少则几个月,多则几年。对于货源、货流比较稳定的货物一般采用此种租船方式。定期租船的船员由船舶所有人负责配备,船员的工资和伙食费以及船舶的折旧费、维修保养费、船舶保险费等也均由船舶所有人负担。船舶的营运调度工作由承运人负责,并负担船舶的燃料费、港口费、货物装卸费和运河通行费等与船舶营运有关的费用。船舶的租金按船舶载重吨、租期的长短及商定的租金率计算。

包运租船(contract of affreightment),是指船舶所有人提供给承租人一定的运力,在确定的港口之间,以事先约定的时间、航次周期和每航次较均等的货运量完成合同规定总运量的租船方式。包运租船发展于 20 世纪 70 年代,主要被用于承运运量大的干散货或液体散装货。该方式使船舶所有人拥有一定时期的稳定货源,不仅运费收益有一定的保障,而且又拥有船舶的营运安排调度权,所以对船舶所有人是有利的;而承租人由于有了较长时间的货运保证,且不用担心租船市场变动带来的影响,也能接受。

光船租船(bare-boat charter),又称船壳租船,它只相当于一种财产租赁,是指在租期内船舶所有人提供一艘空船给承租人使用,船舶所有人除收取租金外不再承担任何费用的租船。由于船舶所有人只提供一艘空船,一切有关船员配备、船舶营运调度工作及发生的相关费用均由承租人负责。光船租船的租期一般较长,国际上以此方式达成的租船业务并不多。

航次期租船(time charter on trip bass),是一种介于航次租船和定期租船之间的租船方式,是以定期租船为基础的航次租船方式,它以完成一个航次的运输为目的,但租金按完成航次所用的日数及约定的日租金率计算,故又被称为"日租租船"。在港口航线条件复杂的情况下,这种租船方式对船舶所有人比较有利。

3.2　国际班轮运输业务

3.2.1　班轮货运程序

班轮货物运输按船期表营运,通常挂靠港口较多,物品装卸作业频繁,所承运物品的种类多,票数也多,船舶在港停泊时间较短,出现货运质量事故情况比较复杂。因此,班轮运输中有一套行之有效的货运程序,叮简单概述为:揽货、订舱—接货装船("仓库收货,集中装船")—卸船交货("集中卸船,仓库交付")等。

1.揽货和订舱

对班轮公司而言,货运程序从揽货和确定航次货运任务开始;对托运人或货运代理人而言,则从订舱、办理托运手续开始。

揽货,又称揽载(canvassion),是船公司为使自己所经营的班轮运输船舶在载重量和载货舱容两方面均能得到充分利用,以期获得最好的经营效益,通过各种途径从货主那里争取货源的行为。揽货通常的做法是在所经营的班轮航线的各挂靠港口及货源腹地通过自己的营业机构或船舶代理人与货主建立业务关系,通过报纸、杂志刊登船期表(如我国的《中国远洋航务公报》《航运交易公报》《中国航务周刊》等都定期刊登班轮船期表),以邀请货主前来托运货物,办理订舱手续;或通过与货主、无船承运人或货运代理人等签订货物运输服务合同或揽货协议来争取货源。货运代理人应根据货物运输的需要,从运输服务质量、船期、运价等方面综合考虑后,选择适当的班轮公司。

订舱(booking),是托运人(shipper)或其代理人向承运人(carrier)(班轮公司,包括其代理人)申请货物运输,承运人对这种申请给予承诺的行为。班轮运输不同于租船运输,承运人与托运人之间不需要签订运输合同,而是以口头或订舱函电进行预约。只要船公司对这种预约给予承诺,并在舱位登记簿上登记,即表明承、托双方已建立货物运输的关系。托运人申请货物运输可视为"要约",即托运人希望和承运人订立运输合同意思的表示,根据法律规定,合同订立采取要约—承诺方式,因此,承运人一旦对托运人货物运输申请给予承诺,货物运输合同即订立。

国际贸易实践中,出口商通常会要求以 CIF 价格条件成交,此时,由出口商安排货物运输工作,即出口商承担出口货物的托运工作,将货物交船公司运往国外交进口商,所以订舱工作多数在装货港或货物输出地由出口商办理。但是,如果出口货物是以 FOB 价格条件成交的,则货物运输由进口商安排,此时订舱工作就可能在货物的卸货地或输入地由进口商办理。这就是所称的卸货地订舱(home booking)。卸货地订舱的货物在实践中也称"指定货"。

确定航次货运任务就是确定某一船舶在某一航次所装货物的种类和数量。承运人承揽货载时,要考虑各票货物的性质、包装和每件货物的重量及尺码等因素。因为不同种类的货物对运输和保管有不同的要求,各港口的有关法律和规章也会有不同的规定。例如,重大件货物可能会受到船舶及装卸港口的起重机械能力影响和船舶舱口尺寸的限制,忌装货物的积载问题,各港口对载运危险货物船舶所做的限制等。而对于货物的数量,船公司也应参考过去的情况,预先对船舶舱位在各装货港间进行适当的分配,定出限额,并根据各个港口情况的变化,及时进行调整,使船舶舱位得到充分和合理的利用。货运代理人应充分认识到船方在确定船舶航次货运任务方面可能会考虑的问题,否则可能造成不必要的麻烦。

2. 接货装船

(1)装船方式

在传统杂货班轮运输中,为了提高装船效率,减少船舶在港停泊时间,不致延误船期,通常都采用"仓库收货,集中装船"方式进行。

杂货班轮运输中,除另有约定外,都规定托运人应将其托运的货物送至船边,如果船舶是在锚地或浮筒作业,托运人还应用驳船将货物驳运至船边,然后进行货物的交接和装船作业,即采取现装或直接装船的方式。然而,在杂货班轮运输中,由于船承运的货物种类多、票数多、包装式样多、挂靠港口多等,如果要求每个托运人都将自己托运的货物直接送至码头船边,就可能会造成待装的货物不能按规定的先后装船次序送至船边的情况,从而使装货现场发生混乱,影响装货效率的现象。由此而产生的结果是延长了船舶在港的停泊时间,延误船期,也容易造成货损、货差现象。因此,对于特殊货物,如危险货物、鲜活货物、贵重货物、重大件货物等,可采取由托运人将货物直接送至船边,交接装船的形式。对于普通货物的交接装船,通常采用由班轮公司在各装货港指定装船代理人,由装船代理人在各装货港的指定地点(通常为港口码头仓库)接收托运人送来的货物,办理交接手续后,将货物集中整理,并按次序进行装船的形式,即采用"仓库收货,集中装船"的形式。

(2)装船时的责任问题

在杂货班轮运输的情况下,不论采用怎样的装船形式,托运人都应承担将货物送至船边的义务,而作为承运人的班轮公司的责任则是从装船时开始,除非承运人与托运人之间另有不同的约定。因此,集中装船与直接装船的不同之处只不过是由班轮公司指定的装船代理人代托运人将货物从仓库送至船边,而班轮公司与托运人之间的责任界限和装船费用的分担仍然以船边货物挂上吊钩为界。从货主角度出发,在集中装船的形式下,当托运人在装货港将货物交给班轮公司指定的装船代理人(我国通常是港口的装卸公司)时,就可视为将货物交给班轮公司,交货后的一切风险都应由船公司负担。但是,根据有关海上运输法规(如中国《海商法》第四十六条规定:承运人对非集装箱装运的货物的责任期间,是指从货物装上船时起至卸下船时止,货物处于承运人掌管之下的全部期间)和提单条款的规定,对于件杂货运输,船公司的责任是从本船船边装货时开始的,即使是在"仓库收货,集中装船"的情况下,船公司与托运人之间的这种责任界限也没有改变。也就是说,船公司的责任期间并没有延伸至仓库收货时。虽然装船代理人在接收货物后便产生了如同船公司所负担的那种责任,实际上船公司和装船代理人各自对托运人所应负担的责任仍然存在着一定的界限,即根据船公司和装船代理人之间的特约,在船边装船以前属于装船代理人的责任。

集装箱班轮运输中,由于班轮公司基本上是以 CY—CY 作为货物的交接方式,所以集装箱货物的装船工作会由班轮公司负责。

3.货物卸船

(1)卸船方式

在杂货班轮运输中,货物卸船从理论上讲,是指将船舶所承运的货物在卸货港从船上卸下,并在船边交给收货人并办理货物的交接手续。与装船时一样,如果各个收货人都同时来到船边接收货物,同样会使卸货现场十分混乱,影响卸货效率,延误船舶在港的停泊时间。因此,对普通班轮运输的货物一般都不会采用直卸和现场交付货物的方式,而对于危险货物、重大件等特殊货物,可采取由收货人办妥进口手续后来到船边接收货物,并办理交接手续的"现提"形式。通常情况下,班轮运输是采用集中卸货的办法。即由船公司指定装卸公司作为卸货代理人,由卸货代理人总揽卸货和接收货物并向收货人实际交付货物的工作。因此,在杂货班轮运输中,对于普通货物,通常采取先将货物卸入码头仓库,进行分类整理后,再向收货人交付的方式,这种方式也称"集中卸船,仓库交付"。

(2)卸货责任

在正常情况下,卸货当然应该在提单上记载的卸货港进行。但是,如果由于战争、冰冻、港口罢工等特殊原因,船舶已不可能前往原定的卸货港,或前往原定的卸货港会使船舶处于不安全状态,则船公司有权决定将船舶驶往能够安全到达的附近港口卸货。

与装船的情况相同,在杂货班轮运输中,不论采取怎样的卸船交货的形式,船公司的责任都是以船边为责任界限,而且卸货费用也是按这样的分界线来划分的。船公司、卸货代理人、收货人三者之间的相互关系与前述的船公司、装船代理人、托运人三者之间的关系相同。

(3)误卸

船方和装卸应根据载货清单和其他有关单证认真地组织和实施货物的卸船作业,避免发生误卸的情况。误卸有两种情况:一是原本应该在其他港口卸下的货物卸在本港,称之为溢卸;二是原本应该在本港卸下的货物遗漏未卸,称之为短卸。船公司或其代理人一旦发现误卸时,应立即向各挂靠港口发出货物查询单,查清后应及时将货物运至原定的卸货港。提单条款中关于因误卸而引起的货物延迟损失或货物损坏责任问题的规定有:因误卸而发生的补送、退运的费用由船公司负担,但对因此而造成的延迟交付或货物的损坏,船公司不负赔偿责任。如果误卸是因标志不清、不全或错误,以及因货主的过失造成的,则所有补送、退运、卸货或保管的费用都由货主承担,船公司不负担任何责任。

4.货物交付

(1)交付货物的基本手续

交付货物是班轮运输中不可缺少的一个程序,并有交付货物的基本方式。在杂货班轮运输中,因为实务中多采用"集中卸船,仓库交付"的形式,并且收货人必须在办妥进口手续后,方能提取货物,所以,在班轮运输中,通常是收货人先取得提货单,办理进口手续后,再凭提货单到堆场、仓库等存放货物的现场提取货物。而收货人只有在符合法律规定及航运惯例的前提条件下,方能取得提货单。

在使用提单的情况下收货人必须把提单交回承运人,并且该提单必须经适当正确的背书,否则船公司没有交付货物的义务。但通常收货人只需要交回一份正本提单即可,除非发生对提货有争议、变更卸货港和"电放"的情况。另外,收货人还须付清所有应该支付的费用,如到付的运费、共同海损分担费等,否则船公司有权根据提单上留置权条款的规定,暂时不交付货物,直至收货人付清各项应付的费用;如果收货人拒绝支付应付的各项费用而使货物无法交付时,船公司还可以经卸货港所在地法院批准,对卸下的货物进行拍卖,以拍卖所得价款充抵应收取的费用。因此,货运代理人应及时与收货人联系,取得经正确背书的提单,并付清应该支付的费用,以便换取提货单,并在办理进口手续后提取货物。

(2)交付货物的方式

1)仓库交付货物

仓库交付货物即仓库交货,是指将从班轮船舶上集中卸下的货物先行搬入船公司或其代理人的仓库或属于装卸公司的仓库,然后由卸货代理人代表船公司按票向收货人交付货物的方式。也就是说,收货人凭提单向船公司在卸货港的代理人办妥提货手续后,持代理人签发的提货单到码头仓库提取货物并与卸货代理人办理货物的交接手续。这是班轮运输中最基本的交付货物的方式。

2)船边交付货物

船边交付货物即船边交货,又称"现提",是指收货人以提单在船公司所在的卸货港的代理处办妥提货手续换取提货单后,持提货单直接到码头船边提取货物并办理交接手续的方式。如前所述,在班轮运输中通常都以集中卸货、仓库交付为原则。不过,对于一些必须尽快提取的货物,如贵重货物、危险货物、冷冻货物、鲜活货物、长大件货物以及其他批量较大的货物,在收货人的要求下,通常采用船边交付货物的方式。

当然,在收货人要求船边提货时,船公司或其代理人应根据货物的积载情况,考虑是否有可能实现这种要求,同时还要考虑船边提货是否会延误船舶开航时间。只有确实认为这些都不会成为问题时,才能同意以船边提货的方式交付货物。不过,对于冷冻货物,一般港口都不具备保管冷冻货物的条件,只能采用船边交付货物的方式。对于贵重货物、危险货物也因不宜在码头仓库堆存时间过长而常采用船边交付货物的方式。

3)货主选择卸货港交付货物

货主选择卸货港交付货物是指货物在装船时货主尚未确定具体的卸货港,待船舶开航后再由货主选定对自己最方便或最有利的卸货港,并在这个港口卸货和交付货物。在这种情况下,提单上的卸货港一栏内须记明两个或两个以上将被选择的卸货港的名称。如选择"神户/横滨"或选择"伦敦/鹿特丹/汉堡"。而且,货物的卸货港也只能在提单上所写明的港口中选择。货主采用选择卸货港交付货物时,必须在办理货物托运时提出申请,而且还必须在船舶自装货港开航后,抵达第一个选卸港前的一定时间(通常为24小时或48小时)以内,把决定了的卸货港通知船公司及被选定卸货港船公司的代理人,否则船长有权在任何一个选卸港将货物卸下,并认为船公司已履行了对货物运送的责任。这种在货主选择的卸货港卸下和交付的货物称为"选港货"(option cargo)。为了满足货物选卸的要求,使选卸成为可能,在积载时需要对这些货物的装舱位置给予特别安排,这就难免给积载工作造成一定的困难,因而船公司对装运选港货要增收一定的附加费用,这项附加费用称为选择卸货港附加费。

因提单上已明示了卸货港的范围,即使船公司已签发了两份以上的正本提单,收货人在办理提货手续时,只要能交出其中的一份正本提单即可办理提货手续。

4)变更卸货港交付货物

变更卸货港交付货物是指在提单上所记载的卸货港以外的其他港口卸货和交付货物。变更卸货港的申请应由收货人提出。如果收货人认为将货物改在提单上所载明的卸货港以外的其他港口卸货并交付对其更为方便或有利时,可以向船公司提出变更卸货港的申请。但是,这种变更卸货港的申请必须在船舶抵达原定卸货港之前或到达变更的卸货港(需提前卸货)之前提出,并且所变更的卸货港必须是在船舶该航次停靠港口的范围之内。船公司接到收货人提出变更卸货港的申请后,必须根据本船的积载情况,考虑在装卸上能否实现这种变更,比如是否会发生严重的翻舱、捣载情况,在变更的卸货港所规定的停泊时间内能否来得及将货物卸下,以及是否会延误本船的开航时间等情况后,才能决定是否同意收货人的这种变更申请。船公司接受了收货人变更卸货港的申请后,因这种变更而发生货物的翻舱费、捣载费、装卸费以及因变更卸货港的运费差额和有关手续费等费用,均应由收货人负担。

由于变更卸货港交付货物与一般情况下货物的交付不同,收货人在办理提货手续时,必须向船公司在变更后的卸货港的代理人交出全套正本提单才能办理提货手续,这是与正常情况下收货人只交出一份正本提单即可办理提货手续的不同之处。

5）凭保证书交付货物

虽然规定收货人要取得提货单提取货物应以正本提单交换为前提条件,但是,在班轮运输中,有时会出现船舶虽已到港,而收货人尚未收到提单的特殊情况。如:因提单邮寄延误而出现提单到达的时间迟于船舶到港的时间(特别是装货港与卸货港间距离较短)的情况;或因提单遗失或被窃;或者是当船舶到港时,作为押汇的跟单票据的提单已到达进口地银行,只因为汇票的兑现期限的关系,收货人暂时还拿不到提单。在这种情况下,收货人就无法以交出提单来换取提货单提取货物。

此时,按照一般的航运习惯,收货人会开具由银行签署的保证书,以保证书交换提货单后提货。船公司同意凭保证书交付货物是为了能尽快地交货,而且除有意欺诈外,船公司可以根据保证书将因凭保证书交付货物而发生的损失转嫁给收货人或保证银行。但是,由于其违反运输合同的义务,船公司对正当的提单持有人仍负有赔偿一切损失责任的风险。因此,船公司会及时要求收货人履行解除担保的责任,即要求收货人在取得提单后及时交结船公司,以恢复正常的交付货物的条件。

6）"电放"交货

"电放"是指在装货港货物装船后,承运人签发提单,托运人再将全套提单交回承运人,并指定收货人,承运人以电信方式授权其在卸货港的代理人,在收货人不出具提单的情况下,交付货物。10多年前,在船公司普遍没有自己的海运单,而又不需要收货人在卸货港以提单换取提货单的情况下,"电放"的做法产生了。由于与传统的做法不同,托运人和收货人都要出具保函,但收货人不需要履行解除担保的责任。同时,承运人不能交错货,托运人(卖方)应能收到货款,而收货人(买方)应能提到货物,这是"电放"中各方应注意的问题。

在使用海运单的情况下,收货人无须出具海运单,承运人只要将货物交给海运单上所列的收货人,就被视为已经做到了谨慎处理。通常收货人在取得提货单提货之前,应出具海运单副本及自己确实是海运单注明的收货人的证明材料。海运单与提单相比,也具有承运人收到货物的收据和运输合同成立的证明作用,但它不是物权凭证,不得转让。因此,实践中应注意:对一票货物,使用海运单就不再使用提单等单证;海运单必须记名收货人;海运单通常签发一份正本;收货人提货时不须出具正本海运单,而只要证明其是海运单中的收货人;在收货人向承运人请求提货之前,只要符合要求,托运人有权改变收货人的名称。

3.2.2　主要货运单证

国际贸易中,单证是连接合同各履行环节的主要凭证,最典型的CIF合同甚至被称为单据买卖,而在国际贸易运输中,从办理货物托运手续开始,到货物装船、卸货直至货物交付的整个过程,都需要编制各种单证。这些单证在货方(包括托运人和收货人)与船方之间起着办理货物交接的证明作用,既是货方、港方、船方等有关单位之间从事业务工作的凭证,又是划分货方、港方、船方责任的必要依据。尽管这些单证种类繁多,而且因各国港口的规定会有所不同,但主要单证是基本一致的,并能在国际航运中通用。

1.装货港编制的单证

(1)托运单(booking note,B/N)

托运单又称委托申请书,是指由托运人根据买卖合同和信用证的有关内容向承运人或其代理人办理货物运输的书面凭证。承运人或其代理人对该单的签认,即表示接受这一托运,承运人与托运人之间对货物运输的相互关系即告建立。一般情况下,是由托运人以口头或订舱函电向船公司或其代理人约定所需的舱位后,再以书面的形式向船公司或其代理人提交详细记载有关货物情况及对运输要求等内容的托运单。船公司接受承运,便在托运单上编号并指定承运船名,将托运单留下,副本退还托运人备查。

托运单的主要内容包括(参见附录样单 3-1):托运人名称、收货人名称,货物的名称、重量、尺码、件数、包装式样、标志及号码,目的港,装船期限,信用证有效期,能否分运或转运,对运输的要求及对签发提单的要求等。

(2)装货单(shipping order,S/O)

装货单是由托运人按照托运单的内容填制交船公司或其代理人签章后,据以要求船长将承运货物装船的凭证。装货单习惯上又称关单,这是因为托运人凭船公司或其代理人签章要求船长将货物装船的装货单必须是已办理货物装船出口的报关手续、盖有海关放行图章的,只有经船公司或其代理人和海关签章的装货单,才是托运人办妥货物托运和出口手续的证明,也是船公司下达给船长接收货物装船承运的命令。

国际航运中通用的装货单多数由三联组成,称为装货联单:第一联是留底,用于缮制其他货运单证;第二联是装货单;第三联是收货单,是船方接收货物装船后签发给托运人的收据。此外根据业务需要还可增加若干份副本。

装货单的主要内容包括:托运人名称、编号、船名、目的港及货物的详细情况(以上内容应与托运单相同),另外还有货物装上船舶后由理货人员填写的货物装船的日期、装舱位置、实装货物数量以及理货人员的签名等内容。

承运人签发装货单后,船、货、港各方均需一段时间进行办理报关、查验放行、货物集中、编制装货清单、编制积载计划等装船准备工作,因此,对某一具体船舶来说,在装货开始之前的一定时间应截止签发装货单。若在截止签发装货单日之后,再为该船签发装货单,则称为"加载"。

(3)收货单(mates receipt,M/R)

收货单是指某一票货物装上船舶后,由船上大副签署给托运人的、证明船方已收到该票货物并已装上船舶的凭证。收货单又称"大副收据",托运人可凭此向船公司或其代理人换取正本已装船提单。

收货单是前述装货联单的第三联,它所记载的内容和格式与装货单完全一样,只是最后还有大副签署一栏,同时为了便于与装货单相区别,在收货单的左侧纵向增加一粗线条。

收货单上记载有关货物外表状况不良或缺陷的情况称为"批注",又称"大副批注",它是货物装船时,大副在核对装船货物的实际情况与装货单上记载的情况后,对货物外表状况不良、数量(件数)短缺、货物损坏的情况与程度等所做的记载。有大副批注的收货单为"不清洁收货单",反之,称为"清洁收货单"。

收货单上的批注,最终将要转批到提单上去,使提单成为"不清洁提单",从而影响托运人向银行结汇,这显然对托运人不利。因此,大副在做批注时应持认真负责态度,做到真实、恰当地反映货物的具体情况。

(4)提单(bill of lading,B/L)

提单是承运人或其代理人签发给托运人,证明货物已经装船(或为了装船而收到货物)并保证在目的港凭以交付货物,可以转让的证券。

提单是在托运人凭大副签字的收货单到承运人或其代理人处,付清运费(预付运费)换取的,提单有一份或一式数份正本,经承运人或其代理人签字。清洁的正本已装船提单是托运人凭以向银行办理结汇、收取货款的重要凭证。有关提单的具体业务在后面另述。

(5)装货清单(loading list,L/L)

装货清单是船公司或其代理人根据装货单留底联,将全船待装货物按目的港和货物性质归类,依航次靠港顺序排列编制的装货单的汇总单。

装货清单是船舶大副编制船舶积载图的主要依据,也是供现场理货人员进行理货、港方安排驳运、进出库场以及承运人掌握托运人备货及货物集中情况等的业务单证。

装货清单的内容包括装货单号码、货名、件数及包装、毛重、估计立方米及特种货物对运输的要求或注意事项的说明等。

(6)载货清单(manifest,M/F)

载货清单又称舱单,是一份按卸货港顺序逐票列明全船实际载运货物的汇总清单。它是在货物装船完毕后,由船公司的代理人根据大副收据或提单编制,并经船长签认的。

载货清单须逐票注明货物的明细情况(包括提单号、标志和号数、货名、件数及包装、重量、尺码),还应记明船名及国籍、开航日期、到货港、目的港等内容。

载货清单是国际上通用的一份十分重要的单证,是船舶办理出口(进口)报关手续时必须提交的单证,若船舶货舱内所装载货物在载货清单上没有列明,海关可按走私论处。另外,载货清单作为船舶载运货物的证明,也是随船单证之一。

(7)载货运费清单(freight manifest)

载货运费清单又称运费清单或运费舱单,它是由装货港的船公司或其代理人按卸货港及提单顺号逐票列明的所载货物应收运费的汇总单。

与载货清单相比,载货运费清单增加了计费吨、运费率、预付或到付的运费额等内容,是船舶营运的主要业务资料,可作查对全船有关航次装载货物情况之用,同时也可直接寄往卸货港船公司的代理人处,作收取到付运费或处理有关业务之用。

(8)其他单证

1)危险货物清单

它是专门列出船舶所载运危险货物的汇总单。国际上很多国家的港口都专门做出规定,凡船舶载运危险货物时都必须另外单独编制清单。按照一般港口的规定,船舶装运危险货物时,船方应向有关部门申请派员监督装卸。

2）货物积载图

它是以图示的形式表示的货物在船舱内的装载情况。货物积载图可分为计划积载图和实际积载图。计划积载图是在货物装船以前由大副按照船公司或其代理人送来的装货清单上记载的货物资料做成的；实际积载图是在货物实际装船后，理货长根据货物在舱内的实际装载位置做成的。货物积载图不仅是船方运送、保管货物的必备资料，也是卸货港安排卸货作业和现场理货的依据。

3）剩余舱位报告

它是为了使船舶舱位得到充分利用，在各挂靠港口装船完毕后，船长根据船上看舱人员提供的舱位实际利用情况及剩余情况，向下一挂靠港口和船公司在该地的分支机构发出的要求揽货并做装船准备的电报。

2.卸货港编制的单证

（1）过驳清单

过驳清单是指卸货港采用驳船作业时用以作为证明货物交接和表明所交货物实际情况，借以划分责任的单证。

过驳清单根据卸货时的理货单证编制，并由装卸公司、收货人等接收货物的一方和作为船方责任者的大副共同签字确认。其内容包括驳船名、货物标志、号码、件数、货名、舱口号、卸货港、卸货日、过驳清单编号等，此外，还有过驳清单批注，如果收货单和过驳清单的批注一致，则可以证明船方在运输过程中没有给货物造成损害。所以，收货单和过驳清单是证明船方责任起止的重要证据。

（2）货物残损单和货物溢短单

货物残损单和货物溢短单都是船公司日后处理收货人提出索赔要求的原始资料和依据之一，在我国港口卸货时作为卸货交接证明的单证。

货物残损单是根据卸货过程中发现货物的各种残损情况记录汇总编制成的；货物溢短单是根据卸货时，货物所卸下的数量与载货清单上所记载的数量不相符的情况汇总编制成的。货物残损单和货物溢短单的编制人均为理货长，但必须经船长或大副的签认才有效。

（3）提货单

提货单是收货人或其代理人据以向现场（码头仓库或船边）提取货物的凭证。

收货人或其代理人向船公司在卸货港的代理人交出正本提单后，船公司或其代理人应核对提单和其他装船单证的内容是否相符，并将船名、货物名称、件数、重量、包装标志、提单号、收货人名称等记载在提货单上，船公司或其代理人将其签字后交由收货人到现场提货。

3.2.3 海运提单

提单是承运人签发的证明货物已装船，或为了装船而收到货物，并保证在目的港凭以交付货物的，可以转让的有价证券。提单是国际贸易运输中一种最重要的货运单证（参见附录样单 3-2）。

1.提单的性质和作用

(1)提单具有证明承运人已接管货物和货物已装船的货物收据的性质

作为货物收据,提单的签发意味着承运人已按提单上所列内容收到了托运的货物,并保证将按照提单条款规定的权利、义务、赔偿责任和免责运输货物和在目的港以本提单相交换,将货物交付给合法的提单持有人。

(2)提单具有可以转让的物权凭证的性质

提单的转移意味着提单所代表的物权的转移。提单的物权可以不经承运人的同意而转让给第三者,提单的合法受让人或提单持有人就是提单上所记载货物的合法所有人。

(3)提单具有证明运输合同成立的性质

尽管提单不是承托运双方意思一致的表示(提单条款是承运人单方拟定的),但只要双方无另外约定,那么提单一经签发,提单上所列明的权利与义务、责任与豁免即是约束双方的法律依据。

2.提单的种类

随着贸易和海上运输的发展,提单的种类日渐繁多,从不同角度可作不同分类,主要有以下几种。

(1)按货物是否已装船划分

按货物是否已装船,可划分为已装船提单和收货待运提单。

①已装船提单。它是在整票货物已全部装进船舱或放置在甲板上,承运船舶的大副验收并签发收货单后,由承运人、船长或经承运人授权的代理人签发的载明装运船名和装船时间的提单。出口人只有凭已装船提单才能向银行办理结汇。

②收货待运提单。这是在托运人已将货物交给承运人,承运人已接管等待装船的货物后向托运人签发的。由于提单上并未载明装运船名和装船时间,所以银行一般都不肯接受这种提单。

(2)按对货物外表状况是否有不良批注划分

按对货物外表状况是否有不良批注划分,可划分为清洁提单和不清洁提单。

①清洁提单,是指货物装船时外表状况良好,提单上无不良批注的。银行办理结汇时,都规定必须提交这种清洁提单。

②不清洁提单,是指承运人在提单上加注有关货物及包装状况不良或存在缺陷等批注的提单,银行都不同意以不清洁提单办理结汇,托运人常通过出具保函的方式,从承运人处取得清洁提单,以便结汇。

(3)按提单中收货人栏的填写方式划分

按提单中收货人栏的填写方式划分,可划分为记名提单、指示提单和不记名提单。

①记名提单,是指在提单上的收货人栏中具体写明收货人名称的提单。记名提单所记载的货物,只能由提单上特定的收货人提取。记名提单不能背书转让,一般仅用于贵重货物、展品及援外物资。

②指示提单,是指在提单的收货人栏中只填写"凭指示"或"凭某人指示"字样的提单。按照表示指示人方法的不同,指示提单又可分为托运人指示提单、记名指示人提单

和选择指示人提单。指示提单是最常用的提单形式。

③不记名提单,是指在提单上收货人栏内只填写"提单持有人"或将这一栏空白,不填写任何人的名称的提单。尽管这种提单不需要任何背书手续即可转让,或提取货物,极为简便,但同时也极易引起纠纷,所以较少采用。

(4)按提单内容的繁简划分

按提单内容的繁简,可划分为全式提单和简式提单。

①全式提单,是指列有承运人和托运人的权利、义务等详细条款的提单。

②简式提单,是指提单上印明"简式"字样,而背面并没有列明承运人和托运人权利、义务的条款,只注明以承运人全式提单上所列条款为准的提单。

(5)按签发提单的时间划分

按签发提单的时间,可划分为倒签提单和预借提单。

①倒签提单,是指为了符合信用证关于装运期的规定,承运人或其代理人应托运人的要求,在货物装船完毕后,以早于该票货物实际装船完毕的日期作为提单签发日期的提单。

承运人签发倒签提单要承担风险,因此一般不签发,但为了贸易的需要,根据商业习惯,在一定条件下取得了托运人保证承担一切责任的保函后,也可同意签发。

②预借提单,是指在信用证的有效期即将届满,而货物尚未装船或尚未装船完毕的情况下,托运人为了及时结汇,而要求承运人提前签发的已装船提单。

承运人签发这种提单可能比签发倒签提单遭受更大的风险。和签发倒签提单一样,承运人必须取得托运人出具的保函后,才能签发预借提单。

3.海运提单内容及相关业务

国际公约和各国国内立法均对提单需要记载的内容做了规定,以保证提单的效力。提单基本内容分正面内容和背面运输条款。背面条款在提单中是固定部分,该条款是确定承运人与托运人以及提单持有人之间权利和义务的主要依据。提单业务中,主要涉及正面内容,下面主要对此进行阐述。

在提单正面,一般要记载如下事项。

(1)船名(name of the vessel)

若是已装船提单,须注明船名;若是收货待运提单,应在货物实际装船完毕后记载船名。该项记载的意义在于:万一发生货损货差或其他合同纠纷,法院因收货人的申请采取诉前保全或诉讼保全措施时,有确定的客体。

(2)承运人名称(name of the carrier)

承运人是运输合同的一方当事人,在提单上应记载其名称,以便收货人明白谁是合同上的承运人。当然,一般提单上已印有船东的名称和公司地址,但还有些提单上看不出谁是承运人,即使在提单签字栏中也只能看到代理人的签名。在诉讼中,这样的提单将给法院的审理造成诸多不便,对收货人或其保险人也不利。所以,提单记明承运人名称是必需的。

(3)托运人名称(name of the shipper)

托运人是运输合同的另一方当事人,这项记载的必要性更是不言而喻。正如前文所述,提单作为一种物权证书,如果是托运人指示提单,则提单必须由托运人背书后方可转让。

(4)收货人名称(name of the receiver)

收货人自取得提单之时起,便成了提单的关系人。有关收货人名称的记载方法因不同种类的提单而不同。如记名提单直接载明收货人名称;指示提单只载明指示人名称,也可只记"指示"字样,即由托运人指示。

(5)通知人名称(notified party)

几乎所有的提单上都有通知人名称这一项,但在记名提单上就没有必要再填上通知人名称了,因为记名提单上已经写明了具体收货人的名称。但在指示提单上,因没有写明具体收货人名称,会使得船公司在卸货港的代理人无法与收货人联系,无法及时办理报关、提货手续。托运人通常应在通知人栏目中写明通知人的名称、地址或公司名称。通知人一般为预定的收货人或收货人委托的代理人。

(6)装货港、卸货港和转运港(port of loading, port of discharge, port of transhipment)

从法律的角度来看,这些记载有利于确定法院的管辖权和确定运输合同的准据法。同时还明确了具体的港口,如在哪个港口装卸货等。

(7)货物名称、标志、包装、件数、重量和体积等

以上记载事项一般都由托运人提供,应该说这些有关货物的说明是提单内容中比较重要的部分。因为一般通过接受背书的提单受让人不可能通过亲自检验的方法来判断货物的数量和质量,而只能根据提单中对货物的说明支付货款。所以,为了维护提单的信用和效力,一方面托运人必须保证其所提供的货物与提单上的记载相吻合,不得有误述和虚报,另一方面承运人应将货物的实际状况与提单上的记载进行仔细核对,若发现有不符之处,应在提单上批注。

(8)运费的支付(payment of freight)

运费是由货主对安全运送和交付货物而向承运人支付的酬劳,也是运输合同成立的对价条件。因此,有关运费由谁支付、何时支付,都应在提单上注明。若货主拒绝支付运费和其他有关的费用,根据提单条款规定,承运人对货物享有留置权。

(9)提单的签发日期、地点和份数

提单的签发日期应该是提单上所列货物实际装船完毕的日期,也应该与收货单上大副所签的日期一致。若违反这一原则,无论是提前或推迟,都将产生外贸合同中买卖双方、运输合同中承运人与货方的法律责任问题,不仅会导致贸易合同撤销的责任方的赔偿,而且可能会追究承运人签发倒签提单或预借提单的法律责任。

提单签发的地点原则上应是装货地点,一般是在装货港或货物集中地签发。

提单签发的份数,按航运惯例通常是正本提单一式两至三份。每份具有同等效力,收货人凭其中一份提取货物后,其他各份自动失去其效力。但副本提单的份数可视托运人的需要而定。不过,副本提单不能作为物权凭证或背书转让,只能供有关作业参考。

(10)承运人或船长,或由其授权的人签字或盖章

提单必须经过签署手续后才能生效。有权签署提单的有承运人或船长,或由他们授权的代理人。

当今国际航运中,尤其是班轮货物运输中,大多由船公司的代理人签发提单,但代理人必须经由船公司授权方能行使提单签发权,经授权的代理人签署提单与承运人签署提单同样有效。根据一般法律规定,承运人对代理人的行为要负责。相反,代理人的行为受其委托范围所限,若代理人行为超越其授权范围,可按代理协议向代理人追偿。

承运人应根据实际情况如实地签发提单。如果已经签发了提单,而托运人又提出更正要求,承运人就要考虑各方面的关系后,才能决定是否同意更改。如更改的内容不涉及主要问题,在不妨碍其他提单利害关系人的前提下,可更改。相反,如更改的内容会涉及其他提单关系人的利益,或会影响承运人的交货条件,就需要征得有关方的同意。另外,承运人必须将原来签发的提单全套收回。至于因更改提单内容而引起的损失和费用,应由提出更改的托运人负担。

3.2.4　班轮货运单证流程

班轮货物运输的货运程序是通过单证的流转来实现的,所以货运单证的流程十分重要。传统的杂货班轮货运及主要货运单证流程如图3-1所示。

①托运人向船公司在装货港的代理人(也可直接向船公司或其营业所)提出货物装

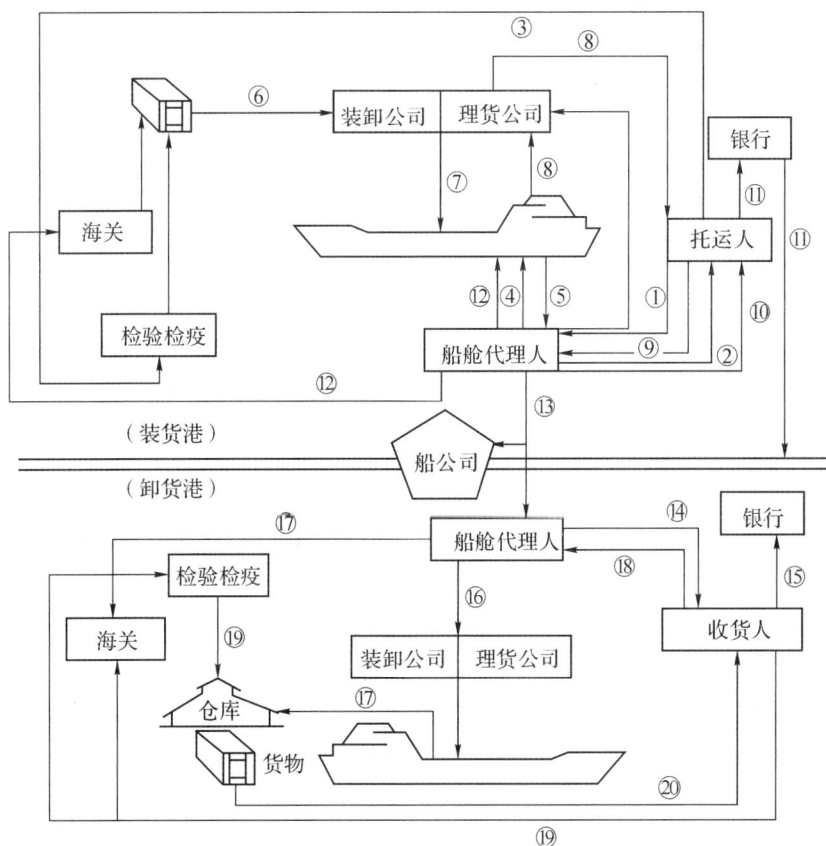

图3-1　杂货班轮货运及主要货运单证流程

运申请,递交 B/N,填写装货联单。

②船公司同意承运后,其代理人指定船名,核对 S/O 与 B/N 上的内容无误后,签发 S/O,将留底联留下后退还给托运人,要求托运人将货物及时送至指定的码头仓库。

③托运人持 S/O 及有关单证向海关办理货物出口报关、验货放行手续,海关在 S/O 上加盖放行图章后,货物准予装船出口。

④船公司在装货港的代理人根据留底联编制装货清单(L/L)送船舶及理货公司、装卸公司。

⑤大副根据 L/L 编制货物积载计划(cargo plan)交代理人分送理货、装卸公司等,以便按计划装船。

⑥托运人将经过检验及检量的货物送至指定的码头仓库准备装船。

⑦货物装船后,理货长将 S/O 交大副,大副核实无误后留下 S/O 并签发收货单(M/R)。

⑧理货长将大副签发的 M/R 转交给托运人。

⑨托运人持 M/R 到船公司在装货港的代理人处付清运费(预付运费情况下)换取正本已装船提单(B/L)。

⑩船公司在装货港的代理人审核无误后,留下 M/R 签发 B/L 给托运人。

⑪托运人持 B/L 及有关单证到议付银行结汇(在信用证支付方式下),取得货款,议付银行将 B/L 及有关单证邮寄开证银行。

⑫货物装船完毕后,船公司在装货港的代理人编妥出口载货清单(M/F)送船长签字后向海关办理船舶出口手续,并将 M/F 交船随带,船舶起航。

⑬船公司在装货港的代理人根据 B/L 副本(或 M/R)编制出口载货运费清单(F/M)连同 B/L 副本、M/R 送交船公司结算代收运费,并将卸货港需要的单证寄给船公司在卸货港的代理人。

⑭船公司在卸货港的代理人接到船舶抵港电报后,通知收货人船舶到港日期,做好提货准备。

⑮收货人到开证银行付清货款取回 B/L(在信用证支付方式下)。

⑯船公司在卸货港的代理人根据船公司在装货港的代理人寄来的货运单证,编制进口载货清单及有关船舶进口报关和卸货所需的单证,约定装卸公司、理货公司,联系安排泊位,做好接船及卸船准备工作。

⑰船舶抵港后,船公司在卸货港的代理人随即办理船舶进口手续,船舶靠泊后即开始卸货。

⑱收货人持正本 B/L 到船公司在卸货港的代理人处办理提货手续,付清应付的费用后,换取代理人签发的提货单(D/O)。

⑲收货人办理货物进口手续,支付进口关税。

⑳收货人持 D/O 到码头仓库或船边提取货物。

3.3 国际集装箱运输业务

集装箱运输的出现不仅是货物运输的一场革命,而且是现代物流发展的一个重要标志。集装箱运输"门到门"的优势,使国际物流运作更具科学性。

3.3.1 集装箱

1.集装箱的定义与标准化

(1)集装箱的定义

集装箱又名"货箱",亦称"货柜",按原文字面含义可解为"容器",是指具有一定规格和强度的专为周转使用的大型货箱。这种容器和货物的外包装与其他容器不同之处在于,除能装载货物外还需要适应许多特殊要求。国际标准化组织制定了集装箱规格,不仅包括集装箱尺寸、术语、试验方法等,而且就集装箱的构造、性能等技术特征做了某些规定。集装箱的标准化促进了集装箱在国际上的流通,对国际货物流转的合理化起了重大作用。

根据国际标准化组织104技术委员会的规定,集装箱应具备如下条件:

①具有耐久性,其坚固强度足以反复使用;

②为便于商品运送而专门设计,在一种或多种方式中运输无须中途换装;

③设有便于装卸和搬运的装置,特别是便于从一种运输方式转移到另一种运输方式;

④设计时应注意要便于货物装满或卸空;

⑤内容积在1立方米或1立方米以上。

承运人提供的集装箱(C. O. C)应能满足抵抗海上运输中可预见的风险的条件和能满足货物运输所需要的条件。货主箱(S. O. C)则应能满足抵抗海上运输中所可能预见的风险的条件。

(2)集装箱标准化

国际标准化组织为了统一集装箱规格,推荐了3个系列基本规格的集装箱,目前使用的国际集装箱规格尺寸主要是第一系列的4种规格13种箱型。它们的尺寸和重量见表3-1。其中国际航运最常用的主要是20英尺、40英尺和45英尺的标,20ft(英尺)集装箱=1TEU,10ft集装箱=0.5TEU,40ft集装箱=2TEU,45ft集装箱=2.25TEU。

表 3-1　第一系列集装箱规格尺寸和总重量

规格/m	箱型	长		宽		高		最大总重量	
		公制/mm	英制/ft in	公制/mm	英制/ft in	公制/mm	英制/ft in	kg	LB
40	1AAA 1AA 1A 1AX	12192	40′	2438	8′	2896 2591 2438 <2438	9′6″ 8′6″ 8′ <8′	30480	67200
30	1BBB 1BB 1B 1BX	9125	29′11.25″	2438	8′	2896 2591 2438 <2438	9′6″ 8′6″ 8′ <8′	25400	56000
20	1CC 1C 1CX	6058	19′10.5″	2438	8′	2591 2438 <2438	8′6″ 8′ <8′	24000	52900
10	1D 1DX	2991	9′9.75″	2438	8′	2438 <2438	8′ <8′	10160	22400

注意:45 英尺箱通常为高柜箱,在实际中使用普遍,其外部尺寸为 13.716 米×2.438 米×2.896 米,内部尺寸为 13.58 米×2.34 米×2.71 米,一般配普通干货 29 吨,体积 86 立方米。

2.集装箱货物与箱型分类

(1)集装箱货物

装载于集装箱内进行海、陆、空运输的货物称为集装箱货物。根据集装箱货物运输的特点,并不是所有的货物都适合集装箱化。按国际贸易分类的货物品目来划分,运输中所有的货物可归纳为 56 种品目,最适合集装箱化的货物有 32 种之多,其余的为不适合或边缘集装箱化的货物。按适合集装箱化的程度,集装箱货物可分为:

1)最适合集装箱化的货物

这种货物系指货价高、运价也比较高的商品。这些商品按其属性可有效地装在集装箱内运输。货物的属性系指商品的大小、容积与重量的关系。最适合集装箱化的货物有针织品、酒、医药品、打字机、各种小型电器、光学仪器、小五金等。

2)适合集装箱化的货物

适合集装箱化的货物系指货价、运费较最适合集装箱化的货物为低的商品,该类货物有纸浆、天花板、电线、电缆、面粉、生皮、炭精、金属制品等。

3)边缘集装箱化的货物

这类货物可用集装箱装载,但其运价和货价都很低,用集装箱来运输,在经济上不合算。而且,该类货物的大小、重量、包装也难以集装箱化,如钢锭、生铁、原木等。

4)不适合集装箱化的货物

这类货物是不能用集装箱运输的,而且,有的货物在大量运输时使用专用船反而能提高效率。这类货物有废钢铁、大型卡车、桥梁构件、铁塔、发电机、钢铁结构物件等。

但是随着集装箱运输技术特别是装载技术的发展,越来越多的货物可以用集装箱方式进行运输,改变了传统的货物归类与运输方式。

（2）集装箱类型

集装箱分类可以有多种方法，如以制造材料不同或以尺度不同等进行分类。这里以集装箱的不同用途进行分类，以便工作中可以根据所运输的货物的不同来选择不同类型的集装箱。

1）干货集装箱（dry cargo container）

除冷冻货、活的动物、植物外，在尺寸、重量等方面适合集装箱运输的货物，几乎均可使用干货集装箱。这种集装箱样式较多，使用时应注意箱子内部容积和最大负荷。特别是在使用20英尺、40英尺集装箱时更应注意这一点。干货箱有时也被称为通用集装箱（general propose container，GP）。

2）散装集装箱（bulk container）

散装集装箱主要用于运输啤酒、豆类、谷物、硼砂、树脂等货物。散装集装箱的使用有严格要求，如：每次掏箱后，要进行清扫，使箱底、两侧保持光洁；为防止汗湿，箱内金属部分应尽可能少外露；有时需要熏蒸，箱子应具有气密性；在积载时，除了由箱底主要负重外，还应考虑到将货物重量向两侧分散；箱子的结构应易于洗涤；由于散装集装箱主要适合装运重量较大的货物，因此要求箱子自重应比较轻。

3）冷藏集装箱（reefer container，RF）

冷藏集装箱是指装载冷藏货并附设有冷冻机的集装箱。在运输过程中，启动冷冻机使货物保持在指定温度。箱内顶部装有挂肉类、水果的钩子和轨道，适合装载冷藏食品、新鲜水果或特种化工产品等。因为冷藏集装箱投资大，制造费用几倍于普通箱，在来回程冷藏货源不平衡的航线上，常常需要回运空箱，所以船上用于装载冷藏集装箱的箱位有限。同普通箱比较，该种集装箱的营运费用较高，除应支付修理、洗涤费用外，每次装箱前还应检查冷冻装置，并定期为这些装置大修而支付不少费用。

在实际营运过程中，冷藏集装箱的货运事故较多，一是由箱子本身或箱子在码头堆场存放或装卸时所致；二是发货人在进行装箱工作时，对箱内货物所需要的温度及冷冻装置的操作缺乏足够的谨慎所致。尽管如此，世界冷藏货运量中，使用冷藏集装箱运输方式的比重仍在不断上升，近年来已经超过使用冷藏船运输方式的比重。

4）敞顶集装箱（open-top container，OT）

敞顶集装箱，实践中又称开顶集装箱，属于集装箱种类中需求增长较少的一种，主要原因是货物装载量较少，在没有月台、叉车等设备的仓库无法进行装箱，在装载较重的货物时还需使用起重机。这种箱子的特点是吊机可从箱子上面装卸货物，然后用防水布覆盖。目前，敞顶集装箱仅限于装运较高的货物或用于代替尚未得到有关公约批准的集装箱种类。

5）框架集装箱（frat rack container，FR）

这是以装载超重货物为主的集装箱，省去箱顶和两侧，其特点是可从箱子侧面进行装卸。在目前使用的集装箱种类中，框架集装箱稍有独到之处，这是因为不仅干货集装箱，即使是散货集装箱、罐式集装箱等，其容积和重量均受到集装箱规格的限制；框架集装箱则可用于那些形状不一的货物，如废钢铁、卡车、叉车等。除此之外，相当部分的集装箱在集装箱船边直接装运散装货，采用框架集装箱就较方便。框架集装箱的主要特点有:自身较重;普通集装箱是采用整体结构的,箱子所受应力可通过箱板扩散,而框架集装箱仅以箱底承受货物的重量,其受力强度很大;出于同样的原因,这种集装箱的底部较厚,所以相对来说,可供使用的高度较小,密封程度差。由于上述原因,该种集装箱通过海上运输时,必须装在舱内运输,在堆场存放时也应用毡布覆盖。同时,货物本身的包装也要适应这种集装箱。

6)牲畜集装箱(pen container)

这是一种专门为装运动物而制造的特殊集装箱,箱子的构造采用美国农业部的意见,材料选用金属网以使其通风良好,而且便于喂食,该种集装箱也能装载小汽车。

7)罐式集装箱(tank container,TK)

这类集装箱专门装运各种液体货物,如食品、酒类、药品、化工产品等。货物由液罐顶部的装货孔进入,卸货时,货物由排出孔靠重力作用自行流出,或者从顶部装货孔吸出。

8)汽车集装箱(car container)

这是专门供运输汽车而制造的集装箱,结构简单,通常只设框架与箱底,根据汽车的高度,可装载一层或两层。

3.集装箱标志

为了方便集装箱运输管理,国际标准化组织(ISO)拟订了集装箱标志方案。根据ISO790—73,集装箱应在规定的位置上标出以下内容。

(1)第一组标记:箱主代码、顺序号和核对数箱主代码

箱主代码,即集装箱所有者的代码,它由4位拉丁字母表示;前3位由箱主自己规定,并向国际集装箱局登记;第4位字母为U,表示海运集装箱代号。例如中国远洋海运(集团)公司的箱主代码为:COSU。

顺序号:为集装箱编号,用6位阿拉伯数字表示,不足6位,则以0补之。

核对数:用于计算机核对箱主号与顺序号记录的正确性。核对号一般位于顺序号之后,用1位阿拉伯数字表示,并加方框以醒目。核对号是由箱主代码的4位字母与顺序号的6位数字通过换算而得。具体换算方法此处略。

(2)第二组标记:国籍代号、尺寸代号和类型代号

国籍代号:用3位拉丁字母表示,说明集装箱的登记国,例如"RCX"为"中华人民共和国"的代号。

尺寸代号:由2位阿拉伯数字组成,用于表示集装箱的尺寸大小。例如,20表示20英尺长、8英尺高的集装箱。

类型代号:1995年前的旧标准中以2位阿拉伯数字表示类型代码(比如,第2行若为2210,则后两位数字10即表示柜子类型——封闭式集装箱);1995年后的新标准则以1个英文字母加1个阿拉伯数字组成。如:

①G0—G9:general purpose 通用箱(柜)或干货箱(柜);

②V0—V9:ventilated 通风箱;

③B0—B9:bulk 散装箱;

④S0—S9：sample 以货名命名之箱(S0：牲畜，S1：小汽车，S2：活鱼)(S3—S9 为备用号)；

⑤R0—R9：reefer 冷箱，冻箱；

⑥H0—H9：heated 保温隔热箱；

⑦U0—U9：up 敞顶箱，开顶箱；

⑧P0—P9：platform based 分平台式箱(plat form，缩写为 PF)与台架式箱(flat rack，缩写为 FR)；

⑨T0—T9：tank 罐装箱；

⑩A0：air 空/水/陆/联运箱。

(3)第三组标记：最大总重和自重

最大总重(max gross)，又称额定重量，是集装箱的自重和最大允许载货量之和。最大总重单位用千克(kg)和磅(lb)同时标出。

自重(tare)，是集装箱的空箱重量。

3.3.2　集装箱货物装载方法

1.集装箱的选择与检查

在进行集装箱货物装箱前，首先应根据所运输的货物种类、包装、性质和其运输要求，选择合适的集装箱。所选择集装箱应符合以下基本条件：

①符合 ISO 标准；

②四柱、六面、八角完好无损；

③箱子各焊接部位牢固；

④箱子内部清洁、干燥、无味、无尘；

⑤不漏水、漏光；

⑥具有合格检验证书。

(1)集装箱的选择

国际集装箱标准有 3 个系列，常用的有 13 种。在这 13 种集装箱中，采用何种规格为宜，应根据货物的情况以及航线上所经港口的条件和运输路线的环境来决定。

选用集装箱时，主要考虑根据货物的不同种类、性质、形状、包装、体积、重量，以及运输要求采用合适的箱子。首先要考虑的是货物是否装得下，其次考虑经济上是否合理，与货物所要求的运输条件是否相符。

(2)集装箱的检查

集装箱在装载货物之前，都必须经过严格检查。一个有缺陷的集装箱，轻则导致货损，重则在运输、装卸过程中造成箱毁人亡的事故。所以，对集装箱的检查是货物安全运输的基本条件之一。发货人、承运人、收货人、货运代理人、管箱人以及其他关系人在相互交接时，除对箱子进行检查外，还应以设备交接单等书面形式确认箱子交接时的状态。通常，对集装箱的检查应做到以下几点。

①外部检查：对箱子进行六面查看，看外部是否有损伤、变形、破口等异样情况，如

有,即做出修理部位的标志。

②内部检查:对箱子的内侧进行六面查看,看是否漏水、漏光,有无污点、水迹等。

③箱门检查:门的四周是否水密,门锁是否完整,箱门能否270°开启。

④清洁检查:箱子内有无残留物、污染、锈蚀异味、水湿。如不符合要求,应予以清扫,甚至更换。

⑤附属件的检查:对货物的加固环节,如板架式集装箱的支架,平板集装箱、敞顶集装箱上部延伸用加强结构等状态的检查。

2.货物装箱的一般方法

随着集装箱运输的不断发展,不同种类、不同性质、不同包装的货物都有可能装入集装箱内进行运输。同时,从事集装箱运输的管理人员以及操作人员不断增多,为确保货运质量的安全,做好箱内货物的积载工作是很重要的。许多货损事故的发生都是装箱不当造成的。货物在集装箱内的堆装、系固等工作看起来似乎比较简单,但其实集装箱货物在整个运输过程中可能涉及多种运输方式,特别是海上运输区段风险更大,货损事故难免发生。货物在箱内由于积载、装箱不当,不仅会造成货损,还会给运输及装卸机械等设备造成损坏,甚至人身伤亡。

货物在装入集装箱内时应注意的事项有:

①在不同件杂货混装在同一箱内时,应根据货物的性质、重量、外包装的强度、货物的特性等情况,将货区分开。将包装牢固、重件的货物装在箱子底部,包装不牢、轻件的货物则装在箱子上部。

②货物在箱子内的重量分布应均衡。如箱子某一部位装载的负荷过重,则有可能发生让箱子底部结构弯曲或脱开的危险;在吊机和其他机械作业时,则会发生货物倾斜,致使作业不能进行。此外,在陆上运输时,如存在上述情况,拖车前后轮的负荷因差异过大,也会在行驶中发生故障。

③在进行货物堆码时,应根据货物的包装强度,决定货物的堆码层数。另外,为使箱内下层货物不致被压坏,应在货物堆码之间垫入缓冲材料。

④货物与货物之间,也应加隔板或隔垫材料,避免货物相互擦伤、沾湿、污损。

⑤货物的装载要严密整齐,货物之间不应留有空隙,这样不仅可充分利用箱内容积,也可防止货物相互碰撞而造成损坏。

⑥在装箱完毕、关箱前应采取措施,防止箱门附近货物的倒塌。避免在目的地掏箱时,没有对靠箱门附近的货物采取系固措施而发生货物倒塌,造成货物损坏和人身伤亡的事故。

⑦应使用清洁、干燥的垫料(胶合板、草席、缓冲器材、隔垫板)。如使用潮湿的垫料,就容易发生货损事故。

⑧应根据货物的不同种类、性质、包装,选用不同规格的集装箱,选用的箱子应符合国际标准,经过严格的检查,并具有检验部门发给的合格证书。

3.3.3　集装箱货物的流转与交接方式

1.集装箱货物的流转程序

集装箱运输是将散件货物汇总成一个较大的成组单位,使用像集装箱专用列车或大型集装箱船那样的适合大量运输的运输工具进行运输。集装箱货物运输应根据各国的运输法规和每条航线上的经济、地理等条件,决定其不同的流转程序、运输方式的组成。

集装箱货物是在大规模生产方式的基础上开展起来的。所以,它必须将分散的小批量货物,预先在内陆地区的某几个点加以集中,等组成大批量的货源后,通过内陆、内河运输,将其运至集装箱码头堆场。通常情况可把内陆地点作为集装箱货物运输中的第 1 枢纽站;装船港作为第 2 枢纽站;然后通过海上运输,将集装箱货物运至卸船港,卸船港作为第 3 枢纽站;最终目的地作为第 4 枢纽站。这就是集装箱货物运输中一个比较典型的流通途径,如图 3-2 所示。

图 3-2　集装箱流通途径

从运输成本分析,只有采用这样的货流组织方式,把小批量货流组成大批量货流后,才能使运输总成本减至最小。

在上述集装箱货物流通过程中。对于货物的交接主要有两种不同的形态:一种叫整箱货(full container load,FCL),另一种叫拼箱货(less than container load,LCL)。

整箱货系指由发货人自行装箱,并负责填写装箱单、场站收据,并加铅封的集装箱货物。整箱货又习惯理解为一个发货人、一个收货人。

拼箱货系指由集装箱货运站负责装箱,负责填写装箱单,并加铅封的集装箱货物。拼箱货又习惯理解为几个发货人、几个收货人。

(1)整箱货流转

整箱货的流转可归纳为:①在发货人工厂或仓库配置集装箱;②由发货人在自己工厂或仓库装箱;③通过内陆或内河运输;④在集装箱码头堆场办理交接;⑤将集装箱根据堆场计划堆放;⑥装船;⑦通过海上运输;⑧卸船;⑨将集装箱根据堆场计划堆放;⑩在集装箱码头堆场办理交接;⑪通过内陆运输;⑫在收货人工厂或仓库掏箱;⑬集装箱空箱回运。

上述发货人至集装箱码头堆场,以及从集装箱码头堆场运至收货人方面的内陆运输,可采用 3 种运输系统:

1)货主自己拖运

由货主自己拖运系指有关空箱的配置、实箱运输均由货主负责,运至集装箱码头堆场大门后与船公司办理交接。

2)承运人拖运

由承运人拖运系指有关空箱的配置以及实箱运输(内陆)均由船公司安排,并支付运费,承运人的责任从发货人的工厂或仓库开始。

3)混合拖运

混合拖运系指由船公司负责并监管空箱配置,有关实箱的运输由货主安排,并支付运费。在由承运人负责托运时,内陆运输费用作为全程运费的一部分。

（2）拼箱货流转

拼箱货的流转可归纳为:①货运站从码头堆场领取空箱;②货运站配箱、装箱;③对已装箱的实箱加铅封;④将实箱运至码头堆场;⑤装船;⑥通过海上运输;⑦卸船;⑧将实箱运至货运站;⑨货运站掏箱;⑩货运站交货;⑪箱子回运。

2.集装箱货物的交接方式

集装箱运输改变了货物的流通途径,也改变了船、货双方传统的货物交接方式。根据集装箱货物交接地点的不同,可组合成不同的集装箱货物交接方式。

货物运输中的交接地点是指根据运输合同,承运人与货方交接货物、划分责任风险和费用的地点。由于国际公约或各国法律通常制定了强制性的法律规范,因此承运人不能通过合同的方式减轻自己的责任;而有关费用问题,则可以通过双方当事人另行约定。在集装箱运输中,根据实际需要,货物的交接地点并不固定。目前集装箱运输中货物的交接地点有船边或吊钩(ship's rail or hook/tackle)、集装箱堆场(container yard,CY)、集装箱货运站(container freight station,CFS)和其他双方约定的地点如门(door)。

根据整箱货、拼箱货的不同,其主要的交接方式有:

（1）门到门交接(door to door)

该交接方式是指承运人从发货人的工厂或仓库接收货物,负责将货物运至收货人的工厂或仓库交付。在这种交付方式下,只有一个发货人、一个收货人,且货物的交接形态是整箱货交接。

（2）门到场交接(door to CY)

这是一种在发货人的工厂或仓库接收货物,并负责运至卸船港集装箱码头堆场的交货的交接方式。门到场货物交接方式发生在承运人不负责目的地内陆运输的情况下。

（3）门到站交接(door to CFS)

这是一种从发货人的工厂仓库至目的地集装箱货运站的交接方式。即通常是整箱接收、拆箱交付,也可理解为一个发货人、几个收货人。

（4）场至门交接(CY to door)

这是一种在起运地装船港的集装箱码头堆场接收货物,并将其运至收货人工厂仓库交货的交接方式,承运人不负责起运地发货人工厂或仓库至集装箱码头堆场之间的内陆运输。

（5）场到场交接(CY to CY)

这是一种从装船港的集装箱码头堆场至目的港集装箱码头堆场的交接方式,通常是整箱货。

（6）场到站交接(CY to CFS)

这是一种从装船港的集装箱码头堆场至目的地集装箱货运站的交接方式,也可理解为一个发货人、几个收货人。

（7）站到门交接（CFS to door）

这是一种从起运地集装箱货运站至目的地收货人的工厂或仓库的交接方式,经常发生在拼箱接收、整箱交付的情况下。

（8）站到场交接（CFS to CY）

这是一种从起运地的集装箱货运站至目的地集装箱码头堆场的交接方式,也可理解为几个发货人、一个收货人。

（9）站到站交接（CFS to CFS）

这是一种从起运地的集装箱货运站至目的地集装箱货运站的交接方式,通常是拼箱货交付、拼箱货接收。

在集装箱运输中,根据实际交接地点不同,集装箱货物的交接有多种方式,在不同的交接方式中,集装箱运输经营人与货方承担的责任、义务不同,集装箱运输经营人的运输组织的内容、范围也不同。在海上集装箱班轮运输实践中,班轮公司通常承运整箱货,并在集装箱堆场交接,常用的交接方式为：CY to CY；而集拼经营人则承运拼箱货,并在集装箱货运站与货方交接货物,通常采用的交接方式为：CFS to CFS。

3.3.4 集装箱运输的货运程序

1. 集装箱运输的出口货运程序

集装箱运输的出口货运程序与传统班轮运输的出口货运程序大体相同,所不同的只不过是增加了发放和接收空箱、重箱,以及集装箱的装箱和拆箱等作业程序,改变了集装箱货物的交接方式,修订与补充了一些与作业程序和交接方式相适应的单证而已。具体地说,集装箱运输的出口货运程序主要包括以下步骤。

（1）订舱或托运

根据贸易合同和信用证有关条款的规定,作为发货人的出口商（在 FOB 价格条件下,也可能是作为收货人的进口商）应在正式办理托运手续之前,选定班期适当的船舶,填制订舱单或托运单,向船公司或船公司的代理人,或其他运输方式经营人申请订舱或托运,以满足按时将集装箱货物运至目的地的要求。

船公司或它的代理人或其他运输方式的经营人,根据货主的订舱申请,考虑航线、船舶、港口条件、运输时间,以及运输条件能否满足货方的要求后,确定是否能接受订舱和托运的要求。

通常,对于批量较小的集装箱货物可填写托运单,直接向船公司或船公司的代理人或其他运输方式的经营人办理托运手续,而对于较大批量的集装箱货物,一般都通过向船公司或其代理人订舱,取得订舱确认后,再办理托运手续。

（2）承运

承运,可以说是对订舱或托运要求的书面确认。对于申请订舱并得到船公司或船公司的代理人对订舱要求做出承诺的货物,货主或货运代理人在交运集装箱货物前还须填制集装箱托运单向船公司或船公司的代理人办理托运,以得到对订舱的确认。

船公司或船公司的代理人审核托运单；对于经过订舱的货物,还须与订舱单核对,确认无误后,在装货单"港站收据副本(1)"上签章,以表明承运货物,然后将装货单退还给货主或货运代理人。货主或货运代理人即可持装货单向海关办理货物出口报关手续。而船公司或船公司的代理人则在承运货物后,根据订舱单或托运单缮制订舱清单分送集装箱装卸作业区或集装箱堆场,据此准备空箱的发放和重箱的交接、保管以及装船工作。

(3)发放空箱

通常,集装箱是由船公司无偿借给货主或集装箱货运站使用的。在整箱货的情况下,船公司或他的代理人在接受订舱、承运货物后,即签发集装箱发放通知单,连同集装箱设备交接单一并交给托运人或货运代理人,据此到集装箱堆场或内陆站提取空箱。而在拼箱货的情况下,则由集装箱货运站提取空箱。

不论是由货主或集装箱货运站提取空箱,都须事先缮制设备交接单(出场)。提取空箱时,在集装箱装卸作业区的门卫处,由装卸作业区的门卫会同提取空箱的卡车司机分别代表集装箱堆场及集装箱使用人对集装箱及其附属设备的外表状况进行检查,然后分别在设备交接单上签字,各执一份。

(4)货物装箱

货主或货运代理人托运的货物既可能是整箱货,也可能是拼箱货。在整箱货的情况下,由货主自行办理货物出口报关手续,在海关派员监装下自行装箱,并缮制装箱单和港站收据。在拼箱货的情况下,由集装箱货运站将分属于不同货主但流向相同的零星货物装箱,拼装为整箱货物。其具体的程序是:货主将不足整箱的货物连同事先缮制的港站收据,送交集装箱货运站;集装箱货运站核对由货主缮制的港站收据和送交的货物,接收货物后,在港站收据上签收。如果接收货物时,发现货物外表有异状,则应在港站收据上按货的实际情况做出批注。集装箱货运站将拼箱货物装箱前,须向海关办理货物出口报关手续,并在海关的监督下将货物装箱,同时还应从里到外按货物装箱的顺序,编制装箱单。

(5)整箱货的交接和签收

不论是由货主自行装箱的整箱货物,或由集装箱货运站拼装的整箱货物,最终都须送交集装箱装卸作业区的集装箱堆场等待装船。在整箱货的情况下,发货人将自行装箱并经海关施加铅封的重箱,连同按装箱顺序缮制的装箱单和事先缮制的设备交接单(进场)以及港站收据,通过内陆运输送交集装箱装卸作业区的集装箱堆场,集装箱装卸作业区的门卫会同内陆运输的卡车司机对进场的重箱检验后,双方签署设备交接单,集装箱堆场则在核对订舱清单、港站收据和装箱单后,接收货物并在港站收据上签字,然后将经过签署的港站收据退交发货人以换取提单。在拼箱货的情况下,除由集装箱货运站装箱,并负责缮制装箱单和设备交接单等有关集装箱的货运单证外,其他程序与整箱货相同。

(6)换取提单

发货人收到经集装箱货运站或集装箱堆场的经营人签署的港站收据后,即可凭港站收据向船公司或其他运输方式的经营人付清运费,换取提单或其他多式联运单证,然后去银行结汇贷款。

(7)装船

集装箱进入集装箱装卸作业区的集装箱堆场后,装卸作业区应根据待装货箱的流向和装船顺序编制集装箱装船计划或积载计划,在船舶到港前将待装船的集装箱移至集装箱前方堆场,按顺序堆码于指定的箱位,船舶到港后,即可顺次装船。

集装箱装船后,船方缮制出口载货清单,并向海关办理船舶出口报关手续;船舶开航后,缮制载货运费清单,连同其他有关货运单证寄交目的港的船公司的代理人,以事先做好船舶到港后的卸货与交付的准备,以及向目的港的船公司的代理人拍发货载电报等程序,均与传统的海运大体相似,此处不再赘述。

2.集装箱出口货运的主要单证

与传统的货运单证相比,集装箱运输的出口货运单证既有不同之处,也有相同之处。如在集装箱运输中,以港站收据代替传统运输中的收货单;为办理货物进出口报关和货物交接等手续,须由装箱人缮制装箱单;为办理集装箱及其附属设备的交接等,须缮制集装箱设备交接单等,是两者不同之处。但是,两者所使用的载货清单和载货运费清单等,不论作用、内容,甚至单证的名称都相差无几,这又是它们相同之处。

一般来说,除了与传统海运相类似的货运单证外,属于集装箱运输所特有,而且能反映集装箱运输特点的出口货运单证主要有:

(1)集装箱设备交接单(equipment interchange receipt)

集装箱设备交接单简称交接单(equipment receipt,E/R),是集装箱所有人(船公司)或集装箱经营人委托集装箱码头、堆场与货方或集装箱货运站(即用箱人)交接集装箱等设备的凭证(参见附录样单3-3)。

设备交接单分进场设备交接单和出场设备交接单,各有三联,分别为管箱单位(或船公司)联、码头、堆场联和用箱人、运箱人联。

设备交接单的各栏分别由作为管箱单位的船公司或其代理人,用箱人,运箱人和码头、堆场的经办人员填写。船公司或他的代理人填写的栏目有:用箱人/运箱人、提箱地点、船名/航次、集装箱的类型及尺寸、集装箱状态、免费使用期限和进(出)场目的等。由用箱人、运箱人填写的有:运输工具牌号;如果是进场设备交接单,还须填写来自地点、集装箱号、提单号、铅封号等栏目。至于须由码头、堆场填写的则有:集装箱进出场日期、检查记录;如果是出场设备交接单,还须填写提箱地点和集装箱号等栏目。

设备交接单的流转过程是:

①由管箱单位填制设备交接单交用箱人、运箱人;

②由用箱人、运箱人到码头、堆场提箱送收箱地(或到发箱地提箱送码头、堆场),经经办人员对照设备交接单,检查集装箱的外表状况后,双方签字,码头、堆场留下管箱单位联和码头、堆场联,将用箱人、运箱人联退还给用箱人、运箱人;

③码头、堆场将留下的管箱人联退还给管箱单位。

设备交接单既是分清集装箱设备交接责任的单证,也是对集装箱进行追踪管理的必要单证。由于集装箱货物是按箱交接的,在集装箱外表无异状、铅封完好的情况下,它实际也是一种证明箱内货物交接无误的单证。

（2）装箱单（container load plan，CLP）

装箱单是按装箱顺序（自里至外）记载装箱货物的具体名称、数量、尺码、重量、标志和其他货运资料的单证。对于特种货物还应加注特定要求，比如对冷藏货物要注明对箱内温度的要求等（参见附录样单3-4）。

集装箱装箱单的用途很广。它既是集装箱船舶进出口报关时向海关提交的载货清单的补充资料，也是向承运人提供箱内所装货物的明细清单；既是装、卸两港的集装箱装卸作业区编制装、卸船计划的依据，也是集装箱船舶计算船舶吃水和稳性的数据来源。当发生货损时，还是处理索赔事故的原始依据之一。

装箱单一式五联，其中，码头联、船代联、承运人联各一联，发货人/装箱人联共两联。整箱货的装箱单由发货人缮制，而拼箱货的装箱单则由作为装箱人的集装箱货运站缮制。

发货人或货运站将货物装箱，缮制装箱单一式五联后，连同装箱货物一起送至集装箱堆场。集装箱堆场的业务人员在五联单上签收后，留下五联单中的码头联、船代联和承运人联，将发货人/装箱人联退还给送交集装箱货物的发货人或集装箱货运站。发货人或集装箱货运站除自留一份发货人/装箱人联备查外，将另一份发货人/装箱人联寄交给收货人或卸箱港的集装箱货运站，供拆箱时使用。

对于集装箱堆场留下的三联装箱单，除集装箱堆场自留码头联，以编制装船计划外，还须将船代联及承运人联分送船舶代理人和船公司，以缮制积载计划和处理货运事故。

（3）场站收据（dock receipt，D/R）

场站收据又称港站收据，或称码头收据，是指船公司委托集装箱堆场、集装箱货运站或内陆站在收到整箱货或拼箱货后，签发给托运人证明已收到货物，托运人可凭此换取提单或其他多式联运单证的收据（参见附录样单3-5）。

场站收据一式十联，根据需要另加空白两联，各联用途如下。

第一联：货主留底；

第二联：船代留底；

第三联：运费通知（1）；

第四联：运费通知（2）；

第五联：装货单（shipping order）；

第五联：（附页）缴纳出口货物港务费申请书（由港区核算应收之港务费用）；

第六联：（浅红色）场站收据副本大副联；

第七联：（黄色）场站收据（dock receipt）；

第八联：货代留底；

第九联：配舱回单（1）；

第十联：配舱回单（2）；

第十一、十二联：白纸联。

以上一套十二联，船公司或其代理接受订舱后在托运单上加填船名、航次及编号（此编号俗称关单号，与该批货物的提单号基本上保持一致），并在第五联装货单上盖章，表示确认订舱，然后将第二至四联留存，第五联以下全部退还货代公司。

货代将第五联、五联附页、六联、七联共四联拆下,作为报关单证之用,第九联或十联交托运人(货主)作为配舱回执,其余供内部各环节使用。

托运单虽有十二联之多,其核心单据则为第五、六、七联,第五联是装货单,盖有船公司或其代理人的图章,是船公司发给船上负责人员和集装箱装卸作业区接受装货的指令,报关时海关查核后在此联盖放行章,船上大副凭此收货;第六联供港区配载,由港区留存;第七联场站收据俗称黄联(黄色纸张,便于辨认),在货物装上船后由船上大副签字(通常由集装箱码头堆场签章),退回船公司或其代理人,以签发提单。

(4)危险品清单(dangerous cargo list)

这是集装箱内装危险货物的汇总清单。危险货物的托运人在托运危险货物时,必须根据有关危险货物运输和保管的规章,如《国际海运危险货物规则》(简称《国际危规》),事先向船公司或船公司的代理人提交危险品清单。危险品清单一般须记载以下一些主要内容:船名/航次,船籍,装货港,卸货港,提单号,货名,《国际危规》的类别、标贴、页号、联合国编号、件数及包装,货重,集装箱号,铅封号,运输式和装船位置等。

为了安排危险货物在集装箱堆场的堆存位置和装船的需要,托运人在将危险货物移入集装箱堆场和货运站时,都须提交危险品清单,由堆场经营人汇总交船方。

此外,所有危险货物都必须粘贴规定的危险品标志,内装危险货物的集装箱也必须有规定的危险品标志。

(5)冷藏集装箱清单(list of reefer container)

冷藏集装箱清单是装载冷冻货物或冷藏货物的冷藏集装箱的汇总清单。

冷藏集装箱由装箱人缮制。它应记载的内容主要包括:船名、船籍、船长姓名、装货港开航日期、装货港、卸货港、集装箱号码、铅封号、规格、运输方式、提单号、件号、货物名称、货物重量、箱重、总重、要求温度和装船位置等。

托运人托运冷冻货物或冷藏货物时,都应要求承运人在运输和保管过程中,将冷藏集装箱的箱内温度控制在一定范围之内,并且要求承运人在运输和保管货物方面承担高于普通货物应注意的义务。托运人在托运这种货物时,向承运人和集装箱堆场提供冷藏集装箱清单,就是为了使承运人和集装箱堆场在货物的保管和温度的控制方面给予充分的注意。因此,托运人或集装箱货运站须逐箱地仔细填列货物的名称和指定的温度范围等项内容,交集装箱堆场,由堆场经营人汇总交船方。

3.集装箱运输的进口货运程序

集装箱运输的进口货运程序也与传统的班轮运输的进口货运程序大体相同。即在卸箱港的船公司的代理人接到装箱港的船公司或船公司的代理人寄来的有关货运单证后联系集装箱装卸作业区的集装箱堆场或货运站的经营人,为船舶进港和卸箱做好准备,船舶到港后,组织卸箱和集装箱在集装箱堆场的存放,或在集装箱货运站进行拆箱。

此外,船舶到港前,船公司在卸箱港的代理人还须向收货人发出进口货物提货通知书,要求收货人事先做好提货准备;在集装箱进入集装箱堆场或货运站,做好交付准备后,再向收货人发出到货通知,收货人即可凭提单和到货通知,办理提货手续,换取提货单,以提取货物,在交付集装箱或货物时,集装箱堆场或货运站的经营人还须会同收货人或他的代理人检查集装箱或货物的外表状况,并在记载了货物状况的交付记录上签字,作为交接证明,各执一份。

集装箱运输中,因为货物是连同集装箱一起办理交接的,所以,集装箱堆场经营人须事先缮制集装箱设备交接单(出场);在整箱货的情况下,与收货人办理集装箱出借手续;而在拼箱货的情况下,则与集装箱货运站办理集装箱的交接。

4. 集装箱运输的主要进口货运单证

关于集装箱运输的进口货运单证,除与传统的班轮运输在名称和作用方面均相同的单证,如进口载货清单、进口载货运费清单、提货单,以及其他一些由船公司或船公司代理人从装箱港寄来的,或随船携带的单证外,属于集装箱运输所特有的主要进口货运单证有:

(1)到货通知书(arrival notice)

到货通知书是在卸货港的船公司的代理人在集装箱卸入集装箱堆场,或移至集装箱货运站,并办好交接准备后,以书面形式向收货人发出的要求收货人及时提取货物的通知。

到货通知书共有五联。其中,到货通知书一联,提货单一联,费用账单(一)及(二)各一联,交货记录一联。

五联到货通知书都由船公司在卸箱港的代理人在船舶到港前填制。船舶抵港前,船公司在卸货港的代理人根据装箱港的船公司或他的代理人寄来的载货运费清单或提单副本的有关货运资料填制到货通知书一式五联后,在集装箱卸船并做好交货准备后,将五联单中的第一联——到货通知书寄交收货人或通知人;收货人持正本提单和到货通知书至船公司在卸货港的代理人处,换取其余四联,即提货单、费用账单(一)、(二)和交货记录等单证;船公司在卸箱港的代理人审核提单和是否已付清运费后,收回正本提单和到货通知书,在提货单上加盖专用章,连同五联单中的其他三联,即费用账单(一)、(二)和交货记录换发给收货人;收货人持费用账单(一)、(二)和交货记录,以及加盖了船公司在卸货港的代理人的专用章的提货单共四联,随同进口报关单和其他进口报关所需单证,至海关办理货物进口报关手续,海关核准放行,即在提货单上加盖海关放行章,然后将提货单,费用账单(一)和(二),以及交货记录共四联退还给收货人;收货人即可持这四联单证至集装箱堆场或集装箱货运站办理提货手续。

(2)交货记录(delivery record)

交货记录是一式五联到货通知书中的一联。它是集装箱堆场或集装箱货运站在向收货人交付货物时,用以证明双方间已进行货物交接和载明货物交接状态的单证。

收货人持费用账单(一)、(二)和交货记录,以及船公司在卸箱港的代理人签发并经海关加盖放行章的提货单等四联单证至集装箱堆场或集装箱货运站,经堆场或货运站经营人核单后,留下用作放货依据的提货单联和据以结算费用的费用账单(一)和(二)联,在交货记录联上加盖港站印章,将交货记录退还给收货人,在收货人实际提取集装箱货物时,堆场或货运站的发货人员即凭收货人所持有的交货记录发放集装箱货物。收货人提货完毕,在交货记录上签收,交货记录由集装箱堆场或货运站留存。

(3)集装箱发放/设备交接单

集装箱进口货运过程中也需要使用"设备交接"。

3.3.5 集装箱提单

1.集装箱提单性质和内容

集装箱提单,顾名思义是将货物装于集装箱内进行海运所签发的提单。

普通船的货运提单,是在货物实际装船完毕后,经船方在收货单上签署,表明货物已装船,发货人据经船方签署的收货单(大副收据)交船公司或其代理公司换取已装船提单。而集装箱运输下的货运提单则是以码头收据换取的,它与普通船运输下签发的已装船提单不同,是一张收货待运提单。所以,在大多数情况下,船公司根据发货人的要求,在提单上填注具体的装船日期和船名后,该收货待运提单也便具有与已装船提单同样的性质和作用。

为此,现行的集装箱提单中都有表面条款(face clause,也称正面条款),说明货物在使用集装箱运输下所签发的提单性质和作用,该条款由"确认条款""签署条款""承诺条款"组成。主要内容是:

(1)确认条款

确认条款表明负责集装箱运输的人,在"货物外表状况良好"下接收货物后,签发给货物托运人的提单,系一张收货待运提单。这是集装箱运输的特点所决定的,因为负责集装箱运输的人接收货物的地点有时不在装船港,而是在集装箱码头堆场、集装箱货运站乃至发货人的门或仓库。而且,货物托运人凭经货物接收人签署的场站收据,即可换取提单。但在大多情况下,货物实际上并没有装上船,所以该提单只能是一张收货待运提单。

该种提单在其正面都设有"装船备忘录"(on board notation)一栏,等货物在实际装船完毕后,即在该栏内填制具体的装船日期、船名,随后,该收货待运提单便可作为已装船提单使用了。这种做法符合海关规则和有关运输法规的规定,也符合"信用证统一惯例"的有关规定。

(2)承诺条款

承诺条款表示货物的托运人同意并接受提单中的所有条件,并受其约束。这并不是集装箱提单中特有的条款,普通船提单也有类似的规定。

(3)签署条款

签署条款表示由谁签发提单,以及正本提单签发的份数,各份正本提单具有相同效力的条款。如中远联运提单列明:"兹证明,下述份数均属同一内容和日期的正本提单业经签字,其中一份完成之后,其余各份即告失效。"

像传统海运提单一样,集装箱提单也有正面内容和背面条款之分。正面内容需要记载有关货物的事项,背面条款则列明运输合同中规定的当事人双方的权利、义务、赔偿责任和免责的约定。

2.集装箱提单的作用

集装箱提单是集装箱货物运输下主要的货运单证,是由负责集装箱运输的经营人或

其代理人,在收到货物后签发给货物托运人的货物凭证。其作用和法律效力如下:

①集装箱提单一经签发,即表明负责集装箱运输的人收到外表状况良好、铅封号码完整的集装箱货物,其责任已开始。

②集装箱货物至目的港地,提单持有人将提单交还给目的港地集装箱运输经营人的代理人,以取得提货的权利,因此,集装箱提单是交货的凭证。

③集装箱提单一经签发,负责集装箱运输的经营人即可凭其收取运费,完成或组织完成集装箱货物的运输,所以,该提单是集装箱运输经营人与货物托运人之间运输合同订立的证明。

④集装箱提单是代表货物所有权的凭证,即货物的物权凭证,可自由转让买卖。

集装箱提单种类、格式繁多,但其主要内容和作用类似。集装箱提单主要条款与普通海运提单一样,一般作为提单背面条款,限于篇幅在此不作介绍。

3.4 海运运费计收

海运运费(freight)是指承运人根据运输契约完成货物运输后从托运人处取得的报酬。海运运价(freight rate),是指承运单位货物而付出的运输劳动价格。或者说,运价是指承运人完成某一计量单位货物而收取的运费,即运费的单价或称费率。因此,海运运价是计算海上运输运费的基础。

根据国际海运船舶不同的营运方式,国际海运货物运价一般可分为班轮运价、不定期船运价和国际海运集装箱运价。

按照支付运费的时间来划分,海运运费可分为预付运费和到付运费。预付运费是指在签发提单前即须支付全部运费;到付运费则是在等待货物运到目的港交付货物前付清运费。在运输实务中普遍采用预付运费的办法,这与国际贸易中较多采用 CIF、CFR 价格术语有关,在签发提单前由卖方在装货港支付运费可以使交易双方尽早结汇,更为方便。而且对承运人而言,到付方式可能要承担收不到运费的风险,为了避免损失,承运人除了可以将应收的到付运费作为可保利益向保险公司投保外,通常还可以在提单条款或合同条款中附加类似"收货人拒付运费或其他费用时,应由托运人支付"或"托运人应向承运人提交一份保证收货人不支付运费时,则由托运人支付的保证书"的条款。

3.4.1 班轮运费的计收

1.班轮运价表

班轮运费是班轮公司因运输货物而向托运人收取的费用。因班轮运输的成本较高,且所运货物对运费的负担能力也较强,所以班轮运费具有运价水平较高、运价相对稳定的特点。

班轮运费按照班运价表的规定计算。运价表(tariff),也称运价本或费率本,是船公司承运货物向托运人据以收取运费的费率表的汇总,运价表主要由条款和规定、商品分类和费率三部分构成。尽管不同班轮公会和班轮公司有不同的运价表,但运价表结构基本一致,包括说明及有关规定、货物分级表、航线费率表、附加费率表、冷藏货及活牲畜费率表等。

按运价制定形式不同,运价表主要可分为等级费率本和列名费率本。

(1)等级费率本

等级费率本中的运价是按商品等级来确定的。这种运价是按照货物负担运费能力的定价原则,首先将全部商品划分为若干等级,然后为不同等级的商品在不同航线或港口间运输制定某一运价。归属同一等级的商品在同一航线或港口间运输,其运价都是相同的。这种运价的运价表前要附有"商品分级表"。在计算运费时,必须先根据商品的名称在"商品分级表"中查找出该商品的等级,再从该商品的运输航线或运抵港口的"等级费率表"中查出该级商品的费率才能进行具体的计算。

(2)列名费率本

列名费率本也称单项费率运价本,其中的运价是根据商品名称来确定的。这种运价是分别对各种不同的商品在不同航线上逐一制定的。按照货物名称和航线名编制的这种运价表也称作"商品运价表"。所以,根据货物名称和所运输的航线,即可直接查出该货物在该航线上运输的运价。这种运价本使用起来比较方便,但编制量十分庞大。

2.班轮运费的构成

班轮运费由基本运费和附加运费两部分组成。基本运费是任何一种货物都要计收的运费,附加运费则为视不同情况而加收的运费。

(1)基本运费

在班轮运输中,常将航线上船舶定期或经常停靠的港口称作基本港口(base port),而将航线上为基本港口间的运输制定的运价称作基本运价或称基本费率(base rate)。它是计收班轮运输基本运费的基础。

(2)附加运费

基本费率只是为一般货物在航线上各基本港口间进行运输的平均水平制定的,而在实际业务中,班轮公司所承运的货物可能会要挂靠基本港以外的港口,或班轮公司要承运需特殊处理的货物,此外即使是基本港口间的运输,也会因各基本港口的情况不完全相同而导致成本的差异,此时,班轮公司就需要通过收取附加运费来获得额外开支的补偿。

班轮运费中常见的附加运费有:超重附加费、超长附加费、选卸附加费、直航附加费、转船附加费、港口附加费、燃油附加费、绕航附加费、港口拥挤附加费等,对于贵重货物,如果托运人要求船方承担超过提单上规定的责任限额时,船方还要增收超额责任附加费。

3.班轮运费的计费标准

计费标准也称计算标准,是指计算运费时使用的单位。在班轮运输中,主要使用的计费标准是按容积和按重量计算运费;对于贵重货物,则按货价的一定百分比计算运费;对某些货物也会按其实体的个数或件数计算运费。

集装箱班轮的运费计算标准有两种。一是采用与计算普通杂货班轮基本运费相同的方法,对具体的航线按货物的等级和不同的计费标准来计算基本运费。二是采用包箱费率(box rate)计算,即对具体航线按货物等级及箱型、尺寸的包箱费率,或仅按箱型、尺寸的包箱费率而不考虑货物种类和级别计算基本运费。包箱费率是指对单位集装箱计收的运费率。随着集装箱运输的发展和班轮运输的集装箱化,以箱为单位计算运费的方法较为普遍。

4. 班轮运费的计算

班轮运费是由基本运费和附加运费组成的,其计算公式为:

$$F = F_b + \sum_i S_i$$

式中:F—— 运费总额;

$\qquad F_b$—— 基本运费额;

$\qquad S_i$—— 第 i 项附加费。

基本运费是所运货物的计费吨(重量吨或容积吨)与基本运价(费率)的乘积,即:

$$F_b = f \cdot Q$$

式中:f—— 基本运价;

$\qquad Q$—— 计费吨。

3.4.2 航次租船的运费计收

航次租船的运费,是由承租人支付给船舶所有人或船舶经营人的报酬。双方在洽订航次租船合同时,运费的费率、计费标准、计费方法、计费币种和运费的支付方式都是重要的洽谈内容,并有专门条款对此做出规定。

1. 航次租船运费的支付方式

航次租船运费的支付方式通常有预付运费、到付运费、运费部分预付和部分到付3 种。

航次租船中,在装货港支付运费称为预付运费,在卸货港支付运费称为到付运费。至于在装货港和卸货港的具体支付运费时间,根据船方与租方在航次船舶合同中的具体约定即可。运费部分预付和部分到付,是预付方式和到付方式的结合,即部分运费在装货港支付,部分在卸货港支付,其目的是让船方和租方共同承担运费风险。

应该指出,航次租船的运费,不论采取哪一种支付方式,合同中规定运费支付时间应该是指船方收到运费的日期,而不是承租人付出款项的日期。

2. 航次租船运费的估算方法

航次租船的运费率是在对某一船舶的具体的固定费用和某一航次该船可能发生的变动费用事先做出估算的情况下,求出该船舶每一营运吨天的固定费用和航次费用,乘以该合同航次的可能需要的航次时间,再加上预期的盈利估算得出的,它是洽谈运费水平的依据。

(1)日租租船费率的估算

日租租船是航次租船的一种特定形式,根据具体的船舶及航线的情况按以下两式计算得出的每营运吨天固定费用和每营运吨天航次费用,即船舶每营运吨天运费的下限,加上考虑港口的装卸效率、船方应负担的其他费用、盈利率及市场的竞争情况等因素确定船舶每吨天的费率,即可估算出船舶每天的运费。

$$每营运吨天固定费用=\frac{船舶投资费用+船舶维持费用+一般管理费}{计划营运天数×船舶载重吨}$$

$$每营运吨天航次费用=\frac{燃油费+港口使用费+其他费用}{航次时间×船舶载重吨}$$

(2)航次租船费率的估算

通常航次租船的运费都是按照合同约定的装载货物的数量和约定的费率来计算的。此时按下式计算可得每吨货物的费率的下限,再考虑适当的利润率和船方应负担的其他费用及市场竞争情况等,即可估算出作为洽谈依据的估算费率水平。

$$每吨货物的运费=\frac{(每营运吨天固定费用+每营运吨天航次费用)×航次天数}{合同货物数量}$$

(3)租船费率的估算

包船租船是指不问装载货物数量多少,按船舶载重吨数计收运费的租船方式。在这种情况下,估算船舶每载重吨的费率就更简单。

包船租船的费率=日租租船的估算费率×估计航次天数×船舶载重吨

3.滞期费和速遣费

在租船运输情况下,船舶在港口停留时间的长短将直接影响到船舶的运转周期,直接关系着船方利益,因此,租船合同中不仅对货物的装卸时间有明确的规定,另外还订有滞期费和速遣费内容,以督促租方尽快装卸。

(1)滞期费

滞期费是指当承租人未能在合同规定的装卸时间内将货物全部装完或卸完,为了完成货物装卸,船舶还需要在港口停泊时,承租人按规定的滞期费率向船舶所有人支付的费用。

滞期费率以本船的定期租金的租金率为基础考虑,滞期费按滞期时间和规定的滞期费率计算。当船舶滞期时间过长,可能会使船舶所有人遭受更大损失时,船舶所有人还可在规定的滞期时间以外要求承租人缴纳滞留损失赔偿金。

(2)速遣费

速遣费是承租人在合同约定的装卸时间之前,提前结束货物的装卸作业后,由船舶所有人付给承租人的奖励费。按照惯例,速遣费按滞期费的50%计算。

思考题

1.比较传统班轮提单与集装箱提单的异同。

2.集装箱班轮运费计收有哪几种方式?

3.哪些国际贸易术语适合 door to door 的集装箱运输方式?

第4章

国际航空货物运输

📭 **本章要点**

国际航空运输是国际货物运输的主要方式之一，具有速度快、运距长、质量高等特点，在国际贸易中，特别适合易腐商品、鲜活商品和及时性强的小批量商品运输。集中托运是国际航空运输最主要的营运方式，航空运费计收及货运单证等与海上运输也有所不同。本章重点对国际航空货物运输程序、航空货运单和航空运价等内容进行了阐述。

4.1 国际航空货物运输概述

4.1.1 航空货物运输的优点

第二次世界大战前，航空货运仅限于一些航空邮件和紧急物资。战争的需求使得航空器有了很大的发展。航空运输作为一种国际贸易运输方式，是第二次世界大战后才开始出现的。随着战争的结束，军用飞机逐渐转向民用航空，尤其是宽体飞机的出现和全货机的不断发展，航空货运在经济发展中的地位越来越重要。由于航空运输速度快，航线不受地形条件限制，安全准时，还可节省包装、保险、利息等费用，而且手续简便，在开辟新市场、适应市场需要与变化等方面较其他运输方式尤为优越，所以其发展迅速，运量逐步增大，在整个国际贸易运输中的地位日益显著。

我国在过去相当长的时期内，进出口货物通过航空运输的数量极少。但随着我国对外贸易和民航业务的发展，我国国际航空运输范围不断扩大，运输量也快速增长。至2017年年底，中国已与122个国家和地区签订双边航空运输协定，国际航线里程达到324.6万千米。2017年，国内航空公司国际定期航班通航60个国家的158个城市，我国航空运输网已成为世界航空运输的重要组成部分，且具有较强的航空运输国际竞争力。

航空运输虽然起步较晚,但发展极为迅速,这与其自身显而易见的优点密切相连。随着综合物流成本意识的增强,货主已经意识到航空运输能带来的经济效用,主要有:

1. 降低库存水平

航空运输的高速性使得长距离的物品运送可以在短时间内完成,因而使降低库存成为可能,库存投资和保管费用也可以相应节约,资本的周转速度相应提高。

2. 运输及时性强

在物品性能和式样变化越来越快的今天,为了适应市场的快速变化,把握商机,需要利用航空运输完成物品的迅速补给,特别是因季节性强而销售期比较短的物品等。另外,由于国际市场竞争激烈,市场行情瞬息万变,为了能在国际贸易中及时地把握时机,争取最好的利润,时间因素往往至关重要。所以在国际贸易中,航空运输经常成为贸易竞争的手段而被普遍采用。

3. 节省包装费用

航空运输安全性好,因此可以简化运输包装,节省包装材料、劳力和时间。

4. 对小批量物品而言,可节省运杂费

航空运费以千克为计算单位,轻泡货物每 6～7 立方米折合 1 吨,而海运费用是 1 立方米折合 1 吨计算,所以少量轻质货物采用空运反而有利。

5. 减少货损和货差事故

由于航空运输过程中的振动、冲击很小,温度、湿度等条件适宜,加之运行中与外界没有接触,发生货损、货差事故的可能性大大减小。

但是,航空运输同时也存在运价比较高、载量有限和易受天气影响等劣势。因此,航空运输适合承担运量较少、运距大、对时间要求紧、运费负担能力较高的货运任务。在国际贸易中,航空运输特别适合易腐商品、鲜活商品和季节性强的商品运输。

4.1.2　航空货物运输的经营方式

航空运输的主要经营方式包括班机运输、包机运输、集中托运和航空快递 4 种。

1. 班机运输

班机是指在固定航线上的固定起落站按预先计划规定的时间进行定期航行的飞机。这种运输经营方式往往是客货混载,但随着航空物流的发展,专门的货运班机也越来越普遍。班机固定航线和停靠港,定期开航,定点到达,因此物品流通采用班机方式可以使收货人和发货人确切掌握货物起运和到达时间,保证货物安全、准时地成交。

由于班机运输一般是客货混装,一般货舱舱位有限,不能满足大批物品的运输要求,只能分期分批运输。

2. 包机运输

包机运输是指由租机人租用整架飞机或若干租机人联合包租一架飞机进行货运的物流方式。包机如往返使用,则价格较班机低,如单程使用则价格较班机高。包机适合专运高价值货物。

包机运输方式分为整架包机和部分包机两类。整架包机是指航空公司或包机代理公司,按照与租机人事先约定的条件与费率,将整架飞机出租给包机人,从一个或几个航空站装运物品到指定目的地的运输方式。它适合大宗物品运输。部分包机又有两种方式:一种是由几家航空货运代理公司或发货人联合包租整架飞机,另一种是由包机公司把整架飞机的舱位分租给几家租机人。部分包机适合不足整机的物品,或 1 吨以上的物品运送,运价较班机费率低,但运送时间比班机长。

3.集中托运

集中托运是指航空代理公司把若干单独发运的物品,组成一整批物品,用两份总运单整批发运到同一到站,或者运交某一预定的代理收货,分拨后交给实际收货人的运输方式。它是一种对小批量物品的空运方式。航空货运代理公司对每一货主另发一份自己签发的运单,以便货主办理收取价款事宜。

由于航空运价随着货物计费重量的增加而逐级递减,货物重量越重,代理人或集中托运商就越可以从航空公司获取更加优惠的运价,因此,集中发运大批量货物的运营模式成为众多代理追求的目标。

4.航空快递

航空快递是由专门经营快递业务的代理公司组织货源和联络用户,并办理空运手续,或委托到达地的速递公司,或在到达地设立速递公司,或派专人随机送货送达收货人的一种快速运货方式。

4.2　国际航空货运程序

航空货运程序是指为了满足运输消费者的需求而进行的从托运人发货到收件人收货的全过程的物流和信息流的实现和控制管理过程。随着经济的发展、贸易的活跃,航空货运量越来越大,因此也逐渐建立起了一套相应的业务流程,以满足为客户服务的需要。整个流程包括出运和接运两部分,在此以国际航空货运程序为例,简述航空货运的出港业务流程和进港业务流程,具体业务内容参阅第十章国际航空货运代理业务。

4.2.1　航空货运出港程序

航空货运出港操作程序是指自托运人将物品交给航空公司,直到物品装上飞机的整个操作流程。航空货运出港操作程序如图 4-1 所示:

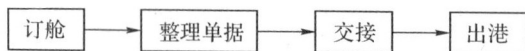

订舱 → 整理单据 → 交接 → 出港

图 4-1　航空货运出港业务流程

1.订舱

订舱,是托运人或其代理人向航空公司申请并预订舱位,航空公司签发舱位确认书,同时给予装货集装器领取凭证(如需要时),以表示舱位订妥。此时需要填写订舱单(cargo booking advance,CBA),以便航空公司的吨控与配载部门掌握情况。

2.整理单据

整理单据,是指将有关出运物品的单据进行核对检查并进行处理,以保证正确交接和出港的作业。需整理的单据包括已入库的大货单据、现场收运的物品的单据和中转的散货单据。

3.交接

交接,是指物品过磅、入库和将随机单据等交付航空公司的作业。交货之前必须做好标签,清点和核对物品,填制交接清单。大宗货、集中托运货,以整板、整箱称重交接;零散小货按票称重,计件交接。航空公司审单验货后,再交接清单并签收,将物品存入出港仓库。

4.出港

出港,是指按计划将所配载的物品装上飞机并制作相应单据,飞机起飞、单据传输出去的作业。

4.2.2 航空货运进港程序

航空货运进港操作程序是指从飞机到达目的地机场,承运人把货物卸下飞机直到交给收件人的物流、信息流的实现和控制管理的全过程。航空货运进港业务流程如图 4-2 所示。

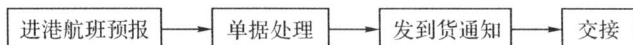

进港航班预报 → 单据处理 → 发到货通知 → 交接

图 4-2 航空货运进港业务流程

1.进港航班预报

航空公司以当日航班进港预报为依据,在航班预报册中逐项填写航班号、机号、预计到达时间;同时还应了解到达航班的货物装机情况及特殊货物的处理情况。

2.单据处理

在每份货运单的正本上加盖或书写到达航班的航班号和日期;认真审核货运单,注意运单上所列目的港、代理公司、品名和运输保管注意事项;核对运单和舱单,若舱单上有分批货,则应把分批货的总件数标在运单号之后,并注明分批标志;把舱单上列出的特种货、联程货物圈出;根据分单情况,在整理出的舱单上标明每票运单的去向;核对运单份数与舱单份数是否一致,做好多单、少单记录,将多单运单号码加在舱单上,多单运单交查询部门;打印航班交接单。

3.发到货通知

货物到达目的港后,应尽早、尽快、尽妥地通知货主到货情况,并提请货主备齐有关单据尽快报关。

4.交接

航空公司或其代理人将有关单据转交收货人,并将卸机后存入仓库的物品交付给收货人。

4.3 航空货运单

4.3.1 航空货运单的概念及作用

航空货运单(air way bill,AWB)是由托运人或者以托运人的名义填制,承运人或其代理人签发的,托运人和承运人之间在承运人的航线上运输货物所订立的运输契约证明。它是航空货运中重要的单据,其性质与海运提单不同,而与海运单和铁路运单等运单相似。航空货运单不是物权凭证,不能通过转让航空货运单来转让物品。

航空货运单通常包括有出票航空公司标志的航空货运单和无承运人任何标志的中性货运单两种。航空货运单既可用于同一种类的货物运输,也可用于不同种类货物的集合运输;既可用于单程货物运输,也可用于联程货物运输。

航空货运单是订立合同、接收货物和运输条件的初步证据,其作用有:①运输合同凭证,航空货运单是承运人与托运人之间缔结运输合同的凭证;②货物收据,航空货运单是承运人签发的已收运货物的证明,除另有注明外,它也是承运人表明在良好状况下装运的证明;③运费单据,航空货运单上记载有托运人已支付的费用和收货人应支付的费用及代理人的费用,所以它是运费结算凭证及运费收据;④航空货运单是承运人组织航空货运的依据;⑤航空货运单是进出口物品办理报关手续的单证之一;⑥航空货运单是保险证明,在承运人承办保险业务的情况下,航空货运单也可用作保险证书。

4.3.2 航空货运单的主要内容

航空货运单有正面条款和背面条款,不同的航空公司会有不同的运单格式,但大多借鉴国际航空运输协会(International Air Transport Association,IATA)推荐的标准格式。航空货运单的主要内容有:运单号;收货人和发货人的名称、地址、账号;签收运单的航空公司名称及 IATA 代号;起运港、目的港、中转港的名称;付款方式,预付或到付,货币代码;运费及供运输用声明价值;供海关用声明价值;航班和日期;保险金额;处理通知事项;品名、件数、尺码或体积、重量;运价等级;商品代码;计费重量;运价;运费总额;其他费用;托运人签名;签发运单的时间、地点、承运人或其代理人的签名等。

这里特别强调货运单号码,它是货运单的重要组成部分。每本货运单都有一个号码,货运单号直接确定了航空货运单的所有人——出票航空公司,它是托运人、发货人或其代理人向承运人询问货物运输情况的重要依据,也是承运人在各个环节组织运输,如订舱、配载、查询货物时必不可少的依据。

4.3.3 航空货运单的构成

托运人应填写航空货运单正本一式三份,连同货物交给承运人。第一份正本航空货运单注明"交承运人",并由托运人签字;第二份正本航空货运单注明"交收货人",由托运人和承运人签字并随同货物运送到目的地;第三份正本航空货运单由承运人在接收货物后、装上飞机前签字,交给托运人。

我国国际航空货运单由一式十二联组成,包括三联正本、六联副本和三联额外副本,其构成具体情况如下:

序号 A,original 3(正本 3,给托运人),浅蓝色;

序号 B,copy 9(副本 9,给代理人),白色;

序号 C,original 1(正本 1,交回出票航空公司),浅绿色;

序号 D,original 2(正本 2,给收货人),粉红色;

序号 E,copy 4(副本 4,提取货物收据),浅黄色;

序号 F,copy 5(副本 5,给目的地机场),白色;

序号 G,copy 6(副本 6,给第三承运人),白色;

序号 H,copy 7(副本 7,给第二承运人),白色;

序号 I,copy 8(副本 8,给第一承运人),白色;

序号 J,extra copy(额外副本,供承运人使用),白色;

序号 K,extra copy(额外副本,供承运人使用),白色;

序号 L,extra copy(额外副本,供承运人使用),白色。

其中,正本 3 的托运人联,在货运单填制后,交给托运人作为托运货物及运费预付时交付运费的收据。同时,也是托运人与承运人之间签订的有法律效力的运输文件。

4.4 国际航空货运运价与运费

4.4.1 航空运价、运费及计费重量

航空货运运价是指承运人对所运输的每一重量单位物品所收取的自始发地机场至目的地机场的航空费用。由于航空运输的物品种类繁多,物品运输的起讫地点所在航空区域不同,每种物品所适用的运价也会不同。

航空货运运费是指将一票货物自始发地机场运输到目的地机场所应收取的航空运输费用。物品的航空运费主要由两个部分组成,即物品适用的运价与物品的计费重量。

在组织一票货物自始发地至目的地运输的全过程中,除了航空货运运费外,还包括为提供地面运输、仓储、制单、国际货物的清关等环节服务的部门所收取的费用,这是由承运人、代理人或其他部门收取的与航空货物运输有关的费用,称为其他费用。

计费重量是指用以计算货物航空运费的重量。货物的计费重量或者是货物的实际毛重,或者是货物的体积重量,或者是较高重量分界点的重量。体积重量的折算,换算标准为每 6000 立方厘米折合 1 千克。

$$体积重量(千克,kg) = \frac{货物体积}{6000 \text{ 立方厘米/千克}}$$

4.4.2　国际航协运价

国际航空货运运价按运价制定的途径可以分为协议运价和国际航协运价。协议运价(governmental order rate)是指通航的双方或几方航空公司通过磋商达成协议,并且报请各国政府获得批准后共同遵守的运价。国际航协运价是指 IATA 在 TACT(The Air Cargo Tariff)运价资料上公布的运价。航空货运运价使用 IATA 的运价手册——TACT Rates Book,结合并遵守航空货运规则——Tact Rules 共同使用。按照 IATA 运价公布的形式划分,航空货运运价可分为公布直达运价和非公布直达运价,如表 4-1 所示。

表 4-1　航空运价

IATA 运价	公布直达运价 (Published Through Rates)	普通货物运价(General Cargo Rate)
		指定商品运价(Specific Commodity Rate)
		等级货物运价(Commodity Classification Rate)
		集装货物运价(Unit Load Device Rate)
	非公布直达运价 (UN-Published Through Rates)	比例运价(Construction Rate)
		分段相加运价(Combination of Rates and Charges)

公布直达运价是指承运人直接在运价资料中公布的从运输始发地至运输目的地的航空运价。

1. 普通货物运价

普通货物运价是指除了等级货物运价和指定商品运价以外的适合普通货物运输的运价。普通货物运价根据货物重量不同,分为若干个重量等级分界点运价。例如,"N"表示标准普通货物运价(normal general cargo rate),指的是 45 千克以下的普通货物运价,用货物的计费重量和其适用的普通货物运价计算而得的航空运费不得低于运价资料上公布的航空运费的最低收费标准(M)。

2. 指定商品运价

指定商品运价是指适用于自规定的始发地至规定的目的地运输特定品名货物的运价。通常情况下,指定商品运价低于相应的普通货物运价。就其性质而言,该运价是一种优惠性质的运价。鉴于此,指定商品运价在使用时,对于货物的起讫地点、运价使用期限、货物运价的最低重量起点等均有特定的条件。指定商品运价产生的原因可归纳为以下两方面:其一,在某特定航线上,一些较为稳定的货主经常或者定期托运特定品名的货物,托运人要求承运人提供一个较低的优惠运价;其二,航空公司为了有效地利用其运力,争取货源并保证飞机有较高的载运率,向市场推出的一个较具竞争力的优惠运价。有些指定商品运价也公布了不同的重量等级分界点,旨在鼓励货主托运大宗货物,并使其意识到选择空运的经济性及可行性。

3.等级货物运价

等级货物运价是指在规定的业务区内或业务区之间运输特别指定的等级货物的运价。IATA 规定,等级货物包括活动物、贵重货物、书报杂志类货物,作为货物运输的行李、尸体、骨灰、汽车等。等级货物运价是在普通货物运价基础上附加或附减一定的百分比,附加或附减规则公布在 Tact Rules 中,运价的使用须结合 Tact Rates Book 一同使用。通常附加或不附加也不附减的等级货物用代号(S)表示(S—Surcharged Class Rate)。附减的等级货物用代号(R)表示(R—Reduced Class Rate)。

4.集装货物运价

集装货物运价是指成组货物运价,适用于托盘或集装器/集装箱运输。

5.比例运价

比例运价是指采用货物运价手册中公布的一种不能单独使用的运价附加数,当货物运输自始发地至目的地无公布直达运价时,采用此附加数与已知的公布运价相加即构成非公布直达运价。

6.分段相加运价

对于相同运价种类,当货物运输的始发地至目的地无公布直达运价和比例运价时,只能采用分段相加的办法,组成运输起讫地点间的运价,一般采用最低组合运价。

国际航协运价由国际航协通过运价手册向全世界公布,主要目的是协调各国的货物运价,但从实际操作来看,各国从竞争角度考虑,很少有航空公司完全遵照国际航协运价,而大多给予了一定的折扣,但这不能说明这种运价没有实际价值。首先,它把世界上各个城市之间的运价通过手册公布出来,每个航空公司都能找到一种参照运价,所以,每个航空公司在制定本公司运价时,都是按照国际航协这个标准运价进行的;其次,国际航协对特种货物运价进行了分类,航空公司在运输这种货物时一般都用国际航协标准运价;最后,这种国际航协运价在全世界制定了一种标准运价,使得国际航空货物运输的价格有了统一的基准,使得这个市场得到了规范。

4.5　航空快递

在现代经济和信息高度发达的社会中,时间已成为产品价格和企业资本的实际构成部分,快递业务具有"迅速"和"安全"两大特点,使得航空快递运费的相对增加与运输的及时性和安全性以及因此而实现的经济价值和社会效益相比变得微不足道。从 20 世纪 70 年代开始,特快专递业务以门到门服务的形式,提供快速递送各类文件资料、物品、机器零件等服务。

航空快递(air courier)是指经营快递业务的企业将物品从发件人所在地通过自身或

代理的网络使用航空模式运达收件人的一种快速运输方式,采用上述运输方式的物品叫快件。航空快递的业务性质和运输方式与普通航空货运有较多相近之处,可以视为航空货运的延续或发展。

航空快运业务有3种形式:

1.门到门服务

发件人需要发货时打电话给快递公司,快件公司接到电话后,立即派人到发件人处取件。快件公司将取到的需发运的快件根据不同的目的地进行分拣、整理、核对、制单、报关。利用最近的航班,通过航空公司(或快件公司自己的班机)将快件运往各地。快件到达中转站或目的地机场后,由中转站或目的地快件公司负责办理清关手续、提货手续,并将快件及时送交收货人手中,之后将快件派送信息及时反馈到发件地的快递公司。

2.门到机场服务

快递服务只能到达收件人所在城市或附近的机场。快件到达目的地机场后,当地快递公司及时将到货信息通知收件人,收件人可自己办理有关手续,或委托快递公司办理有关手续。

3.专人派送

这种方式是指发件地快递公司指派专人携带快件在最短的时间内,采用最便捷的交通方式,将快件送到收件人手里。这种方式通常在一些比较特殊的情况下,为了确保安全和交货时间时采用。

航空快件运输(尤其是包裹运输)与普通航空货物运输相比,其基本程序和需要办理的手续相同,所需的运输单据等也基本一样:都要向航空公司办理托运;都要与收、发货人及承运人办理单货交接手续;都要提供相应的单证,办理相应手续。

但是,航空快递作为一项专门业务而独立存在,亦具有其他运输方式所不能取代的特点。

航空快递业务具有的特点和作用主要有:

①快递公司有完善的快递网络。快递是以时间、递送质量区别于其他运输方式的,它的高效运转只有建立在完善的网络上时,才能进行。这种网络要求无论始发地、中转地、到达地都应以服务于网络这个目的运转,同时网络具有相当强的整合能力。

②从收运范围来看,航空快运以收运文件和小包裹为主。文件包括银行票据、贸易合同、商务信函、装船单据、小件资料等,包裹包括机器上的小零件、小件样品、急用备件等。快运公司对收件有最大重量和最大体积的限制。

③运输单据,航空快运业务中有一种其他运输形式所没有的单据 POD(proof of delivery),即交付凭证。POD 是航空快运中重要的单据。它具有商务合同作用,分运单作用,服务时效、服务水平记录作用,配合电脑检测、分类、分拨作用和结算作用。

④服务层次来看,航空快运因设有专人负责,减少了内部交接环节,缩短了衔接时间,运送速度快于普通航空货运业务和邮递业务,这是快运业务有别于其他运输形式的最根本的一点。

⑤从服务质量来看,航空快件在整个运输过程中都处于监控之下,若需查询,立时就能得到准确的回复。因此,航空快递使发件人和收件人都能感到安全、及时、可靠。

⟐ **思考题**

1. 适合国际航空运输的贸易术语有哪几类?

2. 航空运单的功能与海运提单相比有何异同?

3. 为什么说对于小批量货物运输,空运有时会比海运费用低?

第 5 章

国际陆路货物运输

本章要点

国际陆路货物运输主要包括国际铁路货物运输和国际公路货物运输,本章主要阐述了这两种国际货物运输方式的基本业务内容。我国对外贸易铁路货物运输可分为国际铁路货物联运和内地对港澳地区的铁路货物运输两种形式,其业务内容有所差异。国际公路运输主要承担边境贸易和国际多式联运衔接运输业务,具有实现"门到门"运输服务的功能。

5.1 国际铁路货物运输

5.1.1 国际铁路运输概述

1. 国际铁路运输的概念与方式

国际铁路货物运输是指起运地点、目的地点或约定的经停地点位于不同的国家或地区的铁路货物运输。在我国,只要铁路货物运输的起运地点、目的地点或约定的经停地点有一个不在我国境内便构成国际铁路货物运输。

目前,铁路运输所承担的进出口货物运输方式主要有如下 3 个方面:

(1)通过国际铁路货物联运方式承运中、近东和欧洲各国的进出口货物

目前,我国与朝鲜、蒙古、俄罗斯等国的进出口货物,绝大多数仍然是通过铁路运输来完成的。近年来,随着俄罗斯和东欧市场的进一步开拓以及新欧亚大陆桥运输线路的建成,铁路运输进出口货物数量正在逐步增加。

(2)承运我国内地与港澳地区之间的贸易物资和通过香港转运的进出口货物

对港澳地区的铁路运输,既不同于国际联运,也不同于国内运输,而是比照国际货物运输采取特殊的方式进行。

（3）内陆与口岸间的铁路集疏运

铁路承担我国出口货物由内地向港口集中、进口货物从港口向内地疏运，以及省与省之间、省内各地区间的外贸物资的调拨。

2.我国通往邻国及地区的铁路线及国境口岸

凡办理由一国铁路向另一国铁路移交或接收货物和机车车辆作业的车站，称为国境站。国境站是国家对外开放的门户，是铁路办理对外运输工作的重要场所。我国幅员辽阔，有15个陆上邻国。目前，与我国有铁路相连的国家主要有俄罗斯、朝鲜、蒙古、越南、哈萨克斯坦。我国内地与香港特别行政区也有铁路相连。

我国国境站主要有满洲里、绥芬河、珲春（中俄国界），二连浩特（中蒙国界），阿拉山口（中哈），丹东、集安、图们（中朝），凭祥、山腰（中越）。

5.1.2　国际铁路货物联运

国际铁路货物联运是指由一个以上国家的铁路运输部门共同完成的一票货物的跨越国界的运输。该运输过程使用一份统一的国际联运票据，由各国的铁路运输部门负责其间的交接，而无须发货人与收货人的参与。

国际铁路货物联运是依据"国际货约"和"国际货协"在参加该公约或协定的国家间进行的。国际铁路货物联运协议的签订，使协定参加国间的货物运送变得相当方便，发货人只需一张运单即可实现运输部门对货物运送的全程负责，而且借助于"国际货约"和"国际货协"的双重参加国，还可将联运范围进一步扩大，这为简便、省时、低风险、少费用地进行国际货运提供了良好环境。

国际铁路运单（international railway through transport bill）是铁路承运国际联运货物时出具的凭证，亦为铁路与货主之间缔结的运输契约。该运单从始发站随同货物附送至终点站并交给收货人，作为铁路同货主交接货物、核收运杂费用及处理纠纷的依据。国际铁路联运运单副本，在铁路运输部门加盖承运日期戳记后还给发货人，作为卖方向银行结算货款的主要凭证。

国际铁路联运费用由发送路运送费、到达路运送费和过境路运送费三部分构成。国际铁路联运运送费的计算和核收，必须遵循《国际货协》《统一货价》和我国《铁路货物运价规则》的规定。参加国际货协的各铁路间运送费用核收的原则为：发送路的运送费用，在发送站向发货人或根据发送路所在国现行规定核收；到达路的运送费用，在到达站向收货人或根据到达路所在国现行规定核收；过境路的运送费用，按《统一货价》在发送站向发货人或在到达站向收货人核收。

5.1.3　内地对香港、澳门地区的铁路运输

我国的香港、澳门地区，在对外贸易运输中占有特殊而重要的地位。对香港的铁路运输可概括为"租车方式、两票运输、三段计费、货物承运收据结汇"的特殊运输方式。

对香港的铁路运输分为内地段运输和香港段运输两部分，从发货地到深圳北站一段

为内地运输段,由发货人根据对香港铁路运输计划填报运单,并以中国对外贸易运输公司深圳公司(以下简称深圳外运公司)为收货人;深圳外运公司以原车过轨办法将货物交香港中国旅行社向香港九广铁路公司办理港段铁路的托运、报关等工作,货车抵达目的地后,由香港中国旅行社负责将货物卸交香港收货人。采用此种特定运送方式时,内地的铁路运单不能作为对外结汇的依据,因此须以各地外运公司签发的货物承运收据为结算货款凭证。

承运货物收据(cargo receipt)是对香港、澳门的铁路运输中,承运人(一般是中国对外贸易运输公司)收到货物装上火车并取回铁路证明后签发给托运人的货物收据。承运货物收据相当于海运提单或国际联运运单副本,它既代表货物所有权,又是香港收货人的提货凭证。

对香港、澳门的出口运输实质上是两票运输,内地段运输是一次起票、两端收费,即发站到广州北站的运费由发站计收;广州北站至深圳北站的运输,在原有运费基础上增加50%,由深圳北站计收。对香港运输是租车方式,另行制票运输,深圳口岸的租车费及口岸其他费用由发货人的代理先行垫付或发货人直接支付;香港段产生的运费及相关杂费由发货人的代理人先行垫付或发货人直接支付。

5.2 国际公路货物运输

公路运输是陆上运输的基本方式之一,它不仅可直接进行国际贸易运输,而且也为海洋运输、铁路运输、航空运输等运送方式起到了良好的辅助、连接作用。

国际公路货物运输是指起运地点、目的地点或约定的经停地点位于不同的国家或地区的公路货物运输。在我国,只要公路货物运输的起运地点、目的地点或约定的经停地点之一不在我国境内即构成国际公路货物运输。目前,世界各国的国际公路货物运输一般以汽车作为运输工具。

公路运输具有机动灵活、速度快、简捷方便和可延伸至内陆各角落的优点,是我国和周边国家贸易的主要运输方式,借助与周边国家相通的公路进行运输,不仅缩短了运输距离、节省了费用,而且促进了边境贸易的发展。我国对香港、澳门地区的贸易也有部分是通过公路完成的。特别是在集装箱日益普及的今天,"门到门"服务的实现更使公路运输体现出其不可替代性,并可广泛参与国际多式联运。公路运输也存在一些不足之处,如载货量有限、运输成本高、运输风险也较大。

国际公路货物运输按有关国家之间的双边或多边公路货物运输协定或公约运作。目前,我国国际公路货物运输主要是利用公路运输在中短程货物运输方面的优势,承担

3个方面的进出口货物运输业务:一是公路过境运输,也称出入境汽车运输、口岸公路运输;二是我国内地与港澳地区之间的公路运输;三是内陆与口岸间的国际多式联运公路集疏运。

📩 **思考题**

　1.简述我国内地对香港地区的铁路货物运输业务流程及费用计收方式。

　2.国际公路货物运输如何广泛参与国际多式联运业务?

第6章

国际多式联运

⮕ **本章要点**

　　国际多式联运是以集装箱运输为基础发展起来的,是采用一份多式联运合同、一张包括全程的多式联运单据、一个对全程运输负责的多式联运经营人、单一的全程运费率、至少两种不同运输方式的国际连贯运输。本章对国际多式联运的概念、特点与基本条件,国际多式联运经营人性质与责任,国际多式联运业务程序与提单业务等内容进行了阐述。

6.1　国际多式联运的概念与基本条件

6.1.1　国际多式联运的概念

　　国际多式联运是在集装箱运输基础上产生和发展起来的一种综合性连贯运输方式,它一般是以集装箱为媒介,把海、陆、空等单一的运输方式有机结合起来组成一种国际性的连贯运输。国际多式联运是国际货物运输的发展趋势,是现代国际物流发展的一个重要标志。

　　《联合国国际货物多式联运公约》(以下简称《多式联运公约》)于1980年5月24日获通过,它是目前国际是最具权威性和影响力的准国际公约之一)将国际多式联运定义为:国际多式联运是指按照多式联运合同,以至少两种不同的运输方式,由国际多式联运经营人将货物从一国境内接管货物的地点运至另一国境内指定交付货物的地点的一种运输方式。对这一定义展开进一步分析,可以看出构成国际多式联运必须具备四个"一",即一份多式联运合同、一张包括全程的多式联运单据、一个对全程运输负责的多式联运经营人和单一的全程运费率。此外,还必须是两种以上不同方式的国际连贯运输。

　　由于选择国际多式联运的货主只需将货物交给国际多式联运经营人,办理一次委托、支付一笔费用即可取得包托全程运输的国际多式联运单据,并可凭此单据到银行办理结汇手续,因此与单一运输方式或一般联运方式相比,国际多式联运具有手续简便、货运速度快、运输成本低、货运质量高等优势,而且国际多式联运所提供的门到门、门到港站、港站到港站、港站到门等多种交接货方式,为货主提供了极大的方便。

国际上的大陆桥运输,即是一种具体的国际多式联运形式。大陆桥运输,也称陆桥运输,是一种以集装箱为媒介进行的连贯运输,它使用横贯大陆的铁路或公路运输系统为中间桥梁,把大陆两端的海洋运输连接起来,形成了海—陆—海的连贯运输方式。目前,国际上最主要的大陆桥运输形式有欧亚大陆桥运输、北美大陆桥运输等。

6.1.2　国际多式联运的基本条件

根据以上描述,构成多式联运应具备以下几个条件:

①要有一个多式联运合同,明确规定多式联运经营人(承运人)和托运人之间的权利、义务、责任、豁免的合同关系和多式联运的性质。

②必须使用一份全程多式联运单据,即证明多式联运合同以及证明多式联运经营人已接管货物并负责按照合同条款交付货物所签发的单据。

③必须是至少两种不同运输方式的连贯运输。这是确定一票货运是否属于多式联运的重要特征。为了履行单一方式运输合同而进行的该合同所规定的货物接送业务则不应视为多式联运,如航空运输中从仓库到机场的这种陆空组合则不属于多式联运。

④必须是不同国家(地区)间的货物运输,这是区别于国内运输和是否符合国际法规的限制条件。

⑤必须由一个多式联运经营人对全程的运输负总的责任。这是多式联运的另一个重要特征。由多式联运经营人去寻找分承运人,实现分段的运输。

⑥必须是全程单一运费费率。多式联运经营人在对货主负全程责任的基础上,制订一个货物发运地至目的地的全程单一费率,并以包干形式一次向货主收取。

国际多式联运最大的好处是它能集中发挥各种运输方式的优点,使国际货物运输既快又安全。同时它简化了手续,减少了中间环节,加快了货运速度,降低了运输成本,并提高了货运质量,为实现"门到门"运输和现代物流化运作创造了有利条件。

6.2　国际多式联运经营人

6.2.1　国际多式联运经营人的性质

多式联运经营人不是发货人的代理或代表,也不是参加联运的承运人的代理或代表,而是多式联运的当事人,是一个独立的法律实体。对于货主来说,联运经营人是货物的承运人,但对分承运人来说,联运经营人又是货物的托运人。联运经营人一方面同货主签订多式联运合同,另一方面又与分承运人以托运人身份签订各段运输合同。所以,联运经营人具有双重身份。在多式联运方式下,根据合同规定,联运经营人只重视货物运输的总承运人,对货物负有全程运输的责任。

国际上承办多式联运业务的一般都是规模较大的货运公司或货运代理。具有一定的运输手段,如车辆、仓库,并与货主和各类运输公司都有密切的业务关系。国际上称这种企业为"无船公共承运人"(non-vessel operation carrier,NVOC),即无船承运人。

6.2.2　国际多式联运经营人应具备的基本条件

国际多式联运经营人必须具备如下基本条件。

1.具有企业法人资格

经营多式联运的企业,必须在取得国家主管部门批准的经营资格后,到所在地区工商行政管理部门办理登记注册手续,取得企业法人资格。具备了独立经营权,企业自己或委托代理人才能够与托运人、各区段承运人,以及相关的其他关系人签订合同,从而经营货物多式联运,对货物的全程负责。

2.具备国际多式联运线路以及相应的经营网络

从事国际多式联运业务的企业不仅需要一支具有各种运输知识、经验和能力的专业队伍,而且还必须建立自己的国际多式联运路线,并在所经营的各条联运线路上有由分支机构、代表或代理人等所组成的完整的业务服务网络。同时还必须拥有先进的信息管理系统以实现运输的全程控制、实时控制。

3.与有关的实际承运人、场站经营人签署协议,以享受优惠

与自己经营的国际多式联运线路有关的实际承运人、场站经营人之间存在长期的合作协议。由多种运输方式组成的国际多式联运线路,既不是国际多式联运经营人也不是某一实际承运人所具备的。因此,为了确保国际多式联运业务的稳定性,国际多式联运经营人必须与有关的实际承运人、场站经营人签署长期合作协议,以便从这些实际承运人、场站经营人处获得订舱、仓储优先权和享受运杂费优惠。

4.具备必要的运输设备,尤其是场站设施和短途运输工具

尽管法律法规上并未要求从事国际多式联运业务的企业必须拥有短途运输工具、货运站、仓库等硬件设施,但从实际运作来看,为了能在激烈的市场竞争立足,即使代理型的国际多式联运经营人也需要以投资入股、联营、长期租赁等形式获得必要的运输设备。

5.具有与经营业务相适应的资金能力

开展多式联运经营,必须拥有足够的自有资金,以满足经营业务开展的需要;同时,一旦在运输全过程中发生货物的灭失、损坏或延迟交付等情况时,有能力承担对货主的赔偿责任。

6.拥有符合该规则规定要求的国际多式联运单据

该国际多式联运单据实行登记编号制度。凡在我国境内签发的国际多式联运单据必须由国际多式联运经营人或其代理报主管部门登记,并在单据右上角注明许可证编号。

7.具备自己所经营国际多式联运线路的运价表

由于国际多式联运是由国际多式联运经营人将不同运输方式组成的综合性和一体化运输,通过一次托运、一张单证、一次计费,由各运输区段的承运人共同完成货物的全程运输,因此从理论上讲,国际多式联运企业应制定全程运价表,且应采用单一运费率制。然而,由于单一费率系由运输成本、经营管理费和利润所构成,而其中的运输成本[包括各区段不同运输方式的运费、装运站(港)包干费、中转站(港)费用、目的地(港)交货前的费用等]不仅随着不同的交货条件、运输方式和运输路线而变化,而且在很大程度上取决于市场供需状况以及各区段实际承运人的运费标准,因此制定单一运费率是一个较为复杂的问题。正因为如此,目前几乎所有的国际多式联运企业都未能按单一运费率计收运费。但无论如何,国际多式联运企业都应力争制定出自己所经营路线的运价表并对外公布,以提高其知名度和市场竞争力。

6.2.3　国际多式联运经营人的责任

1.多式联运经营人的责任期限

国际多式联运经营人的责任期间,是从接收货物之时起到交付货物之时为止。在此期间,对货主负全程运输责任,责任期限一般由掌管货物的时间决定。但对负责范围和赔偿限额方面,根据目前国际上的做法,有较大差异。

2.多式联运经营人的赔偿责任形式

根据目前国际上的做法,多式联运经营人的赔偿责任形式可分为以下3种类型。

(1)统一责任

在统一责任制下多式联运经营人对货主负不分区段的统一责任。即货物的灭失或损坏,包括隐蔽损失(即损失发生的区段不明),不论发生在哪个区段,多式联运经营人按一个统一原则负责,并一律按一个约定的限额赔偿。

(2)分段责任

按分段责任制(又称网状责任制),多式联运经营人的责任范围以各区段运输原有责任为限,如海上区段按《海牙规则》,航空区段按《华沙公约》办理。在某些区段上不适用上述公约时,则按有关国家的国内法处理。这种责任制的缺点是各种法规的责任大小和赔偿限额不统一,对发展多式联运不利。

(3)修正(双重)统一责任

修正(双重)统一责任制,是介于上述两种责任制之间的责任制,故又称混合责任制。也就是在责任范围方面与统一责任制相同,在赔偿限额方面与部分责任制相同。

3.多式联运经营人的赔偿责任限制

在各运输公约和法规中,承运人的赔偿责任限制一般是指在承运人掌管货物期间对应承担赔偿责任的货物灭失、损坏和延误交货等造成货方损失进行赔偿的最高限额规定,该限额是由采用的责任形式和责任基础决定的。在现行不同方式的法规中,由于承运人为完成运输承担的风险和货物本身的特点(特别是本身价值)等不同,赔偿责任限额也有较大区别。限额规定的形式一般有两种:一种是单一赔偿标准形式,即只规定单位重量(毛重每千克)货物赔偿限额;另一种是双重赔偿标准,既规定单位重量货物赔偿限额,也规定每一货损单位(每件或每一基本运输单元)的赔偿限额。现行的航空、陆运和海运在《海牙规则》中均采用单一标准,而海运的《维斯比规则》《汉堡规则》则采用双重标准。

《多式联运公约》是以双重赔偿标准与单一赔偿标准相结合的方式规定多式联运经营人赔偿责任限额,两种标准适用的情况和规定的限额为:

①如在国际多式联运中包括了海运或内河运输,即在构成海(水)陆和海(水)空联运时,多式联运经营人对每一件或每一货损单位的赔偿限额为 920 个特别提款权(S. D. R)或毛重每千克 2.75S. D. R,两者以较高者为准。

如果货物是由集装箱、货盘或类似装运工具集装,并在多式联运单据列明在这种装运工具中的件数或货运单位数时,该件数或单位数应视为赔偿限额的件数或货运单位数,否则装运工具与其中货物应视为一个货运单位。

如果装运工具本身灭失或损坏且该工具并非多式联运经营人所有或提供,则应视为一个单独的货运单位。

②如果在国际多式联运中不包括海运或内河运输,即构成公—铁联运、铁—空或公—空联运时,则多式联运经营人赔偿责任限额按灭失或损坏货物毛重不得超过每千克 8.33S. D. R 计算。

公约还规定,多式联运经营人对延迟交货造成损失的赔偿责任限额为延误交付的货物应付运费的 2.5 倍,但不得超过多式联运会同规定的应付运费的总额。

在货物的灭失、损坏与延迟交付同时发生时,赔偿总额以货物全部灭失时应负的责任为限。

以上是国际多式联运公约按统一责任制形式规定的多式联运经营人的赔偿责任,在实际运作中大多数多式联运合同均采用网状责任制。因此目前在国际多式联运中,各多式联运经营人仍按各种单一运输方式适用的法规规定的责任限额计算赔偿数额。

为了防止多式联运经营人利用责任限制的规定,对运输的货物安全掉以轻心或故意造成损害使货方遭受不必要的损失,《多式联运公约》还规定:如经证明货物的灭失、损坏或延误运输系由多式联运经营人有意造成或明知有可能造成而又毫不在意的行为或不行为引起的,多式联运经营人则无权享受本公约规定的赔偿责任限制权益。对他的受雇人、代理人或在履行多式联运合同时为其服务的其他人也是如此。

6.3 国际多式联运业务

6.3.1 多式联运的交接

多式联运的基本形式是集运。所谓集运,是指有多式联运经营人把不同的发货或不同的收货人的货物集中起来进行运输。

1. 买方集运

买方集运是指进口商向同一地区的不同卖方购买了一批货物,需要托运。按传统的运输方式,在 CIF 或 CPR 条件下,由不同的发货人各自向承运人租船订仓,这样就有可能出现货物到港时间不同、卸货地点不定等情况,从而给收货人提货带来不便。在 FOB 条件下,由买方自己租船订舱,则可能避免上述问题,但也有可能因备货情况、交货时间等造成货物不能按收货要求装入同一条船上,或者已转运、更换运输工具,使同一收货人的货物分散装载,同样会给收货人提货带来不便。

买方集运就是由多式联运经营人根据收货人的要求将同一收货人的货物集中起来,在内地或港口集装箱货运站,将这些货物装入同一集装箱内托运。这样就可以利用集装箱或成组运输本身所具有的优点,使同一收货人的货物可以同时到港或目的地。

2. 卖方集运

卖方集运是由卖方委托多式联运经营人安排全程运输,将货物安全、准确、迅速、节省、方便地送到目的地。

国际多式联运货物的交接地点与方式完全依贸易合同或货主的要求而定,可以有多种形式。但若以集装箱方式运输其交接方式和地点,在国际上已有通行的做法。如陆—海—陆联运方式下的交接地点和方式包括:①整箱—整箱;②整箱—拼箱;③拼箱—拼箱;④拼箱—整箱。这些方式是国际惯例,但在实际业务中可有所不同。如虽是整箱运输业务,若发货人不具有处理集装箱的设备和能力,可以把集装箱和拆箱工作委托联运人在 CFS 办理。又如拼箱货,货主可以要求联运经营人送到“门”等。作为多式联运经营人,一般都能满足货主要求,为其提供各种服务。当货主的要求有别于国际一般做法时,再划分和明确规定各有关方面应承担的费用。

6.3.2　多式联运货物运输的过程

在多式联运业务中,发货人首先与多式联运经营人或其代理签订多式联运合同,并提供货运单据,然后由多式联运经营人按运输路线设计运输过程,并与分承运人签订运输合同。传统运输若需要使用两种以上运输方式,则需发货人自行负责转运,全程运输则由第一承运人代办。而在多式联运业务中,转运由多式联运经营人负责,并且一直负责将货物送到收货人手中或指定地点。

在集装箱运输中,CY/CY 条件下由发货人自行装箱,并将整箱交到承运人集装箱堆场,收货人则需到目的港承运人的集装箱场提货。而在多式联运中,类似 CY/CY 的情况,可由多式联运经营人安排“门到门”运输。由多式联运经营人负责在发货人工厂或仓库装箱后,由多式联运经营人或其代理将货物送到收货人的工厂或仓库,这就是“门到门”运输。实行门到门运输,对发货人来讲具有手续简便,减少货损、货差,交货及时的优点。

6.3.3 多式联运主要业务程序

多式联运经营人从事多式联运业务时,大致需要经过接受该托运申请,订立多式联运合同→空箱发放、提取及运送→货物装箱及接收货物→出口报关→向实际承运人订舱及安排货物运送→办理货物保险→签发多式联运提单,组织完成货物的全程运输→办理运输过程中的海关业务→货物交付→货物事故处理等环节。

1.托运申请,订立多式联运合同

多式联运经营人根据货主提出的托运申请和自己的运输线路等情况,判断是否接受该托运申请。如果能够接受,则双方协定有关事项后,在交给发货人或其代理人的场站收据(空白)副本上签章(必须是海关能接受的),证明接受该委托申请,多式联运合同已经订立并开始执行。

发货人或其代理人根据双方就货物交接方式、时间、地点、付费方式等达成的协议填写场站收据,并把其送至联运经营人处编号,多式联运经营人编号后留下货物托运联,将其他联交还给发货人或其代理人。

2.空箱的发放、提取及运送

多式联运中使用的集装箱一般应由经营人提供。这些集装箱来源可能有 3 个:一是经营人自己购置使用的集装箱;二是向租箱公司租用的集装箱,这类箱一般在货物的起运地附近提箱而在交付货物地点附近还箱;三是由全程运输中的某一分运人提供,这类箱一般需要在多式联运经营人为完成合同运输与该分运人(一般是海上区段承运人)订立分运合同来获得使用权。

如果双方协议由发货人自行装箱,则多式联运经营人应签发提箱单或者将租箱公司或分运人签发的提箱单交给发货人或其代理人,由他们在规定的日期到指定的堆场提箱并自行将空箱托运到货物装箱地点,准备装货。如发货人委托亦可由经营人办理从堆场到装箱地点的空箱托运(这种情况需加收空箱托运费)。

如是拼箱货(或是整箱货但发货人无装箱条件不能自装)时,则由多式联运经营人将所用空箱调运至接收货物的集装箱货运站,做好装箱准备。

3.货物装箱及接收货物

若是发货人自行装箱,发货人或其代理人提取空箱后在自己的工厂和仓库组织装箱,如需理货,还应请理货人员现场理货并与之共同制作装箱单。装箱工作一般要报关后进行,并请海关派员到装箱地点监装和办理加封事宜,但实际工作中发货人先行装箱后报关较为普遍。

如是拼箱货物,发货人应负责将货物运至指定的集装箱货运站,由货运站按多式联运经营人的指示装箱。

无论装箱工作由谁负责,装箱人均需制作装箱单,并办理海关监装与加封事宜。

对于将由货主自装的装箱货物运至双方协议规定的地点,多式联运经营人或其代表(包括委托的场站业务员)应在指定地点接收货物。如是拼箱货,经营人应在指定的货运站接收货物。验收货物后,代表联运经营人接收货物的人应在堆场收据正本上签章并将其交给发货人或代理人。

4. 出口报关

若联运从港口开始,则在港口报关;若从内陆地区开始,应在附近的内陆地海关办理报关,出口报关事宜一般由发货人或其代理人办理,也可委托多式联运经营人代为办理(这种情况需加报关手续费,并由发货人负责海关派员所产生的全部费用)。报关时,应提供场站收据、装箱单、出口许可证等有关单据和文件。

5. 订舱及安排货物运送

经营人在合同订立之后,即应制订该合同涉及的集装箱货物的运输计划。该计划应包括货物的运输线路、区段的划分,各区段实际承运人的选择,各区段间衔接地点的到达、起运时间等内容。这里所说的订舱泛指多式联运经营人要按照运输计划安排洽定各区段的运输工具,与选定的各实际承运人订立各区段的分运合同。这些合同的订立由经营人本人(派出机构或代表)或委托的代理人(在各转接地)办理,也可请前一区段的实际承运人作为代表向后一区段的实际承运人订舱。

货物运输计划的安排必须科学并留有余地。工作中应相互联系,根据实际情况调整计划,避免彼此脱节。

6. 办理保险

在发货人方面,应投保货物运输险。该保险由发货人自行办理,或由发货人承担费用由经营人作为代理。货物运输保险可以是全程投保,也可分段投保。

在多式联运经营人方面,应投保货物责任险和集装箱保险,由经营人或其代理人负责办理保险。

7. 签发多式联运提单,组织完成货物的全程运输

多式联运经营人的代表收取货物后,经营人应向发货人签发多式联运提单。在把提单交给发货人前,应注意按双方协定的付费方式及内容、金额向发货人收取全部应付费用。

多式联运经营人有完成和组织完成全程运输的责任和义务。在接收货物后,要组织各区段实际承运人、各派出机构及代表人共同协调工作,完成全程中各区段的运输、各区段之间的衔接工作,运输过程中所涉及的各种服务性工作和运输单据、文件及有关信息等组织和协调工作。

8. 运输过程中的海关业务

按照国际多式联运的全程运输(包括进口国内陆段运输)均应视为国际货物运输。因此,该环节的工作主要包括货物及集装箱进口国的通关手续,进口国内陆段保税(海关监管)运输手续及结关等内容。如果陆上运输要通过其他国家海关和内陆运输线路,还应包括这些海关的通关及保税运输手续。

这些涉及海关的手续一般由多式联运经营人的派出机构或代理人办理,也可由各区段的实际承运人作为多式联运经营人的代表代为办理。由此产生的全部费用,应由发货人或收货人负担。

如果货物在目的港交付,则结关应在港口所在地海关进行。如在内陆地交货,则应在口岸办理保税(海关监管)运输手续,海关加封后方可运往内陆目的地,然后在内陆海关办理结关手续。

9. 货物交付

当货物运至目的地后,由目的地代理通知收货人提货。收货人需凭多式联运提单提货,经营人或其代理人需按合同规定,收取收货人应付的全部费用,收回提单签发提货单(交货记录),提货人凭提货单到指定堆场和地点提取货物。

如是整箱提货,则收货人要负责至拆箱地点的运输,并在货物取出后将集装箱运回指定的堆场,运输合同方终止。

10. 货运事故处理

如果全程运输中发生了货物灭失、损害和运输延误,无论是否能确定损害发生的区段,发(收)货人均可向多式联运经营人提出索赔。多式联运经营人根据提单条款及双方协议确定责任并做出赔偿。如果确知事故发生的区段和实际责任者时,可向其进一步进行索赔。如不能确定事故发生的区段时,一般按在海运段发生处理。如果已对货物及责任投保,则存在要求保险公司赔偿和向保险公司进一步追索的问题。如果受损人和责任人之间不能取得一致,则需通过在诉讼时效内提起诉讼和仲裁来解决。

6.3.4 多式联运的运输组织

国际多式联运的产生和发展,为货主提供了最大限度的方便。作为一种新的、综合性的一体化运输,国际多式联运提供了理想的"门到门"方式。多式联运经营人通过承担货物全程运输组织工作,提供全面的服务,使货主只要订立多式联运合同并在自己认为合适的地点将货物交给经营人,就可以完成货物的全程运输。发展国际货物多式联运不仅可为货主提供方便,也可以促进我国交通运输业的发展。

1. 多式联运运输组织方法

货物多式联运的全过程就其工作性质的不同,可划分为实际运输过程(即各区段运载工具载运工作过程)和全程运输组织业务过程两部分。实际运输过程是由参加多式联运的各种运输方式的实际承运人完成的,其运输组织工作属于各种方式运输企业内部的技术、业务组织。全程运输组织业务过程是由多式联运全程运输的组织者——多式联运企业或机构完成的,主要包括全程运输所涉及的所有商务性事务和衔接服务性工作的组织实施。其运输组织方法可以有很多种,但最常见的是衔接式多式联运的组织方法。

衔接式多式联运的全程运输组织业务是由多式联运经营人(多式联运企业,multi-modal transport operater,MTO)完成的,这种联运组织下的货物运输过程可用图 6-1 来说明。

在这种组织体制下,需要使用多式联运形式运输成批或零星货物的发货人应首先向多式联运经营人提出托运申请,多式联运经营人根据自己的条件考虑是否接受。如接受,双方订立货物运输的多式联运合同,并在合同指定的地点(可以是发货人的工厂或仓库,也可以是指定的货运站中转站、堆场或仓库)办理货物的交接,联运经营人签发多式联运单据。接受托运后,多式联运经营人首先要选择货物的运输路线、划分运输区段(确

运输计划、要求、运输单证、文件

发货人 → MTO（或代表） 发运 → 第一实际承运人 运输交付 → MTO（或代表） → 第二实际承运人 → MTO（或代表） → 收货人

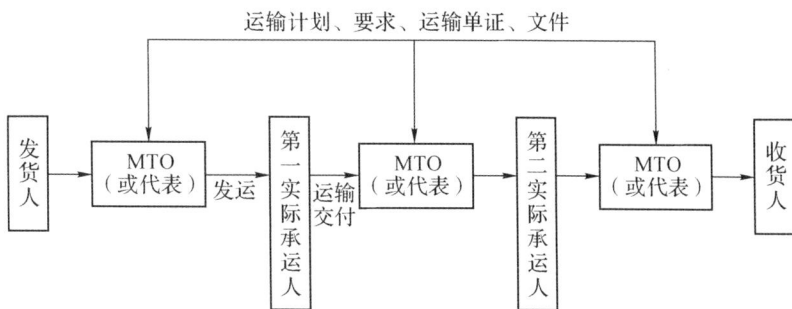

图 6-1　衔接式多式联运运输过程

定中转、换装地点）、选择各区段的实际承运人,确定零星货物集运方案,制订货物全程运输计划并把计划转发给各中转衔接地点的分支机构或委托的代理人。然后根据计划与第一程、第二程……的实际承运人分别订立各区段的货物运输合同,通过这些实际承运人来完成货物全程位移。全程各区段之间的衔接,由多式联运经营人(或其代表、代理人)采用从前程实际承运人手中接收货物再向后程承运人发运的方式完成,在最终目的地从最后一程实际承运人手中接收货物后再向收货人交付货物。

在与发货人订立运输合同后,多式联运经营人根据双方协议(协议内容除货物全程运输及衔接外,还常包括其他与货物运输有关的服务业务),按全程单一费率收取全程运费和各类服务费、保险费(需经营人代办的)等费用。多式联运经营人在与各区段实际承运人订立分运合同时,需向各实际承运人支付运费及其他必要的费用,在各衔接地点委托代理人完成服务业务时,也需向代理人支付委托代理费用。

在这种多式联运组织体制下,承担各区段货物运输的运输企业的业务与传统分段运输形式下完全相同。这种联运组织体制,在有些资料中被称为"运输承包发运制"。目前在国际货物多式联运中主要采用这种组织体制,在国内多式联运中采用这种体制的也越来越多。随着我国经济体制的改革,这种组织体制将成为国内多式联运的主要组织体制。

2.多式联运的运输组织业务

多式联运的运输组织业务主要包括:

①宣传与揽货工作组织。

②汇总合同,制订运输计划。主要包括:选择各票货物运输路线、运输方式、各区段的实际承运人及代理人;确定运输批量;编制订舱计划,集装箱调运计划,装箱、接货计划及各批货物的运输日程计划等。

③组织各项计划的实施。主要包括与各区段选择的实际承运人签订分运合同,将计划下达给有关人员或机构,监督其按计划进行工作,并及时了解执行情况,组织有关信息传递工作。

④计划执行情况监督及计划的调整。根据计划及执行反馈信息检查、督促各区段、各转接点的工作,如出现问题则应对计划进行必要调整,并把有关信息及时传给有关人员与机构,以便执行新的指令。

⑤组织货物交付、事故处理及集装箱回运工作。

6.3.5 多式联运提单

1.多式联运提单的意义

根据《多式联运公约》有关"在国际多式联运中,多式联运经营人应对全程运输统一负责"的规定,多式联运经营人在制定多式联运提单时本着采取一次托运、一张单据、一次付费和一次保险的简单手续原则,方便货主,使一张货运单据用于不同的运输方式。而且在转换运输工具时,不必经过重新分类、核对、检查、开箱和装箱等。因此,《多式联运公约》规定,多式联运提单是多式联运合同的证明、多式联运经营人收到货物的收据和凭以交货的凭证。

2.多式联运提单的制作

多式联运提单的制作习惯上是由多式联运经营人或其代理人签发给发货人,由发货人通过银行转让给收货人,而且多式联运提单上的通知方,则是目的港或最终交货地点的收货人指定的代理人。在国际多式联运中,对货主来说,关键是能找到一个可靠的多式联运经营人,来对全程运输负责。该多式联运经营人与各实际承运人之间均订有分承运合同,并就有关提单的制作、货物的交接、双方责任的划分、费用的支付、赔偿等在协议中做出明确规定。目前我国习惯做法是:

①签发海运联运提单,将货物从中国港口起运至目的港以外的某一交货地点。这种做法是将货物运至目的港,由船公司代理或货主指定的二程代理人安排内陆运输,将货物运抵目的地交付。

②签发货运代理人提单(forward,B/L)以及一程海运提单,由货运代理人安排把货物运至目的地交货。

③签发货运代理人提单,以及一程海运提单,从起运港至目的港由货运代理人安排接运货物至收货人指定地点交货。

④经过我国运往其他国家的过境货物,我方只负责中国境内的运输。

3.多式联运提单的主要内容

多式联运提单是多式联运经营人、实际分承运人、发货人、收货人等当事人之间进行业务活动的凭证,起着货物的收据和交货凭证的作用,证明货物的外表状况、数量、品质等情况。提单的内容准确、清楚、完整与否,对保证货物正常交接、安全运输有着重要意义,多式联运提单应记载的主要内容有:

①货物外表情况;

②多式联运经营人的名称和主要营业场所;

③发货人、收货人名称;

④多式联运经营人接管货物的地点和日期;

⑤交付货物的地点;

⑥经双方明确协议,交付货物的时间、期限;

⑦表示提单为可转换或不予转让的声明;

⑧多式联运提单签发时间、地点;

⑨多式联运经营人或经授权人的签字；

⑩有关运费支付的说明；

⑪有关运费方式和运输路线的说明；

⑫有关声明等。

在不影响货运各当事人之间据以分清利益和货物运输的情况下，多式联运提单缺少某项内容仍然有效。

此外，除按《多式联运公约》条款规定的内容填制外，还可以根据实际需要和要求在不违背提单签发国的法律时，加注其他项目，如有关特种货物的运输说明、对所收到的货物的批注、不同运输方式下承运人之间的临时洽商批注等。

多式联运提单所记载的内容，通常由托运人填写或由多式联运经营人或其代表，根据托运人所提供的有关托运文件制成。但在多式联运经营人接管货物时发货人应视为其已向多式联运经营人保证，其在多式联运提单中所提供的货物情况准确无误，若为危险品的还应说明其危险特性。

4. 多式联运提单的签发

多式联运经营人凭收到货物的收据，在签发多式联运提单时可根据发货人的要求签发可转让与不可转让的多式联运提单中的任何一种。如签发一套一份以上的正本提单，应注明正本份数。在实际业务中，对多式联运提单正本和副本的份数规定不一，主要视发货人要求而定。正本提单签发一份以上的目的在于保护收货人的合法权益。如在提单的转送过程中，有时会发生空难、海难、盗窃、遗失等，有几份正本提单便可通过多种方法向收货人递送。同时，为了防止一票货物多提的可能性，多式联运经营人只要按正本提单中的一份完成交货后，便履行完其交货责任，其余各份正本提单即失效。副本提单没有法律效力，主要是为了业务需要。

集装箱货物在国际多式联运下，多式联运经营人收到的货物的时间、地点有的不在装船港，而在集装箱码头堆场或货运站，甚至发货人的工厂、仓库。这样，从接收货物到货物的实际装船有一待装期。根据多式联运的特点，货物的托运人一经交出货物，即使该货物未实际装船，也可凭场站据（相当于传统班轮运输下的大副收据）要求多式联运经营人签发提单。由于货物未装船，在这种情况下签发的提单为待运提单。多式联运联下签发的待运提单种类有：

①在发货人工厂或仓库收到货物后签发的提单；

②在集装箱货运站收到货物后签发的提单；

③在码头堆场收到货物后签发的提单。

为了适应信用证下的多式联运的结汇需要，国际商会关于跟单信用证统一惯例对"多式联运单据"做了规定。如果信用证要求包括至少有两种不同形式的运输（多式联运）的，除非信用证另有规定，银行将接受下列单据：①表面上看来标有多式联运经营人的名字或其他代理人名字的单据；②用文字印戳或其他方式表明货物已接受监管的单据；③即使信用证禁止转运，银行将接受表明可能转运或将转运的多式联运单据，但以同一运输单据包括全程运输为条件。

⯈ 思考题

1. 在国际多式联运过程中发生货运事故的赔偿责任如何？

2. 多式联运提单业务与海运提单业务有何异同？

3. 目前制约我国国际多式联运发展的因素有哪些？

第 7 章

国际货物运输保险

⊡⟩ **本章要点**

货物运输保险是国际货物运输业务中必不可少的环节,是国际货物运输过程中抵消自然风险与意外事故,顺利完成运输任务的保障。国际货物运输保险按运输方式的不同可分为海洋、陆地、航空和邮政包裹运输保险。其中业务量最大、涉及面最广的是国际海运货物保险。本章重点阐述了国际海运货物保险承保范围、我国海上货物运输保险险别及相关保险条款,也阐述了其他运输方式中国际货物运输保险业务等内容。

国际物流中的货物往往要经过长途运输,涉及多个环节、多种运输方式,货物在从供方所在地到需方所在地的整个运输、装卸及存储过程中,由于自然灾害、意外事故和其他外来风险的客观存在,可能会遭受损失。为了在货物遭受风险受损后能得到一定的经济补偿,供方或需方就需要按约定的条件办理货物运输保险。

货物运输保险是被保险人或投保人(买方或卖方)以运输过程的各种货物作为保险标的,向保险人或承保人(保险公司)投保运输险,投保人按投保金额、投保险别及保险费率,向保险人支付保险费并取得保险单证。保险标的货物若在运输过程中遭受了承保范围内的风险造成损失,保险人按投保金额及损失程度向保险单证持有人做出赔偿。国际货物运输保险可以根据运输方式的不同分为海洋运输货物保险、陆上运输货物保险和航空运输货物保险 3 种主要类型。海上货物运输保险起源最早,历史悠久,其他类型的保险都是在海上货物运输保险基础上发展起来的。国际货物运输保险属于财产保险的范畴,被保险人和保险人都需要订立保险合同并共同遵循保险中的可保利益原则、最大诚信原则、补偿原则和近因原则。

7.1 海上货物运输保险承保的范围

海洋货运保险的保障范围包括海上风险、遭受海上风险造成的损失以及引起的费用。但是,保险人并不是对所有的"风险、损失和费用"都予以赔偿,保险业务上所使用的术语都具有特定的含义。保险人为了明确责任,将其承保的各类风险、损失和费用的赔偿责任都在不同的险别条款中加以规定。

7.1.1 海上货物运输风险

海运货物承保的风险,分为海上风险和外来风险两种。

1.海上风险

海上风险包括自然灾害和意外事故两种。

(1)自然灾害

一般是指因自然现象的力量造成的灾害,即人力不可抗拒的灾害。根据我国现行的《海洋运输货物保险条款》规定,自然灾害仅指恶劣气候、雷电、地震、海啸、洪水、火山爆发等灾害。

(2)意外事故

这是指偶然的非意料之中的原因造成的事故。按照我国《海洋运输货物保险条款》的规定,它仅指运输工具的搁浅、触礁、沉没、失火、爆炸、与浮冰或其他物体的碰撞等。

2.外来风险

这是指由海上风险以外的其他原因引起的风险。保险业所说的外来原因,是指事先难以预料的、致使货物受损的某些外部因素,货物由自身内部缺陷和自然属性而引起的自然损耗或变质等,属于必然损失。这种损失称为非事故性损耗,不属于外来风险范围。外来风险可分为一般外来风险和特殊外来风险两种。

(1)一般外来风险

这是指由一般外来原因引起风险所造成的损失。例如,被保险货物在运输途中由盗窃、雨淋、短量、沾污、破碎、受潮、受热、渗漏、串味、锈损、钩损、包装破裂等一般原因所招致的风险与损失。

(2)特殊外来风险

这是指由国家的政策、法令、行政命令、军事等原因所造成的风险与损失。通常是指战争、罢工、交货不到、拒收、舱面等风险所致的损失。

7.1.2 海上损失

海上损失一般是指海运保险货物在海洋运输中由于海上风险所造成的损失和灭失。

海上损失可分为全部损失与部分损失。

1. 全部损失

全部损失简称全损,是指运输中的整批货物或不可分割的一批货物的全部损失。全损又可分为实际全损和推定全损两种。

(1)实际全损

这是指被保险货物全部灭失或全部变质,或者货物全部不能归原货主所有等情形。构成货物实际全损的情况主要有以下几种:

①保险标的物全部灭失。例如,船只遭遇海损后沉没,货物与之同时沉入海底。

②保险标的丧失。例如,船舶被海盗劫走,货物被全部掠去,或全部被敌方扣押。货物遭受损失,使被保险人完全丧失了这些财产,无法复得。

③保险标的物发生质变,失去原有使用价值。例如,茶叶遭水泡后,虽没有灭失,但已不能饮用,失去其使用价值。

④船舶失踪达到一定时期。例如,船舶失踪后半年仍无消息,按照有关规定,则视为该船舶及其所载货物全部灭失。

(2)推定全损

一般是指保险标的物受损后并未全部灭失,但若进行施救、整理、修复所需的费用,或者这些费用加上续运至目的地的费用的总和,估计要超过货物在目的地的完好状态的价值。构成推定全损的具体情况,主要有以下几种:

①保险标的实际全损已经无法避免,或者是为了避免实际全损,需要花费的施救等费用,将超过获救后的标的价值。

②保险标的发生的保险事故,使被保险人失去标的所有权,而收回这一所有权所需要花费的费用,将超过收回后的标的价值。

③保险标的受损后,整理和续运到目的地的费用,超过货物到达目的地的价值。

④保险标的受损后,修理费用超过货物修复后的价值。

2. 部分损失

这是指凡保险标的物的损失未达到上述情况之一者,都属于部分损失,即未达到全损程度。部分损失可分为共同海损与单独海损两种。

(1)共同海损

这是指载货的船舶在海上遇到灾害、事故等威胁到船货等各方面共同安全的情况时,为了解除这种威胁,维护船货安全,使航程得以继续完成,船方有意识地、合理地采取措施,造成的某些特殊损失或者支出的特殊额外费用。

构成共同海损必须具备以下条件:

①共同海损的危险必须是实际存在的,或者是不可避免而产生的,而不是主观臆测的。

②消除船、货共同危险而采取的措施,必须是有意的和合理的。所谓有意,是指共同海损的行为是人为的,即明知所采取的措施将使船或货造成一些损失,或增加一些额外的费用支出,但却仍然义无反顾地去做。

③必须是属于非正常性质的损失。例如载货船发生搁浅后,船位的个别部位的船板

产生裂缝,急需补漏,为了修船,又须将部分货物卸到岸上并存仓,卸货过程中部分货物受损。所发生的卸货费、存仓费以及货物损失均属非正常性质的损失。

④费用支撑是额外的。例如,为使搁浅或触礁的船舶脱离险境,求救于第三者,由此而支付的费用属于额外费用。

共同海损牺牲和费用都是为了船舶、货物和运费免于遭受损失而支出的,因而不论其损失与费用大小,都应该由船主、货主和付运费方按最后获救价值共同按比例分摊。这种分摊称为共同海损的分摊。

(2)单独海损

这是指共同海损以外的部分损失。这种损失仅属于特定方面的特定利益方,并不涉及其他货主和船方。该损失是仅由各受损者单独负担的一种损失。例如,某外贸公司出口茶叶50吨,在海运途中遭受暴风雨,海水涌入舱内,茶叶受水泡发霉变质。这种损失只是使该公司一家受损,与同船所装其他货物的货主和船方的利益无关,因而属于单独海损。

共同海损与单独海损都属于部分损失,但二者却有区别。主要表现在:

①致损原因不同。单独海损是由所承保的风险直接导致船、货受损;而共同海损则是为了解除或减轻风险,人为地有意识地造成的损失。

②损失的承担者不同。单独海损的损失,由受损者自己承担;而共同海损的损失,则由受益各方根据获救利益的大小按比例分摊。

7.1.3　海上费用

海上货物运输保险承保所涉及的费用主要有以下两种。

1. 施救费用

施救费用是指当被保险标的遭受责任范围内的灾害事故时,由被保险人或其代理人、雇佣人员和受让人等采取措施,为抢救保险标的,防止损失扩大而实施某种抢救行为所支出的合理费用。此项费用,由保险人给予补偿。

2. 救助费用

救助费用是指被保险标的遭遇保险责任范围以内的灾害事故时,由保险人和被保险人以外的第三者采取救助行为,对于此种救助行为,按照国际法规,获救方应向救助方支付相应的报酬,所支付的该项费用,被称为救助费用,它属于保险赔付范围。海上救助行为往往与共同海损联系在一起,构成共同海损的费用支出。

7.2 我国海运货物保险的条款

7.2.1 我国海运货物保险基本险别

保险险别是指保险人对风险和损失的承保责任范围。在保险业务中,各种险别的承保责任是通过各种不同的保险条款规定的。为了适应国际货物海运保险的需要,中国人民保险公司根据我国保险实际情况并参照国际保险市场的习惯做法,分别制定了各种条款,总称为《中国保险条款》(C. I. C.),其中包括《海洋运输货物保险条款》《海洋运输货物战争保险条款》《陆上运输货物保险条款》《航空运输货物保险条款》等专门条款。按中国保险条款规定,投保人可根据货物特点、航线及港口实际情况自行选择投保适当的险别。本节专门介绍海洋运输的货物保险。

1. 平安险(free from particular average,FPA)

根据中国人民保险公司《海洋运输货物保险条款》的规定,平安险的责任范围主要包括以下几项:

①被保险货物在运输途中由恶劣气候、雷电、海啸、地震、洪水等自然灾害造成整批货物的全部损失或推定全损。

②由运输工具遭受搁浅、沉没、触礁、互撞、与浮冰或其他物体碰撞,以及失火、爆炸等意外事故造成货物的全部或部分损失。

③运输工具遭受搁浅、沉没、触礁、焚毁等意外事故的情况下,货物在此前后又在海上遭受恶劣气候、雷电、海啸等自然灾害所造成的部分损失。

④在卸装或转运时由一件或数件整件货物落海造成的全部或部分损失。

⑤被保险人对遭受承保责任内危险的货物采取抢救,防止或减少货损的措施而支付的合理费用,但以不超过该批被救货物的保险金额为限。

⑥运输工具遭遇海难后,在避难港由卸货所引起的损失,以及在中途港、避难港由卸货、存仓以及运送货物所产生的特别费用。

⑦共同海损的牺牲、分摊和救助费用。

⑧运输契约订有"船舶互撞责任"条款,根据该条款规定应由货方偿还船方的损失。

2. 水渍险(with particular average,WPA 或 WA)

水渍险承保的责任范围,除包括平安险的各项责任外,还负责被保险货物由恶劣气候、雷电、海啸、地震、洪水等自然灾害造成的部分损失。

3. 一切险(all risks,AR)

一切险的责任范围,除包括平安险和水渍险的各项责任外,还负责货物在运输过程中由一般外来原因造成的全部或部分损失。在这里,应当指出,一切险并不是承保一切风险所造成的被保险货物的一切损失,如战争、罢工等引起的损失就不在其承保的范围之内。

上述 3 个险别均属基本险,故被保险人办理保险时,可选择一种进行投保。

7.2.2 我国海运货物保险的附加险别

投保平安险或水渍险的货物,在运输过程中,可能受到非自然灾害和海上意外事故引起的损失,如偷窃、雨淋等。投保一切险的货物,也可能会发生险别承保范围以外的损失,如战争、拒收等危险。为使货物在运输中获得更多的保障,可在投保平安险或水渍险的基础上,另行加保一种或若干种一般附加险和特殊附加险;在投保一切险的基础上,则可加保特殊附加险。

1. 一般附加险

这是指由一般外来原因引起的一般风险而造成的各种损失的险别。日前,中国人民保险公司承保的一般附加险有偷窃提货不着险、淡水雨淋险、短量险、混杂沾污险、渗漏险、碰损破碎险、串味险、受潮受热险、钩损险、包装破裂险和锈损险等。这些附加险别,只能在投保一种基本险的基础上加保,而不能单独投保。

2. 特殊附加险

这是指由特殊外来原因引起风险而造成损失的险别。它所承保的风险和损失,主要是由政治、军事、国家政策法令、行政措施等特定的外来原因造成的,该险别与一般附加险一样,也不能单独投保,必须依附于主险而加保。我国保险业务中的特殊附加险,主要有战争险、罢工险、交货不到险、进口关税险、舱面险、拒收险、黄曲霉素险等。

7.2.3 海上运输保险的责任起讫、索赔期限及除外责任

1. 责任起讫

责任起讫亦称保险期限。基本险的责任起讫,采用国际保险业所惯用的"仓至仓"(warehouse to warehouse, W/W)条款的规定办法。

基本险的"仓至仓"责任,自被保险货物运离保险单所载明的起运地仓库或储存处所开始运输时生效,包括正常运输过程中的海上、陆上、内河和驳船运输在内,直至该项货物到达保险单所载明目的地——收货人的最后仓库或储存处所或被保险人用作分配、分派或非正常运输的其他储存处所为止。如未抵达上述仓库或储存处所,则以被保险货物在最后卸载港全部卸离海轮后满 60 天为限。如在上述 60 天内被保险货物需转运到非保险单所载明的目的地,则以该项货物开始转运时终止。

战争险的责任起讫与平安险、水渍险和一切险的责任起讫不同,它不采用"仓至仓"条款,战争险的保险期限仅限于水上危险或运输工具上的危险。

2. 保险索赔期限

上述海运货物保险条款规定,保险索赔时效,从被保险货物在最后卸载港(地)全部卸离海轮或其他运输工具之日起算,最多不超过 2 年。此外,根据有关规定的解释,向船方索赔的时效规定为其编制货运记录之次日起 180 天内。因收货人疏忽或其他原因而丧失向有关方追索权利的货物损失,保险人可不承担责任。

3.除外责任

基本保险的除外责任是指保险人不负责赔偿的损失或费用,即在投保基本险别的条件下,对于下列各项损失并不负责赔偿。

①被保险人的故意行为或过失所造成的损失。

②属于发货人的责任所引起的损失。

③在保险责任开始承担前,被保险货物已存在由品质不良或数量短少造成的损失。

④被保险货物的自然损耗、本质缺陷、特性及市价跌落、运输延迟所引起的损失费用。

⑤战争险条款和罢工险条款所规定的责任及其除外责任。

7.2.4 被保险人的义务

我国现行海洋运输货物保险条款规定了被保险人的义务,在被保险人未履行这些义务而影响保险人利益的情况下,保险人有权对有关损失拒绝赔偿。被保险人的义务如下:

1.及时提货的义务

当被保险货物运抵保险单所载明的目的港(地)后,被保险人有义务及时提货。当发现被保险货物遭受任何损失,应立即向保险单上规定的检验、理赔代理人申请检验,并向有关当局(如海关、港务局)索取货损货差的证明;如涉及第三人责任,应以书面方式向他们提出索赔,必要时还须取得延长索赔时效的凭证。

2.施救义务

对遭受承保风险的货物,被保险人有义务采取合理和必要的措施,避免或减少损失。同时保险公司也可以采取措施避免或减少损失。但不得认为是被保险人放弃委付的表示,也不能认为是保险人接受委付的表示。保险人对被保险人因采取此项措施而发生的费用,即施救费用应予以赔偿。

3.更正保险单内容的义务

在航程变更的情况下或者由于疏忽,被保险人向保险人申报的货物、船名或航程等保险单证内容有遗漏或错误时,被保险人有义务在发现后立即通知保险人进行更正,并在必要时加缴保险费,以维持保险单的效力,否则可能发生保险责任中断或者从未开始的严重法律后果。

4.提供索赔单证的义务

被保险人在向保险人索赔时,应提供下列单证:保险单正本、提单、发票、检验报告、装箱单、磅码单、货损货差证明、索赔清单等。此外,如货损涉及第三人责任,被保险人还需提供向责任方追偿的有关函电及其他必要的单证或文件。

5.被保险人在获悉有关运输契约中"双方有责碰撞"条款的实际责任时,须及时通知保险人

这样做使得保险人能够在必要时自负费用以被保险人的名义对承运人的索赔进行抗辩。如果能够证明承运人没有尽到管货责任或者船舶不适航,承运人就不能免除对本船货损的责任。

7.3 陆运、空运与邮包货运保险

7.3.1 陆上货物运输保险

陆上货物运输保险是国际货物运输保险的一种,分为陆运险和陆运一切险两种,此外还有陆上运输战争险。

1.陆运险

陆运险的责任范围是:被保险货物在运输途中遭受暴雨、雷电、地震、洪水等自然灾害造成的损失;陆上运输工具(主要指火车、汽车)遭受碰撞、倾覆或出轨,或在驳运过程中因驳运工具搁浅、触礁、沉没或遭受隧道坍塌、崖崩或火灾、爆炸等意外事故所造成的全部损失或部分损失。保险人对陆运险的承保范围大致相当于海运险中的水渍险。

2.陆运一切险

陆运一切险的责任范围是:除包括上述陆运险的责任外,保险人对被保险货物在运输途中由于外来原因造成的短少、短量、偷窃、渗漏、碰损、破碎、钩损、雨淋、生锈、受潮、受热、发霉、串味、沾污等全部或部分损失。保险人对陆运一切险的承保范围大致相当于海运险中的一切险。陆运险和陆运一切险的责任范围仅限于火车和汽车运输。

在陆上运输货物保险中,被保险货物在投保陆运险或陆运一切险的基础上,经过协商还可以加保陆上运输货物保险的一种或多种附加险,如陆运战争险等。

3.陆上运输保险责任的起讫期限

保险责任的起讫期限与海洋运输货物保险的"仓至仓"条款基本相同,是从被保险货物运离保险单所载明的起运地发货人仓库或储存处所时开始生效,包括正常陆运和有关水上驳运在内,直至该项货物交保险单所载明的目的地收货人仓库或储存处所,或被保险人用作分配、分派或非正常运输的其他储存处所为止。但如未运抵上述仓库或储存处所,保险责任以被保险货物到达最后卸载的车站后 60 天为限。

在陆运保险业务中,尚有陆上运输冷藏货物险,它具有基本险性质,责任范围除包括陆运险的责任外,还负责赔偿冷藏设备在运输途中损坏所导致的货物变质的损失。

陆上运输货物的索赔时效从被保险货物在最后目的地车站全部卸离车辆后起算,最多不超过 2 年。

7.3.2 航空货物运输保险

我国现行航空运输货物保险的基本险别有航空运输险和航空运输一切险两种,此外还有航空运输战争险。

1.航空运输险

航空运输险的承保责任范围是被保险货物在运输途中遭受雷电、火灾、爆炸,或由飞机遭受恶劣天气或其他危难事故造成的被抛弃,或由飞机遭受碰撞、倾覆、坠落或失踪等意外事故造成的全部损失或部分损失。对保险责任范围内的事故所采取的抢救、防止或减少货损的措施而支付的合理费用,保险人(公司)也负责赔偿,但以不超过被救货物的保险金额为限。本险别的承保责任范围与海运险中的"水渍险"大致相同。

2. 航空运输一切险

航空运输一切险的承保责任范围,除包括上述航空运输险的全部责任外,保险人还对被保险货物在运输途中由外来原因造成的,包括被偷窃、短少等全部或部分损失,负赔偿责任。

3. 保险责任起讫

航空运输险和航空运输一切险的保险责任期限,也采用"仓至仓"条款,但与海运险条款中的"仓至仓"条款有所不同。航空运输货物保险的责任,是从被保险货物运离保险单所载明的起运地仓库或储存处所开始生效,在正常运输过程中继续有效,直至该项货物运抵保险单所载明的目的地,交到收货人仓库或储存处所,或被保险人用作分配、分派或非正常运输的其他储存处所为止。如保险货物未到达上述仓库或储存处所,则以被保险货物在最后卸货地卸离飞机后满30天为止。

航空运输货物战争险是一种附加险,在投保航空运输险和航空运输一切险的基础上,经与保险人协商还可以加保本附加险别。航空运输货物战争险的起讫责任,是自货物装上保险单所载明的起运地的飞机时开始,到卸离保险单所载明的目的地的飞机为止,但最长以飞机到达目的地的当天午夜起满15天为限。

7.3.3 邮政包裹运输保险

由于邮政包裹(邮包)的运输可能通过海、陆、空3种运输方式,其保险责任兼顾及海、陆、空3种运输工具可能出现的因素。这是邮包运输保险的一个显著特点。邮包保险的险别分为两种:邮包险和邮包一切险。

1. 邮包险

邮包险的保险责任范围包括被保险货物在邮运途中遭受恶劣天气、雷电、海啸、地震、洪水等自然灾害,或由运输工具遭受搁浅、触礁、沉没、碰撞、倾覆、出轨、坠落、失踪,或由失火、爆炸等意外事故造成的全损或部分损失。对保险责任范围内的事故所采取的为抢救、防止或减少货损的措施而支付的合理费用,保险人(公司)也负责赔偿,但以不超过被救货物的保险金额为限。

2. 邮包一切险

本险别的承保,除包括上述邮包险的全部责任外,还负责赔偿被保险邮包在运输途中由外来原因造成的(包括被偷窃、短少在内)全部或部分损失。

3. 保险责任起讫

邮包险和邮包一切险的保险责任期限,是自被保险邮包离开保险单所载的起运地点寄件人的处所运往邮局时开始生效,直至该项邮包运达保险单所载明的目的地邮局,自邮局发出到货通知给收件人的当日午夜起算,满15天为止。在此期限内,邮包一经递交至收件人处所,保险责任即告终止。

7.4 保险单据

保险单据是保险人对被保险人的承保证明,又是规定双方各自权利和义务的契约。被保险货物遭受(承保范围内的)损失时,它是被保险人向保险人索赔的主要依据,也是后者进行理赔的主要依据。

当前,在进出口业务实践中所应用的海上保险单据的种类很多,现仅就几种作简要说明。

1. 保险单(insurance policy)

保险单,俗称大保单,是一种正规的保险合同,除载明被保险人名称、被保险货物名称、数量或重量、唛头、运输工具、保险起止地点、承保险别、保险金额和期限等项目外,还有保险人的责任范围,以及保险人与被保险人各自的权利、义务等方面的详细条款,保险单经由被保险人背书后随同物权的转移而转让,按照 CIF 条款订立出口合同时,买方通常要求卖方提供保险单。

2. 保险凭证(insurance certificate)

保险凭证也称小保单,它是一种简化的保险合同。除在凭证上不印详细条款外,其他内容与保险单相同,且与保险单具有同样效力。但若信用证要求提供保险单时,一般不能用保险凭证代替。近年来,保险机构为实现单据规范化,此类保险凭证逐渐废弃而统一采用大保单。

3. 联合凭证(combined certificate)

联合凭证是一种更为简化的保险凭证。在我国,保险机构在外资企业的商业发票上加注保险编号、险别、金额,并加盖保险机构印戳,即作为承保凭证,其余项目以发票所列为准。此种凭证不能转让。

4. 保险通知书(insurance declaration)

保险通知书亦称保险声明书,在 FOB、FCA、CFR 等条件的出口交易中,由买方自费办理保险。但有些进口商与国外保险公司订有预保合同,因此他们常在信用中要求卖方在发运货物时,向进口商指定的外国保险公司发出保险通知书,列明所运货物的名称、数量或重量、金额、运输工具、运输日期、进口商名称、预保合同号码等。此项通知活动是卖方为买方提供的装运后服务,其副本被列为议付单据之一,必须在装运前备妥。近些年来,为简化手续,出口人征得银行同意后,可以用商业发票代替上述通知书,但须在该发票上加注"insurance declaration"字样和信用证规定的内容。

5. 批单(endorsement)

批单是在保险单出具后,因保险内容有所变更,保险人应被保险人的要求而签发的批改保险内容的凭证,它具有补充、变更原保单内容的作用。保险单一经批改,保险人须按批改后的内容承担责任。批改的内容如涉及增加保险金额、扩大承保范围的,须经保险人同意,被保险人方可办理申请批改手续。被批准的批单,一般被粘贴在保险单上,并加盖骑缝章,作为保险单不可分割的组成部分。

⇨ **思考题**

1.如何理解海上货物运输保险中的"仓至仓"条款?不同运输方式下的货物运输保险期限是如何规定的?

2.国际海上货物运输保险费用如何计算?

第三篇

国际货运代理实务

第8章

国际海上货运代理业务

⊡⟩ **本章要点**

国际货运代理人熟知国际物流各环节的业务运作,通过接受货主的委托可代理国际贸易关系中的发货人或收货人办理一系列的进出口物流业务。国际海上货运代理是货运代理业最为重要的组成部分,其代理业务量大、范围广,对国际物流的影响较大。本章主要介绍了国际海上货运进口、出口代理业务和集装箱拼箱代理业务的流程及相关知识。重点是从实践性出发阐述了国际海上货运代理各类业务的内容。

8.1 国际货运代理概述

8.1.1 国际货运代理人与国际物流

国际货物交易大都远隔重洋,交易双方必须借助一定的运输方式和不同的交通工具才能实现商品的转移。在实践过程中,货主必须选择最佳的运输方式和运输工具、最好的承运人以最低廉的运费来实现货物的安全、便捷运输并节省费用,降低成本。事实上,限于货主的人力、物力、财力等资源,很难做到这一点,甚至会由于不熟悉托运、提货、存储、报关和保险等环节的流程而产生损失,国际货运代理行业由此应运而生。国际货运代理人以货主利益为出发点,在长期实践中积累了丰富的代理经验,由于他们熟悉运输业务,了解各个环节的特点、情况,以及与有关的部门、机构如海关、商检、港口与船公司、银行、仓库等建立了密切的业务关系和广泛的联系,具备接受货主委托代办各种货物运输的有利条件,从而被誉为"国际贸易运输的设计师和执行人"。

在国际物流活动中,经常会出现国际货运代理人。目前,国际货运代理人所从事的业务已超过了其原来狭义的概念,大量的国际货运代理人开始从事第三方物流业务。国际货运代理人已成为国际物流经营人的一大组成部分。

8.1.2 国际货运代理人的基本概念

1.国际货运代理的定义

"货运代理"一词,国际上虽没有公认的、统一的定义,但一些权威机构和工具书以及一些"标准交易条件"中都有一定的解释。

联合国亚太经社理事会对此的解释是:货运代理代表其客户实现运输,而货运代理本人并不起承运人的作用。货运代理在不同国家有不同的名称:关税行代理人、清关代理人、关税经营人、海运与发运代理人等。

国际货运代理协会联合会对货运代理下的定义是:货运代理是根据客户的指示,并为客户的利益而揽取货物运输的人,其本人并不是承运人。货运代理也可以依这些条件,从事与运送合同有关的活动,如储货(也含寄存)、报关、验收、收款。

根据我国1995年6月29日公布的《中华人民共和国国际货物运输代理业管理规定》,国际货物运输代理业被定义为"接受进出口业务货物收货人、发货人的委托,以委托人的名义或者以自己的名义,为委托人办理国际货物运输及相关业务并收取服务报酬的行业"。由此可见,国际货物运输代理业属服务性行业。

从传统上讲,货运代理通常充当代理的角色。他们替发货人或货主安排货物的运输,付运费、保险费、包装费、海关税等,然后收取费用(通常是整个费用的1%),所有的成本开支由(或将由)客户承担。但近几年来,货运代理有时已经充当了合同的当事人,并且以货运代理人的名义来安排属于发货人或委托人的货物运输。尤其当货运代理执行多式联运合同时,作为货运代理的"标准交易条件"就不再适应了,其契约义务受其所签发的多式联运提单条款的制约,此时货运代理已成为无船承运人,也将像承运人一样作为多式联运经营人,承担所负责运输货物的全部责任。

国际货运代理的国际组织为"国际货运代理协会联合会",简称"菲亚塔"(FIATA),该组织成立于1926年5月31日,其总部设在瑞士首都伯尔尼。中国国际货运代理协会于2000年9月6日成立,2001年4月加入FIATA。这标志着我国货运代理业与国际全面接轨。

2.国际货运代理人的性质

从业务层面上看,国际货运代理人是以货主的代理人身份,按照代理业务项目和提供的劳务向货主收取劳务费。但从整个国际货物运输环节和法律上看,国际货运代理人与民法上的代理人完全不同。因此权利与义务也不一样。

从国际货运代理人的基本性质看,国际货运代理人主要是接受委托方的委托,进行有关货物运输、仓储、保险,以及对货物零星加工等服务业务的一个机构,管理国际货物的运输、中转、装卸、仓储等事宜。一方面,它与货物托运人订立运输合同,同时它又与运输部门签订合同。对货物托运人来说,它又是货物的承运人。目前,相当部分的货运代理人掌握各种运输工具和储存货物的库场,在经营其业务时,办理包括海、陆、空在内的货物运输。

从另一方面来认识,国际货运代理人又是社会产业结构中的第三产业,是科学技术、国际贸易结构、国际运输方式发展产生的结果。因为在社会信息高度发展的趋势下,信息不受任何行业、区域、国界的限制,只要掌握信息,便能为委托方提供所需的优质服务,即使不拥有硬件(运输工具、仓库等),也可通过软件(经营管理)来控制硬件。如外贸运输系统成立无船承运人公司开展国际多式联运业务,在自己掌握货源的基础上揽取业务以补充的货源。船公司也成立货运公司,为其提供揽货服务。传统的装卸公司、运输部门、仓储业者等也纷纷摆脱其局限性,转向或参与运输服务,并有效地使用自己所拥有的设施和条件,从中获取"附加价值"或"附加效益"。

8.1.3　国际货运代理人在国际物流中的作用

国际货运代理工作性质决定了国际货运代理人必须具有有关国际贸易运输方面的广博的专业知识、丰富的实践经验和卓越的办事能力。他们熟悉各种运输方式、运输工具、运输路线、运输手续和各种不同的社会经济制度、法律规定、习惯做法等,精通国际货物运输中各个环节的种种业务,与国内外各有关机构如海关、商检、银行、保险,仓储、包装企业,以及各种承运人、各种代理人等有着广泛的联系和密切的关系,并在世界各地建有客户网和自己的分支机构。他们具有的这些优势使得他们在国际货物运输中起着任何其他人也取代不了的作用。这些作用可以概括如下:

① 货运代理具有专门知识,能以最安全、最经济、最迅速的方式组织货物运输。

② 货运代理在世界各贸易中心建立客户网络和自己的分支机构,以便有能力控制货物的全程运输。

③ 货运代理是企业的顾问,能就运费、包装及结关等方面提供咨询。

④ 货运代理能将小批量的货物集中成成组货物,使客户从中得益。

⑤ 货运代理不仅组织和协调运输,而且影响新运输方式的创立、新运输路线的开发和新费率的制定等。国际货运代理业的发展所带来的影响是深远的。

国际货运代理人可以从事国际物流各个环节的工作。国际货运代理人还可能拥有自己的仓库和一定数量的运输工具。因此,国际货运代理人具备第三方物流经营人的条件。

国际货运代理人作为第三方国际物流经营人,其业务和流程是根据客户的不同要求来安排的。根据客户的要求,国际货运代理人也可以作为仓储及集运分拨经营人,从事仓储配送和集运分拨业务;根据客户的要求,国际货运代理人还可以作为运输合同的当事人,如无船承运人、多式联运人经营人,来从事海运、多式联运业务。

8.1.4　国际货运代理人的业务范围

1. 为发货人服务

货运代理代替发货人承担货物运输不同阶段的任何委托手续,为客户安排货物、包装、刷唛头,选择航线、船舶、航次,提供仓储、运输、集装箱的拼箱、分拨、货物交接、到港提货、报关、三检、定舱托运、代收代付各种费用等,并与运输有关方保持联系,跟踪货物运输全过程。

2. 为承运人及代理服务

货运代理人以合理的价格向承运人及代理订舱,并将货物安全交接,代收海运费及其他附加费。

3. 为港口服务

港口是货物运输链中的重要节点,货运代理为运输的正常进行适时提供离港货源,按时提取到港物资,完成货物及单证的正常交接,协助港船方做好集装箱管理工作。

4. 为海关服务

当货运代理作为海关代理,办理有关进出口商品的海关手续时,货运代理不仅代表他的客户,而且也代表海关当局。事实上,在许多国家,货运代理得到了海关当局的许可,办理海关手续,并对海关负责,负责在法定的单证中申报货物确切的金额、数量和品名,以使政府在这些方面的收入不受损失。

5. 提供多式联运服务

在货运代理作用上,集装箱化的一个更深远的影响是货运代理介入了多式联运,这时,货运代理充当了主要承运人,并且承担或组织在一个单一合同下,通过多种运输方式,进行门到门的货物运输。货运代理可以以当事人的身份与其他承运人或其他服务的提供者分别谈判并签约。但是,这些分拨合同不会影响多式联运合同的执行,也就是说,不会影响对发货人的义务和在多式联运过程中他对货损及灭失所承担的责任。在货运代理作为多式联运经营人时,通常需要提供包括所有运输和分拨过程的一个全面的一揽子服务,并对他的客户承担一个更高水平的责任。

6. 为其他部门服务

主要是指为仓储、航空、汽车运输部门服务。

8.1.5 国际货运代理人的职责与权利

1. 代理人的基本职责

代理人的基本职责包括:

①按照代理协议(合同)规定和委托人的指示负责办理委托事项。代理必须以通常应有的责任心努力履行代理职责,代理人必须在委托人授权范围内行事,否则由此产生的一切后果由代理人负责。

②如实汇报一切重要事宜。在办理代理工作中必须向委托人提供真实的情况及资料,如果有任何隐瞒或提供的资料不实,给委托人造成损失者,委托人有权向代理人提出索赔并撤销代理协议。

③代理负有保密义务。在代理协议有效期内不得向第三者泄露在代理过程中得到的保密情报和重要资料。

④代理应如实向委托人收账。代理有义务对代理过程中产生的费用向委托人提供正确的账目并收账,特殊费用应事先征得委托人同意。

2. 国际货运代理人对合同的职责

国际货运代理应对自己没有执行合同所造成的货物损失负赔偿责任,如果货物的灭失和损害是由其所委托的代理人在运输、装卸、交付、结关、仓储、单据的签发,以及其他方面的行为或疏忽所致,货运代理人不承担任何责任,除非能证明其在选择代理上有失职行为。如果货物的灭失和损害,货运代理人能证明确定是由第三方行为和疏忽造成的,货运代理人应将情况报告委托人,并协助委托人向责任方提出赔偿。

3.货运代理人的赔偿责任

收货人在收到货物时发现货物灭失或损害,并能证明该灭失或损害是由货运代理人的过失造成的,即可向货运代理人提出索赔,一般情况下,索赔通知的提出不能超过收到货物的一定期限,否则就视为货运代理人已完成交货义务。

4.国际货运代理人责任期限

国际货运代理人在作为承运人运输货物时,其责任从接收货物时开始,至目的地将货物交给收货人为止,或根据指示将货物置于收货人指定的地点也作为完成并已履行合同中规定的交货义务,如货运代理人在发出交货通知后一定时期后,收货人还没有前来提货,也视为货运代理人已履行了合同中规定的义务。

5.国际货运代理人的权利

委托方应支付给代理人因货物的运送、保管、投保、报关、签证、办理单据等,以及为提供其他服务而引起的一切费用,同时还应支付由货运代理不能控制的原因造成合同无法履行而产生的费用,对于上述费用委托方在提货之前必须全部予以付清,方能取得提货权。否则货运代理人对货物有留置权,并有权或以适当的方法将货物出售来弥补应收取的费用。

8.2　国际海上货运代理业务

8.2.1　海上货运代理概述

由于进出口贸易可能通过不同的运输方式完成货物的运输,从而形成以代办与某一运输方式,比如铁路运输、航空运输、公路运输以及国际河流或界河运输等有关的货运业务为主营业务的铁路、航空、公路或河海运输的货运代理人。但是,就国际贸易进出口货物运输而言,或因大多数国家为海洋所隔阻,或因海上运输具有其他种运输方式无法比拟的运量大、成本低、能耗省,可利用天然水域、投资少等特点,海运运量在进出口贸易总量中占有绝对的比重。所以,不论从业务量还是从业务内容方面看,都可以说海上货运代理是货运代理最重要的组成部分。

海上货运代理是随着国际物流所涉及的国家和地区的不断扩大,海上货物运输量的日益增加而产生和发展的。海上货物运输环节多、业务范围广,任何一个货主(托运人)或船公司(承运人)都很难亲自处理好每一环节的具体业务;而且限于人力和物力,也不可能在世界范围广设分支机构,承办揽货订舱、货物交接、中转换装和进出口货物报关等项业务。在这种情况下,如果将有关业务委托代理人办理,对货主来说,有利于贸易合同的履行;而对承运人来说,则无疑扩大了揽货网络,增加了货源。为此,货主或承运人虽然要支付一定数额的酬金或佣金,但他们都可以从货运代理人提供的代理服务中得到补偿。

当前,国际货物运输代理人可以以代理人、经纪人、经营人等多种身份来开展业务,本章仅介绍国际货运代理人以代理人身份开展的具体的业务内容,以无船承运人、多式联运经营人等身份开展的业务内容将在其他章节中介绍。

8.2.2　国际海上货运代理出口业务流程

国际海上货运代理出口业务流程是指国际货运代理为客户办理货物经海运出口,从发货人手中揽取货物,接收货物到将货物交付承运人承运这一过程所需要通过的环节、所需要办理的手续及必备的单证等业务过程。下面以集装箱出口业务为例说明。

对于集装箱整箱货出口(CIF)业务需要经过:揽货接单、理单制单、订舱及订舱处理、办理货物保险、提取空箱、货物装箱、货物报验与报关、货物的交接与签收、监装船、完船信息通告及缮制提单、签发提单与收费放单、处理装船后有关事宜(包括办理传递信息与单证,处理退关、短装、溢装等事宜)、业务归档等环节。

1.揽货接单

揽货接单实质上是货主与货运代理签署委托代理合同的过程。货运代理采取各种揽货手段了解客户的基本情况和有关货源的资料;客户根据贸易合同和信用证有关条款的规定,在办理货物托运前,向货运代理申请订舱,提交订舱委托书和其他有关单证;货运代理根据客户的订舱申请,考虑航线、运输工具、装卸地条件、运输时间以及运输条件等诸因素,经审核,接受订舱要求,并以签署客户的订舱委托书及接受有关报关资料作为订舱确认。

在实务中,除了那些与货运代理签署长期代理协议的货主可直接在具体托运时向货运代理递交托运单作为托运指示外,其他的货主通常是在咨询若干家货运代理并经多次协商后才达成委托关系。因此,一般的揽货与接受委托大都要经过货方电话简单询问、货运代理予以报价、货主填写委托书/订舱联系单以示确认、货运代理接单表示确认等步骤。

（1）接受货主的询盘

在实务中,货主通常通过电话或传真的方式向货运代理发出询盘。至于询盘所应包括的内容则视具体业务的不同而有所不同,一般应包括如下内容:

①托运货物的说明,包括货物的名称、重量、尺寸、性能、积载因素、每件/每捆重量等。

②运输要求,包括目的地、出运日期、交货地点、交接方式、运输方式及运输要求、付费条款、是否需要安排接运与转运等。

③其他服务,包括是否需要代为报关报验、代办仓储等业务。

④运输单证的发放形式。在实际业务中,对于运输单证的签发、流转等,货方可能提出有违常规的要求,比如,货方提出提单电放、预借提单、倒签提单、转换提单、提单拆分与合并(拆单、分单)及异地放单等要求。

（2）审核询盘是否符合收运条件

货运代理在接到货方询价后,一般应从海关、承运人及货运代理自身等方面确定该货盘是否符合收运的条件。

1）海关方面

海关方面的要求包括：货方应具有进出口经营权，所要进口或出口的货物应在其经营范围之内；货方应在进出口口岸海关注册，如果未注册将不能在此口岸报关（但未在海关注册的单位在具有厅局级批文的情况下，也可以办理诸如无偿援助、暂时进出口以及其他非贸易性质的货物的进出口业务）；能向海关提供全套有效的报关单据等。

2）承运人方面

目前不同运输方式下的承运人对承运货物的种类、重量、体积、包装、价值和所需要的文件、运输费用支付方式，以及运输单证的签发与流转等均做出明确的规定，不符合承运人规定的货物不能办理托运。

3）货运代理方面

对于超出货运代理经营权范围，或因目的港无分支机构、代理人因而无法操作，或因货方提供的文件资料不全，以及成本太高、无法承受的货物，货运代理也不能收运。

（3）向有关承运人询价、询问有无舱位等

对于货主的询盘或询问，如果属于货运代理服务的航线，货运代理可直接报价，否则，可在向有关承运人咨询后再向货主报价。无论何种类型的货运代理，都应尽快回复货方的询价，这就要求货运代理人员应与相关承运人保持密切的联系，以掌握承运人所经营的航线及其有关船舶的动态及不同承运人的运价、服务质量等方面的知识，并充分注意运输市场的现状及其变动趋势。货运代理一般至少应掌握如下内容：

①发货港至各大洲、各大航线常用的及货主常需的服务港口的基本情况。

②主要船公司班期信息及有关航线的运价。

③主要内陆运输承运人及其运价。

④各港区货运站及内陆装箱点的情况及其拆装箱价格。

⑤各挂靠港的报关报验要求及其收费标准等。

⑥使用船公司集装箱是否需要押金以及押金的数额等。

（4）向货方报价

货运代理根据与承运人签署的服务协议或根据承运人的报价，并结合本公司收费标准等情况定价后，应及时向货主报价，供货主确认。

（5）货方确认报价

如货方同意其报价，则货运代理应要求货主提交委托书，以便代为办理报关、报验、提取空箱、装箱、拖车运输、装船等各种手续。如果货主不满意其运价或船舶/运输工具，货运代理可继续联系承运人进行商讨。如最后仍不能为货主所满意，则该项业务只好放弃。

（6）货运代理接受委托

货运代理签署委托书或通过接单制单以示确认（俗称"接单"）。

2. 理单制单

在接受客户的委托后，货运代理应把委托内容输入计算机，为每一票货物建立相应的流转表或台账，并根据客户委托书由计算机生成货物托运单。货物流转表或台账用于动态跟踪货运代理工作中每个环节的状态，因此，货运代理业务中的每一项操作均要对流转表的内容进行相应的更新。

3. 订舱及订舱处理

订舱是指货运代理代表货方向承运人或其代理提出托运申请,承运人对这种托运申请予以承诺的行为。无论承、托双方是否已签署运输合同,货方或其代理均需要办理订舱手续。如果承、托双方订舱前已签署了运输合同,订舱则为履行运输合同的过程;如果承、托双方订舱前并未签署运输合同,订舱即构成承、托双方签署运输合同的过程。由此可见,订舱是运输业务中不可缺少的环节。

(1)订舱的种类

订舱可分为暂定订舱(provisional booking)和确定订舱(confirmed booking)两种。暂定订舱是指货主或货运代理向承运人或其代理申报的初步订舱计划。在集装箱运输中,暂定订舱一般于船舶到港前30天左右提出。目前,随着货源竞争的激烈,很多承运人为争取货源都希望货主或货运代理能提前提出订舱申请。确定订舱是指货运代理向承运人或其代理提出的正式订舱申请。在集装箱运输中,确定订舱一般要求在船舶到港前7~10天提出。

(2)订舱处理

①对于具有订舱权的货运代理,货运代理可根据承运人预分配的舱位情况,对客户的委托书及托运单的内容进行订舱处理,由计算机生成装载清单或预配清单。在装载清单上为委托的每一票货物安排船名、航次,分配一个提单号,并将相应编号填入托运单。然后,货运代理除了向客户以书面或口头形式通知船名、提单号、入货地点和入货时间外,还应通过EDI传输给承运人或其代理,并传输给下属的有关部门,如库场车队、集装箱货运站及报关报验部,以便办理空箱的发放、装箱、重箱的交接及货物报关报验。

②对于不具有订舱权的货运代理,货运代理应将托运单递交承运人或其代理作为订舱申请,承运人或其代理则加盖订舱确认章并为每票货物分配一个提单号或运单号以示确认。货运代理订舱取得订舱号后,应将订舱信息输入计算机,缮制本公司的货物装载清单,并将有关信息传输给客户及其下属的有关部门,如库场车队、集装箱货运站及报关报验部,以便办理空箱的发放、装箱、重箱的交接及货物报关报验等。

③对于中转货、联运货,订舱后还应将订舱信息及其他有关信息通知中转港代理和国外代理。

4. 办理货物保险

如果合同规定需要在装船时发出装船通知,由国外收货人自办保险,托运人应及时发出装船通知。如果货物以CIF价成交,托运人在取得订舱确认后即可在出口地向保险公司办理货物保险。目前,托运人办理出口货物运输保险时通常采用逐笔投保的方式。投保时,被保险人如实填写投保单中有关事项,并附有关单据(如信用证、提单等)一并交保险公司,保险公司核对无误后,再签发正式的保险单或保险凭证。如果货运代理代为办理货物保险,则在填写保单时应注意以下事项:

①保险的货物名称、标志、包装及数量等项目一定要全部填写,不能遗漏,内容也要与有关单证的记载相一致。

②保险金额一般为发票金额加10%,也可以根据需要增加比例,但如果超过30%,必须经保险公司同意。

③开船日期和提单号码一定要填写清楚,不能发生遗漏。

5.提取空箱

提取空箱是指在整箱货的情况下货运代理代表托运人持承运人签发的有关提箱凭证向货运站场提取空箱的过程,它包括向承运人办理空箱申请、支付用箱押金(如收取)、安排拖箱车辆拖箱及与放箱点办理空箱验收与交接等环节。

在实务中,如果提取普通箱,则由货运代理填写提箱联系单到承运人代理处换取提箱单,然后再安排车队持提箱单到指定库场提箱。如果需用特种箱,货运代理应填开特种箱提箱联系单送箱管部,经箱管部同意方可提箱。箱管部分别通知库场放箱和货运代理到承运人代理处换提箱单,货运代理再安排车队持提箱单到指定库场提箱。

6.货物装箱

装箱分为产地装箱和场地装箱两种,对于产地装箱,货代操作部门应和车队联系,由车队带上打印好的装箱单、行车路单、托运单、铅封、设备交接单在空箱堆场提箱后到产地装箱、封箱,把重箱提回,于截港前送入港区。货运代理除了应结合拟装箱货物的数量、性质、积载因素,各种集装箱的装载重量、最大容积和不同货物的亏箱率对装箱单位制定的初步装箱积载图予以审核外,还应到装箱现场了解装箱情况,如发现问题及时予以解决。

7.货物报验与报关

在实务中,报验报关可由客户自行进行,也可委托货运代理或装箱点代为报验报关。货运代理为货方代办报关业务需要经过双方签署报关委托书、接收报关单证、填制报关单、预支报关费用、报关单预录入、向海关递交报关单、海关放行、信息反馈、费用结算与文件归档等环节。

8.货物的交接与签收

无论是班轮订舱货物还是租船货物,无论是件杂货还是集装箱货物均有必要在规定的时间内将计划装船的货物/箱子从其储存/存放地运至指定的货运站或码头堆场,以便货物或集装箱装箱装船。因此,在租船订舱后,货主或货运代理应根据将货物或集装箱向港口集中的需要和时间安排,联系内陆运输工具,将货物或集装箱送至货运站/码头以待装箱或装船,并与承运人或其代理办理货物/箱子交接手续。对于船边现装货物,更应事先安排车辆或驳船,及时输送货物,以保证连续作业。

9.监装船

与监装箱一样,监装船是指货运代埋代表货主在装卸现场监督货物的装卸情况。货运代理应做好现场记录,随时掌握装卸进度和处理装卸过程中所发生的问题,以维护货方利益,保证装卸质量。货运代理在代理出口散杂货时通常需要安排人员监装船,尤其是对于舱容紧、配货多的船舶更是如此。货运代理监装时应力求港方和船方配合,合理装载以充分利用舱容,防止货物被退关。如舱位确实不足,应安排快到期的急运的货物优先装船,对必须退关的货物,应及时联系有关单位设法处理。监装人员对一级危险品、重大件、贵重品、特种商品和驳船来货的船边接装、直装工作,要随时掌握情况,防止接卸和装船脱节。对装卸过程中发生的货损,应取得责任方的签证,并在可能的情况下联系原发货单位做好货物调换和包装修整工作。

10. 完船信息通告及缮制提单

这一环节具体包括以下步骤：

①货运代理应与有关场站或船舶代理联系确认每票货物放行和入港情况，以详细掌握货物动态情况并及时与客户联系，以解决实际中发生的问题。

②货运代理应向船舶代理确认已订舱货物是否如数装船，并在完船后及时告知客户。

③货运代理应根据客户委托，依据完船数及客户委托书、信用证等缮制提单，经客户确认无误后，送达船公司或其代理处签单。

11. 签发提单与收费放单

这一环节具体包括以下步骤：

①对于拥有签单权的货运代理，收到船公司或船舶代理的放单信息后，可直接签发提单；对于无签单权的，根据委托协议，应为客户到船公司或其代理处申请签发提单。

②船舶代理和货运代理应将提单信息传递给各自的费用结算部门，用以结算费用时参考。

③计算机生成单船记录费用明细表后，运费结算部门应根据明细表及提单上内容，向客户开出海运发票及内陆运输作业发票，以便收取费用。

④向客户交付已签发的提单。向货方放单可采取见款放单、托收、协议放单等形式。如果采取见款放单，且货运代理已代表货方向承运人或其代理支付了运费，货运代理放单前应要求货方先行支付垫付的运费，否则不能将提单交付货方。

⑤货方自行来取单的，货运代理应要求取件人在文件登记簿上签收；如果货运代理通过 EMS 或快递送达文件，则货运代理应自行在文件登记簿上予以记载，以备日后查证。

12. 处理装船后有关事宜

货物装船后，货运代理还需要处理诸如传递信息与单证，处理退关、短装、溢装等事宜。

（1）单证传递

货运代理应及时将提单等有关单证送交托运人，以保证及时结汇。至于货运代理交付提单前是否要求托运人先行支付代理费与代为垫付的运输杂费（如果有）或扣押相关单据，如出口退税核销单或由第三人出具担保函，应结合托运人的信誉、年交付的货运量、本航次所涉及金额的大小及市场竞争状况等因素综合考虑，不能一概而论，但无论如何，货运代理在交付提单等有关单据前，不仅应要求托运人签收确认，还必须对尚未支付的代理费和垫付的运杂费等费用予以书面确认，以防止事后双方对是否拖欠费用及费用的大小发生争议。

（2）处理退关、短装以及溢装货物

如果货物未能及时发运，或因单证不齐不能报关等需要办理退关，以及发生短装（多报少出）、溢装（少报多出）等情况时，货运代理应开出退关、短装及溢装通知书给托运人，待托运人重新提供发票、装箱单等更正单后向海关办理更改，否则，可能面临海关的罚款。如果该货物需要再出运，托运人应重新补办托运手续。

（3）结算费用

货运代理应与货方结清包括海运费、陆运费、报关报验费、提货费、转运费等费用。

至于结清费用之前是否采取扣押提单/运单或核销退税单等措施,其处理原则请参见前述"单证传递"中的有关内容。

13. 业务归档

货运代理应于代理业务结束后进行业务归档,并做好航次小结,以备存查。

集装箱整箱货出口货运代理业务流程可参照图 8-1。

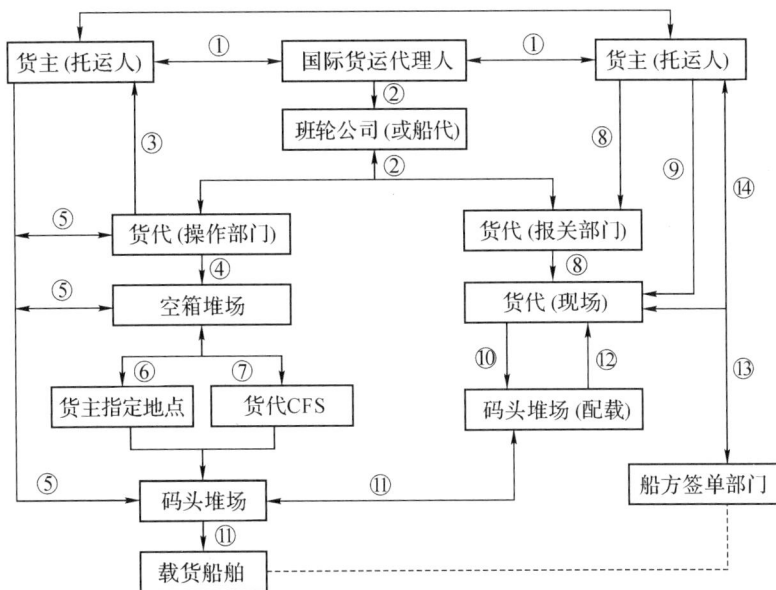

图 8-1　整箱货出口货运代理业务流程

图注:

①货主与货代建立货运关系;

②货代填写托运单证,及时订舱;

③订舱后,货代将有关订舱信息通知货主或将"配舱回单"转交货主;

④货代申请用箱,取得 EIR(集装箱设备交接单)后就可以到空箱堆场提取所需的集装箱;

⑤货主"自拉自送"时,先从货代处取得 EIR,然后提空箱,装箱后制作 CLP,并按要求及时将重箱送码头堆场,即集中到港区等待装船;

⑥货代提空箱至货主指定地点装箱,制作 CLP,然后将重箱"集港";

⑦货主将货物送到货代 CFS,货代提空箱,并在 CFS 装箱,制作 CLP 然后"集港";

(⑤、⑥、⑦在实践中只选其中一种操作方式。)

⑧货主委托货代代理报关、报检,办妥有关手续后将单证交货代(现场);

⑨货主也可自行报关,并将单证交货代(现场);

⑩货代(现场)将办妥手续后的单证交码头堆场配载;

⑪配载部门制订装船计划,经船公司确认后实施装船作业;

⑫实践中,在货物装船后可以取得 D/R 正本;

⑬货代可凭 D/R 正本到船方签单部门换取 B/L 或其他单据;

⑭货代将 B/L 等单据交货主。

(为方便图示,用两个方框表示同一个货主。)

8.2.3　国际海上货运代理进口业务流程

国际海上货运代理进口业务流程是指国际货运代理为客户办理货物经海运进口,将货物交至收货人手中这一过程所需要通过的环节、所需要办理的手续及必备的单证等业务过程。

对于集装箱进口(FOB条件)业务需要经过:货运代理人接受委托、订舱及订舱处理、通知收发货人及装港代理、转发货物已装船通知、办理货物保险、掌握进口船舶动态、接单与提供进口货物流向、办理提货手续、报检报验、报关、提取集装箱、货交收货人、空箱返还、费用结算、业务归档等环节。如果货运代理拥有自己的海关监管仓库,也可以先接收货物再进行报关报验。

在FOB价格条件下,进口货运代理业务中的主要环节及业务内容如下。

1. 货运代理人接受委托

货运代理人与货主双方建立的委托关系可以是长期的,也可以是就某一批货物而签订的。在建立了长期代理关系的情况下,委托人往往会把代理人写在合同的一些条款中,这样,国外发货人在履行合约有关运输部分时会直接与代理人联系,有助于提高工作效率和避免联系脱节的现象发生。

一般业务工作中,在合同规定交货前一定时期内,发货人(卖方)通常根据合同约定将预计装运日期通知买方。收货人(买方)接到通知后,应及时书面委托货运代理办理租船订舱等货物进口业务。为了便于货运代理及时向有关承运人租船订舱,一般要求货主在货物交货期前35天左右向货运代理下达租船订舱委托书。

2. 订舱及订舱处理

如果货物以FOB价格条件成交,货代接受收货人委托后,就负有订舱或租船的责任,并有将船名、装船期通知发货人的义务。特别是在采用特殊集装箱运输时,更应尽早预订舱位。

3. 通知收发货人及装港代理

货运代理办妥租船订舱后,一方面应将船名、装货期分别通知国外的发货人和国内收货人,以便发货人向收货人发出装船通知和国外发货人提前准备货物,办妥各项必要的货物出口手续,将货物按时集中或装箱,送交指定的仓库或堆场,准备装船,并使国内的收货人了解委托事项的进度和做好接收货物的准备。另一方面,还要向自己在国外的分支机构或代理及时发出航次安排指示,在督促发货人按时提供货物、负责监装箱/船和合理利用箱容/舱容及重量、压缩船舶在港停留时间等方面,提出具体的要求。

4. 转发货物已装船通知

货物装船后,由船公司或其代理向货运代理发出货物已装船通知,并告知船舶预计抵达卸港时间等信息,货运代理应将这些信息通知客户。

5. 办理货物保险

进口货物在国外装船后,卖方应按合同规定,向买方发出装船通知,以便买主做好接货准备和办理投保手续。在我国,属于买方自行保险的进口货物,各外贸公司一般均与保险公司签有预约保险合同。每批进口货物在收到国外装船通知后,只要将船名、航次、提单号、预计开船时间、商品名称及数量、装运港、目的港等通知保险公司,即已办妥保险手续。

6.掌握进口船舶动态

货物在装港装船后至船舶抵达卸货港之前,货运代理应掌握船舶的动态,以便做好接船、接货的准备工作。货运代理应从下列渠道取得有关船舶的动态并予以归类建档:

①货运代理在装港的分支机构或代理提供的有关船舶动态;

②各大船公司提供的船期表或船舶动态表;

③进口商向货运代理提供的进口货物装船情况;

④国外发货人寄来的货运单证或发送电报所提供的船期;

⑤各船公司卸港代理提供的船舶进口时间。

同时,货运代理应注意进口货物是否有转船的情况,及时准确掌握二程船的有关信息。

7.接单与提供进口货物流向

接单是指货运代理接收、保管、分发包括商务单据和货运单证在内的进口货运单证,以及船公司代理所下发的进口货物提货通知书和到货通知书等。

除了买卖合同副本在国内收货人递交委托书时会送交货运代理一份外,其他商务单证一般可由买方收到卖方的邮件后转交给货运代理或者由卖方直接寄给货运代理,对于近洋航线,也可随船带交给收货人或货运代理。而货运单证,除了提单外,其他均是随船带到卸货港,交船公司卸港代理分发给各有关方。根据我国《海上国际集装箱管理规定实施细则》的规定,海上承运人应在船舶抵港前(近洋航线船舶在抵港前24小时,远洋航线船舶在抵港前7天),采用传真、电传、邮寄等方式将提单副本、舱单、集装箱装箱单、危险货物装箱清单、危险货物说明书、冷藏集装箱清单等必要的卸船资料分送港口、外轮理货、海关等单位,同时通知收货人。因此,货运代理应在进口货物到达卸港之前,分别从国外装港的分支机构或代理、国外发货人、船公司在卸港的代理处取得为办理卸货、报验报关、索赔、接交、疏运等工作所必需的进口单证(如果未能取得正本单证,至少应得到副本单证)。如果在船舶离开装货港后一段时间仍未收到所需要的商务单据,或在船舶到港后未收到所需要的货运单证,货运代理应主动向收货人或发货人,或船公司在卸港的代理索取或查找。

为了加速集装箱货物的周转,对于进口集装箱货物,我国《海上国际集装箱管理规定实施细则》规定货方或其代理负有及时向码头提供货物流向及实际收货人的义务。根据该法规第五十六条的规定,收货人应于收到海上承运人提供的进口单证资料后的次日向港口提供货物流向和实际收货人,在限期内不能提供货物流向时,要承担由此造成的经济损失。

8.货交收货人

除收货人自行到码头提货(自提)外,对于收货人委托货运代理安排转运的,双方应签订"海运进口国内接交、代运协议书",以便货运代理安排货物转运到收货人指定的地点。

货运代理应在船抵港前备妥向海关申报的单证,并在海关放行货物后,及时办理提箱、提货等工作,并做好船、货、车(船)的衔接,安排代运,货物发运后,及时通知收货人接货。对于过境、转运和联运的货物,应当向进境地海关如实申报,并在海关监管下实施运输。货物发运后,货运代理应将铁路车皮号/承运船名/汽车车牌号以及发运时间等通知收货人,以便收货人准备接货。

9.空箱返还

返还空箱是指货运代理代表收货人将已拆箱完毕的集装箱返还给承运人的过程,它包括安排运输车辆、缴纳延期使用费(如有)、收回用箱押金(如有)及办理空箱交接验收手续等环节。

10.费用结算

费用结算包括货运代理代表货方向船舶所有人、内陆承运人或其代理支付运费及杂费,以及货运代理与货方之间的费用结算。

集装箱整箱货进口货代业务流程参见图8-2。

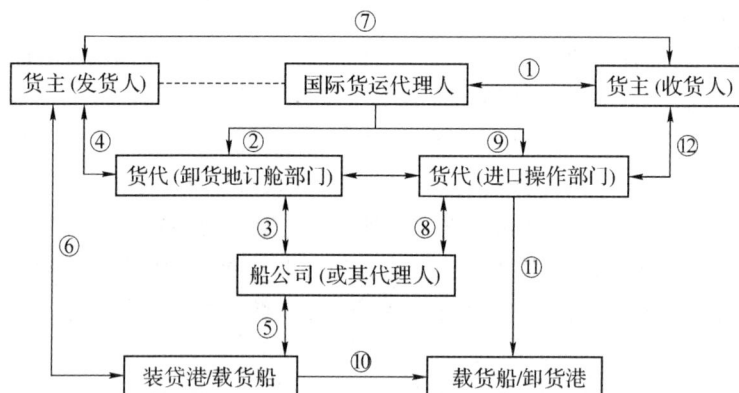

图8-2 整箱货进口货代业务流程

图注:

①货主(收货人)与货代建立货运代理关系;

②在买方安排运输的贸易合同下,货代办理卸货地订舱业务,落实货单齐备即可;

③货代缮制货物清单后,向船公司办理订舱手续;

④货代通知买卖合同中的卖方(实际发货人)及装港代理人;

⑤船公司安排载货船舶抵装货港;

⑥实际发货人将货物交给船公司,货物装船后发货人取得有关运输单证;

⑦货主之间办理交易手续及单证;

⑧货代掌握船舶动态,收集、保管好有关单证;

(在卖方安排运输的贸易合同下,前②至⑦项不需要。)

⑨货代及时办理进口货物的单证及相关手续;

⑩船抵卸货港卸货,货物入库、进场;

⑪在办理了货物进口报关等手续后,收货人或货运代理人就可凭提货单到现场提货,特殊情况下可在船边提货;

⑫货代安排将货物交收货人,并办理空箱回运到空箱堆场等事宜。

8.2.4 集装箱拼箱货运代理业务

1．无船承运人与拼箱业务

无船承运人［non-vessel operating（common）carrier］，也称无船公共承运人，这里指经营无船承运业务的公司，是以承运人身份接受托运人的货载，签发自己的提单或者其他运输单证，向托运人收取运费，通过班轮运输公司完成国际海上货物运输，承担承运人责任，并依据法律规定设立的提供国际海上货物运输服务的企业。

根据《中华人民共和国国际海运条例》的规定，在中国境内经营无船承运业务，应当在中国境内依法设立企业法人；经营无船承运业务，应当办理提单登记，并交纳保证金；无船承运人应有自己的运价本。

无船承运人可以与班轮公司订立协议运价（国外称为服务合同）以从中获得利益。但是，无船承运人不能从班轮公司那里获得佣金。国际货运代理企业在满足了市场准入条件后，可以成为无船承运人。

集装箱运输的货物分为整箱货（FCL）和拼箱货（LCL）两种。将属于不同收货人、同一卸货港的尺码或重量达不到整箱要求的小批量货物集中起来，拼凑成一个 20 英尺或 40 英尺整箱的做法，即是拼箱业务，通常我们称为集拼，国际上叫作 consolidation，简称 consol，承办者称为 consolidator。有条件的货代公司作为无船承运人也能承办拼箱业务。

承办集拼业务的货代企业必须具备如下条件：

①具有集装箱货运站（CFS）装箱设施和装箱能力；

②与国外卸货港有拆箱分运能力的航运或货运企业建有代理关系；

③政府部门批准有权从事集拼业务并有权签发自己的提单（house B/L）。

从事集拼业务的国际货运代理企业由于其签发了自己的提单，故通常被货方视为承运人（集装箱运输下承运人的概念，是指凡有权签发提单，并对运输负有责任的人），如果只经营海运区段的拼箱业务，则是无船承运人。因此其特征主要有：不是国际贸易合同的当事人；在法律上有权订立运输合同；本人不拥有、不经营海上运输工具；因与货主订立运输合同而对货物运输负有责任；有权签发提单，并受该提单条款约束；具有双重身份，对货主而言，无船承运人是承运人，但对真正运输货物的集装箱班轮公司而言，无船承运人又是货物托运人。

2．拼箱货业务流程

集拼业务的操作比较复杂，先要区别货种，合理组合，待拼成一个 20 英尺或 40 英尺箱后可以向船公司或其代理人订舱。

集拼的每票货物各缮制一套托运单（场站收据），附于一套汇总的托运单（场站收据）上，例如有 5 票货物拼成一个整箱，这 5 票货须分别按其货名、数量、包装、重量、尺码等各自缮制托运单（场站收据），另外缮制一套总的托运单（场站收据），货名可做成"集拼货物"，数量是总的件数，重量、尺码都是 5 票货的汇总数，目的港是统一的，关单（提单）号也是统一的编号，但 5 票分单的关单（提单）号则在这个统一编号之尾缀以 A、B、C、D、E，以资区分。货物出运后船公司或其代理人按总单签一份海运提单(ocean B/L),托运人是货代公司,收货人是货代公司的卸货港代理人。然后,货代公司根据海运提单,按 5 票货的托运单(场站收据)内容签发 5 份仓至仓提单(house B/L),house B/L 编号按海运提单号,尾部分别缀以 A、B、C、D、E,其内容则与各该托运单(场站收据)相一致,分发给各托运单位银行结汇之用。

另外,货代公司须将船公司或其代理人签发给他的海运提单正本连同自签的各house B/L 副本快邮寄其卸货港代理人,代理人在船到时向船方提供海运提单正本,提取该集装箱到自己的货运站(CFS)拆箱,通知 house B/L 中各个收货人持正本 house B/L前来提货。

拼箱货货运代理业务流程参见图 8-3。

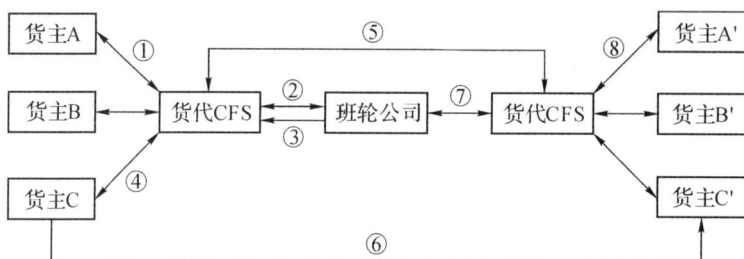

图 8-3　拼箱货货运代理业务流程

图注:

①A、B、C 等不同货主(发货人)将不足一个集装箱的货物(LCL)交货代(集拼经营人);

②集拼经营人将拼箱货拼装成整箱货后,向班轮公司办理整箱货物运输;

③整箱货装船后,班轮公司签发 B/L 或其他单据(如海运提单)给集拼经营人;

④集拼经营人在货物装船后也签发自己的提单(house B/L)给每一个货主(发货人);

⑤集拼经营人将货物装船及船舶预计抵达卸货港等信息告知其卸货港的机构(代理人),同时,还将班轮公司 B/L 及 house B/L 的复印件等单据交卸货港代理人,以便向班轮公司提货和向收货人交付货物;

⑥货主之间办理包括 house B/L 在内的有关单证的交接;

⑦集拼经营人在卸货港的代理人凭班轮公司的提单等提取整箱货;

⑧ A′、B′、C′等不同货主(收货人)凭 house B/L 等在 CFS 提取拼箱货。

思考题

1.国际货运代理人从事货运代理业务的风险有哪些?如何规避这些风险?

2.从物流运作环节上,货运代理人如何帮助货主或承运人降低成本?

3.什么性质的货运代理人能经营集装箱拼箱业务?

第 9 章

国际船舶代理业务

⊡⟩ **本章要点**

　　船舶代理服务简称船代,是国际运输代理的重要业务之一。国际船舶代理业务包括所有原应由船公司自行办理的和原应由货主自行办理的与货运有关的诸多业务,本章重点阐述了国际船舶代理人所从事的货运代理业务、船舶代理业务、箱务代理业务等主要的业务流程与要求。

9.1　国际船舶代理概述

　　由于海洋运输具有运量大、成本低、能耗省、利用天然水域等优点,因此,世界国家或地区之间的货物运输普遍采用海洋船舶运输为主要运输方式,其也成为国际物流的主要运输方式。从事国际贸易货物运输的船舶在世界各个港口之间进行营运的过程中,当它停靠于船舶所有人或船舶经营人所在地以外的其他港口时,船舶所有人或船舶经营人将无法亲自照管与船舶有关的营运业务。解决这一问题的方法可以有两种:其一,是在有关港口设立船舶所有人或船舶经营人的分支机构;其二,是由船舶所有人或船舶经营人委托在有关港口的专门从事代办船舶营运业务和服务的机构或个人代办船舶在港口的有关业务,即委托船舶代理人代办这些业务。在目前的航运实践中,船舶所有人或船舶经营人受其财力所限,往往无法为自己所拥有或经营的船舶在可能停靠的港口普遍设立分支机构;同时又由于各国航运政策不同,大部分船舶所有人依靠自己设立分支机构照管也有困难。因此,委托船舶代理人代办有关业务的方法成为普遍被采用的比较经济和有效的方法。

　　船舶代理是指船舶代理机构或代理人接受船舶所有人(船公司)、船舶经营人、承租人或货主的委托,在授权范围内代表委托人(被代理人)办理与在港船舶有关的业务,提供有关的服务或完成与在港船舶有关的其他经济法律行为的代理行为。而接受委托人的授权,代表委托人办理与在港船舶有关业务和服务,并进行与在港船舶有关的其他经济法律行为的法人和公民,则是船舶代理人。

设立在世界海运港口的船舶代理机构或代理人,对本港的情况、所在国的法律、规章、习惯等非常熟悉,并在从事船舶代理业务的实践中积累了丰富的经验。因此,它们经常能比船长更有效地安排和处理船舶在港口的各项业务,更经济地为船舶提供各项服务,从而加快船舶周转,降低运输成本,提高船舶的经营效益。目前,船舶所有人或船舶经营人大多采用委托代理人代办船舶在港口各项业务的办法来照管自己的船舶。世界上的各个海运港口也都普遍开设有船舶代理机构或代理行,而且在一个港口又通常开设有多家船舶代理机构从事船舶代理业务工作。

船舶代理属于服务性行业。船舶代理机构或代理行可以接受与船舶营运有关的任何人的委托,业务范围非常广泛,既可以接受船舶所有人或经营人的委托,代办班轮船舶的营运业务和不定期船的营运业务,也可以接受货主或租船人的委托,代办其所委托的有关业务。由于船舶的营运方式不同,而且在不同营运方式下的营运业务中所涉及的当事人又各不相同,各个当事人所委托代办的业务也有所不同。因此,根据委托人和代理业务范围不同,船舶代理人可分为班轮运输代理人和不定期船运输代理人两大类。

9.2　国际船舶代理业务

9.2.1　国际船舶代理业务范围

国际船舶代理业务是一项范围相当广泛的综合性业务,它包括所有原应由船公司自行办理的业务和原应由货主自行办理的与货运有关的业务。尽管各国的船舶代理机构或代理行都有自己的业务章程,但代理的作用和业务范围大致相同。根据《中国外轮代理公司业务章程》的规定,船舶代理的业务范围包括下列各项业务:

①船舶进出港手续;

②进出口货运业务;

③船舶现场管理;

④有关租船运输的代理业务;

⑤买卖船舶的交接工作等。

以下重点介绍国际船舶代理人从事货运代理业务、船舶代理业务、箱务代理业务等主要的业务流程与要求。

9.2.2　进出口货运业务流程

船舶代理公司进出口货运业务,主要是指作为船公司的订舱代理,代为办理货物承运、缮制单证、签发提单与提货单、计收运费及信息传递等工作。

就进出口货运代理业务的内容与程序而言,船舶代理与货运代理的工作基本相同,只不过船舶代理代表承运人——船方,而货运代理代表托运人(收货人)——货方而已。在此,仅对国际船舶代理办理班轮运输出口货运业务中的几个环节作一简要说明。

1. 受理托运

受理托运包括审单、接受订舱及订舱更正等环节。订舱业务员代表船公司受理托运时应特别注意如下几点:

①只能在船公司分配的舱位限额内接受货主或其代理的订舱,如船公司所分配的舱位不足或过剩的,应及时向船公司通告;

②对于"截止签单"日期后临时托运的"加载货物",接受订舱前应获取船公司和港方的批准;

③当运送装货港、卸货港和过境港分属不同国家或地区的货物时,应事先向船公司或卸货港、过境港船公司代理汇报、咨询,以掌握该航线上有关国家的法律规章和港口习惯或管理办法;

④要认真审核托运人递交的托运单,审核无误后才予以出具提单号。

2. 制作预装船单证并分送有关方

单证业务员应制作相关单证,并分送有关单位。

①将订舱委托书中的有关数据和内容及时录入计算机,并在全船截载后打印出单船订舱明细表,一式两份。一份转交给单证业务员,以便缮制相关单证;另一份连同订舱委托书转交给运费业务员,以便计费收费。

②在船舶到港前 48 小时左右制作预配清单若干份,并发送 EDI 录入、船代船务部、箱管、港区配载等有关部门,同时将每天各航线预配箱量情况报船公司及各挂靠港代理。对于危险货物和冷藏货物,单证业务员要根据船公司的要求,及时缮制"危险货物清单"和"冷藏货物清单",并递交有关方。EDI 录入人员将单证人员提供的预配舱单数据录入计算机,以与原数据核对后形成 EDI 数据的形式传送至海关系统中。预配舱单数据应保存至船舶离港。

③对于需要箱检及签发准运单的货物,应向有关商检机构申请集装箱适货检验,向港监办理船舶危险货物准运单,并分送船务、港区等部门。

④在船舶到港前 24 小时左右制作预配舱单若干份,并连同集装箱装箱单等分送船务等有关部门。

⑤制作集装箱入港清单,并传送至港区检查口,以便集装箱顺利入港。

3. 审核货方或其代理提交的提单样本

单证业务员在审核提单样本时应遵循如下程序:

①根据订舱业务员转来的单船订舱明细表,督促货方或其代理提交提单样本。

②认真审核货方或其代理递交的提单,包括提单样本、发货人、收货人、船名、航次、提单号、目的港、件数、品名、包装、毛重等内容是否正确、完整。如果发现提单样本使用错误或提单内容缺项时,单证业务员要及时与货方或其代理联系,要求其重新递交提单样本。当然,若经过货方或其代理的同意,也可以在原提单上进行相关改动、标记,但要做好记录。

4. 制作已装船单证,并分送船务部与结算部

单证业务员应缮制单证并分送相关部门:

①运用操作程序将提单上的有关内容录入计算机,缮制完船舱单。

②将各个装箱场地转来的集装箱清单与提单进行比较核对。如有不符,应查明原因并作出修改。

③在船舶离港前一天,应将全船出口舱单、危险货物清单、冷藏货物清单等有关货运单据及时转交给船务部,以便船务部办理船舶离港手续。如果船舶代理业务交由其他船代公司代理,则单证业务员应按要求将上述单据转给相应的船代公司,同时要做好交接记录。

④船舶离港当日,单证业务员要将提单副本、舱单各一套转交给运费业务员以便进行运费计算,同时还应对舱单等单据进行复核,以确保单单相符,减少差错率。

5. 签发提单

适时签发提单是船公司的一项义务,因此,在船舶离港后,单证业务员应以正本场站收据(黄联)为依据,在得到财务人员确认预付运费、港杂费已付的前提下,仔细与待签发的正本提单、舱单相核对,如无不符合项目,应立即签发正本提单并交付给货方或其代理。

6. 计费收费

在实务中,船舶代理通常受船公司或港方的委托代为向货方(托运人、收货人或其代理)收取运费和港杂费。船舶代理计收运费、港杂费时应按规定的程序进行。

7. 船舶离港后货运单证的分发

船舶离港 1 天后,单证业务员通过 EDI 系统将舱单发送至海关。

应随船的单证随船带走,应发往卸货港的邮寄单证,近洋的一般于船离港后 3 天内寄出,远洋的于船离港后 5 天内寄出。

8. 业务归档

在船舶离港 1 个月后应将每个航次的舱单、提单、清单、场站收据(黄联)、客户保函、船公司确认书等单据进行整理,保存在"船舶资料袋"中统一归档。

对于进口货运业务主要包括收受载货运费清单、收受积载计划、催提、签发提货单和进口货物理赔等。

9.2.3 船舶代理业务流程

船舶代理业务,也称船舶现场管理业务,包括办理船舶的入港与出港手续、办理联检业务、船员更换、船舶供给等有关船舶作业方面的事宜。船舶代理业务需要经过委托代理关系的建立以及船舶抵港靠泊前、船舶在港卸货期间、船舶离港前、船舶离港后等各阶段的代理工作。

1. 委托代理关系的建立

一般而言,船舶代理关系的建立包括船舶所有人询价、船代接单审单、预估港口使用费、接受委托等环节,直至最后代理合同成立。

2.船舶抵港靠泊前的代理工作

船舶抵港靠泊前,船舶代理需要开展如下工作:索要货运资料并将资料录入计算机,催索备用金,落实出口货物备妥及进口货物提取,向港方申报进港靠泊计划,向口岸监管机关办理船舶入港手续,接收船长船位报,内外勤人员业务交接,向有关方通告相关信息,解答有关方询问,等。

3.在港装卸货期间的代理工作

船舶进港及在港装卸货期间,船舶代理需要做如下工作:向港方办理船舶进港作业(安排引航、靠泊),与船长交接资料,办理联检、验舱手续,代接船长递交的备妥通知书,做好船舶装卸事实记录工作,向船方发每日船舶装卸动态,处理其他与船舶代理有关的工作,等。

4.船舶离港前及离港时的代理工作

船舶离港前及离港时,船舶代理需要开展如下工作:向有关方索要货运单证,确定港口使费备用金是否到账,了解船舶委托办理事宜是否办妥,了解离港船舶货物情况,向船长交付货运单据,向联检机关办理船舶出口手续,与港方一同完成船舶离港作业,等。

5.船舶离港后的代理工作

船舶离港后,船代需要开展如下工作:费用收据及货运单证的移交,向委托方发送离港报,向委托方和卸货港寄送货运资料,财务人员负责航次备用金的结算,以及代办船长或船员委托代办的有关事宜等。如果船长或委托方授权并要求代理于船舶开航后签发提单,则还包括船务部将场站收据、大副收据等单证转交单证部,由单证部代表委托方签发提单,并交付托运人。

9.2.4 箱管业务

1.集装箱的管理机制

大型集装箱船公司的集装箱管理通常以船公司箱管中心为核心,下设箱管分中心、各航线经营人和港口箱管代理。在集装箱管理机制上通常采用一级调度、三级管理体制。作为接受船公司或委托方委托行使港口箱管代理权的船舶代理公司,应根据箱管代理协议开展箱管工作。

2.箱管代理协议

箱管代理协议是指双方签署的由船舶代理公司接受船公司或委托方的委托,为其提供集装箱在国内港口的动态、状况等信息服务并对箱体进行管理的代理协议。箱管代理协议是船舶代理公司办理有关箱管业务、行使箱管权、提供管理服务、收取费用、解决双方纠纷的法律依据。协议中应明确双方的责任与义务、服务内容、收费标准、通信联络方法、结算方式及协议期限等。

3.箱管业务范围

船舶代理公司箱管业务范围,取决于船舶代理公司与船公司或委托方之间签署的代理协议,一般包括:根据船公司和委托方的要求,负责码头和场站集装箱的跟踪、盘存和管理,办理集装箱进出口报关、报验、查询、调运、发放、起租、退租、转租、检验、修理、清洗、熏蒸、卫检、保险及箱管费收等工作,按规定向船公司或委托方提供有关集装箱的信息报告。

4.箱管业务流程

港口的箱管是基层箱管,它从集装箱进港到集装箱出港都应进行跟踪管理,具体的程序如下:

(1)进口集装箱管理程序

1)做好进港前的准备

上一级箱管或该船装运港箱管向卸货港箱管发送"进口电",通知该船舶所载全部集装箱箱号、尺寸、箱属、空重等情况,有的还载明各箱的收货人、货物、数量和重量等内容。

卸港箱管做出具体调度和安排并录入计算机,打印进口设备交接单,通知各环节的箱管人员做好有关的准备工作。

2)发送卸船日报与箱体报关

箱管代理根据进口载货清单和理货的卸货记录,核对进口集装箱的箱数和箱号,并将进口集装箱的资料准确无误地录入公司计算机;在报关船舶卸毕后1个工作日内向船公司或委托方发卸船报,并代表船公司或委托方办理进口集装箱的箱体报关手续。

3)办理放箱手续

①重箱进港。对于整箱货,收货人向箱管缴纳集装箱押金后,箱管开具放箱单和进口设备交接单,收货人凭所开单据提箱,并按时还箱。还箱时,箱管与之结算并退押金,对滞箱费进行登记,向委托方出具月度滞箱报表。对于拼箱货,由货运站拆箱放货,拆箱后的空箱由箱管码头调度,调回箱管指定的堆场。

②空箱进港。空箱进港多为上一级箱管进行宏观调配和平衡箱量而安排。进港时应由箱管码头调度按规定向海关办理申报,通关后将空箱运至指定的堆场备用。

(2)出口集装箱管理程序

①重箱出口。对于拼箱货,箱管根据各箱站装箱的货量安排空箱箱量,以供货运站拼装所委载的货物,货运站集拼后按统一规定将货箱集港。对于整箱货,发货人交付押金后,箱管开具提箱单和进场/出场设备交接单,发货人凭此单到堆场提取空箱,装箱后送至堆场。

②空箱出口。箱管根据上一级箱管平衡量的安排,向港方提交空箱出口计划,办理空箱出口,向海关申报,通关后集港装船发送至指定的港口。

③船舶装毕后1个工作日内,港口箱管根据出口舱单按目的港、箱号、箱型、尺寸、箱属制作"出口电"通知上一级箱管或卸货港箱管代理。

(3)堆场管理

堆场通常根据由箱管代表船公司、委托方或其他代理与之签署的堆场协议办理集装箱的存放、堆码、移动、起重、装拆等业务。堆场应严格服从箱管的统一调度,根据"先进先出"的原则,合理派放货箱。堆场应每天提交集装箱堆存日报表和进出场报表,审核后由箱管及时向船公司或委托方报告集装箱动态信息。凡有修箱能力的堆场,还应负责集装箱的维修和保养。

（4）集装箱检验、修理与清洗

箱管代表船公司或委托方办理集装箱检验、修理与清洗时，应根据协议的规定向船公司或委托方提出检验、修理、清洗报价单，经批准后方可予以安排。

（5）集装箱租赁

箱管可以根据船公司或箱主委托，代为签订集装箱租赁协议，办理集装箱的起租、退租或转租等业务，向委托方报告租箱动态，包括箱号、箱型、箱类、起退租时间与地点等。对于退租箱，箱管应根据船公司或委托方的指令，联系租箱公司，在取得租箱公司的租约号、放箱号和退租号后及时安排运力进行提箱或退箱，并做好设备的交接手续。箱管代表委托方选择租箱公司、洽谈租箱事宜时除了应评估租箱公司的业务范围与信誉外，还应对包括租箱方式（程租——单程租赁与往返租赁，或期租——短期租赁与长期租赁），租赁箱种、箱型及箱数，交、还箱时间，交、还箱地点，交、还箱状况，租金，提箱与还箱的场站费用，损坏修理责任，箱子保险，提前终止与延迟租赁，以及当事双方权利、义务与责任等条款在内的租赁合同进行仔细的审查，并做出相应的修改，以维护委托方利益。

▷ 思考题

1．船舶代理人与货运代理人在服务业务上主要差异是什么？

2．在进出境报关环节中船代与货代服务业务有何差别？

第 10 章

国际航空货运代理业务

⤷ **本章要点**

　　航空代理人具有两种职能,同时为货主和航空公司提供空运代理服务,从事与航空货物进口、出口相关的各项业务。在国际航空货物运输中,集中托运是较为普遍的代理业务方式。本章主要阐述了航空集中托运服务业务,国际航空货物进口、出口运输代理业务流程及相关的知识。

10.1　航空货运代理概述

　　航空运输作为一种国际贸易的货物运输方式,发展十分迅速,在国际贸易中的地位日益显著,货运量增长很快。在国际物流中,航空公司的主要业务为飞行保障,它们受人力、物力等诸因素影响,难以直接面对众多的客户,处理航运前和航运后繁杂的服务项目。这就需要航空货运代理公司为航空公司出口揽货、组织货源、出具运单、收取运费、进口疏港、报关报验、送货、中转,使航空公司可以集中精力,做好自身业务,进一步开拓航空运输。

　　随着航空货运业务的发展,航空货运代理业应运而生。采用航空货运形式进出口货物,需要办理一定的手续,如出口货物在始发地交航空公司承运前的订舱、储存、制单、报关、交运等;进口货物在目的地机场的航空公司或机场接货、监管储存、制单、报关、送货及转运等。航空公司一般不负责上述业务,由此,收、发货人必须通过航空货运代理公司办理航空货运业务,或自行向航空公司办理航空货运业务。航空货运代理公司的工作是整个航空运输中不可缺少的一环,其服务功能为货主及航空公司双方均带来了方便和好处。

　　航空货运代理人(air freight forwarder),简称空运代理,在国际空运货物进出口活动中具有重要的作用,是货主和航空公司之间的桥梁和纽带。航空货运代理人一般具有两种职能:为货主提供服务的职能,代替货主向航空公司办理托运或提取货物;航空公司的代理职能,部分货代还代替航空公司接收货物,出具航空公司的总运单和自己的分运单。

航空货运代理公司大多对航空运输环节和有关规章制度十分熟悉,并与各航空公司、机场、海关、商检、卫检、动植检及其他运输部门有着广泛而密切的联系。具有代办航空货运的各种设施和必备条件。同时各航空货运代理公司在世界各地或有分支机构,或有代理网络,能够及时联络,掌握货物运输的全过程,因此,委托航空货运代理公司办理进出口货物比直接向航空公司进行委托更为便利。

国际航空货代理人,主要业务是为货主提供服务和为航空公司提供服务,即从事与航空货物进口、出口相关的各项事项。空运代理的业务流程也主要包括两大环节:航空货物出口运输代理业务流程和进口业务流程。下面就业务流程作重点介绍,以熟悉实际操作。

10.2 航空集中托运服务

在国际航空货物运输中,集中托运营运方式是代理人最普遍的业务。由于航空运价随着货物计费重量的增加而逐级递减,货物重量越重,代理人或集运商就可以从航空公司获取越优惠的运价,因此,集中发运大批量货物的运营模式成为众多代理人追求的目标,因为这样能从航空公司便获取比其他竞争对手低的运价。航空货运市场目前还是一个价格敏感程度非常高的市场,较低的价格意味着代理人占据了一个很强的竞争优势,市场销售将会非常得力,会吸引更多的托运人发货,这样一来运送货物的总量会进一步增大,并能与航空公司谈到更加优惠的运价,这是一个非常好的良性循环,代理人由此会越做越大。实际上从航空货运代理人本身的发展规律来看,规模越大越容易生存和发展。

10.2.1 集中托运服务过程

1.集运商提供的服务

集中托运商(consolidator)将多个托运人的货物集中起来作为一票货物交付给承运人,用较低的运价运输货物。货物到达目的站,由分拨代理商(break bulk agent)统一办理海关手续后,再分别将货物交付给不同的收货人。其中集中托运商(或简称集运商)和分拨代理商这两个名词主要来自欧美,在有些国家专门有这样的企业,但在中国,这类企业即是航空代理人或其分支机构。航空集中托运服务过程参见图10-1。

集中托运人除了可以提供货运销售代理人提供的服务内容外,还可承担其他多项服务。

出口货物时可承担以下服务:①负责集中托运货物的组装;②将"待运状态"的散装货物交付给承运人;③将货物装入集装器后,交付给承运人;④货物的信息追踪。

进口货物时可承担以下服务:①办理清关手续并交付货物;②准备再出口的文件;

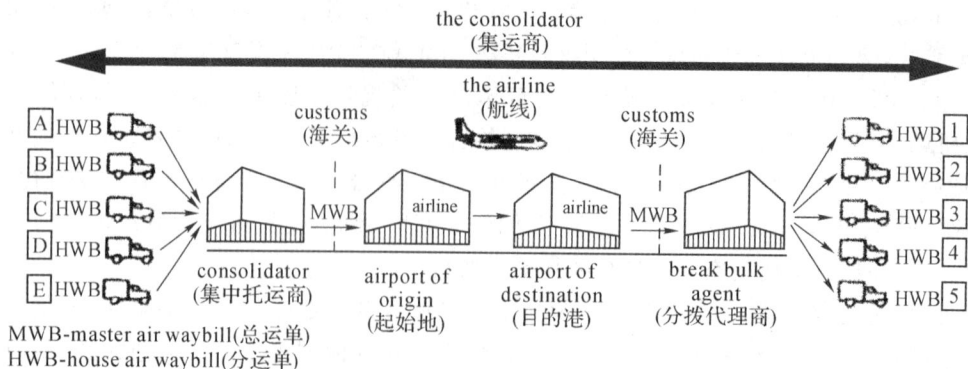

图 10-1　航空集中托运服务过程

③办理国内中转货的转关监管手续。

2.集中托运的单证

(1)分运单(house air waybill，HWB)和主运单(master air waybill，MWB)

代理人在进行集中托运货物时，首先从各个托运人处收取货物，在收取货物时，需要给托运人一个凭证，这个凭证就是分运单(HAWB)。它表明托运人把货物交给了代理人，代理人收到了托运人的货物，所以分运单就是代理人与发货人交接货物的凭证。代理人可自己签发分运单，不受航空公司的限制，但通常的格式还是按照航空公司主运单来制作。在分运单中，托运人栏和收货人栏都是真正的托运人和收货人。

代理人在收取货物之后，进行集中托运，需要把来自不同托运人的货物集中到一起，交给航空公司，代理人和航空公司之间就需要一个凭证，这个凭证就是主运单(MAWB)。航空主运单对于代理人和航空公司都非常重要，因为它承载了货物最主要的信息，货物运输的过程就是信息流的过程，信息流保证了货物运送的安全性和准确性。主运单表明代理人是航空公司的销售代理人，表示取得授权的代理人在市场上可以销售航空公司的舱位。通常航空公司根据代理人的实际情况和结算周期，分时间间隔发放给代理人一定数量的货运单，通常代理人销售完一定数量的运单后，与航空公司进行结算。因此，主运单是代理人与承运人交接货物的凭证，同时又是承运人运输货物的正式文件。在主运单中，托运人栏和收货人栏都是代理人。在我国只有航空公司才能颁布主运单，任何代理人不得自己印制颁布主运单。

一票集中托运货物的所有分运单都要装在结实的信封内附在主运单后，并在货运单"nature and quantity"栏内注明 "consolidation as per attached manifest"。这又涉及另外一个文件，即集中托运货物舱单(manifest)。

(2)集中托运货物舱单(manifest)

由于在主运单中，货物的品名是通过品名栏中注明的"集中托运货物的相关信息附在随带的舱单中"，并没有列出具体的货物品名，因此需要查询集中托运货物舱单，才能了解在这种主运单中有哪些分运单和货物。通过集中托运货物舱单，我们可以看出，主要有各个分运单号，以及各个分运单中货物的运送目的地、件数、重量、体积等项目(见图10-2)。

ATU CONSOLIDATOR

Langer kornweg D-6092 Kelsterbach Germany

CONSOLIDATLON MANIFEST

MWB:131-1234567

AIRLINE	:JAPAN AIRLINES	FLIGHT:JL678/23
POINT OF LOADING	:FRANKFURT	
POINT OF UNLOADING	:TOKYO	DATE :20JAN

HWBNR ACCPRDING	DEST	NUMBEROFPACKAGES NATURE OF GOODS	GROSS WEIGHT	TOTALCC	
77B46117	TYO	7 CLOTH	160.KG	DEM	1460.74
77B46118	TYO	4 AIRCRAFT PARTS	100KG	DEM	122.95
77B47005	FUK	4 MUSICAL INTRU	235.O KG	DEM	1838.60
77B47123	TYO	1 SPARE PART POR CUTTING MACH	8.8 KG	DEM	173.40
77B47124	TYO	30 PLASTLC SHEETS	360. KG	DEM	5953.30
77B47125	TYO	1 ADVE MAT	45.0 KG	PREPAID	
77B47126	TYO	4 HELICO PARTS	11.7 KG	DEM	252.40
77B47127	OSA	6 SHOES	139.0 KG	DEM	1173.69
77B47128	TYO	49 PARTS POR SHOES	692.0 KG	DEM	5746.66
		106	1662.0KG	DEM	16721.74

图 10-2　集中托运货物舱单

（3）识别标签

对于集中托运货物,要在每一件货物上贴上识别标签,在识别标签上要特别注明主单号和分单号(见图 10-3)。

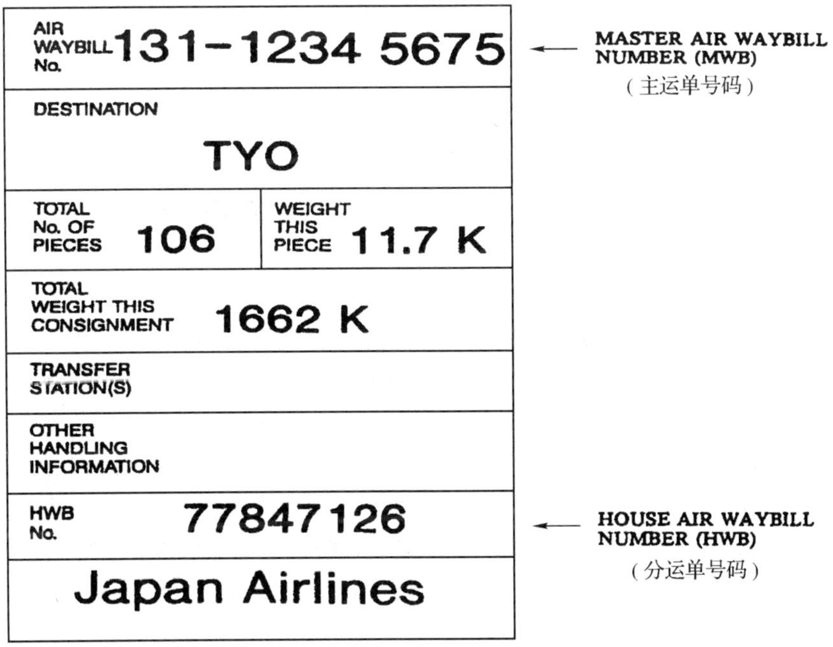

图 10-3　货物识别标签

10.2.2　航空集中托运的货物

航空运输中,并不是所有的货物都可以采取集中托运的方式,因为在集中托运时,代理人把来自不同托运人的货物并在一个主单上运输,对于航空公司来说,对待主单上所有的货物的装运方式一定是一样的,不可能对在一张主单上的两种货物,采取两种不同的装运操作方法。因此,对于集中托运的货物的性质是有一定要求的,下列货物不得以集中托运形式运输:贵重物品、活体动物、尸体、骨灰、危险物品等。

10.2.3　航空集中托运与直接运输的区别

在货物运输中,不能保证货物都用集中托运的方式,除了货物本身的要求,还由于航空运输的时间要求比较高,要在比较短的时间内,保证多个托运人的货物到同一个目的地,这在实际操作当中,往往不能得到保证,因此,许多时候还是采取直接运输的方式。直接运输与集中托运货物的区别如下。

1.直接运输

直接运输的特点如下:货物由货主或航空货运代理人交付给承运人(航空公司);货运单由航空货运代理人填开,并列明真正的货主(托运人和收货人);只使用航空公司的货运单。

2.集中托运货物

集中托运货物的特点如下:货物由货主交付给集中托运商,然后再由集运商交付给承运人(航空公司);货运单由集中托运商填开,航空公司货运单(主运单)上记载的货物收货人、发货人分别为集中托运商和分拨代理人,集运商的货运单(分运单)上记载的货物收货人、发货人分别为真正的货主(托运人和收货人);使用主运单和分运单。

10.3　国际航空货物出口运输代理业务流程

从国际货物运输的出口业务过程看,是从托运人发货到承运人把货物装上飞机的物流、信息流的实现和控制管理的全过程,其环节主要包含两大部分:航空货物出口运输代理业务程序和航空公司出港货物的操作程序。

在货物运输代理这一工作程序中,货运代理人必须了解和掌握制备有关单证、办理必要手续、通过相关的流程环节。虽然代理人不直接进行航空公司出港货物的操作程序,但航空公司出港业务流程对代理人也很重要,代理人只有熟悉航空公司出港货物的操作程序,才能清楚货物在航空公司运输及转运过程,了解哪些环节容易出现问题。

10.3.1　航空货物出口运输代理业务程序

航空货物出口运输代理业务程序包含以下几个环节:市场销售、委托运输、审核单证、预配舱、预订舱、接单、制单、接货、标签、配舱、订舱、出口报关、出仓单、提板箱、装板箱、签单、交接发运、航班跟踪、信息服务、费用结算。

1.市场销售

作为航空货物运输销售代理,销售的产品是航空公司的舱位,只有飞机舱位配载了货物,航空货运才真正具有实质性的内容,因此承揽货物处于整个航空货物出口运输代理业务程序的核心地位,这项工作的成效直接影响代理公司的发展,是航空货运代理的一项至关重要的工作。一个业务开展得较强、较好的货运代理公司,一般都有相当数量的销售人员或销售网点从事市场销售工作。

从营销战略角度来说,代理公司要对整个区域经济的发展有充分的了解,了解哪些行业的产品适合空运。从发展趋势进行潜在市场分析,了解城市经济的未来发展规划,该区域会增加哪些高科技企业,这些企业适合航空运输的产品将在本公司货运量中占有多少份额。了解本公司目前货运量在该区域占有的百分比,并充分分析市场的情况。

从每位营销员的角度来说,随着知识经济时代的到来,市场一体化和经济全球一体化导致市场竞争愈来愈激烈,适应市场不断变化的新型的公司管理模式快速涌现,并且要求企业对市场的反应非常敏感,产品能够很快满足市场的变化需求。因此,现代化的公司对于运输的要求是十分严格的,因为市场的需求只有通过快速的运输才能实现,从而对于代理公司的营销员的素质要求越来越高,而且这种趋势越来越明显。营销员不仅要对本公司的业务流程非常熟悉,要有宽广的知识面,而且应能在变化的市场面前,迅速地把握住时机。

在具体操作时,需及时向出口单位介绍本公司的业务范围、服务项目、各项收费标准,特别是向出口单位介绍优惠运价,介绍本公司的服务优势等。

航空货运代理公司与出口单位(发货人)就出口货物运输事宜达成意向后,可以向发货人提供所代理的有关航空公司的"国际货物托运书"。对于长期出口或出口货量大的单位,航空货运代理公司一般都与之签订长期的代理协议。

发货人发货时,首先需填写委托书,并加盖公章,作为货主委托代理承办航空货运出口货物的依据。航空货运代理公司根据委托书的要求办理出口手续,并据以结算费用。因此,"国际货物托运书"是份重要的法律文件。

2.委托运输

根据《华沙公约》第5条(1)款和(5)款规定,货运单应由托运人填写,也可由承运人或其代理人代为填写。实际上,目前货运单均由承运人或其代理人代为填制。因此,作为填开货运单的依据——托运书,应由托运人自己填写,而且托运人必须在上面签字或盖章。

托运书(shippers letter of instruction,SLI)是托运人用于委托承运人或其代理人填开航空货运单的一种表单,表单上列有填制货运单所需的各项内容,并应印有授权于承运人或其代理人代其在货运单上签字的文字说明。

托运书包括下列内容栏：

(1)托运人(shippers' name and address)

填列托运人的全称,所在的街名、城市名称、国家名称及便于联系的电话、电传或传真号码。

(2)收货人(consignees' name and address)

填列收货人的全称,所在的街名、城市名称、国家名称(特别是在不同国家内有相同城市名称时,更应注意填上国名)以及电话号、电传号或传真号,本栏内不得填写"to order"或"to order of the shipper"(按托运人的指示)等字样,因为航空货运单不能转让。

(3)始发站机场(air port of departure)

填始发站机场的全称。

(4)目的地机场(air port of destination)

填目的地机场(机场名称不明确时,可填城市名称),如果某一城市名称用于一个以上国家时,应加上国名。例如:LONDON UK 伦敦,英国;LONDON KY US 伦敦,肯塔基州,美国;LONDON CA 伦敦,安大略省,加拿大。

(5)要求的路线/申请订舱(requested routing/requested booking)

本栏用于航空公司安排运输路线时使用,但如果托运人有特别要求时,也可填入本栏。

(6)供运输用的声明价值(declared value for carriage)

填列供运输用的声明价值金额,该价值即为承运人赔偿责任的限额。承运人按有关规定向托运人收取声明价值费。但如果所交运的货物毛重每千克不超过 20 美元(或等值货币),无须填写声明价值金额,可在本栏内填入"NVD"(no value declared)(未声明价值),如本栏空着未填写时,承运人或其代理人可视为货物未声明价值。

(7)供海关用的声明价值(declared value for customs)

国际货物通常要受到目的站海关的检查,海关根据此栏所填数额征税。

(8)保险金额(insurance amount requested)

中国民航各空运企业暂未开展国际航空运输代保险业务,本栏可空着不填。

(9)处理事项(handling information)

填列附加的处理要求。例如:另请通知(also notify),除填收货人之外,如托运人还希望在货物到达的同时通知他人,请另填写通知人的全名和地址;外包装上的标记;操作要求,如易碎、向上等。

(10)货运单所附文件(documentation to accompany air waybill)

填列随附在货运单上运往目的地的文件,应填上所附文件的名称。

(11)实际毛重(actual gross weight)

本栏内的重量应由承运人或其代理人在称重后填入。如托运人已填上重量,承运人或其代理人必须进行复核。

(12)运价类别(rate class)

所适用的运价、协议价、杂费、服务费。

(13)计费重量(千克)(chargeable weight)(kgs)

本栏内的计费重量应由承运人或其代理人在量过货物的尺寸(以厘米为单位)后,由承运人或其代理人算出计费重量后填入,如托运人已经填上,承运人或其代理人必须进行复核。

(14)费率(rate/charge)

本栏可空着不填。

(15)货物的品名及数量(包括体积及尺寸)[nature and quantity of goods(incl. dimensions or volume)]

填列货物的品名和数量(包括尺寸或体积)。危险品应填写适用的准确名称及标贴的级别。

(16)托运人签字(signature of shipper)

托运人必须在本栏内签字。

(17)日期(date)

填托运人或其代理人交货的日期。

在接受托运人委托后,单证操作前,货运代理公司的指定人员对托运书进行审核或称之为合同评审。审核的主要内容包括价格、航班日期。托运书的价格审核就是判断其价格是否能被接受,预订航班是否可行。审核人员必须在托运书上签名和填写日期以示确认。

3.审核单证

单证应包括:

①发票、装箱单。发票上一定要加盖公司公章(业务科室、部门章无效),标明价格术语和货价(包括无价样品的发票)。

②托运书。一定要注明目的港名称或目的港所在城市名称,明确运费预付或运费到付、货物毛重、收发货人、电话/电传/传真号码。托运人签字处一定要有托运人签名。

③报关单。注明经营单位注册号、贸易性质、收汇方式,并要求在申报单位处加盖公章。

④外汇核销单。在出口单位备注栏内,一定要加盖公司章。

⑤许可证。其合同号、出口口岸、贸易国别、有效期等内容,一定要符合要求且与其他单据相符。

⑥商检证。商检证、商检放行单、盖有商检放行章的报关单均可。商检证上应有海关放行联字样。

⑦进料/来料加工核销本。注意本上的合同号是否与发票相符。

⑧索赔/返修协议。要求提供正本,要求合同双方盖章,外方没章时,可以签字。

⑨到付保函。凡到付运费的货物,发货人都应提供。

⑩关封。

4.预配舱

代理人汇总所接受的委托和客户的预报,并输入电脑,计算出各航线的件数、重量、体积,按照客户的要求和货物重、泡情况,根据各航空公司不同机型对不同板箱的重量和高度要求,制订预配舱方案,并对每票货配上运单号。

5.预订舱

代理人根据所指定的预配舱方案,按航班、日期打印出总运单号、件数、重量、体积,向航空公司预订舱。这一环节称之为预订舱,是因为此时货物可能还没有入仓库,预报和实际的件数、重量、体积等都会有差别,这些留待配舱时再作调整。

6.接受单证

航空货运代理人接受托运人或其代理人送交的已经审核确认的托运书及报关单证和收货凭证,将电脑中的收货记录与收货凭证进行核对。制作操作交接单,填上所收到的各种报关单证份数,给每份交接单配一份总运单或分运单。将制作好的交接单、配好的总运单或分运单、报关单证移交制单。如此时货未到或未全到,可以按照托运书上的数据填入交接单并注明,货物到齐后再进行修改。

7.填制货运单

填制航空货运单,包括总运单和分运单。填制航空货运单是空运出口业务中最重要的环节,货运单填写准确与否直接关系到货物能否及时、准确地运达目的地。

航空货运单是发货人收结汇的主要单证,因此运单的填写必须详细、准确,严格符合单货一致、单单一致的要求。

填制航空货运单的主要依据是发货人提供的国际货物托运书。货运单一般用英文填写,目的地为香港地区的货物运单可以用中文填写,但货物的品名一定要用英文填写。

托运书上的各项内容都应体现在航空货运单上,如发货人和收货人的全称、详细地址、电话、电传、传真和账号,出口货物的名称、件数、重量、体积、包装方式,承运人和代理人的名称和城市名称,始发地机场和目的地机场等。

对于已事先订舱的货物和运费到付的货物,运单上还要注明已订妥的航班号、航班日期。对于运输过程中需要特殊对待的货物(如需冷藏、保持干燥),应在货运单"handling information"一栏中注明。

按体积重量计算运费的货物,在货运单上货物品名一栏中需注明体积、尺寸。

托运人提供的货物合同号、信用证号码等,如有必要应在货运单上注明。

货运单因打字错误或其他原因需要修改时,应在更改处加盖本公司修改章。

货物的实际重量,以航空公司的重量为准。重量单位一般以千克来表示。

运价类别一般用"M、N、Q、C、R、S"来表示。"M"代表最低重量,"N"代表45千克以下普通货物运价,"Q"代表45千克以上普通货物运价,"C"代表指定商品运价,"R"代表附加运价,"S"代表附减运价。

所托运货物,如果是直接发给国外收货人的单票托运货物,填开航空公司运单即可。如果货物属于以国外代理人为收货人的集中托运货物,必须先为每票货物填开航空货运代理公司的分运单;然后再填开航空公司的总运单,以便国外代理对总运单下的各票货物进行分拨。

接到移交来的交接单、托运书、总运单、分运单、报关单证,进行分运单、总运单直单、拼总运单的运单填制。总运单上的运费填制按所适用的公布运价,并注意是否可以用较高重量点的运价,分运单上的运费和其他费用按托运书和交接单的要求。

相对应的几份分运单件数应与总运单的件数相符合；总运单下有几份分运单时，需制作航空货物清单。

最后制作"空运出口业务日报表"供制作标签用。

8.接收货物

接收货物，是指航空货运代理公司把即将发运的货物从发货人手中接过来并运送到自己的仓库。

接收货物一般与接单同时进行。对于通过空运或铁路从内地运往出境地的出口货物，货运代理按照发货人提供的运单号、航班号及接货地点接货日期，代其提取货物。如货物已在始发地办理了出口海关手续，发货人应同时提供始发地海关的关封。

接货时应对货物进行过磅和丈量，并根据发票、装箱单或送货单清点货物，核对货物的数量、品名、合同号或唛头等是否与货运单上所列一致。

检查货物的外包装是否符合运输的要求，包括包装坚固、完好等基本要求和对包装材料的具体要求等。

9.标记和标签

（1）标记

标记是指在货物外包装上由托运人书写的有关事项和记号。包括托运人、收货人的姓名，地址，联系电话，传真；合同号；操作（运输）注意事项；单件超过 150 千克的货物。

（2）标签

按标签作用，可分为识别标签、特种货物标签和操作标签。按标签类别，可分为航空公司标签和分标签两种。航空公司标签是对其所承运货物的标识，各航空公司的标签虽然在格式、颜色上有所不同，但内容基本相同。标签前 3 位阿拉伯数字代表所承运航空公司的代号，后 8 位数字是总运单号码。分标签是代理公司对出具分标签货物的标识。凡出具分运单的货物都要制作分标签，填制分运单号码和货物到达城市或机场的 3 字代码。

一件货物贴一张航空公司标签，有分运单的货物，每件再贴一张分标签。

10.配舱

配舱时，需运出的货物都已入库。这时需要核对货物的实际件数、重量、体积与托运书上预报数量的差别。对预订舱位、板箱的有效领用、合理搭配，按照各航班机型、板箱型号、高度、数量进行配载。同时，对于货物晚到、未到情况以及未能顺利通关放行的货物做出调整处理，为制作仓单做准备。实际上，这一过程一直延续到单、货交接给航空公司后才完毕。

11.订舱

订舱，就是将所接收的空运货物向航空公司申请并预订舱位。

货物订舱需根据发货人的要求和货物标识的特点而定。一般来说，大宗货物、紧急物资、鲜货易腐物品、危险品、贵重物品等，必须预订舱位。非紧急的零散货物，可以不预订舱位。

订舱的具体做法和基本步骤是：接到发货人的发货预报后，向航空公司吨控部门领取并填写订舱单，同时提供相应的信息，如货物的名称、体积（必要时提供单件尺寸）、重量、件数、目的地、要求出运的时间等、其他运输要求(温度、装卸要求、货物到达目的地时限等)。

航空公司根据实际情况安排航班和舱位。航空公司舱位销售的原则包括:保证有固定舱位配额的货物,保证邮件、快件舱位,优先预定运价较高的货物舱位,保留一定的零散货物舱位,未订舱的货物按交运时间的先后顺序安排舱位。

货运代理公司订舱时,可依照发货人的要求选择最佳的航线和最佳的承运人,同时为发货人争取最低、最合理的运价。

订舱后,航空公司签发舱位确认书(舱单),同时给予装货集装器领取凭证,以表示舱位订妥。有时会由于货物原因、单证原因、海关原因,出现舱位不够或者空舱,此类情况需要综合考虑和有预见性等经验,应尽量减少此类事情发生,并且在事情发生后做出及时必要的调整和补救措施。

12.出口报关

出口报关,是指发货人或其代理人在货物发运前,向出境地海关办理货物出口手续的过程。

出口报关的基本程序为:首先将发货人提供的出口货物报关单的各项内容输入电脑,即电脑预录入。在通过电脑填制的报关单上加盖报关单位的报关专用章;然后将报关单与有关的发票、装箱单和货运单综合在一起,并根据需要随附有关的证明文件;以上报关单证齐全后,由持有报关证的报关员正式向海关申报;海关审核无误后,海关官员即在用于发运的运单正本上加盖放行章,同时在出口收汇核销单和出口报关单上加盖放行章,在发货人用于产品退税的单证上加盖验讫章,粘上防伪标志;完成出口报关手续。

出口货物根据动卫检部门的规定和货物种类,填制相应的动、卫检验检疫申报单。非动植物及其制品类,要求填制"卫检申报单",加盖卫检放行章。动植物类货物除"卫检申报单"外,还需填制"动植检报验单"并加盖放行章。

化工类产品须到指定地点检验证明是否适合空运。而不同的出口货物亦有各种规定和限制。

13.出仓单

配舱方案制订后就可着手编制出仓单。其内容有:出仓单的日期、承运航班的日期、装载板箱形式及数量、货物进仓顺序编号、总运单号、件数、重量、体积、目的地3字代码和备注。

出仓单交给出口仓库,用于出库计划、出库时点数并向装板箱交接。

出仓单交给装板箱环节用于向出口仓库提货的依据。

出仓单交给货物的交接环节用于从装板箱环节收货的凭证和制作"国际货物交接清单"的依据,该清单用于向航空公司交接货物。

出仓单还可用于外拼箱。

出仓单交给报关环节。当报关有问题时,可有针对性地反馈,以采取相应措施。

14.提板、箱

根据订舱计划向航空公司申领板、箱并办理相应的手续。

提板、箱时,应领取相应的塑料薄膜和网。对所使用的板、箱应登记、销号。

15. 货物装箱装板

除特殊情况外,航空货运均是以"集装箱""集装板"形式装运。

航空货运代理公司将体积为 2 立方米以下货物作为小货交予航空公司拼装,大于 2 立方米的大宗货或集中托运拼装货,一般均由货运代理自己装板、装箱。

订妥舱位后,航空公司吨控部门将根据货量出具发放"航空集装箱、板"凭证,货运代理公司凭此向航空公司箱板管理部门领取与订舱货量相应的集装板、集装箱。

大宗货物、集中托运货物可以在货运代理公司自己的仓库、场地、货棚装板、装箱,亦可在航空公司指定的场地装板、装箱。

16. 签单

货运单在盖好海关放行章后还需到航空公司签单。主要是审核运价使用是否正确以及货物的性质是否适合空运,例如危险品等是否已办了相应的证明和手续。航空公司的地面代理规定,只有签单确认后才允许将单、货交给航空公司。

17. 交接发运

交接是向航空公司交单交货,由航空公司安排航空运输。

交单就是将随机单据和应由承运人留存的单据交给航空公司。随机单据包括第二联航空运单正本、发票、装箱单、产地证明、品质鉴定书等。

交货即把与单据相符的货物交给航空公司。交货之前必须粘贴或拴挂货物标签,清点和核对货物,填制货物交接清单。大宗货、集中托运货,以整板、整箱称重交接。零散小货按票称重,计件交接。航空公司审单验货后,在交接签单上验收,将货物存入出口仓库,单据交吨控部门,以备配舱。

18. 航班跟踪

单、货交接给航空公司后,有时航空公司会因种种原因,例如航班取消、延误、溢载、故障、改机型、错运、倒垛或装板不符规定等,未能按预定时间运出,货运代理公司从把单、货交给航空公司后就需对航班、货物进行跟踪。

需要联程中转的货物,在货物出运后,要求航空公司提供二程、三程航班中转信息。

有些货物事先已预订了二程、三程,也还需要确认中转情况。有时需直接发传真或打电话与航空公司的海外办事处联系追踪货物中转情况。及时将上述信息反馈给客户,以便遇有不正常的情况及时处理。

19. 信息服务

航空货运代理公司须在多个方面为客户做好信息服务工作。

①订舱信息。应将是否订妥舱位及时告诉货主或委托人以便及时备单、备货。

②审单及报关信息。应在审阅货主或委托人送来各项单证后,及时向发货人通告。如有遗漏失误应及时补充或修正。在报关过程中,遇有任何报关、清关的问题,亦应及时通知货主,共商解决。

③仓库收货信息。当货主送货时,应将到达仓库的时间、货量、体积、缺件、货损情况及时通告货主,以免事后扯皮。

④交运称重信息。运费计算标准以航空公司称重、所量体积为准,如在交运航空公司称重过磅过程中,发现称重、体积与货主声明的重量、体积有误,且超过一定比例时,必

须通告货主,求得确认。

⑤一程及二程航班信息。应及时将航班号、日期及以后跟踪了解到的二程航班信息及时通告货主。

⑥集中托运信息。对于集中托运货物,还应将发运信息预报给收货人所在地的国外代理,以便对方及时接货、查询、进行分拨处理。

⑦单证信息。货运代理在发运出口货物后,应将发货人留存的单据,包括盖有放行章和验讫章的出口货物报关单、出口收汇核销单、第三联航空运单正本以及用于出口产品退税的单据,交付或寄送发货人。

20. 费用结算

费用结算主要涉及同发货人、承运人和国外代理人三方面的结算。

①发货人结算费用。在运费预付的情况下,收取以下费用:航空运费、地面运输费、各种服务费和手续费。

②承运人结算费用。向承运人支付航空运费及代理费,同时收取代理佣金。

③国外代理结算费用。主要涉及付运费和利润分成。到付运费实际上是发货方的航空货运代理为收货人垫付的,因此收货方的航空货运代理公司在将货物移交收货人时,应收回到付运费并将有关款项退还发货方的货运代理。同时,发货方的货运代理应将代理佣金的一部分分给其收货地的货运代理。

由于航空货运代理公司之间存在长期的互为代理协议,因此,与国外代理结算时一般不采取一票一结的办法,而采取应收应付相互抵销、在一定期限内以清单冲账的办法。

10.3.2 航空公司出港货物的操作程序

航空公司出港货物的操作程序是指自代理人将货物交给航空公司,直到货物装上飞机的整个操作流程。

航空公司出港货物的操作程序如下:

1. 预审 CBA(cargo booking advance)

CBA 即国际货物订舱单。此单由国际吨控室开具,作为配载人员进行配载工作的依据,配载人员一般应严格按照 CBA 的要求配货:根据 CBA,了解旅客人数,货邮订舱情况、有无特殊货物等。对于经停的国际航班,需了解前、后站的旅客人数,舱位利用情况;估算本航班最大可利用货邮业载和舱位(货邮业载=商务业载-行李重量货邮舱位=总货舱位-行李舱位);预划平衡,根据订舱情况,旅客人数及前、后舱分布,对飞机做到心中有数,如有问题,可在预配货物时,及时调整;了解相关航线上待运货物情况。结合 CBA,及时发现有无超订情况,如有疑问,及时向吨控部门了解。

2. 整理单据

整理的单据主要包括 3 个方面的单据:①已入库的大货的单据,检查入库通知单,交接清单(板箱号、高低板标识、重量及组装情况)是否清楚完整,运单是否和交接单一致;核对 CBA,做好货物实际到达情况记录,如果出现未订舱货物,应将运单放回原处。②现场收运的货物的单据,根据代理提供的报关单、货物清单对运单进行审核,主要查看货物品名、件数、重量、运价及海关放行章,对化工产品要求提供化工部非危险品证明。③中转的散货的单据,整理运单,询问货物到达情况及所在仓库区位;寻找并清点货物,决定组装方式。

3.过磅和入库

检查货物板、箱组装情况,高度、收口等是否符合规定;将货物送至电子磅,记录重量,并悬挂吊牌;对装有轻泡货物的板箱,查看运单,做好体积记录;在电脑中输入板箱号码、航班日期等,将货物上码放在货架上。

4.出港

(1)制作平衡交接单

配载工作全部完成后,制作平衡交接单。注明航班、日期、机型、起飞时间、板箱号、重量、总板箱号、总重量;对鲜活、快件、邮件及特殊物品做出标识;标明高、中、低板;交接单一式 4 份,一份交平衡室,一份交外场,一份交内场出仓,一份交接后留底。

(2)制作舱单

制作舱单包括整理核对航班所配货物的运单、将运单和货物组装情况输入电脑和制作舱单。

舱单(cargo manifest),是每一架飞机所装载货物、邮件的清单,每一航班总申报的附件,向出境国、入境国海关申报飞机所载货、邮情况的文件,承运人之间结算运费的依据之一。

转运舱单(cargo transfer manifest,TRM),由交运承运人填写,是承运人之间交接货物、文件的凭证,是承运人之间结算运费的依据之一。

10.4　国际航空货物进口运输代理业务流程

国际航空货物运输的进口业务过程,是从飞机到达目的地机场,承运人把货物卸下飞机直到交给收件人的物流、信息流的实现和控制管理的全过程。其业务流程的环节主要包含两大部分:航空公司进港货物的操作程序和航空货物进口运输代理业务程序。

10.4.1　航空公司进港货物的操作程序

航空公司进港货物的操作程序指的是从飞机到达目的地机场,承运人把货物卸下飞机直到交给代理人的整个操作流程。

航空公司进港货物的操作程序包括以下步骤。

1.进港航班预报

填写航班预报记录本,以当日航班进港预报为依据,在航班预报册中逐项填写航班号、机号、预计到达时间;预先了解货物情况,在每个航班到达之前,从查询部门拿取航班FFM、CPM、LDM、SPC 等电报,了解到达航班的货物装机情况及特殊货物的处理情况。

2. 办理货物海关监管

收到单据袋后，将货运单送到海关办公室，由海关人员在货运单上加盖海关监管章。

3. 分单业务

在每份货运单的正本上加盖或书写到达航班的航班号和日期；认真审核货运单，注意运单上所列目的港、代理公司、品名和运输保管注意事项；联程货运单交中转部门。

4. 核对运单和舱单

若舱单上有分批货，则应把分批货的总件数标在运单号之后，并注明分批标志；把舱单上列出的特种货物、联程货物圈出；根据分单情况，在整理出的舱单上标明每票运单的去向；核对运单份数与舱单份数是否一致，做好多单、少单记录，将多单运单号码加在舱单上，多单运单交查询部门。

5. 电脑输入

根据标好的一套舱单，将航班号、日期、运单号、数量、重量、特种货物、代理商、分批货、不正常现象等信息输入电脑，打印出国际进口货物航班交接单。

6. 交接

交接包括中转货物和中转运单、舱单交出港操作部门，邮件和邮件路单交邮局。

10.4.2 航空货物进口运输代理业务程序

航空货物进口运输代理业务程序，是指代理公司对于货物从入境到提取或转运整个流程的各个环节所需办理的手续及准备相关单证的全过程。航空货物进口运输代理业务程序如下：

1. 代理预报

在国外发货之前，由国外代理公司将运单、航班、件数、重量、品名、实际收货人及其他地址、联系电话等内容通过传真或 E-mail 发给目的地的代理公司，这一过程被称为预报。

到货预报的目的是使代理公司做好接货前的所有准备工作。注意事项包括：注意中转航班，中转点航班的延误会使实际到达时间和预报时间出现差异；注意分批货物。从国外一次性运来的货物在国内中转时，由于国内载量的限制，往往采用分批的方式运输。

2. 交接单、货

航空货物入境时，与货物相关的单据（运单、发票、装箱单等）也随机到达，运输工具及货物处于海关监管之下。

货物卸下后，将货物存入航空公司或机场的监管仓库，进行进口货物舱单录入，将舱单上总运号、收货人、始发站、目的站、件数、重量、货物品名、航班号等信息通过电脑传输给海关留存，供报关用。

同时根据运单上的收货人及地址寄发提货通知。若运单上收货人或通知人为某航空货运代理公司，则把运输单据及与之相关的货物交给该航空货运代理公司。

航空公司的地面代理向货运代理公司交接的有：国际货物交接清单，总运单，随机文件及货物。交接时要做到：单、单核对，即交接清单与总运单核对；单、货核对，即交接清单与货物核对。

另外还需注意分批货物,做好空运进口货物登记表。

航空货运代理公司在航空公司办理交接手续时,应根据运单及交接清单核对实际货物,若存在有单无货或有货无单的情况,应在交接清单上注明,以便航空公司组织查询并通知入境地海关。

发现货物短缺、破损或其他异常情况,应向民航索要商务事故记录,作为实际收货人交涉索赔事宜的依据。

3.理货与仓储

代理公司自航空公司接货后,即短途驳运进自己的监管仓库,组织理货及仓储。

4.理单与到货通知

(1)理单

理单工作包括以下几方面:

①集中托运,总运单项下拆单。将集中托运进口的每票总运单项下的分运单分理出来,审核与到货情况是否一致,并制成清单输入电脑。将集中托运总运单项下的发运清单输入海关电脑,以便实施按分运单分别报关、报验、提货。

②分类理单、编号。总运单是直单、单票混载的,这两种情况一般无清单;多票混载有分运清单,分运单件数之和应等于总运单上的件数;货物的种类有指定货物、非指定货物、单票、混载、总运单到付、分运单到付、银行货、危险品、冷冻冷藏货物等,随机文件中有分运单、发票、装箱单、危险品证明等;按照已标有仓位号的交接清单编号并输入电脑,内容有:总运单号、分运单号、发票号、合同号、航班、日期、货名、货物分类、贸易性质、实到件数、已到件数、实到重量、计费重量、仓位号、收货单位、代理人、本地货、外地货、预付、到付、币种、运费、金额等。

运单分类,一般有以下分类法:分航班号理单,便于区分进口方向;分进口代理理单,便于掌握、反馈信息,做好对代理的对口服务;分货主理单,指重要的经常有大批货物的货主,将其运单分类出来,便于联系客户,制单报关和送货、转运;分口岸、内地或区域理单,便于联系内地货运代理,便于集中转运;分运费到付、预付理单,便于安全收费;分寄发运单,自取运单客户理单。

分类理单的同时,须将各票总运单、分运单编上一个航空货运代理公司自己设定的编号,以便内部操作及客户查询。

代理公司理单人员须将各类单证逐单审核、编配,凡单证齐全、符合报关条件的即转入制单、报关程序。否则,即与货主联系,催齐单证,使之符合报关条件。

(2)到货通知

货物到目的港后,货运代理应从航空运输的时效出发,为减少货主仓储费,避免海关滞报金,尽早、尽快、尽妥地通知货主到货情况,提请货主配齐有关单证,尽快报关。到货通知应向货主提供到达货物的以下内容:运单号、分运单号、货运代理公司编号;件数、重量、体积、品名、发货公司、发货地;运单、发票上已编注的合同号、随机已有单证数量及尚缺的报关单证;运费到付数额,货运代理公司地面服务收费标准;货运代理公司及仓库的地址(地理位置图)、电话、传真、联系人;提示货主海关关于超过 14 天报关收取滞报金及超过 3 个月未报关货物上交海关处理的规定。

（3）正本运单处理

电脑打制海关监管进口货物入仓清单一式五份,用于商检、卫检、动检各一份,海关两份,其中一份海关留存,另一份海关签字后收回存档。运单上一般盖六个章:监管章（总运单）、代理公司分运单确认章（分运单）、动检章、卫检章、商检章、海关放行章。

5.制单、报关

除部分进口货存放民航监管仓库外,大部分进口货物存放于各货代公司自有的监管仓库。由于货主的需求不一,货物进口后的制单、报关、运输一般有以下几种形式:货运代理公司代办制单、报关、运输;货主自行办理制单、报关、运输;货运代理公司代办制单、报关后,货主自办运输;货主自行办理制单、报关后,委托货运代理公司运输;货主自办制单,委托货运代理公司报关和办理运输。

制单指按海关要求,依据运单、发票、装箱单及证明货物合法进口的有关批准文件,制作"进口货物报关单"。

进口报关是进口运输中关键的环节。报关程序中,还有许多环节,大致可分为初审、审单、征税、验放 4 个主要环节。具体内容在教材其他章节中有专门介绍,在此不作阐述。

6.发货、收费

（1）发货

办完报关、报验等进口手续后,货主须凭盖有海关放行章、动植物报验章、卫生检疫报验章（进口药品须有药品检验合格章）的进口提货单到所属监管仓库付费提货。仓库发货时,须检验提货单据上的各类报关、报验章是否齐全,并登记提货人的单位、姓名、身份证号以确保发货安全。保管员发货时,须再次检查货物外包装情况,遇有破损、短缺的,应向货主做出交代。

分批到达货,须收回原提货单,出具分批到达提货单,待后续货物到达后,即通知货主再次提取;航空公司责任造成的破损、短缺,应由航空公司签发商务记录;货运代理公司责任造成的破损、短缺,应由代理公司签发商务记录;遇有货代公司责任的破损事项,应尽可能商同货主、商检单位立即在仓库做商品检验,确定货损程度,要避免后面运输中加剧货损。

发货时,应协助货主装车,尤其遇有货物超大超重、件数较多的情况,应指导货主（或提货人）合理安全装车,以提高运输效率,保障运输安全。

（2）收费

货运代理公司仓库在发放货物前,一般先将费用收妥。收费内容有:到付运费及垫付佣金,单证、报关费,仓储费（含冷藏、冷冻、危险品、贵重品特殊仓储费）,装卸、铲车费,航空公司到港仓储费,海关预录入、动植检、卫检报验等代收代付费用,关税及垫付佣金。除了每次结清提货的货主外,经常运输货物的货主可与货运代理公司签订财务付费协议,实施先提货,后付款,按月结账的付费方法。

7.送货与转运

出于多种因素（或考虑便利,或考虑节省费用,或因运力所限）,许多货主或国外发货人要求将进口到达货由货运代理报关、垫税、提货后运输到直接收货人手中。货运代理公司在代理客户制单、报关、垫税、提货、运输的一揽子服务中,由于工作熟练,衔接紧密,服务到位,因此广受货主的欢迎。

(1)送货上门业务

送货上门业务主要是指将进口清关后的货物,直接运送至货主单位,运输工具一般为汽车。

(2)转运业务

转运业务主要是指将进口清关后的货物转运至内地的货运代理,运输方式主要为飞机、汽车、火车、水运、邮政。办理转运业务,需由内地货运代理公司协助收回相关费用,同时口岸货代公司亦应支付一定比例的代理佣金给内地代理公司。

(3)进口货物转关及监管运输

进口货物转关,是指货物入境后不在进境地海关办理进口报关手续,而是运往另一设关地点办理进口海关手续,在办理进口报关手续前,货物一直处于海关监管之下,转关运输亦称监管运输,意谓此运输过程在海关监管之中。

▷ 思考题

1.航空代理人如何做好集中托运服务,在运作集中托运业务中应注意哪些问题?

2.航空货物进出口报关业务如何操作?

3.我国国际航空货运代理业状况如何?

第 11 章

货运事故处理

⏵ 本章要点

货运事故处理是国际货物运输服务中必不可少的一项业务,及时妥善地处理货运事故是运输服务质量的重要组成部分。发生货运事故的责任可能在货主、承运人或第三方,在事故处理中先需明确责任方,后按一定程序进行相应的索赔。本章主要阐述了货运事故发生的原因和责任划分,及如何向事故责任方进行索赔等业务内容。

11.1 货运事故的发生

11.1.1 货运事故的概念及种类

国际贸易下的货物运输、仓储保管、交付货物等工作所涉及的时间长、空间跨度大、作业环节多、单证文件繁杂、环境条件多变。因此,在整个货物的运输、保管、接收和交付的过程中,经常会产生货物质量不符、货物数量不符、货方不及时提货、承运人错误交付货物和迟延交付货物等问题。这些问题即是货运事故。

货运事故系指自货物承运验收开始至货物运达目的地向收货人交付货物时止,由于承运方,或托运方,或第三方的责任,在装卸、运输、保管过程中所发生的货物灭失、短缺、损坏或变质,以及件数或重量短少等事件。

在实际工作中,货运质量事故一般表现为货损及货差两大类。货损一般是指由火灾、爆炸、落水、海损等导致货物的损坏、灭失;在装卸、运输、保管过程中,由操作不当、保管不善引起的货物破损、受潮、变质、污染等。货差是指由错转、错交、错装、错卸、漏装、漏卸以及货运手续办理错误等造成的有单无货或有货无单等单货不符,件数或重量溢短的差错。更广义地讲,货运事故还可以包括运输单证差错、迟延交付货物、海运中的"无单放货"等情况。

11.1.2 发生货运事故的主要原因

国际物流行业从业人员应该了解造成货运事故发生的主要原因,并根据这些原因采取相应的措施,以达到防止或减少货运事故发生的目的。另外,了解了造成货运事故发生的主要原因,可以在发生货运事故时,根据具体情况采取相应措施以减少损失,还可以在货运事故发生后,了解原因,明确责任方,以便及时、正确地解决争议。

1.海上运输中发生货运事故的主要原因

由于从事国际海上货物运输的船舶经常远离海岸在海洋上航行,同时海洋环境气象多变,船舶随时可能遭遇到狂风巨浪、暴雨、雷电等自然灾害的袭击,因此船舶在海上运输中的环境相对比较恶劣。另外,工作上的差错也会造成货运事故的发生。海运中发生各类货运事故的主要原因参见表11-1。

表11-1 海运中发生各类货运事故的主要原因

事 故 种 类			主 要 原 因
货 差			标志不清,误装、误卸,理货错误等
货损	全部损失		本船沉没,触礁,火灾,抛货,政府法令禁运和没收,盗窃,海盗行为,船舶被拘捕、扣留,货物被扣留,战争行为等
	部分损失	灭 失	盗窃、抛海、遗失、落海等
		内容短缺(shortage)	包括不良或破损、盗窃、泄漏、蒸发等
		破损(breakage)	积载不当(超高或积载地点不当等)导致航行中发生货动、倒垛,包装脆弱,装卸操作不当造成货物碰撞及坠毁,使用手钩等
		水湿(rain & fresh water damage)	雨、雪中装卸,驳运过程中河水浸湿,消防救火过程中的水湿,舱内管系故障导致淡水浸湿等
		海水湿(sea water damage)	海上风暴、驳载过程中舱内管系故障、船体破损等导致海水浸入,消防救火过程中的海水水湿等
		汗温(sweat)	通风不良、衬垫、隔离不当,积载不当等
		污染(stain)	不适当的混载,衬垫、隔离不充分等
		虫蛀、鼠咬(rates)	驱虫、灭鼠不充分,舱内清扫、消毒不充分,对货物检查不严致使虫、鼠被带入舱内等
		锈蚀(rust)	潮湿,海水溅湿,不适当的混载等
		腐烂、变质(mould & mildew)	易腐货物未按要求积载的位置装载,未按要求控制舱内温度,温、湿度过高,换气通风不充分,冷藏装置故障等
		混票(mixture)	标志不清、隔票不充分、倒垛、积载不当等
		焦损(smoked)	自燃、火灾、漏电等
		烧损(lost caused)	温度过高、换气通风过度、货物本身的性质等
		集装箱货损	在集装箱的装箱过程中存在货物包装不良、积载不当、箱内不清洁,箱体存在缺陷(检查不严)等

注:资料参照王义源.远洋运输业务.北京:人民交通出版社,2005.

2．航空运输中发生货运事故的主要原因

由于从事航空运输的飞机经常处于空中飞行状态，飞机飞行安全要求高，航空货物在飞机机舱中的积载要求也高，因此，货物在航空运输中的飞机飞行阶段遭受灭失、损坏的可能性大大减小。但是，在空运货物的交接、机场堆存、装机和卸机等过程中，仍然存在着工作差错而造成的货运事故。

航空运输中发生的货运事故主要是指承运人的原因造成货物丢失、短缺、变质、污染、损坏的情况。主要有以下几种：

①货物在承运人掌管期间，发生盗窃、遗失等；

②由于承运人原因，货物包装方法或容器质量不符合运输要求，导致包装破损、货物泄漏、内容短缺；

③承运人没有注意到货物本身的性质，致使货物变质、污染、损坏；

④不适当的积载造成货物的污染、损坏；

⑤承运人没有按照指示标志进行装卸作业造成货物的变质、污染、损坏；

⑥运输过程中保管货物不当造成货物的变质、污染、损坏。

3．陆路运输中发生货运事故的主要原因

由于从事陆路运输的火车和汽车经常处于在路面上的状态，陆路运输环境对货物运输质量有很大影响，而且货物被偷盗的可能性也较大，因此，陆路运输中采用集装箱等封闭式方式对减少货物被偷盗和损坏将有很大帮助。另外，在陆路运输货物的交接、堆存、装车和卸车等过程中，还存在承运人工作差错所造成的货运事故。

陆路运输中发生的货运事故主要是指承运人的原因造成货物发生灭失、混票、溢短、包装破损、货物毁损的情况。主要有以下几种：

①盗窃、遗失等原因造成货物的灭失；

②隔票不充分、倒垛、积载不当等原因造成货物的混票；

③误装、误卸等原因造成有货无票、有票无货的货物溢短；

④野蛮装卸，衬垫、积载不当等原因造成包装破损和货物毁损；

⑤运输过程中保管货物不当造成货物毁损。

在集装箱运输方式中，尽管集装箱起到了保护货物的作用，但在整个运输过程中，不适当的保管和堆存、陆路运输过程中的震动、温度、湿度控制不当等，也会导致箱内货物损坏等。

11.2　货运事故的责任划分

11.2.1　货运事故的发现与处理

货物运输事故可能发生在货物运输过程中的任何环节上，而发现货损、货差，则往往是在最终目的地收货人收货时或者收货后。当然，在运输途中发生的货损事故，也可能会被及时发现。

货运事故发生后,第一发现人具有报告的责任。如在船舶运输途中发生时,船长有责任发表海事声明(note of sea protest)。而当收货人提货时,发现了所提取的货物数量不足,或货物外表状况、品质与提单上记载的情况、贸易合同的记载不符,则应根据提单条款的规定,将货损或货差的事实,以书面的形式通知承运人或承运人在卸货港的代理人。即使货损、货差不明显,也必须在提取货物后的规定时间内,向承运人或其代理人通报事故情况,作为以后索理赔的依据。

无论索理赔工作日后如何进行,记录和保留有关事故的原始记录都十分重要。提单、运单、收货单、过驳清单、卸货报告、货物溢短单、货物残损单、装箱单、积载图、商务事故记录等货运单证均是货损事故处理和明确责任方的依据。货运单证上的批注是区分或确定货运事故责任方的原始依据。单证上的批注既证明了承运人对货物的负责程度,也直接影响着货主的利益,如能否持提单结汇,能否提出索赔等。各方关系人为保护自己的利益和划清责任,应妥善保管这些书面文件。

对于已经发生的货运事故,如果收货人与承运人不能对事故的性质和损坏程度取得一致意见,则应在彼此同意的条件下,双方共同指定检验人对所有应检验的项目进行检验,检验人签发的检验报告是日后确定货损责任的重要依据。

事故的处理和日后的赔偿均是以这些证据或依据为准来确定责任人及其责任程度的。不同事故当事人的责任可以通过实际情况和法律规定进行判断。

11.2.2 货运事故责任划分

1. 托运人的责任

无论是海上货物运输、航空货物运输,还是公路或者铁路货物运输,也不论是单一运输方式的货物运输,还是货物多式联运的组织方式,托运人根据运输合同将货物交付承运人或者多式联运经营人之前所发生的一切货损、货差,均由托运人自己负责。

在集装箱货物运输情况下,拼箱货交至 CFS 前,或整箱货交至 CY 前,所发生的货物损坏或灭失,也属托运人的责任。

另外,货物的包装不坚固、标志不清,或托运人隐瞒货物种类、特性,或潜在缺陷等原因造成的货损,也属于托运人责任。不仅如此,如果由于这些原因对承运人造成损失的,还应承担赔偿责任。如我国《海商法》第六十六条第 1 款规定:"托运人托运货物,应当妥善包装,并向承运人保证,货物装船时所提供的货物品名、标志、包装或者件数、重量或者体积的正确性;由于包装不良或者上述资料不正确,对承运人造成损失的,托运人应当负赔偿责任。"除海运方式外,在其他运输方式下也都有类似的规定,如在国际铁路货物运输中规定"发货人应对无包装或包装不良的一切后果负责。特别是发货人应赔偿铁路由此而遭受的任何灭失或损害。如在运单内没有批注无包装或包装不良,则铁路应对此负举证责任"。

2. 承运人的责任

货物在承运人监管过程中所发生的货损、货差事故,除托运人和不可抗力等原因外,

173

原则上都由承运人承担责任。

承运人管理货物的时间不仅仅指货物装载在运输工具之上的阶段,也可能包括货物等待装运和等待提货阶段。这要由运输合同的条款约定来决定。

例如,在国际航空货物运输中规定,货物因毁灭、遗失或损坏而产生的损失,如果造成这种损失的事故发生在航空运输期间,承运人应负责任。货物在承运人保管期间,包括在航空站内、在航空器上或在航空站外降落的任何地点的时期内。航空运输期间不包括在航空站以外的任何陆运、海运或河运。但是如果这种运输是为了履行空运合同,是为了装货、交货或转运,这时发生的损失应该被认为是在航空运输期间发生事故所导致的。

在海上集装箱货物运中,如果约定在CFS交付货物,则在拼箱作业过程中,或拆箱过程中出现的货损也应由承运人负责。而货物在船舶运输阶段,承运人则既有保证船舶适航的义务,还有对货物给予充分保管的义务。即承运人及其雇佣人员在货物的接收、装船、积载、运送、保管、卸船、交付等环节中,对因其疏忽而造成的货损、灭失等,负有损害赔偿责任。

承运人或者代其签发提单、运单的人,知道或者有合理的根据怀疑提单、运单记载的货物品名、标志、包数或者件数、重量或者体积与实际接收的货物不符,在签发已装船提单的情况下怀疑与已装船的货物不符,或者没有适当的方法核对提单或者运单记载的,可以在提单、运单上批注,说明不符之处、怀疑的根据或者说明无法核对。承运人或者代其签发提单、运单的人未在单证上批注货物表面状况的,表示货物的表面状况良好。在提单、运单上未作保留的情况下,承运人须向收货人交付与单证记载相符的、表面状况良好的货物,否则,承运人应承担赔偿责任。

在国际海上货物运输中还有一些特别的规定,如国际公约或者一些国家(包括我国)的《海商法》都规定,对船长、船员、引航员或承运人的其他受雇人在驾驶船舶或管理船舶中的航行过失所引起的,或承运人的非故意行为所引起的火灾而带来的货损,承运人可以免责;且还规定了其他因海上固有危险所造成损害的免责事项。根据有关公约、法律和提单上通常记载的免责条款,承运人只对以下原因造成的货损事故承担赔偿责任。

(1)船舶不适航造成的损害

船舶的适航包括两个要件:其一,船舶的技术状态符合其确定的等级航区。这些技术状态既指船体、船机、属具等设备的状态,也包括船员、航行资料、船舶备品和必要消耗品等的配备状态。其二,船舶处于适合收受、载运和保管货物的状态。要使货舱及其他载货处适合积载货物,并使其处于良好的保管状态,保证货物安全运达目的港。

保证船舶适航是承运人对货物及托运人应承担的义务。不过,《海牙规则》和一些国家的《海商法》中规定了"谨慎处理"的条款。条款规定,承运人对船舶的适航已尽了"谨慎处理"的义务,对仍不能发现的潜在缺陷所引起货物的损坏或灭失可以免责。中国《海商法》第五十条对此做了相应的规定。但是,在没有对适航给予"谨慎处理",从而未使船舶保持能承受航次中"通常海上危险"的适航能力而造成货损的情况下,承运人要承担其赔偿责任。在货损发生后,如果不能举证证明已经对船舶的适航性给予"谨慎处理",承运人也要承担赔偿责任。

(2)对货物的故意或过失所造成的损害

在货物处于承运人监管期间,包括货物在装船、积载、运输、保管、卸货等各个环节承运人都应尽"谨慎处理"义务,并承担相应的责任。有关公约、法律或提单条款中的"疏忽条款",仅指承运人对船长、船员、引航员或承运人的受雇人员在驾驶或管理船舶上的行为或疏忽等航行过失所造成的货损可以免责。而对于商业过失,即有关货物的接收、装船、积载、运送、保管、照料、卸货和交付等方面的过失不能免责。因船员或承运人的受雇人员的故意行为所造成的货损,无论什么情况,承运人都负有赔偿责任。

3.第三方的责任

严格地讲,在货物的运输过程中,货物仅处于承运人和托运人的监管之下。因此,对于货损事故,尽管可能确定是第三方的责任,让承运人或托运人都不能免于承担责任。只不过是承运人与托运人根据运输合同解决了货损、货差的赔偿问题之后,再根据事故的责任追究第三方责任人。

在国际海上货物运输中,第三方责任人一般包括港口装卸企业,陆路及水路运输企业,第三方船舶、车辆,以及仓储企业等。具体责任包括:在装卸作业过程中,装卸工人操作不当或疏忽致使货物损坏;水路运输中驳船方面的原因导致货物受损;陆路运输中交通事故、管理不善等导致货物发生灭失;仓储过程中,不良的保管条件、储存环境致使货物变质、失窃;与其他船舶、车辆的碰撞事故导致的货损;理货失误等造成货差事故等。对于这些损害,承运人和托运人如何分担负责,如何向第三方索赔等事务处理,要根据货损、货差发生的时间和地点而定。

为了确定货损事故的责任方,重要的一点是要首先明确货损发生的阶段。在货物交接或装卸船理货过程中所涉及的货物收货单、理货计数单、积载计划、积载检验报告、过驳清单或卸货报告、货物残损单和货物溢短单、检验证书、商务事故记录等都是划分承运人、托运方、其他第三方责任的必要证据。要根据事故的直接或间接原因确定责任。

总而言之,事故的责任划分,应以货物在谁的有效控制下为基准。而且,对于任何货损、货差事故,首先应解决托运人与承运人之间的赔偿问题,然后才解决承运人或托运人与第三方之间的追偿问题。

11.3 索 赔

货物运输过程中发生了货损、货差事故后,货主对货运事故造成的损失向承运人等责任人提出赔偿要求的行为称为索赔,承运人等处理货主提出的赔偿要求的行为称为理赔。索赔与理赔是货运事故处理的主要工作。

11.3.1 索赔提出的原则和条件

任何诉讼案件或者仲裁案件通常都是从索赔开始的。索赔时,索赔方应坚持实事求是、有根有据、合情合理、注重实效的原则。索赔方应该明白货运事故的索赔应根据运输合同的规定,其索赔对象是运输合同中的承运人。索赔人还应该清楚一项合理的索赔必须具备的条件。

1. 提出索赔的原则

货运事故发生的原因多样,其规模和损失因事故不同而异。在客观上,认定损失的大小和原因往往就比较困难;而在主观上,由于托运人或收货人与承运人分别考虑各自的利益,对货运事故的原因归结和损失大小更是认知不同,从而难以界定事故的责任,这也是法律诉讼的起因。所以,坚持提出索赔的原则更加重要。

(1)实事求是的原则

实事求是是双方沟通的基础,也是解决纠纷的关键。实事求是就是根据所发生的实际情况,分析其原因,确定责任人及其责任范围。

(2)有根有据的原则

在提出索赔时,应掌握造成货损事故的有力证据,并依据合同有关条款、国际公约和法律规定,以及国际惯例,有理有据地提出索赔。

(3)合情合理的原则

合情合理就是根据事故发生的事实,准确地确定损失程度和金额,合理地确定责任方应承担的责任。根据不同情况,采用不同的解决方式、方法,使事故合理、尽早地得以处理。

(4)注重实效的原则

注重实效是指货损索赔中应注重实际效益。如果已不可能得到赔偿,却仍然长期纠缠在法律诉讼中,则只能是浪费时间和财力。如果能收回一部分损失,切不可因等待全额赔偿而放弃。

2. 索赔对象的确定

发生货损、货差等货运事故后,通常应根据货物运输合同,由受损方向承运人提出赔偿损失的要求,即索赔对象是承运人。但是,在国际贸易实践中,货物到达收货人手里时,可能发生数量、质量等各种问题。因此,应根据具体问题区分对象提出索赔。

(1)向卖方索赔

买方通常应该根据货物买卖合同的规定,向卖方提出索赔的情况主要有:

①原装货物数量不足;

②货物的品质与合同规定不符;

③包装不牢致使货物受损;

④未在合同规定的装运期内交货等。

以上情况下,收货人(通常是买卖合同中的买方)凭有关机构出具的鉴定证书,并根据买卖合同有关条款的规定,向托运人(通常是买卖合同中的卖方)提出索赔。

(2)向承运人索赔

收货人通常应该根据货物运输合同的规定,向承运人提出索赔的情况主要有:

①承运人在目的地交付的货物数量少于提单、运单等运输单证中所记载的货物数量;

②承运人在运输单证上未对所运输的货物做出保留批注时,收货人提货时发现货物发生残损、缺少,且系承运人的过失;

③货物的灭失或损害是由承运人免责范围以外的责任所致等。

以上情况下,收货人或其他有权提出索赔的人凭有关机构出具的鉴定资料,并根据货物运输合同有关条款的规定,向承运人提出索赔。

(3)向保险公司索赔

被保险人通常应该根据货物保险合同的规定,向保险人提出索赔的情况主要有:

①承保责任范围内,保险人应予赔偿的损失;

②承保责任范围内,自然灾害或意外等事故致使货物遭受的损失。

此时,受损方收货人作为被保险人,凭有关证书、文件向保险公司提出索赔。之后,保险公司可根据实际情况,在取得代位求偿权后,向有关责任人索赔。

(4)向其他责任方索赔

除上述根据货物买卖合同、运输合同及保险合同可以向不同的责任方索赔外,货主还可能根据其他合同,如仓储合同等,要求责任方承担损失的索赔责任。

3.索赔必须具备的条件

一项合理的索赔必须具备以下4个基本条件。

(1)索赔人具有索赔权

提出货物索赔的人原则上是货物所有人,或提单上记载的收货人或合法的提单持有人。但是,根据收货人提出的"权益转让书"(letter of subrogation),也可以由有代位求偿权的货物保险人或其他有关当事人提出索赔。货运代理人接受货主的委托,也可以办理货运事故的索赔事宜。

在实践中,我国的某些部门和单位还通过委托关系,作为索赔人的代理人进行索赔。如在 CIF 和 CFR 价格条件下,港口的外轮代理公司就可以受货主委托成为向国外航运公司提出货运事故赔偿的索赔人。

(2)责任方必须负有实际赔偿责任

收货人作为索赔方提出的索赔应属于承运人免责范围之外的,或属保险人承保责任内的,或买卖合同规定由卖方承担责任的货损、货差。

(3)赔偿的金额必须是合理的

合理的赔偿金额应以实际货损程度为基础。要注意在实际中责任人经常受到赔偿责任限额规定的保护。

(4)在规定的期限内提出索赔

索赔必须在规定的期限,即"索赔时效"内提出。否则,索赔人提出的索赔在时效过后难以得到赔偿。

11.3.2　索赔的一般程序

各种运输方式下进行索赔的程序基本上是相同的,即由索赔方发出索赔通知、提交索赔函,进而解决争议。如果无法解决争议,则可能进入诉讼或仲裁程序。

1. 发出索赔通知

(1)国际海上货物运输中的有关规定

我国《海商法》和相关的国际公约,如《海牙规则》《维斯比规则》《汉堡规则》以及各承运人的提单条款,一般都规定,货损事故发生后,根据运输合同或提单有权提货的人,应在承运人或承运人的代理人、雇佣人交付货物时或规定的时间内,向承运人或其代理人提出书面通知,声明保留索赔的权利,否则承运人可免除责任。

关于发出索赔通知的时限,我国《海商法》第八十一条第 1 款规定:"承运人向收货人交付货物时,收货人未将货物灭失或者损坏的情况书面通知承运人的,此项交付视为承运人已经按照运输单证的记载交付以及货物状态良好的初步证据。"该条的第 2 款又规定:"货物灭失或者损坏的情况非显而易见的,在货物交付的次日起连续 7 日内,集装箱货物交付的次日起 15 日内,收货人未提交书面通知的,适用前款规定。"

《海牙规则》则规定:"根据运输契约有权收货的人,除非在卸货港将货物灭失和损害的一般情况,于货物被移交他监督之前或者当时(如果灭失或损害不明显,则在 3 日内),已用书面通知承运人或其代理人,这种移交便应作为承运人已经按照提单规定交付货物的证据。"《汉堡规则》则规定为在交付货物后 15 日内发出这种通知。

不过,根据法律、国际公约、提单条款以及航运习惯,一般都把交付货物当时是否提出货损书面通知视为按提单记载事项将货物交付给收货人的推定证据,或者是初步证据。也就是说,即使收货人在接收货物时未提出货损书面通知,以后,在许可的期限内仍可根据货运单证(过驳清单、卸货记录、货物溢短单或残损单等)的批注,或检验人的检验证书,作为证据提出索赔。同样,即使收货人在收货时提出了书面通知,在提出具体索赔时,也必须出具原始凭证,证明其所收到的货物不是清洁提单上所记载的外表良好的货物。因而,索赔方在提出书面索赔通知后,应尽快地备妥各种有关证明文件,在期限内向责任人正式提出索赔要求。

另外,在某种条件下,索赔人在接收货物时可以不提出货损书面通知书。这种情况是,货物交付时,收货人已经会同承运人对货物进行了联合检查或检验的,无须就所查明的灭失或者损坏的情况提交书面通知。我国的《海商法》、国际公约和某些提单就有这样的规定。

(2)国际航空货物运输中的有关规定

在国际航空运输中,《海牙协定书》有关条款规定:"关于损坏事件,收件人应于发现损坏后,立即向承运人提出异议,如系行李,最迟应在收到行李后 7 天内提出,如系货物,最迟应在收到货物后 14 天内提出。关于延误事件,最迟应在行李或货物交付收件人自由处置之日起 21 天内提出异议。"

另外,在国际公路货物运输中、国际铁路货物运输中及国际货物多式联运中也有相应的规定。

2. 提交索赔申请书或索赔清单

索赔申请书、索赔函或索赔清单(statement of claims)是索赔人向承运人正式要求赔偿的书面文件。索赔函的提出意味着索赔人正式向承运人提出了赔偿要求。因此,如果索赔方仅仅提出货损通知,而没有递交索赔申请书或索赔清单,或出具有关的货运单证,则可解释为没有提出正式的索赔要求,承运人不会受理货损、货差的索赔,即承运人不会进行理赔。

3.提起诉讼或仲裁

因发生货运事故而产生的索赔可以通过当事人双方之间的协调、协商,或通过非法律机关的第三人的调停予以解决。但是,这种协商、调停工作并不能保证出现可预见的解决问题的结果。这样,双方最终可能只有通过法律手段解决争议,也就是要进入司法程序,提起诉讼。另外,双方还可以仲裁解决争议。

法律对涉及索赔的诉讼案件规定了诉讼时效。因此,无论向货损事故的责任人提出了索赔与否,在解决问题没有希望的前提下,索赔人应在规定的诉讼时效届满之前提起诉讼。否则,就失去了起诉的权利,往往也失去了索赔的权利和经济利益。

在国际海上货物运输中,《海牙规则》和《海牙-维斯比规则》关于诉讼时效的规定期限为1年。我国《海商法》第二百五十七条规定:"就海上货物运输向承运人要求赔偿的请求权,时效期为1年,自承运人交付或者应当交付货物之日起计算。"

国际航空货物运输中的规定是除非承运人方面有欺诈行为,如果在前面所述的规定期限内没有提出异议,就不能向承运人起诉。

有关的国际陆路货物运输公约中也对时效问题做了相应的规定。

除通过诉讼途径解决争议外,当事人双方在合同中事先已经约定,或者事后同意的情况下,还可以通过仲裁的手段解决纠纷。

11.3.3　索赔单证

索赔人具有证明其收到的货物并不是在提单或者运单所记载的货物状态下接收的举证责任。作为举证的手段,索赔人要出具货运单证、检验证书、商业票据和有关记录等,以便证明货损的原因、种类、损失规模及程度,以及货损的责任。

1.海上运输中主要的索赔单证

(1)提单正本

提单既是承运人接收货物的收据,也是交付货物与收货人时的交货凭证,还是确定承运人与收货人之间责任的证明,是收货人提出索赔依据的主要单证。提单的货物收据作用,表明了承运人所收货物的外表状况和数量,交付货物时不能按期提交这一事实本身就说明了货损或货差的存在;提单作为运输合同(证明),规定了承运人的权利、义务、赔偿责任和免责项目,是处理承运人和货主之间争议的主要依据。

(2)卸货港理货单或货物溢短单、残损单等卸货单证

这些单证是证明货损或货差发生在船舶运输过程中的重要单证。如果这些卸货单证上批注了货损或货差情况,并经船舶大副签认,而在收货单上又未做出同样的批注,就证明了这些货损或货差是发生在运输途中的。

(3)重理单

船方对所卸货物件数或数量有疑问时,一般可要求复查或重新理货,并在证明货物溢短的单证上做出"复查"或"重理"的批注。这种情况下,索赔时,必须同时提供复查结

果的证明文件或理货人签发的重理单。并以此为依据证明货物有否短缺。

（4）货物残损检验报告

在货物受损的原因不明或不易区别，或无法判定货物的受损程度时，可以申请具有公证资格的检验人对货物进行检验。在这种情况下，索赔时必须提供检验人检验后出具的"货物残损检验证书"。

（5）商业发票

商业发票(invoice)是贸易中由卖方开出的一般商业票据。它是计算索赔金额的主要依据。

（6）装箱单

装箱单(packing list)也是一种商业票据，列明了每一箱内所装货物的名称、件数、规格等。用以确定损失程度。

（7）修理单

修理单用来表明修理被损坏的仪器设备、机械等成套货物所花费的费用。

（8）有关文件

有关文件是证明索赔的起因和索赔数目的计算依据。

（9）权益转让证书

所谓的权益转让，就是收货人根据货物保险合同从保险公司得到赔偿后，将自己的索赔权利转让给保险公司，由保险公司出面向事故责任人或其代理人提出索赔的行为。

权益转让的证明文件就是"权益转让证书"(letter of subrogation)。它表明收货人已将索赔权益转让给保险公司。保险公司根据"权益转让证书"取得向事故责任人提出索赔的索赔权，以及以收货人名义向法院提出索赔诉讼的权利。在权益转让的情况下，通常由收货人将正本"权益转让证书"交给保险公司，同时，必须将其副本交给事故责任人或其代理人备查。

除了以上所述单证外，凡是能够证明货运事故的原因、损失程度、索赔金额、责任所在，以及索赔人具有索赔权利的单证都应提供。同时，还应该有索赔函。如有其他能够进一步说明责任人责任的证明，如船长或大副出具的货损报告，或其他书面资料也应提交。

2.航空运输中主要的索赔单证

航空货物运输办理索赔时，索赔人也要提供能够证明货运事故的原因、损失程度、索赔金额、责任所在，以及索赔人具有索赔权利的单证，这些单证主要有：

①索赔函；

②货运单正本或副本；

③货物商业发票、装箱清单和其他必要资料；

④货物舱单（航空公司复印）；

⑤货物运输事故鉴证（货物损失的客观详细情况）；

⑥商检证明（货物损害后由商检等中介机构所做的鉴定报告）；

⑦运输事故记录；

⑧来往电传等。

在陆路运输和多式联运的情况下,可参照上述海运和空运的原则提供单证。

11.3.4　索赔权利的保全措施

为了保证索赔得以实现,需要通过一定的法律程序采取措施,使得货损事故责任人对仲裁机构的裁决或法院判决的执行履行责任,这种措施就称为索赔权利的保全措施。

实践中,货方作为索赔人采取的保全措施主要是留置承运人的运输工具,如扣船,以及要求承运人提供担保等两种方式。

1. 提供担保

提供担保是指货损事故责任人对执行仲裁机构的裁决或法院的判决提供的担保。主要有现金担保和保函担保两种形式。

(1)现金担保

现金担保是由货损事故责任人提供一定数额的现金,并以这笔现金作为保证支付赔偿金的担保。现金担保在一定期间内影响着责任人的资金使用,因此较少采用。在实际业务中通常都采用保函担保的形式。

(2)保函担保

保函担保是使用书面文件的担保形式。保函可由银行出具,也可由事故责任人的保赔协会等出具。银行担保的保函比较安全可靠。保函中一般应包括:受益人,担保金额,造成损失事故的运输工具(如船名及国籍),有效期,付款条件(应写明根据什么条件付款,如规定根据商检证书、仲裁机关裁定或法院判决书等),付款时间和地点。

2. 留置运输工具

在货损事故的责任比较明确地判定属于承运人,又不能得到可靠的担保时,索赔人或对货物保险的保险公司,可以按照法律程序,向法院提出留置运输工具的请求,如扣船请求,并由法院核准执行。

扣留运输工具,如船舶,其目的是通过对船舶的临时扣押,保证获得承运人对承运人责任的货损赔偿的担保。这样可避免货损赔偿得不到执行的风险。在承运人按照要求提供保证承担赔偿责任的担保后,应立即释放被扣船舶。

同样,扣船也会带来风险。如果法院判决货损责任不在承运人,则因不正确的扣船而给承运人带来的经济损失,要由提出扣船要求的索赔人承担。同时也会产生其他不必要的纠纷和负面影响。因此,一些国家,如欧洲大陆国家及日本,规定索赔人提出扣船要求时,必须提供一定的担保作为批准扣船的条件。我国《海事诉讼特别程序法》中对此做了相应规定。

➪ 思考题

1. 属于承运人的责任引起的货运事故通常有哪些?如何理解"无单放货"责任?

2. 在集装箱运输过程中发生货运事故的环节和原因有哪些?

3. 个案分析:

我国某公司以 FOB 条件进口羊毛条一批,中方按合同规定委托货运代理公司办理一切进口运输手续,并及时向中国人民保险公司办理了投保手续,投保险别为水渍验,外加战争险和罢工险。该批货物的包装条件是毛条外套塑料袋,每4只毛条放于一只大塑料袋中,再用麻布包裹,最后装入集装箱内,由D轮从蒙得维亚港运抵上海。货到集装箱堆场后,尽管箱装封识完整,但集装箱内的毛条均受不同程度的水湿。经我国上海市商检机构的检验,发现集装箱顶部有十几个烂洞,最大的直径约4厘米。

在此事件中,中方某公司如何对此货运事故进行索赔?最终责任方是谁?

第四篇

国际货物进出境运作实务

第 12 章

货物进出境报关业务

☞ **本章要点**

　　进出口货物的报关是国际物流的重要环节,其业务内容亦是国际物流运作的重要组成部分。本章介绍了海关的基本知识,包括海关性质、基本任务、海关权力和报关注册登记制度等知识。重点介绍了一般贸易货物进出境的通关制度和通关程序、进出口货物转关制度与程度、进出口货物付收汇的管理及国家对出口退税的管理等业务内容。

12.1　报关与海关管理

12.1.1　报　关

　　1.报关的含义

　　报关是指进出口货物收发货人、进出境运输工具负责人、进出境物品的所有人或者他们的代理人向海关办理货物、物品或运输工具进出境手续及相关海关事务的过程。

　　(1)报关与通关的联系与区别

　　报关仅指向海关办理进出境手续及相关手续,而通关不仅包括海关管理相对人向海关办理有关手续,还包括海关对进出境运输工具、货物、物品依法进行监督管理,核准进出境的管理过程。

　　(2)报关与报检的联系与区别

　　报检是指按照国家有关法律、法规的规定,向进出口检验、检疫部门办理进出口商品检验、卫生检疫、动植物检疫和其他检验、检疫手续。一般而言,报检手续的办理先于报关手续。

　　2.报关的范围与内容

　　报关的范围包括进出境运输工具报关、进出境货物报关和进出境物品的报关。

进出境运输工具,主要包括用以载运人员、货物、物品进出境,并在国家(地区)间运营的各种境内外船舶、车辆、航空器和驮畜等。

进出境货物,包括所有进出境货物以及一些特殊形态的货物,如以货品为载体的软件等也属报关的范围。

进出境物品,主要包括进出境的行李物品、邮递物品和其他物品。其他物品主要包括暂时免税进出境物品、享有外交特权和豁免的外国机构或者人员进出境物品等。

①所有进出境运输工具、货物、物品都需要办理报关手续。

②所有进出我国关境的运输工具必须经由设有海关的港口、车站、机场、国界孔道、国际邮件交换局及其他可办理海关业务的场所申报进出境。

③进出境货物的报关比较复杂。根据海关规定,进出境货物的报关业务应由依法取得报关从业资格并在海关注册的报关员办理。

④个人携带进出境的行李物品、邮寄进出境的物品,应以自用合理数量为限。"自用"指的是进出境旅客本人自用、馈赠亲友而非为出售或出租。"合理数量"是指海关根据进出境旅客旅行目的和居留时间所规定的正常数量。对于邮递物品,则指的是海关对进出境邮递物品规定的征、免税限制。

需要注意的是,对于通过随身携带或邮政渠道进出境的货物要按货物办理进出境报关手续。

例如,某旅客携带单位委托购买的 B 型超声波诊断仪的零配件进境须办理进出境报关手续。

判断是否进出境的物品有两个标准:一须"自用",二须"合理数量"。例中物品由于非自用,应按货物办理进境报关手续。

3.报关制度

(1)报关单位登记注册制度

依法向海关注册登记是法人、其他组织或者个人成为报关单位的法定要求,可以向海关办理注册登记的单位有两类:一是进出口货物收发货人,二是报关企业。海关一般不接受其他企业和单位的报关注册登记申请。两类报关单位的区别如表 12-1 所示。

表 12-1　两类报关单位注册登记条件、报关行业规则及证书时效的异同

异同点	进出口货物收发货人	报关企业
报关注册登记条件	备案制 凡有外贸经营权的境内法人、其他组织和个人均可直接向海关办理注册登记	许可制 应首先向直属海关申请获得注册登记许可,然后再向海关办理注册登记。其主要条件是:①具备境内企业法人资格条件;②法定代表人无走私记录;③无因走私违法行为被海关撤销注册登记许可记录;④有符合从事报关服务所必需的固定经营场所和设施;⑤海关监管所需要的其他条件
报关行为规则	只能为本单位进出口货物报关,不能接受别人委托为其他企业代理报关;但可以在境内任何口岸从事报关活动	可接受进出口货物收发货人的委托为其代理报关;只能在直属海关的辖区内从事报关活动,不能跨关区异地报关。若要异地报关,须在异地设立分支机构,并且向分支机构所在地海关备案

续表

异同点	进出口货物收发货人	报关企业
证书时效	进出口收发货人登记证书长期有效	报关企业登记证书及分支机构登记证书有效期均为2年,报关企业届满前40天内到海关办理许可延续手续,分支机构在有效期届满前30日到海关办理换证手续

(2)海关对报关单位的信用管理

海关根据企业信用状况将企业认定为认证企业、一般信用企业和失信企业,其中认证企业包括高级认证企业和一般认证企业。各类企业按照诚信守法便利、失信违法惩戒原则,分别适用相应的管理措施。

认证企业是中国海关经认证的经营者(Authorized Economic Operator,AEO),中国海关依法开展与其他国家或者地区海关的 AEO 互认,并给予互认 AEO 企业相应通关便利措施。

1)企业信用状况的认定标准

①认证企业认定标准。认证企业应当符合《海关认证企业标准》,分为一般认证企业标准和高级认证企业标准,由海关总署制定并对外公布。

②失信企业认定标准。企业有下列情形之一的,海关认定为失信企业:

A.有走私犯罪或者走私行为的。

B.非报关企业1年内违反海关监管规定行为次数超过上年度报关单、进出境备案清单等相关单证总票数千分之一且被海关行政处罚金额超过10万元的违规行为两次以上的,或者被海关行政处罚金额累计超过100万元的;报关企业1年内违反海关监管规定行为次数超过上年度报关单、进出境备案清单总票数万分之五的,或者被海关行政处罚金额累计超过10万元的。

C.拖欠应缴税款、应缴罚没款项的。

D.上一季度报关差错率高于同期全国平均报关差错率1倍以上的。

E.经过实地查看,确认企业登记的信息失实且无法与企业取得联系的。

F.被海关依法暂停从事报关业务的。

G.涉嫌走私、违反海关监管规定拒不配合海关进行调查的。

H.假借海关或者其他企业名义获取不当利益的。

I.弄虚作假、伪造企业信用信息的。

J.其他海关认定为失信企业的情形。

③一般信用企业认定标准。企业有下列情形之一的,海关认定为一般信用企业:

A.首次注册登记的企业。

B.认证企业不再符合认证企业标准规定的条件,且未发生失信企业认定标准中所列情形的。

C.适用失信企业管理满1年,且未再发生失信企业认定标准中所列情形的。

2)企业信用状况的认定程序

①企业向海关申请成为认证企业的,注册地海关接受企业适用认证企业管理申请,

收取企业提交的"适用认证企业管理申请书"和"自我评估报告"等申请材料,海关按照《海关认证企业标准》对企业实施认证。

②海关自收到企业书面认证申请之日起90个自然日内做出认证结论。特殊情形下,海关认证时限可以延长30个自然日。

③企业有下列情形之一的,海关应当终止认证:

A. 发生涉嫌走私或者违反海关监管规定的行为被海关立案侦查或者调查的。

B. 主动撤回认证申请的。

C. 其他应当终止认证的情形。

④海关对企业信用状况的认定结果实施动态调整。

海关对高级认证企业每3年重新认证一次,对一般认证企业不定期重新认证。未通过认证的企业,不再适用认证企业管理,且1年内不得再次申请成为认证企业;未通过高级认证但符合一般认证企业标准的,适用一般认证企业管理。

适用失信企业管理满1年,且未再发生失信企业认定标准规定情形的,海关将其调整为一般信用企业管理。

失信企业被调整为一般信用企业满1年的,可以向海关申请成为认证企业。

3)管理原则和措施

①一般认证企业适用下列管理原则和措施:

A. 较低进出口货物查验率。

B. 简化进出口货物单证审核。

C. 优先办理进出口货物通关手续。

D. 海关总署规定的其他管理原则和措施。

②高级认证企业除适用一般认证企业管理原则和措施外,还适用下列管理措施:

A. 在确定进出口货物的商品归类、海关估价、原产地或者办结其他海关手续前先行办理验放手续。

B. 海关为企业设立协调员。

C. 对从事加工贸易的企业,不实行银行保证金台账制度。

D. AEO互认国家或者地区海关提供的通关便利措施。

③失信企业适用海关下列管理原则和措施:

A. 较高进出口货物查验率。

B. 进出口货物单证重点审核。

C. 加工贸易等环节实施重点监管。

D. 海关总署规定的其他管理原则和措施。

④高级认证企业适用的管理措施优于一般认证企业。因企业信用状况认定结果不一致导致适用的管理措施相抵触的,海关按照就低原则实施管理。

认证企业涉嫌走私被立案侦查或者调查的,海关暂停使用相应管理措施,按照一般信用企业进行管理。

⑤企业名称或者海关注册编码发生变更的,海关对企业信用状况的认定结果和管理措施继续适用。

企业有下列情形之一的,按照以下原则做出调整:

A. 企业发生存续分立,分立后的存续企业继承分立前企业的主要权利义务的,适用海关对分立前企业的信用状况认定结果和管理措施,其余的分立企业视为首次注册企业。

B. 企业发生解散分立,分立企业视为首次注册企业。

C. 企业发生吸收合并,合并企业适用海关对合并后存续企业的信用状况认定结果和管理措施。

D. 企业发生新设合并,合并企业视为首次注册企业。

(3)海关对报关人员和报关单位的监管

2014 年 3 月 13 日,海关总署发布《报关单位注册登记管理规定》(海关总署令第 221 号),该规定由《海关对报关单位注册登记管理规定》(海关总署令第 127 号)、《海关对报关员记分考核管理办法》(海关总署令第 119 号)和《海关报关员执业管理办法》(海关总署令第 146 号)3 个行政规章合并修订而成。

新修订的《报关单位注册登记管理规定》的变化主要体现在:取消报关员的注册登记,改为以报关企业名义对其所属从业人员进行备案;取消报关企业分支机构注册登记行政许可,进一步方便企业并降低企业成本;降低报关企业注册门槛,取消注册资本、报关员人数等条件限制;简化报关企业注册登记程序,将报关企业行政许可与注册程序合二为一,同时减少审批层级;大幅简化报关企业注册提交资料。

新修订的《报关单位注册登记管理规定》的发布,其意义在于:一是充分体现了国务院转变职能、简政放权的精神和要求,实施后将有利于市场在资源配置中发挥决定性作用,降低就业门槛,释放就业活力,激发创业热情,将对报关服务市场起到较大的促进作用;二是大幅降低了报关企业注册登记门槛(取消了 150 万元注册资本要求和报关员人数限制),取消了报关企业关区内分支机构注册登记行政许可,简化了注册登记手续等。这些都将降低报关企业的经营成本。

新修订的《报关单位注册登记管理规定》取消了报关员记分考核管理,不再对报关人员进行记分和考核管理,改为对报关单位报关差错进行记录,记错不设上限,可以通过海关"企业进出口信用管理系统"的"关企合作平台"(网址:http://jcf.chinaport.gov.cn/jcf)进行查询。海关通过对报关单位办理海关业务中出现的报关差错予以公布,并结合前面所述报关单位信用管理,从而影响企业评级,达到监督报关企业加强管理、提高报关质量的目的。

12.1.2 海关管理

1.海关的基本性质

《中华人民共和国海关法》第二条规定:"中华人民共和国海关是国家的进出关境监督管理机关。"这一规定明确限定了海关作为特定的行政管理机关的特点,即海关行政管理的内容是进出境过程中包括的进出境运输工具、货物、物品及其相关进出境行为,并且海关对相关行为的管理是严格限制在进出境环节之内的,与进出境活动无关的任何行为均不属于海关管辖范围。

2.海关的基本任务

《海关法》明确规定海关有4项基本任务,即监管进出境的运输工具、货物、行李物品、邮递物品和其他物品,征收关税和其他税、费,查缉走私和编制海关统计。

(1)海关监管

海关监管是指海关根据《海关法》及相关法律、法规规定的权力,对进出境运输工具、货物、物品及相关的进出境,适用不同管理制度而采取的一种行政管理行为,其目的在于保证一切进出境活动符合国家政策和法律的规范,维护国家主权和利益。根据监管对象的不同,海关监管分为海关对货物的监管、对物品的监管和对运输工具的监管三大体系,每个体系都有不同的管理程序与方法。

监管是海关最基本的任务。应注意的是,海关监管不是海关监督管理的简称,海关监管是依法对进出境运输工具、货物、物品等进出境活动所实施的一种行政管理,而海关监督管理则是海关全部行政执法活动的统称。

(2)海关征税

货物进出口税费一般指由海关代表国家对准许进出口的货物、进出境物品征收的一种间接税,包括关税、增值税、消费税、船舶吨税等进出口环节中海关依法征收的税种。依法征收关税和其他税、费,是《海关法》明确规定的海关重要任务之一,也是国家保护国内经济、实施财政政策、调整产业结构、发展进出口贸易的重要手段。

海关征税工作的基本法律依据是《海关法》与《关税条例》。

(3)查缉走私

海关缉私是指海关依照法律赋予的权力,在各个监管场所和设关地附近的沿海沿边规定地区内,为发现、制止、打击、综合治理走私而进行的一种管理活动。走私是指进出关境活动的当事人有意逃避海关监管的违法行为。走私以逃避监管、偷逃税费、牟取暴利为目的,严重扰乱经济秩序,损害国家利益。海关缉私的目标是:制止和打击一切非法进出口货物、物品的行为,维护国家的主权和利益。

国家实行联合缉私、统一处理、综合治理的缉私体制。应注意的是,对各有关行政部门查获的走私案件,应当给予行政处罚的,均应移送海关依法处理。

(4)海关统计

海关统计是以数字形式反映实际进出口情况。我国海关统计监督的货物有两种,即实际出入境的对外贸易货物和直接影响我国物资储备增减的进出境物品。

凡是实际进出境并引起境内物质存量增加或减少的货物以及进出境物品超过自用、合理数量的,均列入海关统计。对于部分不列入海关统计的货物和物品,根据需要,实施单项统计。

4项基本任务是一个统一的、有机联系的整体。除上述4项基本任务外,知识产权海关保护、海关反倾销、反补贴调查等也是海关的任务。

3.海关的管理体制与设关原则

海关实行集中统一的垂直领导体制。《中华人民共和国海关法》规定,"国务院设立海关总署,统一管理全国海关","海关依法独立行使职权,向海关总署负责","海关的隶属关系不受行政区划的限制"，把海关集中统一的垂直领导体制以法律的形式确立下来。

《海关法》以法律形式明确了海关的设关原则："国家在对外开放的口岸和海关监管业务集中的地点设立海关。海关的隶属关系，不受行政区划的限制。"

4. 海关的权力

（1）海关权力的特点

①特定性。只有海关才具有进出关境监督管理权，其他任何机关、团体及个人都不具有这种权力；海关的这种权力只适用于进出关境监督管理领域，而不能作用于其他场合。

②独立性。海关行使职权只对法律和上级海关负责，不受地方政府、其他机关、单位或个人的干预。

③效力先定性。海关行政行为一经做出，就应推定其符合法律规定，即使管理相对人认为海关行政行为侵犯其合法权益，也必须遵守和服从。

④优益性。海关在行使行政职权时，依法享有一定的行政优先权和行政受益权。

（2）海关权力的内容

根据《海关法》及有关法律、行政法规，海关权力的主要内容如表 12-3 所示。

表 12-3　海关权力的主要内容

主要权力	主 要 内 容
检查权	检查并查验进出境运输工具、货物、行李物品、邮递物品； 在监管区内和附近沿海沿边地区，检查走私嫌疑的运输工具、场所和走私嫌疑人的身体
查验权	不受海关监管区域的限制，查验进出境货物、物品
查阅、复制权	查阅进出境人员的证件； 查阅、复制与进出境运输工具、货物、物品有关的合同、发票、账册、单据、记录、文件、业务函电、录音录像制品和其他有关的资料
查问权	查问有关违反《海关法》及其他有关法律法规嫌疑人的权力
查询权	经关长批准，可查询案件涉嫌单位和人员在金融机构、邮政企业的存款和汇款
连续追缉权	对违抗海关监管逃逸的进出境运输工具和个人，可连续追至海关监管区和海关附近沿海沿边规定地区以外，并可将其带回处理
佩带和使用武器权	海关为履行职责，可以依法佩带武器，并可在履行职责时使用武器
稽查权	自进出口货物结关之日起 3 年内，海关可以对有关会计凭证、报关单位、相关资料和有关进出口货物实施稽查
扣留权	对违反有关法律法规的与进出境运输工具、货物和物品有关的合同、发票、账册等可扣留； 在海关监管区和海关附近沿海沿边规定地区，对有走私嫌疑的运输工具、货物、物品和走私犯罪嫌疑人，经关长批准，可扣留； 在"两区"以外，对其中有证据证明有走私嫌疑的运输工具、货物、物品，可扣留
强制扣缴权	对纳税义务人或担保人超过规定期限未缴纳税款的，海关可将应税货物依法变卖或扣留，也可通知其开户银行从其存款内扣除

12.2 一般进出口货物报关程序

12.2.1 一般进出口货物的含义

一般进出口货物是指在进出境环节缴纳了应纳的进出口税费并办结了所有必要的海关手续,海关放行后不再进行监管的进出口货物。其报关程序相对于其他特殊货物,如保税货物、特定减免税货物、暂准进出境货物来说,没有前期阶段和后续阶段,而是直接进入进出境阶段。

一般进出口货物的特征有:进出境环节缴纳进出口税费、进出口时提交相关的许可证件、海关放行即办结海关手续。

12.2.2 一般进出口货物的报关程序

一般进出口货物的报关程序无论从报关单位的角度还是从海关的角度来看,都可分为 4 个基本环节。

从报关单位的角度,可分申报、配合查验、缴纳税费、提取或装运货物 4 个环节。

从海关的角度,可分接受申报、查验、征税、放行 4 个环节。

本章从报关单位的视角来介绍。

1. 进出口申报

在一般情况下,进出口货物收发货人或其代理人应当采用纸质报关单形式和电子数据报关单形式向海关申报,即先向海关计算机系统发送电子数据报关单,接收到海关计算机系统发送的"接受申报"电子报文后,10 天以内凭打印纸质报关单,附必需的其他单证,提交海关。

(1)申报地点

进口货物在货物的进境地海关申报,出口货物在货物的出境地海关申报。

(2)申报期限

进口货物为自装载货物的运输工具申报进境之日起 14 日内。申报期限的最后一天是法定节假日或休息日的,顺延至法定节假日或休息日后的第一个工作日。

应注意的是:进口货物自进口之日起,在 3 个月内未在申报期限内申报的为超期申报,应按日计征滞报金。计征起始日为运输工具申报进境之日起第 15 日,截止日为海关接受申报之日。起始日和截止日均计入滞报期间。滞报金的计征截止日如遇法定节假日,则顺延至其后第一个工作日。

进口货物自进口之日起超过 3 个月仍未向海关申报的为超期未报,货物由海关提取依法变卖处理。

滞报金＝进口货物完税价格×0.05％×滞报天数

出口货物的申报期限为装货的 24 小时以前。

（3）申报单证

申报的单证，即向海关报关所需的单证，可分为主要单证和随附单证。随附单证又可分为基本单证、特殊单证和预备单证，如表 12-4 所示。

表 12-4　申报单证的主要内容

主要单证	进出口报关单（见附录样单 12-1、样单 12-2）
基本单证	货运单据和商业单据，主要有进口提货单据、出口装货单据、商业发票、装箱单、装货单等
特殊单证	进出口许可证件、登记手册、征免税证明、出入境货物通关单、出口收汇核销单、原产地证明书等
预备单证	贸易合同、进出口企业的有关证明文件、非优惠的原产地证书等

应注意的是，进口货物收货人申报前可以向海关申请看货取样。

2.配合查验

海关查验是指海关为确定进出境货物收发货人向海关申报的内容是否与进出口货物的真实情况相符，或者为确定商品的归类、价格、原产地等，依法对进出口货物进行实际核查的执法行为。

查验应在海关监管区内实施，不宜在监管区内实施查验的，可书面申请区外查验。查验方法可以是彻底查验，也可以是抽查。

海关认为必要时，可以依法对已经完成查验的货物进行查验，即第二次查验，而进出口货物收发货人或其代理人仍然应当到场。

径行查验是指海关在进出口货物收发货人或其代理人不在场的情况下，自行开拆货物进行查验。但海关应当通知货物存放场所的管理人员或其他见证人到场，并由其在海关的查验记录上签字。

在查验过程中，因为海关查验人员的责任造成被查验货物损坏的，可以要求海关赔偿，但未在查验时对货物的损坏提出异议，事后发现货物有损坏的，或者查验时由收发货人或其代理人搬移、开拆、封装货物不善造成的损失，海关不负赔偿责任。

3.缴纳税费

我国对进口货物除征收关税外，还要征收进口环节增值税，少数商品要征收消费税。

（1）税则归类

将进出口商品按照《海关进出口税则》的归类总规则归入适当的税则编号，以确定其适用的税率。

（2）税率的运用

1）关税税率

《海关进出口税则》中的关税进口税率有普通税率和优惠税率两栏，出口税率只有一种。对原产于与中华人民共和国未订有关税互惠协议的国家或地区的进口货物，按照普通税率征税，对原产于与中华人民共和国订有关税互惠协议的国家或地区的进口货物，按照优惠税率征税。

2）进口环节税税率

目前,海关在进口环节代国家其他部门征收的进口环节税有增值税、消费税等。增值税率有两种,进口货物除农产品(含粮食)、自来水、暖气、石油液化气、天然气、食用植物油、冷气、热水、煤气、居民用煤炭制品、食用盐、农机、饲料、农药、农膜、化肥、沼气、二甲醚、图书、报纸、杂志、音像制品、电子出版物的税率为9%以外,其余货物的税率均为13%。消费税按不同商品设置不同税目税率。我国目前仅限对烟、酒、珠宝、汽油、柴油、小轿车等几类消费品征收消费税。

（3）完税价格的审定

完税价格是指海关按照《海关法》和《进出口关税条例》的有关规定,计算应征关税的进出口货物的价格。进口货物以海关审定的成交价格为基础的到岸价格为完税价格。进口货物的到岸价格包括货价加上货物运抵我国关境内输入地点起卸前的包装费、运费、保险费和其他劳务费用以及货物在成交过程中,进口人向卖方支付的佣金和为在国内生产、制造、出版、发行或者使用该进口货物有关的专利、商标、著作权以及专用技术、计算机软件和资料等费用,但入门费、技术费、培训费等不包括在内。出口货物以海关审定的货物售予境外的离岸价格,扣除出口税后作为完税价格。离岸价格不能确定的,由海关估定。

（4）税费的计算

1）完税价格

进口完税价格＝CIF＝(FOB＋F)/(1－保险费率)

出口完税价格＝FOB－出口关税

2）关税

进口关税＝完税价格×关税税率

出口关税＝完税价格×出口税率＝[FOB/(1＋出口税率)]×出口税率

3）进口消费税

从价消费税额＝[(完税价格＋关税)/(1－消费税税率)]×消费税率

从量消费税额＝应税消费品数量×消费税单位税额

4）增值税

进口增值税＝(完税价格＋关税税额＋消费税额)×增值税率

完税价格及各种税额计算到分为止,分以下四舍五入。税、费额的起征点均在人民币50元,人民币50元以下的免征。

（5）税费的缴纳

进出口货物收发货人或其代理人在规定时间内,持缴款书或收费票据向指定银行办理税费交付手续,也可以在网上向指定银行支付税费。

1）缴纳期限

对经海关审定应征关税、增值税、消费税和监管手续费、船舶吨费的货物或船舶,纳税义务人应当在海关填发税款缴款书之日起15日内缴纳税款。

2）滞纳金

进出口货物纳税义务人未在规定的缴纳期限内缴纳税费的,由海关自到期的次日起至缴清税、费款日止,按日征收欠缴税费款 0.05% 的滞纳金,并制发滞纳金收据。

关税滞纳金金额＝滞纳关税税额×0.05%×滞纳天数

进口环节海关代征税滞纳金金额＝滞纳进口环节海关代征税税额×0.05%×滞纳天数

4.提取或装运货物

一般进出口货物办结所有的海关手续后,就得到海关放行,进口货物可以提取,而出口货物则可以装运。海关进出境现场放行和货物结关,海关签发进口付汇证明、出口收汇证明、出口收汇核销单、出口退税证明、进口货物证明书等报关单证明联。

12.2.3 关于海关放行

对进出口货物的放行是海关对进出口货物进行现场监管的一项工作,也是口岸海关通关程序的最后一个环节。根据《海关法》第二十九条的规定,除海关特准的外,进出口货物在收发货人缴清税款或提供担保后,由海关签印放行。

1.放行的定义

海关放行是海关在接受进出口货物的申报,经过审核报关单据、查验货物、依法征收税费,对进出口货物做出结束海关现场监管决定的工作程序。

海关在决定放行进出口货物后,需在有关报关单据上签盖"海关放行章",进出口货物的收货人凭此办理提取进口货物或装运出口的货物手续。对于海关监管货物来说,盖有"海关放行章"的报关单也是海关核销的依据。

2.放行的规定

放行意味着进出口货物可脱离海关的现场监督,尤其是一般贸易进出口货物,海关放行即为结关,但对于保税进口货物、加工贸易、减免税、缓税进出口货物及其他监管货物在口岸海关办理完毕放行手续后,还不能结关,只有待海关结束对其实施的后续管理行为才是真正意义的结关。因此,海关在口岸放行环节的工作重点是对通关程序重点申报、查验、征税几个环节的工作进行复核,在核查无误和无遗漏的条件下,海关方予签章。报关人员要配合海关做好上述工作。

3.放行的基本形式

(1)一般放行

海关对进出口货物经过审核报关单证,查验实际货物,并依法办理了征收税费手续或减免税手续后,在有关单据上签盖放行章,货物的所有人或者他们的代理人才能提取或装运货物。

应当注意到,口岸海关对进出口货物的放行有以下含义:①对一般贸易进出口货物海关监管结束;②对需转为海关以其他方式继续监管的货物,货物进入另一种方式的海关监管;③对需转为另一设关地点的货物(转关运输货物),甲海关监管结束和乙海关监管开始。

(2)担保放行

进出口货物的担保是担保人因进出口货物税款或某些证件不能及时备齐而申请海

关予以放行,以法定的方式向海关保证在一定期限内履行其在通关活动中承诺义务的法律行为。其目的是确保海关监管货物的安全性,避免因纳税人无偿付能力或不履行义务而对海关造成的风险。

1)海关接受担保的范围

下列情况海关接受担保:暂时进出口货物;国家限制进出口货物,已经领取了进出口许可证,但因故不能及时提供的;进出口货物有待提取或发运,报关时交验有关单证(如发票、合同、装箱清单等)暂时不全,后予补交的;进出口货物有待提取或发运,正在海关办理减免税手续,报关时暂时不能提供的;经海关同意,将海关未放行的货物暂缓办理进出口纳税手续的;进出口货物因特殊情况经海关总署同意或批准的。

对下列情况,海关不接受担保:进出口国家限制进出口的货物,未领到进出口货物许可证件的;进出口金银、濒危动植物、文物、中西药品、食品、体育比赛用及狩猎枪支弹药和民用爆破器材、无线电器材、保密机等受国家有关规定管理的进出口货物,不能向海关交验有关主管部门的批准文件或证明的。

2)担保的形式

进出口货物担保的形式有缴纳保证金和提交保证函两种。

保证金是由担保人向海关缴纳现金以确保担保人履行义务的一种担保形式。对要求见面的进口货物在未办结有关海关手续之前担保人申请先期放行货物的,只能以担保形式申请担保,保证金的金额应相当于有关货物的税费之和。

保证函是由担保人按照海关的要求向海关提交的、订有明确权利义务的一种担保文件。出具保证函的担保人必须是中国法人,也可由缓税单位的开户银行担保。

3)申请担保的程序

凡符合申请担保条件的货物,由申请担保人向办理有关货物进出口手续的海关申请担保。海关进行审核后,确定担保的形式。以保证金形式申请担保的,由报关人向海关缴纳相当于有关货物的进出口税费等额的保证金。在收取保证金后,向报关人出具"中华人民共和国海关保证金收据";以保证函形式申请担保的,由担保人按照海关的格式填写保证函一式两份,并加盖担保人的公章,一份留海关备案,另一份由担保人留存。

4)担保的期限

在一般情况下,担保期限不得超过 20 天。特殊情况的,在担保期限内申请延长担保期限的,由海关审核同意后适当予以延期。暂时进口货物的担保期限按照海关对暂时进口货物监管办法的有关规定执行,一般是在货物进口之日起 6 个月内。否则,由海关对申请担保的进出口货物按规定进行处理。

5)担保的销案

根据海关规定,申请担保人必须在担保期满时向海关办理销案手续。销案是指在规定期限内履行了事先承诺的义务后,海关退还担保人已缴纳的保证金或保证函,以终止所承担的义务。其中已缴纳保证金的,由报关人凭"中华人民共和国海关保证金收据"向海关办理退还保证金和销案手续;以保证函向海关申请担保的,由申请担保人凭留存的一份保证函向海关办理销案手续。

（3）信任放行

这是海关为适应外向型经济发展的需要,在有效监管的前提下,对监管模式进行改革的一项措施。海关根据进出口企业的通关信誉、经营情况、管理水平等因素,对其进行评估分类。对被海关授予"信得过企业"称号的各类企业给予通关便利,采取集中报关、预先报关、信任放行等优惠措施,使这些企业的进出口货物在口岸进出口时径直放行,放行后在一定时期内,通过分批或集中定期纳税来完备海关手续。这种放行制度是建立在海关与企业、报关人相互信任的前提下的。但这种制度在方便企业的同时,也给海关构成一定的管理风险。为此,各地海关采取与企业签订"信任放行"的谅解备忘录,实行"义务监管员"制度,即企业按海关要求推荐义务监管员,经过海关培训合格后发证上岗,代替海关行使权力。有的海关还开辟了"信得过企业窗口",对这些企业的货物随到随放,由业务监管员代替海关查验。这些措施,为企业节省了通关费用,同时也缓解了海关监管力量不足的矛盾。当然,经海关批准的"信得过企业",如发现其违反海关规定的事情,海关可以提出警告。情节严重的,可立即取消通关优惠企业资格,并依法从严惩处。

12.2.4 关于出口货物的退关

出口退关是指出口货物的发货人及其代理人在向海关申报出口被海关放行后,因故未能装上出境运输工具,请求将货物退运出海关监管区不再出口的行为。出口货物的发货人及其代理人应当在得知出口货物未装上运输工具并决定不再出口之日起的 3 天内向海关申请退关,经海关核准且撤销出口申报后方能将货物运出海关监管场所。已缴纳出口税的退关货物,可以在缴纳税款之日起 1 年内,提出书面申请,连同纳税收据和其他单证,向海关申请退税。

对海关接受申报并予以放行的货物,因运输工具配载等原因,全部货物或部分货物未能装上运输工具,但出口货物的发货人及其代理人仍决定要出口的,应向海关递交"出口货物报关单更改申请",经海关批准后,对全部未出口的,按出口退关处理,确定运输工具后,重新办理出口报关手续;对部分货物未装运的,原申报出口的货物作全部退关处理,已装运的货物补办报关手续,尚未装运的货物,在确定运输工具后重新办理报关手续。

12.3 保税加工货物的报关程序

12.3.1 保税加工货物的定义和特性

保税加工货物是指经海关批准未办理纳税手续进境,在境内储存、加工、装配后复运出境的货物。货物保税必须经海关批准。任何货物,不经海关批准,不能成为保税货物。

海关接受加工贸易备案,核发登记手册,实际上就是行使批准保税的权利。

海关根据国家的法律、法规、政策和规范性文件对保税货物实施监督的过程,反映出保税加工货物具有商务审批、备案保税、纳税暂缓、监管延伸、核销结关的特点。

1.手册设立

根据商务部和海关总署2016年第45号联合公告,取消商务主管部门对加工贸易合同审批和加工贸易保税进口料件或制成品转内销审批,各级商务主管部门不再签发"加工贸易业务批准证"等。开展加工贸易业务的企业须凭商务主管部门或海关特殊监管区域管委会出具的有效期内的"加工贸易企业经营状况和生产能力证明"到海关办理加工贸易手(账)册设立(变更)手续,并按"加工贸易企业经营状况和生产能力证明"中列名的税目范围(即商品编码前4位)进行手册设立(变更)。

2.备案保税

海关批准保税是通过受理备案来实现的。海关受理备案的原则是:

(1)合法经营

所谓合法经营,是指申请保税的货物或申请保税的形式或保税申请人本身不属于国家禁止的范围,并且获得有关主管部门的许可,有合法进出口的凭证。

(2)复运出境

所谓复运出境,是指申请保税的货物流向明确,进境储存、加工、装配后的最终流向表明是复运出境,而且申请保税的单证能够证明进出基本是平衡的。

(3)可以监管

所谓可以监管,是指申请保税的货物无论在进出口环节,还是在境内储存、加工、装配环节,要符合海关监管要求,必要时海关可要求有关当事人提供担保,以防止因为某种不合理因素造成监管失控。

3.纳税暂缓

我们所说的办理纳税手续,包括办理征税手续和减免税手续。一般进出口货物和特定减免税货物都必须在进境地海关或主管地海关办妥纳税手续(包括办妥征税和减免税手续)后才能提取。保税货物在进境地海关凭有关单证册不办理纳税手续就可以提取。但是这不等于说保税货物最终可以不办理纳税手续。

当保税货物最终不复运出境或改变保税货物的特性时,须按货物实际进口申报情况办理相应的纳税手续。比如加工贸易保税进口货物,因故不能复出口,经批准内销,海关对不能复出口的成品或结余料件等按有关规定对料件进行补税。

4.监管延伸

一般进出口货物,海关监管的时间是自进口货物进境起到办结海关手续提取货物为止,出口货物自向海关申报起到装运出境止,海关监管的地点主要在货物进出境口岸的海关监管的场所。

保税货物的海关监管无论是时间,还是场所都必须延伸。

从地点上说,保税货物提离进境地口岸海关监管场所后,直至向海关办结出口或内销手续止,凡是该货物储存、加工、装配的地方,都是海关监管该保税货物的场所。

从时间上来说,保税货物在进境地被提取,不是海关监管的结束,而是海关监管的开始,一直要监管到储存、加工、装配后复运出境办结海关核销手续或者正式进口海关手续为止。

5.核销结关

一般进出口货物的结关即放行。进出口货物收发货人及其代理人向海关申报后,由海关审单、查验、征税、放行,然后提取货物或装运货物。这里海关的放行,就是一般进出口货物结关的标志。

保税货物进出口报关,海关也加盖"放行章",并执行放行程序。但是,保税货物的放行,只是以单票货物的形式结关。保税货物只有到核销后才能算结关。核销是保税货物监管的最后一道程序。所以,核销是保税货物区别于海关一般进出口货物通关制度的一个重要特点。

12.3.2　加工贸易保税货物及其报关程序

海关对加工贸易保税货物的监管主要有两种模式:

第一种为联网监管模式。计算机联网监管是一种高科技的监管方式,主要是应用计算机手段实现海关对加工贸易企业的联网监管,建立电子账册或电子化手册。备案、进口、出口、核销,全部通过计算机进行。这种监管方式又分为两种,一种是针对大型企业的,以建立电子账册为主要标志,以企业为单元进行管理;另一种是针对中小企业的,以建立电子化手册为主要标志,继续以合同为单元进行管理。总之,海关对保税加工货物监管的主要模式遵循的基本原则是海关管理科学严密、企业通关便捷高效。

第二种为常规监管。常规监管模式以合同为载体,适用于管理来料加工、进料加工、外资企业履行产品出口合同、保税工厂、保税集团等形式下进出口的保税货物。

常规监管模式基本程序主要包括合同备案、进出口报关、合同报核 3 个阶段。在这 3 个阶段中又包含相当复杂的具体步骤和各种情况,如图 12-1 所示。

1.加工贸易合同备案

(1)合同备案的定义

加工贸易合同备案是指加工贸易企业持合法的加工贸易合同到主管海关备案,申请保税并领取加工贸易登记手册或其他准予备案凭证的行为。

海关受理合同备案,是指海关根据国家规定,在接受加工贸易后,批准合同约定的进口料件保税,并把合同内容转化为登记手册内容或做必要的登记,然后发放合法的登记手册或其他准予备案的海关行政许可。

对符合规定的加工贸易合同,海关应当在规定的期限内予以备案,并核发加工贸易登记手册或其他准予备案的凭证。对不予备案的合同,海关应当书面告知经营企业。

(2)合同备案的企业

国家规定开展加工贸易业务应当有经营企业到加工企业的所在地主管海关办理加工贸易合同备案手续。经营企业和加工企业有可能是同一个企业,也可能不是同一个企业。

经营单位,是指负责对外签订加工贸易进出口合同的各类进出口企业和外商投资企

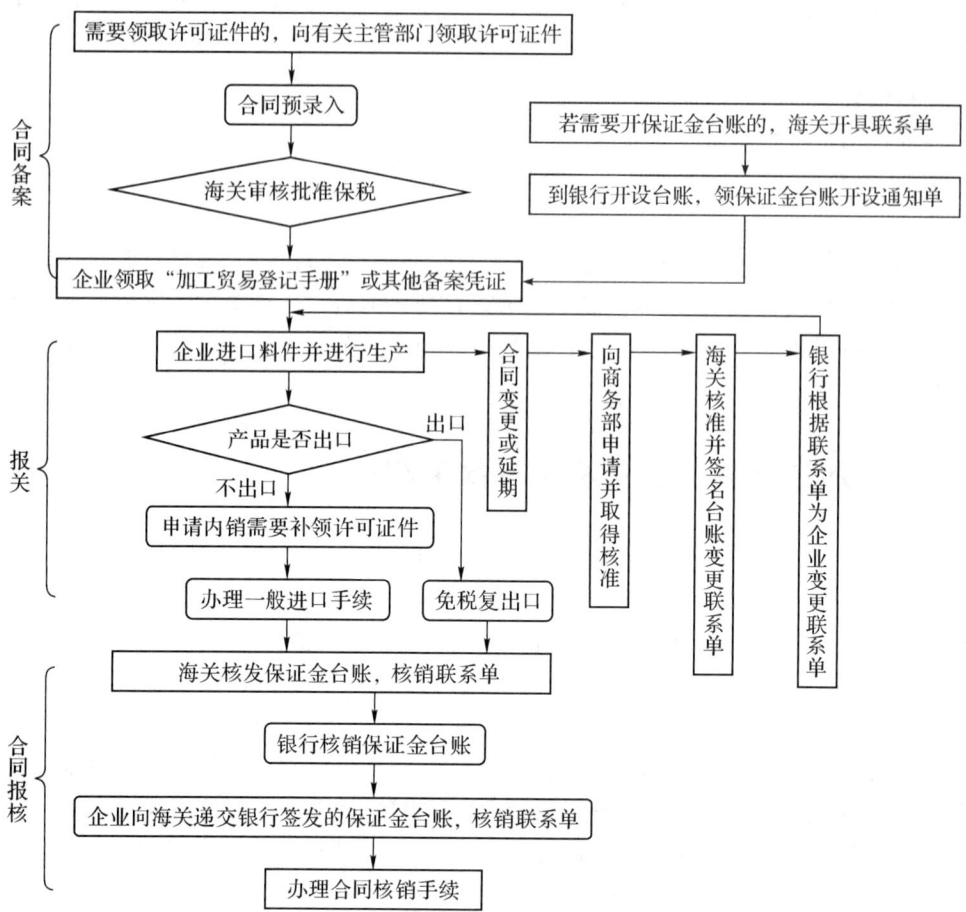

图 12-1　加工贸易货物的报关流程

业,以及经批准获得来料加工经营许可的对外加工装配服务公司。

加工企业,是指接受经营企业委托,负责对进口料件进行加工或者装配,且具有法人资格的生产企业,以及由经营单位设立的虽不具有法人资格,但实行相对独立核算并已经办理工商营业执照的工厂。

(3)合同备案的步骤

合同备案的步骤包括:企业对外签订合同→企业向主管部门领取有关国家管制商品的许可证件→国税部门备案(来料加工除外)→海关预审→企业将合同内容预录入计算机→海关审核、批准保税→开设或不设银行保证金台账→海关核发"登记手册"或其他准予备案的凭证。

(4)合同备案的内容

1)备案单证

备案单证的内容包括:

①加工贸易企业生产能力证明;

②加工贸易合同或合同副本;

③加工企业合同申请表及企业加工合同备案呈报表；

④属于加工贸易国家管制商品的，须交验主管部门的许可证件；

⑤为确定单耗和损耗率所需的有关资料；

⑥其他备案所需要的单证。

2）备案商品

备案商品的内容包括：

①加工贸易禁止类商品不准备案；

②进出口消耗臭氧层物质、易制毒化学品、监控化学品，在备案时需要提供进出口许可证或两用物项进出口许可证复印件；

③进出口音像制品、印刷品、地图产品及附有地图的产品，进口工业再生废料等，在备案时需要提供有关主管部门签发的许可证件或批准文件。

3）台账制度

海关受理加工贸易合同备案的一项重要工作是根据下列规定决定进口料件是否需要设立台账，是否"实转"。

所有的加工贸易合同，包括来料加工、进料加工合同，都要按加工贸易进口料件银行保证金台账制度的规定受理备案，都要按加工贸易进口料件银行保证金台账制度的规定办理，或不设台账，即"不转"；或设台账不付保证金，即"空转"；或设台账并付保证金，即"实转"。

加工贸易银行保证金台账制度的核心内容是对企业和商品实行分类管理，对实行台账实转的，海关按加工贸易企业进口料件的进口税款的全额或50％征收保证金。

商品分为禁止、限制、允许3类，禁止类不得从事加工贸易，允许类不涉及台账，故关注的主要是限制类。

根据商务部、海关总署公告2015年第63号，海关根据企业信用状况将企业认定为高级认证企业、一般认证企业、一般信用企业和失信企业。企业按照海关信用管理分类缴纳台账保证金，在规定期限内加工成品出口并办理核销结案手续后，保证金及利息予以退还。①对管理方式为"实转"的限制类商品，高级认证企业与一般认证企业实行"空转"管理（即无须缴纳台账保证金），东部地区一般信用企业缴纳按实转商品项下保税进口料件应缴进口关税和进口环节增值税之和50％的保证金；对其他限制类商品，高级认证企业、一般认证企业与一般信用企业均实行"空转"管理。②经营企业及其加工企业同时属于中西部地区的，开展限制类商品加工贸易业务，高级认证企业、一般认证企业和一般信用企业实行银行保证金台账"空转"管理。③失信企业开展限制类商品加工贸易业务均须缴纳100％台账保证金。④中西部地区是指除东部地区以外的其他地区。东部地区包括北京市、天津市、上海市、辽宁省、河北省、山东省、江苏省、浙江省、福建省、广东省。

2017年7月15日，海关总署及商务部发布了《关于取消加工贸易银行保证金台账制度有关事宜的公告》。实施保证金台账"空转"管理的企业，办理加工贸易手（账）册设立时无须开设保证金台账，无须提供涉及限制类商品加工贸易的担保。保证金台账"实转"管理事项转为海关事务担保事项后，企业缴纳保证金的情形、金额等仍按照商务部、海关总署2015年63号公告执行。企业办理担保业务可采用保证金或保函等形式。以保函形式办理担保业务时,企业应向海关提交银行或者非银行金融机构的保函正本,海关向企业制发收据;保函担保期限应为手册有效期满后80天。以保证金形式办理担保业务时,企业应按海关开具的"海关交(付)款通知书",以人民币缴纳保证金,将应征保证金款项交至海关指定的代保管款账户;资金到账后海关向企业开具"海关保证金专用收据"。

（5）异地加工贸易合同备案

跨关区异地加工贸易是指一直属海关关区内加工贸易经营企业,将进口料件委托另一直属海关关区内加工生产企业加工成品回收后,再组织出口的加工贸易。

异地加工贸易合同备案的步骤如下:①经营企业凭所在地外经贸主管部门核发的"加工贸易业务批准证"和加工企业所在地县级以上外经贸主管部门出具的"加工贸易加工企业生产能力证明",填制"异地加工贸易申请表",向经营企业所在地主管海关提出异地加工贸易申请,经海关审核后,领取经营企业所在地主管海关的关封。②经营企业持关封和必要的单证,包括加工贸易业务批准证、委托加工合同、加工贸易加工企业生产能力证明、异地加工贸易申请表到加工企业所在地主管海关办理合同备案手续,在加工企业所在地设立台账。

海关对开展异地加工贸易的经营企业和加工企业实行分类管理,如果两者的管理类别不同,按其中较低类别管理。

2.报关

（1）进出口报关

加工贸易保税货物进出口报关与一般进出口货物报关有一个非常重要的区别,那就是加工贸易保税货物报关时,在计算机系统中已经有备案底账,是在备案底账的基础上报关,企业在口岸海关报关时提供的有关单证内容必须与电子底账数据相一致,否则报关就不能通过;而一般进出口货物是不必备案的,因此是在没有底账的基础上直接输入电子数据的报关,需要注意"单、证、货一致"原则。

加工贸易保税货物进出口报关,与其他货物一样也要经过申报、配合查验、缴纳税费、提取货物或装运货物4个阶段,由经营单位或其代理人申报。其申报单证除报关单、发票、装箱单、提单或装货单等普遍需要的单证外,还必须有加工贸易登记手册或其他准予合同备案的凭证。

关于进出口税收问题,有以下规定:

①准予保税的加工贸易料件进口免征进口税。

②完全由保税料件生产的成品出口免征出口税,由国内料件和保税料件混合生产的成品出口,属于应征出口税的,按出口成品的税率并按投入在出口成品中的国内料件的金额扣除出口关税确定完税价格计征出口税。

（2）深加工结转报关

加工贸易保税货物深加工结转是指加工贸易企业将保税进口料件加工的产品转至另一海关关区内的加工贸易企业进一步加工后复出口的经营活动。其程序为:

1）计划申报

加工贸易企业开展深加工结转,转入、转出企业应当向各自主管海关提交"加工贸易保税货物深加工结转申请表"(以下简称"申请表"),申报结转计划程序如图12-2所示。

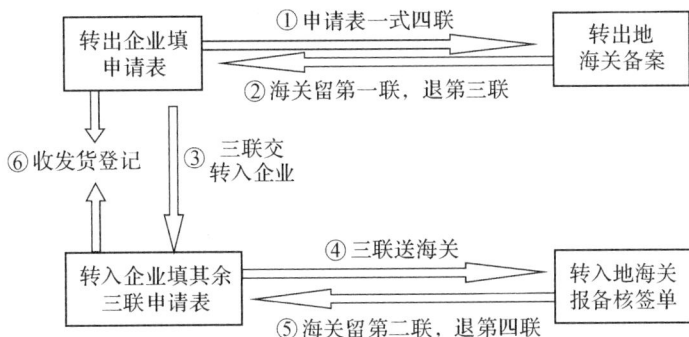

图 12-2 申报结转计划程序

2)发货登记

转出、转入企业办理结转计划申报手续后,应当按照经双方海关核准后的申请表进行实际收发货;转入、转出企业的每批次收发货记录应当在"保税货物实际结转情况登记表"(以下简称"登记表")上进行如实登记,并加盖企业结转专用名章;结转货物退货的,转入、转出企业应当将实际退货情况在"登记表"中进行登记,同时注明"退货"字样,并各自加盖企业结转专用章。

3)报关手续

转出、转入企业实际收发货后,应当按照以下规定办理结转报关手续:

①转出、转入企业分别在转出地、转入地海关办理结转报关手续。转出、转入企业可以凭一份"申请表"分批或者集中办理报关手续。转出(人)企业每批实际发(收)货后,在90天内办结该批货物的报关手续。

②转入企业凭"申请表""登记表"等单证向转入地海关办理结转进口报关手续,并在结转进口报关后的第二个工作日内将报关情况通知转出企业。

③转出企业自接到转入企业通知之日起10日内,凭"申请表""登记表"等单证向转出地海关办理结转出口报关手续。

④结转进口、出口报关的申报价格为结转货物的实际成交价格。

⑤一份结转进口报关单对应一份结转出口报关单,两份报关单之间对应的申报序号、商品编号、数量、价格和手册号应当一致。

⑥结转货物分批报关的,企业应当同时提供"申请表"和"登记表"的原件及复印件。

3.合同报核

(1)报核的含义

加工贸易合同报核,是指加工贸易企业在加工贸易合同履行完毕或终止合同后,按照规定的期限和规定的程序,向加工贸易主管海关申请核销要求结案的行为。

加工贸易合同核销,是指加工贸易经营企业加工复出口或者办理内销等海关手续后,凭规定单证向海关申请解除监管,海关经审查、核查属实且符合有关法律、行政法规、规章的规定,予以办理解除监管手续的行为。

(2)报核和核销的时间

经营企业应当在规定的期限内将进口料件加工复出口,并自加工贸易手册项下最后一批成品出口或者加工贸易手册到期之日起 30 日内向海关报核。

经营企业对外签订的合同因故提前终止的,应当自合同终止之日起 30 日内向海关报核。

海关应当自受理报核之日起 30 日内予以核销。特殊情况需要延长的,经直属海关关长或者其授权的隶属关长批准可延长 30 日。

(3)报核的单证

报核的单证包括:①企业合同核销申请表;②加工贸易登记手册,包括分册;③进出口报关单;④核销核算表;⑤申请内销的应由外经贸主管部门核发的"加工贸易保税进口料件内销批准证";⑥其他海关需要的资料。

(4)报核的步骤

报核的步骤包括:①整理单据。合同履约后,企业应及时将登记手册和进出口报关单进行收集、整理、核对。②查清单耗。企业应根据有关账册记录、仓库的记录、生产工艺资料等查清此合同的实际单耗,并据以填写核销核算表。③修改单耗。产品的实际单耗如与合同备案单耗不一致,企业必须在最后一批成品出口前进行单耗的变更。④预录入单证。企业应填写核销预录入申请单,办理预录入手续。⑤依法报核。企业应携带有关报核单证,到主管海关报核,并填写报核签收回联单。

12.4　进出口货物的转关制度

进出口货物的转关业务是海关适应对外开放,促进对外经济贸易发展,加速口岸进出口货物的运输,方便收、发货人办理海关手续,加强海关对未结关货物在境内转运的管理所采取的重要措施。

12.4.1　转关运输及转关运输货物的定义

转关是指进出口货物在海关监管下,从一个设关地转运至另一设关地办理某项海关手续的行为。

转关运输货物属于海关监管货物,主要是指:由进境地入境后,运往另一设关地点办理进口海关手续的货物;在起运地已办理出口海关手续运往出境地,由出境地海关监管放行的货物;由关内设关地点转运另一设关地点应受海关监管的货物。

在这里,进境地是指货物进入关境的口岸,出境地是指货物离开关境的口岸,转运地是指进口转关货物运抵报关的地点,起运地是指出口转关货物报关发运的地点。

12.4.2　办理转关运输应具备的条件

海关为了加强对转关运输货物的监督,规定申请办理转关运输应具备以下几个基本条件：①转关的指运地和起运地必须设有海关；②转关的指运地和起运地应当设有经海关批准的监管场所；③转关承运人应当在海关注册登记，承运车辆符合海关监管要求，并承诺按海关对转关路线范围和途中运输时间所做的限定将货物运往指定的场所。

不得申请转关运输的货物有：①进口固体废物（满足海关规定转关条件的废纸、废金属等除外）；②进口易制毒化学品、监控化学品、消耗臭氧层物质；③进口汽车整车，包括成套散件和二类底盘；④国家检验检疫部门规定必须在口岸检验检疫的商品。

12.4.3 转关运输货物的报关方式

1. 提前报关方式

提前报关方式是指进口货物在指运地先申报再到进境地办理进口转关手续，出口货物在货物未运抵起运地监管场所前先申报，货物运抵监管场所后再办理出口转关手续的方式。

2. 直转方式

直转方式是指进境货物在进境地海关办理转关手续，货物运抵指运地再在指运地海关办理报关手续的进口转关和出境货物在货物运抵起运地海关监管场所报关后再办理出口转关手续的方式。

3. 中转方式

中转方式是指在收、发货人或其代理人向指运地或起运地海关办理进出口报关手续后，由境内承运人或其代理人统一向进境地或起运地海关办理进口或出口转关手续。

具有全程提运单，须换装境内运输工具的进出口中转货物使用中转方式转关运输；其他进口转关、出口转关及境内转关的货物使用提前报关或直转方式办理转关手续；一般情况下，中转转关适用于提前报关，如图12-3和图12-4所示。

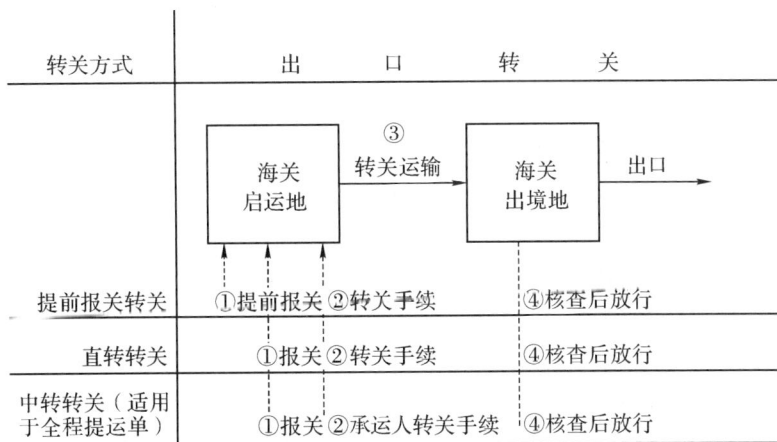

图12-3 出口转关报关程序

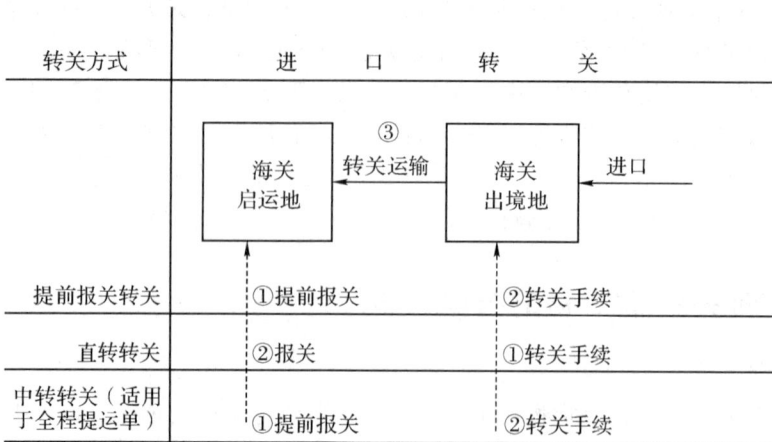

图 12-4　进口转关报关程序

特别需注意的是：

①提前报关转关是指进口货物在指运地先申报,5 日内再到进境地办理进口转关手续;出口货物在货物未运抵起运地监管场所前先申报,5 日内货物运抵监管场所后再办理出口转关手续的方式。

②进口直转转关是指运输工具进境之日起 14 日内在进境地海关办理转关手续,货物运抵指运地之日起 14 日内再在指运地海关办理报关手续的进境货物的进口转关;出口直转转关是指在货物运抵起运地海关监管场所报关后,在起运地海关办理出口转关手续的出境货物的出口转关。

③中转转关是指在收、发货人或其代理人向指运地或起运地海关办理进出口报关手续后,由境内承运人或其代理人统一向进境地或起运地海关办理进口或出口转关手续,这种方式适用于全程提运单,必须换装境内运输工具的进出口中转货物。

12.5　进出口货物收付汇的管理

国家为了保障银行结汇、售汇制度的执行,保证充足的外汇来源,打击逃、套汇行为,满足用汇的需要,在货物的进出口过程中,实行较为严格的进出口收付汇核销制度。为大力推进贸易便利化,进一步改进货物贸易外汇服务和管理,国家外汇管理局、海关总署、国家税务总局决定,自 2012 年 8 月 1 日起在全国实施货物贸易外汇管理制度改革,并相应调整出口报关流程,优化升级出口收汇与出口退税信息共享机制。

第一,改革货物贸易外汇管理方式。

自改革之日起,取消出口收汇核销单(以下简称核销单),企业不再办理出口收汇核销手续。国家外汇管理局分支局(以下简称外汇局)对企业的贸易外汇管理方式由现场逐笔核销改为非现场总量核查。外汇局通过"货物贸易外汇监测系统",全面采集企业货物进出口和贸易外汇收支逐笔数据,定期比对、评估企业货物流与资金流总体匹配情况,便利合规企业贸易外汇收支;对存在异常的企业进行重点监测,必要时实施现场核查。

第二,对企业实施动态分类管理。

外汇局根据企业贸易外汇收支的合规性及其与货物进出口的一致性,将企业分为A、B、C 3类。A类企业进口付汇单证简化,可凭进口报关单、合同或发票等任何一种能够证明交易真实性的单证在银行直接办理付汇,出口收汇无须联网核查;银行办理收付汇审核手续相应简化。对B、C类企业在贸易外汇收支单证审核、业务类型、结算方式等方面实施严格监管,B类企业贸易外汇收支由银行实施电子数据核查,C类企业贸易外汇收支须经外汇局逐笔登记后办理。

外汇局根据企业在分类监管期内遵守外汇管理规定情况,进行动态调整。A类企业违反外汇管理规定将被降级为 B类或 C类;B类企业在分类监管期内合规性状况未见好转的,将延长分类监管期或被降级为 C类;B、C类企业在分类监管期内守法合规经营的,分类监管期满后可升级为 A类。

第三,调整出口报关流程。

改革之日起,企业办理出口报关时不再提供核销单。

第四,简化出口退税凭证。

自 2012 年 8 月 1 日起报关出口的货物(以海关"出口货物报关单[出口退税专用]"注明的出口日期为准,下同),出口企业申报出口退税时,不再提供核销单;税务局参考外汇局提供的企业出口收汇信息和分类情况,依据相关规定,审核企业出口退税。

企业应当严格遵守相关规定,增强诚信意识,加强自律管理,自觉守法经营。国家外汇管理局与海关总署、国家税务总局将进一步加强合作,实现数据共享;完善协调机制,形成监管合力;严厉打击各类违规跨境资金流动和走私、骗税等违法行为。

12.6　国家对出口退税的管理

12.6.1　出口退税的含义

出口退税是指国家为帮助出口企业降低成本,增强出口产品在国际市场上的竞争能力,鼓励出口创汇,而实行的由国内税务机关退还出口商品国内税的措施。

12.6.2　申请出口退税的凭证

出口企业向税务机关申请退税,提供的凭证主要有:

①出口货物报关单(出口退税专用)。出口货物报关单必须是盖有海关验讫章,注明"出口退税专用"字样的原件(另有规定者除外),出口报关单的海关编号、出口商海关代码、出口日期、商品编号、出口数量及离岸价等主要内容应与申报退(免)税的报表一致。

②代理出口证明。代理出口货物证明上的受托方企业名称、出口商品代码、出口数量、离岸价等应与出口货物报关单(出口退税专用)上内容相匹配并与申报退(免)税的报表一致。

③增值税专用发票(抵扣联)。增值税专用发票(抵扣联)必须印章齐全,没有涂改。增值税专用发票(抵扣联)的开票日期、数量、金额、税率等主要内容应与申报退(免)税的报表匹配。

④消费税税收(出口货物专用)缴款书。消费税税收(出口货物专用)缴款书各栏目的填写内容应与对应的发票一致;征税机关、国库(银行)印章必须齐全并符合要求。

须注意的是,自2012年8月1日起,出口企业申报出口退税时,不再提供出口收汇核销单。

12.6.3 出口货物退(免)税审核、审批

1. 人工审核

税务机关受理出口商出口货物退(免)税申报后,应在规定的时间内,对申报凭证、资料的合法性、准确性进行审查,并核实申报数据之间的逻辑对应关系。根据出口商申报的出口货物退(免)税凭证、资料的不同情况,税务机关应当重点审核以下内容:

①申报出口货物退(免)税的报表种类、内容及印章是否齐全、准确。

②申报出口货物退(免)税提供的电子数据和出口货物退(免)税申报表是否一致。

③申报出口货物退(免)税的凭证是否有效,与出口货物退(免)税申报表明细内容是否一致等。

2. 电子审核

在对申报的出口货物退(免)税凭证、资料进行人工审核后,税务机关应当使用"出口货物退(免)税电子化管理系统"进行计算机审核,将出口商申报出口货物退(免)税提供的电子数据、凭证、资料与国家税务总局及有关部门传递的出口货物报关单、代理出口证明、增值税专用发票、消费税税收(出口货物专用)缴款书等电子信息进行核对。审核、核对重点是:

①出口报关单电子信息。核对出口报关单的海关编号、出口日期、商品代码、出口数量及离岸价等项目是否与电子信息相符;

②代理出口证明电子信息。核对代理出口证明的编号、商品代码、出口日期、出口离岸价等项目是否与电子信息相符;

③出口退税率文库。出口商申报出口退(免)税的货物是否属于可退税货物,申报的退税率与出口退税率文库中的退税率是否一致;

⑤增值税专用发票电子信息。核对增值税专用发票的开票日期、金额、税额、购货方及销售方的纳税人识别号、发票代码、发票号码是否与增值税专用发票电子信息相符。

⑥在核对增值税专用发票时应使用增值税专用发票稽核、协查信息。暂未收到增值税专用发票稽核、协查信息的,税务机关可先使用增值税专用发票认证信息,但必须及时用相关稽核、协查信息进行复核;对复核有误的,要及时追回已退(免)税款。

⑦消费税税收(出口货物专用)缴款书电子信息。核对消费税税收(出口货物专用)缴款书的号码、购货企业海关代码、计税金额、实缴税额、税率(额)等项目是否与电子信息相符。

思考题

一、简答题

1. 海关的基本任务和权力有哪些?

2. 有条件向海关注册办理报关的企业有哪几类?

3. 简述一般进出口货物报关的程序。

4. 转关运输有哪几种表现形式?

5. 申请出口退税的凭证有哪些?

二、计算题

1. 一辆进口自日本的小轿车 CIF 上海的价格为 20 万元人民币,经海关审定,该进口轿车的完税价格为 20 万元人民币。已知进口关税税率为 80%,消费税率为 8%,增值税率为 17%。计算该轿车应纳的关税额、消费税额及增值税额。

2. 某贸易公司于 2019 年 5 月 10 日(周五)申报进口一批货物,海关于当日开出税款缴款书。

其中关税税款为人民币 2.4 万元,增值税款为人民币 3.51 万元,消费税税款为人民币 8900 元。该公司实际缴纳税款日期为 6 月 6 日(周四)。计算该公司应缴纳的所有滞纳金。

3. 载有进出口企业 A 从国外购买的进口货物的某海轮 B 于 2017 年 10 月 10 日(周二)向上海海关申报进境,但 A 企业于 2017 年 11 月 3 日(周五)才向海关申报进口该批货物。该货物的 CIF 上海价格为 15 万美元。已知外汇牌价中间价为 1 美元=6.97 元人民币。计算应征收滞报金额。

三、应用题

1. 江苏新创轮胎有限公司(加工贸易 B 类管理企业),使用现汇从境外购进天然橡胶和炭黑一批(价值 10 万美元),用于生产挖掘机轮胎出口。合同执行过程中,由于市场原因,申请将手续延期 3 个月。加工生产完毕后,尚剩余炭黑若干(价值 1000 美元)。新创公司办理了相关海关手续后,将轮胎销至山东卡特机械有限公司,用做卡特公司进料加工手册项下料件,装配挖掘机后出口。

(1)经营企业在办理登记备案手续时,银行保证金台账应按什么规定办理? 要设台账吗? 要足额缴纳保证金吗?

(2)新创公司将轮胎售予卡特公司的经营行为属于异地加工吗? 为什么?

2. 中国成套设备进出口总公司(北京)(CHINA NATIONAL COMPLETE PLANT IMPORT & EXPORT CORP.)与法国 LECLEC 公司于 2015 年 7 月 8 日在广州签订了出售户外家具(outdoor furniture)的外贸合同,货名:花园椅(garden chair,铸铁底座的木椅,按规定出口时需要有动植物检验检疫证明),型号:TG0503,价格:USD58.00/PC FOB Guangzhou,数量:950 把,毛重:20KGS/PC,净重:18KGS/PC,包装:1PC/CTN,集装箱:1X20',生产厂家:广东南海飞达家具厂,最迟装船日期:2015 年 9 月 8 日。起运港:

广州港。目的港:马赛。支付方式:不可撤销信用证。

(1)根据以上资料为出口公司整理一份销售合同/成交确认书。

(2)如果订舱的装船时间是 2015 年 9 月 8 日 10:00 A. M. ,那么,报关员应最迟何时在何地报关完毕?

(3)如果报关员在 8 月 20 日以电子数据报关单向海关申报,8 月 22 日收到海关"放行交单"的通知,那么,报关员应不迟于哪一天持打印的纸质报关单,备齐哪些单证到货物所在地海关提交书面单证并办理相关海关手续?

(4)应该缴纳哪些海关规定的税费?

第 13 章

出入境检验检疫业务

⟱ **本章要点**

出入境货物、运输工具等检验检疫制度与程序,亦是国际物流运作的重要业务内容之一。本章对于出入境检验检疫的基本知识,包括检验检疫制度、主要任务和目的、其检验的依据和有关机关等知识做了介绍。重点阐述了一般贸易货物出入境的检验检疫程序,以及检验检疫各个环节应该注意的问题。

13.1 出入境检验检疫制度

13.1.1 出入境检验检疫制度概述

出入境检验检疫(entry-exit inspection and quarantine)是指在国际贸易活动中由检验检疫机构按照法律法规或相关国际惯例对进出境货物的品质、数量、包装、安全、卫生以及装运条件等进行的检验、管理和认证,并对涉及人、动物、植物的传染病、病虫害、疫情等进行检疫的工作,在国际贸易中通常称为商检工作。出入境检验检疫是随着现代国际贸易的发展而产生和发展起来的,是当代国际贸易中的重要环节。

中国出入境检验检疫包括进出口商品检验、进出境动植物检疫以及国境卫生检疫。

出入境检验检疫的国家主管部门原为国家质量监督检验检疫总局,现为国家海关总署(2018 年并入),具体演进情况如表 13-1 所示。

表 13-1　出入境检验检疫管理机构和管理规范的演进

总项目	子项目	1998 年以前		1998—2001 年的管理机构和规范	2001—2018 年以后的管理机构和规范	2018 年以后
		管理规范	管理机构			
出入境检验检疫	进出口商品检验	1989 年《商检法》	国家进出口商品检验局	国家出入境检验检疫局,沿用原有法规	国家质量监督检验检疫总局,2002 年10 月 1 日新《商检法》实施	海关总署,沿用前法规
	动植物检疫	1991 年《动植物检疫法》	国家动植物检疫局			
	国境卫生检疫	1986 年《国境卫生检疫法》	国家卫生检疫局			

13.1.2　出入境检验检疫职责范围

出入境检验检疫工作的主要内容和目的是:

①我国出入境检验检疫制度实行目录管理,即国家出入境检验检疫机构,公布并调整《出入境检验检疫机构实施检验检疫的进出境商品目录》(以下简称《法检目录》)。该目录所列明的商品称为法定检验商品,即国家规定实施强制性检验的进出境商品。

②对于法定检验以外的进出境商品是否需要检验,由对外贸易当事人决定。对外贸易合同约定或者进出口商品的收发货人申请检验检疫时,检验检疫机构可以接受委托,实施检验检疫并制发证书。此外,检验检疫机构对法检以外的进出口商品,可以以抽查的方式予以监督管理。

③对关系国计民生、价值较高、技术复杂或涉及环境及卫生、疫情标准的重要进出口商品,收货人应当在对外贸易合同中约定,在出口国装运前进行预检验、监造或监装,以及保留货到后最终检验和索赔的条款。

13.1.3　出入境检验检疫制度的组成

我国出入境检验检疫制度内容包括:进出口商品检验制度、进出境动植物检疫制度以及国境卫生监督制度。

1.进出口商品检验制度

进出口商品检验制度是根据《中华人民共和国进出口商品检验法》及其实施条例的规定,海关总署认可的出入境检验检疫机构对进出口商品所进行品质、质量检验和监督管理的制度。其目的是保证进出口商品的质量,维护对外贸易有关各方的合法权益,促进对外经济贸易关系的顺利发展。

我国商品检验的种类分为 4 种,即法定检验、合同检验、公正鉴定和委托检验。应注意的是,法定检验以外的进出境商品是否需要检验,由外贸当事人决定,可以不检,亦可以通过委托检验、合同约定检验以及公正鉴定的方式提出检验申请,实施检验并制发证书。但检验检疫机构对法检以外的进出口商品,可以以抽查的方式予以监督管理。

2.进出境动植物检疫制度

进出境动植物检疫制度是根据《中华人民共和国进出境动植物检疫法》及其实施条例的规定,海关总署认可的出入境检验检疫机构对进出境动植物、动植物产品的生产、加工、存放过程实行动植物检疫的进出境的监督管理制度。其目的是防止动物传染病、寄生虫病和植物危险性病、虫、杂草以及其他有害生物传入、传出国境,保护农、林、牧、渔业生产和人体健康,促进对外经济贸易发展。

口岸出入境检验检疫机构实施动植物检疫监督管理的方式有:实行注册登记、疫情调查、检测和防疫指导等。其管理主要包括进境检疫、出境检疫、过境检疫、进出境携带和邮寄物检疫以及出入境运输工具检疫等。

3.国境卫生监督制度

国境卫生监督制度是指出入境检验检疫机构根据《中华人民共和国国境卫生检疫法》和《中华人民共和国食品安全法》及其实施细则以及国家其他的卫生法律、法规和卫生标准,在进出口口岸对出入境的交通工具、货物、运输容器以及口岸辖区的公共场所、环境、生活设施、生产设备所进行的卫生检查、鉴定、评价和采样检验的制度。其目的是防止传染病由国外传入或者由国内传出,实施国境卫生检疫,以保护人体健康。其监督职能主要包括进出境检疫、国境传染病检测、进出境卫生监督等。上述 3 种制度的区别如表 13-2 所示。

表 13-2 进出口商品检验、动植物检疫和国境卫生检疫的区别

区别	进出口商品检验	动植物检疫	国境卫生检疫
范围和检查重点不同	检验进出口商品的质量、规格、重量、包装以及是否符合安全、卫生要求	检查发现进出境的动植物可能具有或具有的各种传染性疾病和可能携带的各种有害生物	对出入境的运输工具、货物、运输容器以及口岸的公共场所、环境、生活设施、生产设备进行卫生检查、鉴定、评价和采样检验
检查要求不同	列入《法检目录》实施法定检验;其他的是否检验由货主自行决定	属法定检验检疫性质,不存在自行决定检验检疫与否的情况	属法定检验检疫性质,不存在自行决定检验检疫与否的情况
	检验主体可以是国家商检部门,也可以是许可的检验机构	检验主体只能是国家卫生检疫或国家动植物检疫部门	检验主体只能是国家卫生检疫部门
法律依据不同	《中华人民共和国进出口商品检验法》	《中华人民共和国进出境动植物检疫法》及其相关行政法规	《中华人民共和国国境卫生检疫法》《中华人民共和国食品安全法》

13.1.4 出入境检验检疫管理

对列入《法检目录》以及其他法律法规规定需要检验检疫的货物进出口时,货物所有人或其合法代理人,在办理进出口通关手续前,必须向口岸检验检疫机构报检。海关凭口岸出入境检验检疫机构签发的"中华人民共和国检验检疫入境货物通关单"(以下简称

"入境货物通关单")或"中华人民共和国检验检疫出境货物通关单"（以下简称"出境货物通关单"）验放。这两种通关单的适用范围如表 13-3 所示。

表 13-3 入、出境货物通关单的适用范围

具体内容	入境货物通关单 （一批一证制）	出境货物通关单 （一批一证制）
适用范围	1.列入《法检目录》的货物； 2.外商投资财产价值鉴定； 3.进口可用作原料的废物； 4.进口旧机电产品； 5.进口货物发生短少、残损或其他质量问题需对外索赔时，其赔付的进境货物； 6.进口捐赠的医疗器械； 7.其他国家有法律、法规明确规定的	1.列入《法检目录》的货物； 2.有出口纺织品标识的纺织品； 3.对外经济技术援助物资及人道主义紧急救灾援助物资； 4.其他国家有法律、法规明确规定的货物

13.2 出入境货物检验检疫程序

13.2.1 概 述

出入境检验检疫机构对进出口商品实施检验检疫的工作程序，主要有 4 个环节，即受理报检、检验检疫、计费、签证放行。

对外贸易关系人对应实施检验的出口商品应及时向出入境检验检疫机构办理报验。出入境检验检疫机构则应根据商品的不同情况，或派员进行抽样，或直接派员检验。经检验不合格的，发给不合格通知单，经返工整理后可申请一次复验，复验仍不合格的，不准出口。经检验合格的，办理签证和放行后，即可报关出口。对外贸易关系人对应实施检验的进口商品，到货后应向出入境检验检疫机构申请登记，登记后办理放行手续，据以报关提货；登记后应抓紧办理报验（也可在登记时同时办理报验）。经出入境检验检疫机构检验后，按规定发给证书或证单。

法定检验检疫的入境货物，在报关时必须提供报关地出入境检验检疫机构签发的"入境货物通关单"，海关凭出入境检验检疫机构签发的"入境货物通关单"验放。入境货物的检验检疫工作程序是先放行通关后进行检验检疫，即：法定检验检疫入境货物的货主或其代理人应首先向卸货口岸或到达站的出入境检验检疫机构报检；检验检疫机构受理报检，转送检部门签署意见、计收费，对来自疫区的、可能传播检疫传染病、动植物疫情及可能夹带有害物质的入境货物的交通工具或运输包装实施必要的检疫、消毒、卫生除害处理后，签发"入境货物通关单"（入境废物、活动物等除外）供报检人办理海关的通关手续；货物通关后，入境货物的货主或其代理人需在检验检疫机构规定的时间和地点到指定的检验检疫机构联系对货物实施检验检疫，经检验检疫合格的入境货物签发"入境

货物检验检疫证明"放行,经检验检疫不合格的货物签发检验检疫处理通知书,需要索赔的签发检验检疫证书。

入境货物检验检疫的程序为:先放行通关后进行检验检疫,即:报检→受理报检并计费→签发"入境货物通关单"→通关→检验检疫。

法定检验检疫的出境货物,在报关时必须提供出入境检验检疫机构签发的"出境货物通关单",海关凭出入境检验检疫机构出具的"出境货物通关单"验放。出境货物的检验检疫工作程序是先检验检疫,后放行通关,即法定检验检疫出境货物的发货人或其代理人向检验检疫机构报检,检验检疫机构受理报检和计收费后,转检验或检疫部门实施检验检疫。对产地和报关地相一致的出境货物,经检验检疫合格的,出具"出境货物通关单"。对产地和报关地不一致的出境货物,出具"出境货物换证凭单",由报关地检验检疫机构换发"出境货物通关单"。出境货物经检验检疫不合格的出具"出境货物不合格通知单"。

出境货物检验检疫的程序为:先检验检疫,后放行通关,即:报检→受理报检并计费→实施检验检疫→产地和报关地一致的出具"出境货物通关单",不一致的出具"出境货物换证凭单",由报关地检验检疫机构换发"出境货物通关单"。

出入境检验检疫工作从受理报检至发证放行应在出境 7 个工作日、入境 15 个工作日内完成。

13.2.2　受理报检

法定检验检疫出入境货物的货主或其代理人首先向卸货口岸或到达站的出入境检验检疫机构报检;检验检疫机构受理报检。

受理报检时,外贸关系人需提交进口单据(外贸合同、国外发票、运单、提单、检验记录、进口到货情况通知单等)或出口单据(外贸合同、信用证、许可证等),报检范围为属于法定检验和鉴定业务范畴的商品。

13.2.3　检验检疫与鉴定

列入《法检目录》和合同规定由商检机构检验出证的进口商品,由商检机构或者其指定的检验机构检验。到货后,收货、用货部门或代理接送部门应及时向到达口岸或到达站的商检机构检验。报检应填写申请表,并提供合同、发票、提单、装箱单等有关资料。申请品质检验的还应提供国外品质证书、使用说明书及有关标准和技术资料,凭样成交的,加附成交小样。申请残损鉴定的还应提供残损单、铁路商务汇录或海事报告等有关单证,申请数(重)量鉴定的还应提供重量明细表、理化清单等。进口商品经收用货部门验收或其他单位检验的,应加附验收记录、磅码单或检验结果报告单。结合成分纯度或公量计价结算进口的商品,报品质时,报验人应同时申请重量鉴定。

一切出口商品都必须经过检验。未经检验或检验不合格的,不准出口。列入《法检目录》的出口商品和对外贸易合同规定由商检机构检验出证的出口商品,生产部门、供货部门或对外贸易部门应在出口时向商检机构报验,经商检机构检验合格后签发检验证书或放行单。对列入《法检目录》的出口商品,海关凭商检机构的检验证书或放行单验放,或凭商检机构在报关单上加盖的印章验放。未列入《法检目录》的出口商品,由生产部门、供货部门或对外贸易部门自行检验。具体的进出口商品检验检疫流程如图 13-1 和图 13-2 所示。

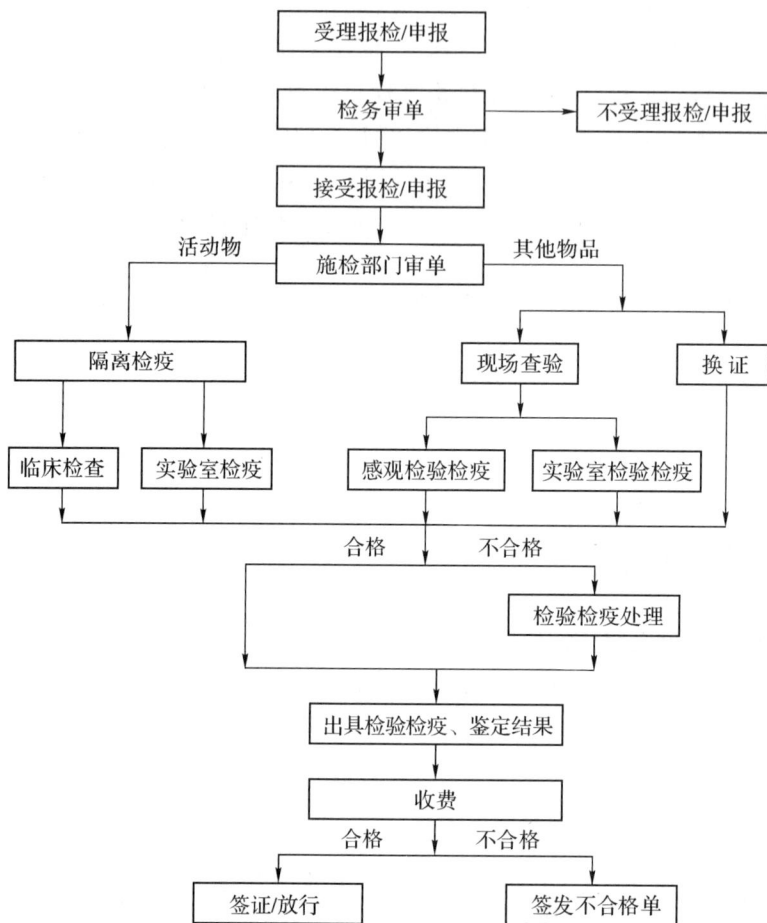

图 13-1　出境货物检验检疫、鉴定流程

对外贸易合同或者运输合同约定进口商品检验地点的,在约定的地点进行检验;未约定检验地点的,在卸货口岸、到达站或者商检机构指定的地点进行检验。大宗散装商品、易腐烂变质商品,以及卸货时发现残损或者数量、重量短缺的商品,必须在卸货口岸或者到达站进行检验。需要结合安装调试进行检验的成套设备、机电仪产品,以及在口岸开件检验后难以恢复包装的商品,可以在收货人所在地进行检验。

商检机构对已报验的出口商品,应当在不延误装运的期限内检验完毕,检验合格的,按照规定签发检验证书、放行单或者在报关单上加盖印章。产地检验的出口商品,需要在口岸换证出口的,由产地商检机构按照规定签发检验换证凭证。发货人应当在规定的期限内持检验换证凭证和必要的单证向口岸商检机构报请查验。经查验合格的,由口岸

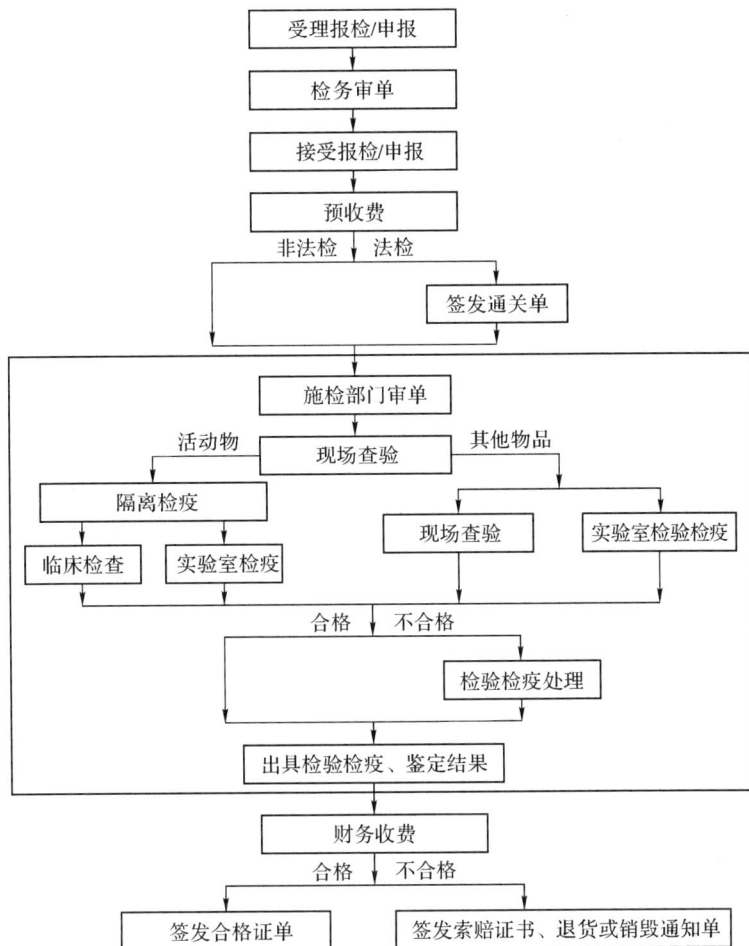

图 13-2　入境货物检验检疫、鉴定流程

商检机构换发检验证书、放行单或者在报关单上加盖印章。出口商品经商检机构检验、口岸查验或者抽查检验不合格的,不准出口。

13.2.4　计　费

国家检验检疫机构根据《出入境检验检疫收费办法》对出入境人员、货物、运输工具、集装箱及其他法定检验检疫物实施检验、检疫、鉴定等检验检疫业务进行计费并收费。

1. 出入境检验检疫收费标准

(1)以货值为基础计费

即以出入境货物的贸易信用证、发票、合同所列货物总值或海关估价为基础计收费用。

报检可以采用书面报检或电子报检两种方式。书面报检是指报检当事人填制纸质出入境报检单,备齐随附单证向检验检疫机构当面递交的报检方式;电子报检是通过"企业端软件"或"网上申报系统"来实现网上申报,检验检疫机构工作人员处理后,将受理报检信息反馈给报检当事人,当事人打印出符合规范的纸质报检单,并在规定的时间和地点提交出入境货物报检单和随附单据的报检方式。

(2)以"一批"为一个计算单位

"一批"是指同一品名在同一时间,以同一个运输工具,来自或运往同一地点,同一收货、发货人的货物。列车多车厢运输,满足以上条件的,按一批计;单一集装箱多种品名货物拼装,满足以上条件的,按一批计。同批货物涉及多项检验检疫业务的,应根据检验检疫业务工作实际情况,以检验检疫为一项,数量、重量为一项,包装鉴定为一项,实验室检验为一项,财产鉴定为一项,安全监测为一项,检疫处理为一项,分别计算,累计收费。

2.检验检疫费用缴纳

出入境检验检疫费以人民币计算到元,元以下四舍五入。不足最低额时,按最低额收取。出入境关系人应按照有关法律、法规及其收费标准,按时足额缴纳检验检疫费用。自检验检疫机构开具收费通知单之日起 20 日内,出入境关系人应交清全部费用,逾期未缴的,自第 21 起,每日加收未缴纳部分 5‰ 的滞纳金。

对经检验检疫机构检验检疫不合格,并已签发不合格通知单的出口货物,按全额收取检验检疫费。经检验检疫机构同意,出入境关系人对不合格的货物重新加工整理后,检验检疫机构再检验检疫一次的减半收费。出入境关系人因故撤销检验检疫时,检验检疫机构未实施检验检疫的,不得收费;已实施检验检疫的,按收费标准的 100% 计收。因检验检疫机构责任撤销检验检疫的,不得收费。

已经实施检验检疫的出入境法定检验检疫对象,有下列情况之一的,经重新报检并检验检疫后,检验检疫机构应另行收取相关费用:

①输入或前往国家(地区)更改检验检疫要求的;

②更换货物包装或拼装的;

③超过检验检疫有效期或证书(单)报运出口期限的;

④在口岸查验过程中,发现货证不符、批次混乱,需重新整理的。

3.计收费工作的监督管理

国家海关是检验检疫计收费工作的主管部门。为加强出入境检验检疫收费管理,保障出入境检验检疫机构和交费者的合法权益,根据《中华人民共和国进出境动植物检疫法》及其实施条例、《中华人民共和国国境卫生检疫法》及其实施细则、《中华人民共和国食品安全法》等有关法律、行政法规的规定,制定出入境检验检疫计收费管理办法。

检验检疫机构依法对出入境人员、货物、运输工具、集装箱及其他应检物实施检验、检疫、鉴定、认证、监督管理等,按出入境检验检疫计收费管理办法及标准收费,其他单位、部门和个人不得收取出入境检验检疫费。

检验检疫机构应严格按照出入境检验检疫计收费办法的规定收费,公开收费项目和收费标准,并接受物价、财政部门的检查监督,不得擅自增加或减少收费项目,不得擅自提高或降低收费标准,不得重复收费。

检验检疫机构按出入境检验检疫计收费办法收取的检验检疫费,由财务部门按照财政部另行制定的收费管理办法管理。各检验检疫机构应按规定到指定的价格主管部门办理收费许可证,并使用省级以上财政部门统一印制的收费票据。

13.2.5　签证通关与放行

1. 证单的法律效用

检验检疫证单的法律效力由出入境检验检疫机构的法律地位决定。出入境检验检疫机构根据我国法律规定行使出入境检验检疫行政职能,按照有关国际贸易各方签订的契约规定或其政府的有关法规,以及国际惯例、条约的规定从事检验检疫工作,并据此签发证书。出入境检验检疫机构的这一法律地位决定了该机构签发的检验检疫证明具有法律效用,对买卖双方都有约束力。这种约束力主要体现在以下几个方面:

(1)检验检疫证单是出入境货物通关的重要凭证

①凡列入《法检目录》范围的进出口货物(包括转关运输货物),海关一律凭货物报关地出入境检验检疫机构签发的"入境货物通关单"或"出境货物通关单"验放。

②对未列入《法检目录》范围的进出口货物,国家法律、法规另有规定须实施检验检疫的,海关亦凭检验检疫机构签发的"入境货物通关单"或"出境货物通关单"验放。

③有些出境货物,尤其是涉及社会公益、安全、卫生、检疫、环保等方面的货物,入境国家海关根据其国家法令或政府规定要求,以检验检疫机构签发的证单(包括品质、植检、兽医、健康卫生、熏蒸消毒证等证书)作为通关验放的重要凭证。

(2)检验检疫证单是海关征收和减免关税的有效凭证

①有些国家海关在征收进出境货物关税时,不只是凭商业发票上的数/重量计收,还经常根据检验检疫单证上的检验检疫结果作为海关法据以征税的凭证。有的海关还委托检验检疫机构对货物的品种、质量成分等进行鉴定,以检验检疫证单作为把关或计收关税的凭证。

②对到货后因发货人责任造成的残损、短缺或品质等问题的入境货物,发生换货、退货或赔偿等现象时往往涉及免征关税或退税。检验检疫机构签发的证书可作为通关免税或者退税的重要凭证。

③检验检疫机构签发的产地证书是进口国海关征收或免检关税的有效凭证。一般产地证是享受最惠国税率的有效凭证,普惠制产地证是享受给惠国减免关税的有效凭证。

(3)检验检疫证单是履行交接、结算及进口国准入的有效证件

①在国际贸易中,大多凭证单进行交易,为确保所交易的货物符合合约规定,需要一个证明文件作为交接的凭证。检验检疫机构所签发的各种检验检疫证书,就是这种有效凭证。

②凡对外贸易合同、协议中规定以检验检疫证书作为结算货款依据的进出境货物,检验检疫证书中所列的货物品质、规格、成分等检验检疫结果是买卖双方计算货款的依据。因此,检验检疫证书是双方结算货款的凭证。

③有的国家法令或政府规定要求,某些入境货物需凭检验检疫机构签发的证书方可进境。如凭检验检疫出具的品质证书、木质包装的熏蒸证和植物检疫证、兽医证及农残证等证书入境。对运输工具,凭检验检疫机构出具的交通工具卫生证书及检疫证书

入境。

（4）检验检疫证单是议付货款的有效证件

在国际贸易中，签约中的买方往往在合同和信用证中规定，以检验检疫证书作为交货付款的依据之一。议付银行受开户银行的委托，规定审核信用证需要的证单及其内容，符合条件的方予结汇。

（5）检验检疫证单是明确责任的有效证件

承运人或其他贸易关系人申请检验检疫机构证明出入境货物的积载情况、验舱、舱口检视、水尺计重、证明液体商品的温度和密度、签封样品、对冷藏舱检温、冷冻货检温等，都是一种明确责任范围的证明文件。在发生商务纠纷或争议时，检验检疫机构签发的证书是证明事实状态，明确责任归属的重要凭证。

（6）检验检疫证单是办理索赔、仲裁及诉讼的有效证件

对入境货物，经检验检疫机构检验检疫发现残损、短少或与合同、标准不符的，检验检疫机构签发检验证书。买方在合同规定的索赔有效期内，凭检验检疫机构签发的检验证书，向卖方提出索赔或换货、退货。属保险人、承运人责任的，也可以凭检验检疫机构签发的检验证书提出索赔。有关方面也可以依据检验检疫机构签发的证书进行仲裁。检验检疫证书在诉讼时是举证的有效证明文件。

（7）检验检疫证单是办理验资的有效证明文件

对外商投资企业及各种对外补偿贸易方式，境外投资者以实物作价投资的，或外商投资企业委托国外投资者用投资资金从境外购买的财产，各地检验检疫机构进行外商投资财产鉴定工作，并按规定出具鉴定证书。其价值鉴定证书是证明投资各方投入财产价值量的有效依据。各地会计师事务所按照检验检疫机构的价值鉴定证书进行外商投资财产的验资工作。

2.检验检疫证单的签发程序及更改、补充和重发

（1）检验检疫证单的签发程序

出入境检验检疫证书的签发程序包括审核、制证、校对、签署和盖章、发证/放行等环节。抽样记录、检验检疫结果记录、拟稿等环节在各检验检疫施检部门完成，其他各环节均在检务部门完成，包括审核证稿及其全套单据，缮制各种证单，经过校对证单，签署和盖章后发证，发证是签证工作的最后一个环节，也是检验检疫工作程序的最后一个环节。

（2）证单的更改、补充与重发

在检验检疫机构签发检验检疫证单后，报检人要求更改或补充内容的，应向原证书签发检验检疫机构提出申请，经检验检疫机构核实批准后，按规定予以办理。任何单位或个人不得擅自更改检验检疫证书内容，伪造或变更检验检疫证书属于违法行为。

检验检疫机构发出证书后，因交接、索赔、结汇等各种需要，或报检人要求补充检验项目，或发现该批货物的其他缺陷或产生缺陷的原因等，为了进一步说明这些情况，检验检疫机构可在原证书的基础上酌情补充证书内容，对原证书的不充分或遗漏部分作进一步说明或评定。报检人需要补充证书内容时，应办理申请手续，填写更改申请，并出具书面证明材料，说明要求补充的理由，经检验检疫机构核准后据实签发补充证书。检验检疫机构按规定在补充证书上注明本证书是×××证书的补充证书字样（this certificate is a supplement of the certificate No. ×××)。补充证书与原证书同时使用时有效。

在检验检疫证书签发后,报检人要求更改证单内容的,经审批同意后方可办理更改手续。报检人申请更改证单时,应将原证书退回,填写更改申请单,书面说明更改原因及要求,并附有关函电等证明单据。品名、数(重)量、检验检疫结果、包装、发货人、收货人等重要项目更改后与合同、信用证不符的,或者更改后与输出、输入国家法律法规规定不符的,均不能更改。

申请人在领取检验检疫证书后,因故遗失或损坏的,应提供经法人代表签字、加盖公章的书面说明,并在检验检疫机构指定的报纸上声明作废。经原发证的检验检疫机构审核批准后,方能重新补发证书。

3.申请签证需注意的有关事项

检验检疫证单的签发应符合国家有关法律法规和有关规定,以及国际惯例的有关要求。因此,报检人在申请签发检验检疫证单时应事先了解签发检验检疫证单的有关规定和具体做法,做到有备无患,防患于未然。

(1)证书文字与文本

检验检疫证书使用按照国家质检总局制定或批准的格式,分别使用英文、中文、中英文合璧签发。报检人有特殊要求需使用其他语种签证的应由申请人提出申请,经审批后予以签发。入境货物索赔的证书使用中英文合璧签发,根据需要也可使用中文签发。

一般情况下,检验检疫机构只签发一份正本。特殊情况下,合同或信用证要求两份或两份以上正本,且难以更改合同或信用证的,经审批同意,可以签发,但应在第二份证书正本上注明"本证书是×××号证书正本的重本"。

(2)签证日期和有效期

检验检疫机构签发的证单一般以验讫日期作为签发日期。出境货物的出运期限及有关检验检疫证单的有效期:一般货物为 60 天;植物和植物产品为 21 天,北方冬季可适当延长至 35 天;鲜活类货物为 14 天;交通工具卫生证书用于船舶的有效期为 12 个月,用于飞机、列车的有效期为 6 个月,除鼠/免于除鼠证书为 6 个月;国际旅行健康证明书有效期为 12 个月,预防接种证书的有效时限参照有关标准执行;换证凭单以标明的检验检疫有效期为准;信用证要求装运港装船时检验,签发证单日期为提单日期后 3 天内签发(含提单日)。

(3)签证流程

检务部门收到施检部门的证稿后,出境签证应在 2 个工作日,入境签证应在 5 个工作日内完成,特殊情况除外。

(4)检验检疫证单有关栏目的填写要求

①货物品名。货物名称必须填写具体的名称,不得填写笼统的商品类。如为"塑料玩具",不能填为"玩具"。需要时可填写货物的型号、规格或牌号。

②报检数量/重量。填写重量时,应注意净重、毛重或以毛重作净重。一般按净重填写,如填写毛重,或以毛重作净重则需注明。

③包装种类和数量。指本批货物运输包装的种类及件数,散装的要注明"散装"。如采用木质包装,应详细列明。

④标记及号码:按货物实际运输包装的标记填写,没有标记的填写"N/M",或注明"散装""裸装"。标记太多填写不下,或有计算机无法绘制的图案时,报检人应提供标记的样张。

⑤起运地,指装运该批货物出/入境的交通工具的起运地点。出境的原则上填写起运城市名称,入境的按进口提单所列的起运地点填写。

4.通关与放行

通关与放行是检验检疫机构对列入法定检验检疫的出入境货物出具规定的证件,表示准予出入境并由海关监管验放的一种行政执法行为。其目的是:保证出境货物的质量、安全、卫生符合国家法律和行政法规的规定,对外贸易合同的要求,以及国际上的有关规定,维护国家信誉,扩大出口,提高经济效益;保证入境货物符合国家法律、行政法规和对外贸易合同规定要求,防止次劣、有害的货物入境,保障生产建设安全和人民健康、维护国家的权益。

对出入境运输工具,符合卫生检疫要求的,检验检疫机构签发运输工具检验检疫证书予以放行;经卫生处理的,签发检验检疫证书放行。对出入境货物,检验检疫机构签发"入境货物通关单"或"出境货物通关单",海关凭"入境货物通关单"或"出境货物通关单"验放通关。

(1)入境货物的放行通关

入境货物在入境口岸实施检验检疫的,签发"入境货物通关单"(三联);需先在口岸放行,异地检验检疫的,签发"入境货物通关单"(四联)。

入境货物的放行通关要求如下:应审核检验检疫所需的合同、发票、提单等单据是否齐全。申请放行的商品的品名、规格、数(重)量、唛头等是否与所附单据相符。申请品质检验的还应审核是否有国外品质证书或质量保证书。入境废物时还应提供国家环保部门签发的进口废物批准证书和经认可的检验机构签发的装运前检验合格证书等。对申请重量鉴定的,还应审核是否随附重量明细单、理货清单等单据。入境的动植物及其产品,在提供贸易合同、发票、产地证书的同时,还必须提供输出国家或地区官方的检疫证书;需办理入境检疫审批手续的,还应提供入境动植物检疫许可证。实施进口安全质量许可制度的商品要提供进口商品安全质量许可证书。

(2)出境货物的通关放行

在本地报关的出境货物,经检验检疫合格后,签发"出境货物通关单"(两联)。正本由报检人持有,供海关通关。

1)产地检验检疫,产地放行

放行要求如下:放行时,放行人员应审核检验检疫所需的对外贸易合同、信用证、发票、装箱单等是否齐全。"出境货物通关单"上的发货人与对外贸易合同的卖方是否一致,与信用证上的受益人是否相符。合同号与信用证是否与所附的合同号码和信用证号相符。金额、唛头、输出国家是否与所附单据相符。还要仔细核对品名、规格、H.S.编码、数(重)量、包装是否与施检部门出具的检验检疫结果报告单或有关证书相一致,最后签发"出境货物通关单"。

2）产地检验检疫，口岸查验放行

口岸查验放行时，放行人员应审查检验检疫所需的对外贸易合同、信用证、发票、箱单、产地检验检疫机构出具的"出境货物换证凭单"等单据是否齐全。经口岸查验无问题的货物，放行人员应仔细核对所出具的"出境货物通关单"上的发货人、合同、信用证、金额、输出国家、品名、数（重）量、包装、H.S.编码等是否与"出境货物换证凭单"和其他单据相一致，不一致的不予放行。"出境货物换证凭单"可以并批和分批使用。涉及两个或两个以上部门施检的货物，放行人员凭检验检疫结果或证书和指定施检部门负责人签发的"出境货物通关单"。

3）对输往特殊国家的木质包装的放行

自2001年1月起，海关凭出入境检验检疫机构签发的"出境货物通关单"验放，对木质包装也应出具"出境货物通关单"。具体做法如下：

①根据"出境木质包装除害处理结果单"出具的"出境货物通关单"，放行时对其进行核销，一次核销完毕的，正本收回归档。核销有剩余的，将核销后的"出境木质包装除害处理结果单"复印件附在申请单据中。正本由报检人持有。

②木质包装盛装的货物属于法检的，与法检货物一并放行。

③木质包装盛装的货物属于非法检的，根据"出境木质包装除害处理结果单"出具"出境货物通关单"。在"出境货物通关单"备注栏标明"供木质包装"字样，金额栏不注明价值，数（重）量栏只标明木质包装数量单位。

（3）"出境货物通关单"的有效期

"出境货物通关单"的有效期，因商品不同有所区别。一般货物为60天；植物和植物产品为21天，北方冬季可适当延长至35天；鲜活类货物一般为14天，检验检疫机构有其他规定的，以"出境货物通关单"标明的有效期为准。"出境货物通关单"超过有效期限的，海关不予放行。

（4）未列入《法检目录》出入境货物的通关放行

①对进口可再利用的废物原料，海关不再加验原商检机构签发的"检验情况通知单"，一律凭检验检疫机构签发的"入境货物通关单"验放。各地检验检疫机构签发"入境货物通关单"时，在备注栏注明"上述货物经初步查验，未发现不符合环境保护要求的物质"。

②对进口旧机电产品，海关不再加验原商检机构签发的"旧机电产品进口备案书"，一律凭检验检疫机构签发的"入境货物通关单"验放。各地检验检疫机构签发"入境货物通关单"时，在备注栏注明"旧机电产品进口备案"的字样。

③对出口纺织品标识查验，海关不再加验原商检机构签发的"出口纺织品标识查验放行单"，一律凭检验检疫机构签发的"出境货物通关单"验放。各地检验检疫机构签发"出境货物通关单"时，在备注栏内加注"纺织品标识查合格"字样。

④对输往美国、加拿大带有木质包装的货物，海关不再加验原动植物检机关签发的"熏蒸/消毒证书"，一律凭检验检疫机构签发的"出境货物通关单"验放。

⑤对美国、日本、韩国输往我国的、不属于《法检目录》内的非木质包装货物，海关凭检验检疫机构签发的"出境货物通关单"或在报关单上加盖检验检疫专用章验放。

⑥进口货物发生短少、残损或其他质量问题需对外索赔时,其赔付货物的进境,海关凭检验检疫机构签发的"入境货物通关单"以及用于索赔的检验证书副本验放。

⑦对尸体、棺柩、骸骨、骨灰等的入出境,海关凭检验检疫机构签发的"尸体/棺柩/骸骨/骨灰入/出境许可证"验放。

⑧除上述情况外,其他未列入《法检目录》,但国家有关法律、法规明确由出入境检验检疫机构负责检验检疫的货物和特殊物品的通关,海关一律凭检验检疫机构签发的"入境货物通关单"或"出境货物通关单"验放。

13.3 出入境运输工具及集装箱检验检疫程序

13.3.1 出入境运输工具检验检疫程序

出入境运输工具是指用于载运人员、货物、物品出入境的各种船舶、航空器、铁路列车、公路车辆和驮畜等。

出入境运输工具都应实施卫生检疫。来自动植物疫区的入境运输工具,装载入境或过境动物的运输工具,都须实施动植物检疫。对于需实施运输工具登临检查的,海关在接收运输工具动态和申报单电子数据后,以电子指令形式向运输工具负责人下达运输工具登临检查通知。运输工具负责人应当根据海关要求,配合海关对运输工具实施检查、检验、检疫;对因前置作业要求等,海关需要指定地点(锚地、泊位、机坪、机位等)登临检查的,运输工具负责人应当将运输工具停泊在指定地点。

这里仅阐述出入境船舶的检疫。各水运口岸隶属海关是出入境船舶检疫的实施机构。海关对出入境船舶检疫实行即审即办。

1. 入境检疫

根据《中华人民共和国海关进出境运输工具监管办法》和《国际航行船舶出入境检验检疫管理办法》,进境船舶必须在最先抵边的境内口岸指定地点接受检疫。

①船方或者其代理人应当在船舶预计抵达口岸 24 小时前(航程不足 24 小的,在驶离上一口岸时)向海关申报"中华人民共和国海关船舶进境预申报单"电子数据;进境船舶抵达设立海关的地点时,船方或其代理人应当向海关申报"中华人民共和国海关船舶进境申报单"电子数据。如船舶动态或者申报内容有变化,船方或者其代理人应当及时向海关更正。

②海关对申报内容进行审核,确定检疫方式(如锚地检疫、随船检疫、靠泊检疫、电信检疫),并及时通知船方或者其代理人。

③船方或者其代理人向海关提交相关材料。如:航海健康申报书、总申报单、货物申报单、船员名单、旅客名单、载货清单、船用物品申报单、船舶免予卫生控制措施证书/船舶卫生控制措施证书。

④对于需实施靠泊检疫或锚检疫的入境船舶,检疫人员登轮开展检疫工作。

⑤海关对经检疫判定没有染疫的入境船舶,签发"船舶入境卫生检疫证"。对经检疫判定染疫、有染疫嫌疑或者来自传染病疫区应当实施卫生除害处理的或者有其他限制事项的入境船舶,在实施相应的卫生除害处理或者注明应当接受的卫生除害处理事项后,签发"船舶入境检疫证";对来自动植物疫区经检验判定合格的船舶,应船舶负责人或者其代理人要求签发"运输工具检疫证书";对须实施卫生除害处理的,应当向船方出具"检验检疫处理通知书",并在处理合格后,应船方要求签发"运输工具检疫处理证书"。

2. 出境检疫

船舶必须是在最后离开的出境港口接受检疫。

①船方或者其代理人在船舶离境前 4 小时内向海关申报"中华人民共和国海关船舶出境申报单"电子数据,办理出境检疫手续。已办理手续但出现人员、货物的变化或者因其他特殊情况 24 小时内不能离境的,须重新办理手续。船舶在口岸停留时间不足 24 小时的,经海关同意,船方或者其代理人在办理入境手续时,可以同时办理出境手续。

②海关对申报内容进行审核,确定是否登轮检疫,并及时通知船方或者其代理人。

③船方或者其代理人向海关提交相关材料(入境时已提交且无变动的可免于提供)。

④对于需实施登轮检疫的出境船舶,检疫人员登轮开展检疫工作。

⑤经审核船方提交的出境检疫资料或者经登轮检疫,符合有关规定的,海关签发"交通工具出境卫生检疫证书",并在船舶出境口岸联系单上签注。对需卫生处理的,实施相应的卫生处理措施,消除公共卫生风险后,签发"交通工具出境卫生检疫证书"。

13.3.2 集装箱检验检疫程序

出入境集装箱是指国际标准化组织所规定的集装箱、包装入境、出境和过境的重箱及空箱。集装箱检疫的范围是:①装载出境植物、动植物产品和其他检疫物的出境集装箱;②凡装载动植物、动植物产品和其他检疫物的入境(含过境)集装箱;③来自动植物疫区的集装箱(含空箱和重箱);④箱内带有植物性包装物或铺垫物的入境集装箱。

集装箱在出入境前、出入境时或过境时,承运人、货主或代理人必须向海关报检。海关检验检疫部门按照有关规定对报检集装箱实施检验检疫。我国对出入境(含过境)集装箱(包括重箱和空箱)实施卫生检疫、动植物检疫以及装运出口易腐烂变质食品、冷冻品集装箱的适载性能检验。

各隶属海关是进出境集装箱检验检疫(主要是卫生检疫)的实施机构。海关对进出境集装箱检验检疫实行即审即办。这里重点阐述出入境集装箱的卫生检疫。

1. 入境集装箱的卫生检疫

(1)入境集装箱实施检验检疫的范围

入境集装箱实施检验检疫的范围包括:

①所有入境集装箱应实施卫生检疫;

②来自动植物疫区的,装载动植物、动植物产品和其他检验检疫物的,以及箱内带有

植物性包装物或铺垫材料的集装箱,应实施动植物检疫;

③法律、行政法规、国际条约规定或者贸易合同约定的其他应当实施检验检疫的集装箱,按照有关规定、约定实施检验检疫。

(2)入境集装箱报检的时限、地点及应提供的资料

集装箱入境前、入境时或过境时,承运人、货主或其代理人必须向入境口岸海关报检,未经检验检疫机构许可,集装箱不得提运或拆箱。

申请人进行网上报检业务申报。海关根据有关规定审核报检资料,符合规范要求的予以受理,不符合要求的一次性告知企业补正报检资料。

入境集装箱报检时,报检人应根据不同的情况随附提货单、到货通知单等有关单据,申报集装箱数量、规格、号码、到达或离开口岸的时间、装箱地点和目的地、货物的种类、数量和包装材料等情况。

(3)入境集装箱的检疫

海关根据有关工作规范、企业信用类别、产品风险等级,判别是否需要实施现场查验,对无须现场查验的,审核报检资料后出具"入境货物检验检疫证明";对需要进行现场查验的,查验合格的出具"入境货物检验检疫证明";经查验后需经过卫生除害处理、其他无害化处理后符合检验检疫要求的集装箱,按照规定签发"检验检疫处理通知书""入境货物检验检疫证明";经查验后必须作销毁或退运处理的,签发"检验检疫处理通知书"与"检验证书",按照规定移交环保部门处理或直接监督销毁。

2.出境集装箱的卫生检疫

(1)出境集装箱实施检验检疫的范围

出境集装箱实施检验检疫的范围包括:

①所有出境集装箱应实施卫生检疫;

②装载动植物、动植物产品和其他检验检疫物的集装箱实施动植物检疫;

③装运出口易腐烂变质食品、冷冻品的集装箱应实施清洁、卫生、冷藏、密固等适载检验;

④输入国要求实施检验检疫的集装箱,按要求实施检验检疫;

⑤法律、行政法规、国际条约规定或贸易合同约定的其他应当检验检疫的集装箱按有关约定实施检验检疫。

(2)出境集装箱报检的时限、地点

集装箱出境前或出境时,报检人应向所在地海关报检,未经海关许可不准装运;在出境口岸装载拼装货物的集装箱,必须向出境口岸海关报检,未经海关许可不准装运。申请人进行网上报检业务申报,海关根据有关规定审核报检资料,符合规范要求的予以受理,不符合要求的一次性告知企业补正报检资料。

(3)出境集装箱的检验检疫

海关根据有关工作规范、企业信用类别、产品风险等级,判别是否需要实施现场查验,对无须现场查验的,审核报检资料后出具相关证明文件(集装箱检验检疫结果单);对需要进行现场查验的,查验合格的出具相关证证明文件(集装箱检验检疫结果单);经查验后需经过卫生除害处理、其他无害化处理后符合检验检疫要求的集装箱,按照规定签

发处理证书、合格证明;经查验后必须作销毁或退运处理的,签发相应的检验检疫证书,按照规定移交环保部门处理或直接监督销毁。

13.4 我国出入境检验检疫的发展及机构改革

我国出入境检验检疫事业随着改革开放和外贸经济发展而快速发展,其工作任务与内容与时俱进,为了提高检验检疫工作效率和通关速度,检验检疫系统不断开展检务改革和管理机构改革。

1998年3月,国家进出口商品检验局、国家动植物检疫局和国家卫生检疫局合并组建国家出入境检验检疫局,被形象地称为"三检合一",主管全国出入境卫生检疫、动植物检疫和商品检验工作,其职责更加明确,法律地位更加清晰,机构和人员更加精简、高效。

2001年4月,原国家出入境检验检疫局和原国家质量技术监督局合并,组建中华人民共和国国家质量监督检验检疫总局,简称"国家质检总局",为国务院正部级直属机构,对全国出入境检验检疫工作实行垂直领导。同时,成立国际认证认可监督管理委员会和国家标准化管理委员会,分别统一管理全国质量认证、认可和标准化工作。国家质检总局成立后,原国家出入境检验检疫局设在各地的出入境检验检疫机构、管理体制及其业务不变。

出入境检验检疫的组织机构分别为国家质检总局、出入境检验检疫局及其出入境检验检疫分支机构三级。出入境检验检疫分支机构由直属出入境检验检疫局领导,向直属出入境检验检疫局负责;直属出入境检验检疫局由国家质检总局领导,向国家质检总局负责。

国家质量技术监督检验检疫总局是国务院设立的现行的出入境检验检疫部门,主管全国出入境检验检疫工作,设在各地的出入境检验检疫机构,管理体制不变,仍管理所辖地区的出入境检验检疫工作。

2018年4月,国务院进行机构改革,"将国家质量监督检验检疫总局的出入境检验检疫管理职责和队伍划入海关总署"(即"关检合一"),至此,我国出入境检验检疫工作的主管机构变成海关总署,海关成为卫生检疫、动植物检疫、商品检验、进出口食品安全等职责的实施主体。海关总署在各地的直属海关出入境检验检疫机构①负责办理出入境检验检疫业务,负责所辖区域报检企业的管理工作。

关检合一后,海关总署加大了推进检验检疫与通关全国一体化的力度,推进关检融合。其主要内容为:口岸执法一个主体、职能管理一体统筹、报关报检一份单证、现场处置一次实施和执法作业一套系统。

在通关作业方面,关检合一后,统一通过"单一窗口"实现报关报检,对进出口货物实

---

① 2018年4月后,本书所述的我国检验检疫机构或出入境检验检疫机构均是指海关或其认可的检验检疫机构或部门。

施一次查验,凭海关放行指令提离货物,实现一次放行。通关作业实现了一次申报、一次查验、一次放行的"三个一"标准。企业在海关注册登记或备案后,将同时取得报关报检资质。出入境检验检疫管理职责和队伍划入海关总署管理职能,业务整合改革迈出了重要一步。

根据《海关总署关于企业报关报检资质合并有关事项的公告》,此次改革合并的范围主要是将检验检疫自理报检企业备案与海关进出口货物收发货人备案合并为海关进出口货物收发货人备案,检验检疫代理报检企业备案与海关报关企业注册登记或者报关企业分支机构备案合并为海关报关企业注册登记和报关企业分支机构备案。检验检疫报检人员备案与海关报关人员备案同步合并为报关人员备案。相关企业、人员可通过"单一窗口"填写申请信息,通过系统查询办理结果,到所在地海关任一业务现场提交申请材料,即可取得报关报检双重资质。真正实现"一次登记、一次备案",以前分属关检两个单位办理注册登记或备案手续成为历史。

⇨ 思考题

1.讨论题:进出口货物检验检疫、鉴定的具体流程是怎样的?

2.讨论题:2018年我国国家机构改革后,什么是"关检合一"? 什么是"单一窗口"? "关检合一"和"单一窗口"对国际物流便利化有哪些促进作用?

第14章

保税物流运作业务

⟱ 本章要点

自由经济区(保税经济区)是进行保税物流的特殊经济区域,近年来发展较快,其物流运作形式不断创新,同时也促进了区域国际物流的发展。本章主要介绍了保税经济区的类型和物流业务的特点,我国保税区的功能与运作方式;重点阐述了保税物流的发展阶段及各阶段物流的运作模式。

14.1 自由经济区概述

第二次世界大战后,许多国家为了加强本国的经济实力和扩大对外贸易,不仅在本国经济特区内放宽了对外国投资的限制,而且增设了更多的自由经济区(在此,我们可称为保税经济区),以促进贸易的发展。所谓自由经济区(free economic zone),是指某一国家或地区在其关境以外所划出的一定范围内,建筑或扩建码头、仓库、厂房等基础设施和实行免除关税的优惠待遇,吸引外国企业在此从事贸易与出口加工工业等业务活动的区域。各国或地区设置的自由经济区名目繁多,规模不一,主要有以下几种:自由港或自由贸易区、保税区、出口加工区、过境区、自由边境区等。

14.1.1 自由港或自由贸易区

自由港(free port)有的也被称为自由口岸,自由贸易区(Free Trade Zone,简称FTZ)也称为对外贸易区、自由区、工商业自由贸易区等。自由港或自由贸易区都划在关境以外,对进出口商品全部或大部分免征关税,并且准许在港内或区内开展商品自由储存、展览、拆散、改装、重新包装、整理、加工和制造等业务活动,以便本地区的经济和对外贸易的发展,增加财政收入和外汇收入。

　　自由贸易区是国际物流中多功能的综合物流节点。自由贸易区可以提供仓储、再加工、展示及各种服务,储存未售出的各种商品,或针对市场需要对商品进行分类、分级和改装,或进行商品展销,以便选择有利时机,就地销售或改运临近市场销售。许多自由贸易区都直接经营转口贸易,因其具有优越的地理位置和各种方便及优惠的条件,所以大量货物是在流经自由贸易区后投放世界市场的。最重要的是,各国的自由贸易区普遍豁免关税和减免其他税收,还在土地使用、仓库、厂房租金、水电供应、劳动工资等方面采取低收费的优惠政策。这是大量商品、物品聚集于此的重要原因。

　　自由贸易区各种功能的发挥,促进了国际贸易的发展。自由贸易区的方便商品进出、储存及整理的条件,以及可以降低产品成本并增加市场竞争能力的优惠措施,吸引了广大的投资者,极大地促进了国际贸易和国际物流的发展。

　　1. 自由贸易区的分类

　　一般说来,自由港或自由贸易区可以分为两种类型。一种是把港口或设区的所在城市都划为自由港或自由贸易区,如香港整个就是自由港。在香港,除了个别商品外,绝大多数商品都可以自由进出,免征关税,甚至允许任何外国商人在那里兴办工厂或企业。另一种是把港口或设区的所在城市的一部分划为自由港或自由贸易区。例如,我国上海、天津、浙江等自由贸易区皆是这种类型。即以沿海某港区或国际机场为核心划定港区(或机场)和邻近地区一定面积的区域,在该区域内才能享有免税、保税、货物进出自由等优惠待遇。

　　2. 自由贸易区的分布

　　据不完全统计,全世界目前大约有各种形式、各种名称的自由贸易区超过3000个,遍及5大洲100多个国家和地区。其中约1/3是由发达国家和地区设立的,其余约2/3是由发展中国家和地区设立的。

　　(1)欧洲的自由贸易区。在自由贸易港建设方面,欧洲是全世界范围内最早建设自贸港的区域,欧洲国家是自由贸易港建设和自由贸易政策的先行者。欧洲已有20多个国家和地区设立了自由贸易区,其中以南欧、中欧、西欧最为集中,东北欧的密度较低。南欧的西班牙、中欧的瑞士和西欧的英国较多。

　　(2)美洲的自由贸易区。北美洲以美国设区最多,到2006年已超过260个,遍及全美各个地区。拉丁美洲的自由贸易区基本上呈从南到北的线状分布,到目前为止已发展到26个国家100多个自由贸易区。其中较为成功的主要有巴西的玛瑙斯自由贸易区、墨西哥的加利福尼亚自由边境区、巴拿马的科隆自由贸易区和海地的太子港自由区等。墨西哥在拉美国家中设立的自由贸易区最多。

　　(3)中国自由贸易区

　　我国的自由贸易区起步较晚,改革开放以来相继建立了经济特区、经济技术开发区等,但这些区域在运作和形式上与国际上通行的自由贸易区还有很大差别。1990年,我国开始设立严格意义上的保税区,共设立上海外高桥等15个保税区。后续各地设立出口加工区、保税物流中心、保税港区等形式的自由贸易监管区,基本与国际上通行的自由贸易区功能一致。2013年设立第一个自由贸易试验区(上海自由贸易试验区),与国际上通行的自由贸易区意义等同。

我国自由贸易区是指在国境内关外设立的，以优惠税收和海关特殊监管政策为主要手段，以贸易自由化便利化为主要目的的多功能经济性特区。原则上是指在没有海关"干预"的情况下允许货物进口、制造、再出口。2013 年，国务院批复成立中国（上海）自由贸易试验区，开启了我国自由贸易区建设，至 2020 年，我国共设立 21 个自贸区，同时设立海南自由贸易港。

3. 自由贸易区的一般规定

许多国家对自由港或自由贸易区的规定大同小异，归纳起来，主要有以下几点。

（1）关税方面的规定

对于允许自由进出自由港或自由贸易区的外国商品，不必办理报关手续，免征关税。少数已征收进口税的商品如烟、酒等再出口，可退还进口税。但是，如果港内或区内的外国商品转运入所在国的国内市场销售的，即必须办理报关手续，缴纳进口税。这些报关的商品，既可以是原来货物的全部，也可以是一部分；既可以是原样，也可以是改样；既可以是未加工的，也可以是加工品。有些国家对在港内或区内进行加工的外国商品往往有特定的征税规定。例如，美国政府规定，用美国的零配件和外国的原材料装配或加工的产品，进入美国市场时，只对该产品所包含的外国原材料的数量或金额征收关税。同时，对于该产品的增值部分也可免征关税。又如，奥地利政府规定，外国商品在其自由贸易区内进行装配或加工后，商品增值 1/3 以上者，即可取得奥地利原产地证明书，可免税进入奥地利市场；增值 1/2 以上者，即可取得欧洲自由贸易联盟原产地证明书，可免税进入奥地利市场和其他欧洲自由贸易联盟成员国市场。

（2）业务活动的规定

对于允许进入自由港或自由贸易区的外国商品，可以进行储存、展览、拆散、分类、分级、修理、改装、重新包装、重新贴标签、清洗、整理、加工和制造、销毁、与外国的原材料或所在国的原材料混合、再出口或向所在国国内市场出售。

由于各国情况不同，有些规定也有所不同。例如在加工和制造方面，瑞士政府规定储存在区内的外国商品不得进行加工和制造，如要从事这项业务，必须取得设立在伯尔尼的瑞士联邦海关厅的特别许可，方可进行。但是，在第二次世界大战后，许多国家为了促进经济与对外贸易的发展，都在放宽或废除这类规定。

（3）禁止和特别限制的规定

许多国家通常对武器、弹药、爆炸品、毒品和其他危险品以及国家专卖品如烟草、酒、盐等禁止输入或凭特种进口许可证才能输入；有些国家对少数消费品的进口要征收高关税；有些国家规定对某些生产资料在港内或区内使用也应缴纳关税，例如意大利规定在的里雅斯特自由贸易区内使用的外国建筑器材、生产资料等也包括在应征关税的商品范围之内。此外，有些国家如西班牙等，还禁止在区内零售。

14.1.2　保税区

有些国家如日本、荷兰等，没有设立自由港或自由贸易区，但实行保税区制度。保税区（bonded area）又称保税仓库区，是海关所设置的或经海关批准注册的，受海关监督的特定地区和仓库。外国商品存入保税区内,可以暂时不缴纳进口税;如再出口,不缴纳出口税;如要运进所在国的国内市场,则需办理报关手续,缴纳进口税。运入区内的外国商品可进行储存、改装、分类、混合、展览、加工和制造等。此外,有的保税区还允许在区内经营金融、保险、房地产、展销和旅游业务。因此,许多国家对保税区的规定与自由港、自由贸易区的规定基本相同,保税区起着类似自由港或自由贸易区的作用。

西方国家在保税区的仓库,有的是公营的,有的是私营的;有的货物的储存期限为1个月到半年,有的期限可达3年;有的允许进行加工和制造,有的不允许进行加工和制造。

保税区可分为以下几种形式:

1. 指定保税区(designated bonded area)

指定保税区是指为了在海港或国际机场简便、迅速地办理报关手续,为外国货物提供装卸、搬运和临时储存的场所。货物在该区内储存的期限较短,限制较严,运入的货物不得超过1个月。指定保税区是公营的。

2. 保税货栈(bonded shed)

保税货栈是指经海关批准,由私营企业设置的用于装卸、搬运或暂时储存进口货物的场所。保税货栈的职能与上述的指定保税区相同,是指定保税区的补充。两者的区别在于:指定保税区是公营的,而保税货栈是私营的。

3. 保税仓库(bonded warehouse)

保税仓库是指经海关批准,外国货物可以连续长时间储存的场所。保税仓库便于货主把握交易时机出售货物,有利于业务的顺利进行和转口贸易的发展。在保税仓库内储存货物的期限为2年,如有特殊需要还可以延长。

4. 保税工厂(bonded factory)

保税工厂是指经海关批准,可以对外国货物进行加工、制造、分类以及检修等业务活动的场所。保税工厂的外国货物储存期限为2年,必要时也可延长,这点与保税仓库相同,它相对于保税仓库的优点在于还可加工和制造。

5. 保税展厅(bonded exhibition)

保税展厅是指经海关批准,在一定期限内用于陈列外国货物进行展览的保税场所。保税展厅通常设置在本国政府或外国政府、本国企业或外国企业等直接举办或资助举办的博览会、展览会上,它除了具有保税货栈的功能外,还可以展览商品,加强广告宣传,促进贸易的发展。

1990年,经国务院批准,我国借鉴国际通行的做法,按照自由贸易区模式建立了中国第一个保税区——上海外高桥保税区,随后又先后建立了天津港、深圳福田、深圳沙头角、大连、广州、江苏张家港、青岛、宁波、福州、厦门、汕头、海口、深圳盐田港和珠海保税区,使保税区总数达到了15个。我国的保税区为海关监管区域,不完全等同于国外的自由贸易区(自由港)、出口加工区。对其政策的制定主要是根据中国国情,同时,也参考和借鉴了上述国外类似区域的有关政策和通行做法。我国的保税区在发挥招商引资、出口加工、国际贸易、转口贸易和仓储等功能,带动区域经济发展等方面显示出了独特作用。

6. 保税区与自由贸易区的区别

我国保税区和保税仓库起到类似自由港或自由贸易区的作用,但在开放程度、功能设计以及监督管理等方面还存在着较大区别。

一是保税区在海关的特殊监管范围内，货物入区前须在海关登记，保税区货物进出境内、境外或在区内流动有不同的税收限制；自由贸易区是在海关辖区以外的、无贸易限制的关税豁免地区。二是保税区的货物存储有时间限定，一般为 2～5 年；在自由贸易区内，货物存储期限不受限制。三是由于保税区内的货物是"暂不征税"，保税区对货物采用账册管理方式；在自由贸易区，自由贸易区主要以货畅其流为基本条件，多数自由贸易区采取门岗管理方式，运作手续更为简化，交易成本更低。四是目前许多保税区的功能相对单一，主要是起中转存放的作用，对周边经济带动作用有限；自由贸易区一般是物流集散中心，大进大出，加工贸易比较发达，对周边地区具有强大的辐射作用，能带动区域经济的发展。

这里还要说明的是，我国海南在自由贸易区基础上正式设立自由港，自由港与自由贸易区也存在一定的区别。自由港通常是设在一国（地区）境内关外，货物资金人员进出自由，绝大多数商品免征关税的特定区域，是目前全球开放水平最高的特殊经济功能区。我国 21 个自由贸易区中，海南是划定区域更广泛、开放程度更高、政策更优惠的自由贸易区，正在建设成为国际自由港。

14.1.3　出口加工区

出口加工区（export processing zone）是指专为发展加工贸易而开辟的经济特区。出口加工区的产生和发展是国际分工的必然结果，是全球经济一体化的重要表现。第二次世界大战后，西方工业国家的经济出现了相对稳定的发展时期，特别是科学技术的巨大进步，使西方工业国家的生产力和对外贸易空前发展，并导致了资本与技术过剩。同时，国际分工从过去的产业间分工发展为产业内部的分工，劳动密集型产业从发达国家逐步向发展中国家（地区）转移。一些工业发达国家和地区从输出商品到输出资本，进而发展到在东道国开办工厂。20 世纪 60 年代前后，不少发展中国家（地区）大力发展出口加工制造业，以增加外汇收入，出口加工区由此应运而生。1959 年，爱尔兰在香农国际机场创建了世界上第一个出口加工区。此后的 40 多年来，出口加工区在全球遍地开花，成为所在国或地区吸引外资最多、对外贸易最为活跃的区域，有力地促进了各国或地区经济的发展。

出口加工区脱胎于自由港和自由贸易区，采用了自由港和自由贸易区的　些做法，但它与自由港和自由贸易区有所不同。一般说来，自由港和自由贸易区，以发展转口贸易、取得商业方面的收益为主，是面向商业的；而出口加工区，以发展出口加工工业、取得工业方面的收益为主，是面向工业的。

20 世纪 80 年代以来，全球出口加工区出现了新的发展趋势。部分出口加工区的出口加工业由劳动密集型转向技术密集型，纷纷建立新的科技型的出口加工区。部分出口加工区的企业与高等院校、科研机构密切结合，形成雄厚的科技力量，以科技为先导，大力开发技术、知识密集型的新兴产业和高附加值的尖端产品，成为引起世界注目的知识型出口加工区——科学工业园区。科学工业园区同出口加工区一样，通过划出一个地区,提供多方面的优惠待遇,吸引外国的资本和技术,但科学工业园区从事的是高技术产品的研制,促进技术、知识密集型产品的发展和出口。

我国为促进加工贸易发展,规范加工贸易管理,将加工贸易从分散型向相对集中型管理转变,给企业提供更宽松的经营环境,鼓励扩大外贸出口。2000 年 4 月 27 日,国务院正式批准设立出口加工区。我国的出口加工区是经国务院批准,由海关监管的特殊封闭区域,其功能比较单一,仅限于产品外销的加工贸易,区内设置出口加工企业,及其相关仓储、运输企业。出口加工区实行封闭式的区域管理模式,海关在实行 24 小时监管的同时,简化现行手续,为守法出口加工企业提供更宽松的经营环境,提供更快捷的通关便利,实现出口加工货物在主管海关"一次申报、一次审单、一次查验"的通关要求。

14.1.4　保税物流园区与保税港区

保税物流园区是"区港联动"的产物。所谓"区港联动",即在毗邻保税区的港区划出专门供发展仓储物流产业的区域(不含码头泊位),为了充分发挥保税区的政策优势和港口的区位优势,形成前港后区格局的一种紧密联系的经济区域,就其内涵而言,可以说是优势互补和政策叠加。

保税物流园区作为具有口岸功能的海关特殊监管区域,是为了充分发挥保税区的政策优势和港口的区位优势,形成"前港后区"格局的一种联系紧密的经济区域。区内主要发展仓储和物流产业,包括国际中转、国际采购、国际配送、国际贸易四大功能,但不能发展出口加工功能。保税物流园区的出现,是保税区在多年发展的基础上,政策功能完善和转型的重大一步。

保税港区或保税港是"区港一体化"经济区域,它叠加了保税区、出口加工区和保税物流园区等功能。在我国,保税港区是指经国务院批准,设立在国家对外开放的口岸港区和与之相连的特定区域内,具有口岸、物流、加工等功能的海关特殊监管区域。享受保税区、出口加工区、保税物流园区相关的税收和外汇管理政策。保税港区的功能具体包括仓储物流,对外贸易,国际采购、分销和配送,国际中转,检测和售后服务维修,商品展示,研发、加工、制造,港口作业等。自 2005 年至 2011 年,我国已设立上海洋山、天津东疆、大连大窑湾、海南洋浦、宁波梅山、厦门海沧、广西钦州、青岛前湾、深圳前海湾、广州南沙、重庆两路寸滩、张家港、烟台和福建海沧 14 个保税港区。保税港区的保税物流系统较完善,近似国际上通行的自由港或自由贸易区。

14.2　我国保税区的优势与运作方式

在我国,保税区是继经济特区、经济技术开发、国家高新技术产业开发区之后,经国务院批准设立的新的经济性区域。保税区具有保税仓储、进出口加工、国际贸易、商品展示等功能,享有"免证、免税、保税"政策,实行"境内关外"运作方式,是对外开放程度较高、运作机制较便捷、政策较优惠的经济区域之一,接近自由贸易区。我们通常所说的保税物流最早即是在该区域基础上展开的物流活动。

14.2.1 保税区的优势

我国保税区有两个突出的优势:政策优势和区位优势。

1.保税区的政策优势

我国保税区的政策可概述为:"免证、免税、保税"政策,具体内容如下:

①对于加工企业生产的产品,除国家另有规定的外,免领出口许可证,免征出口关税和出口增值税。

②对区内生产性的基础设施建设项目所需的机器、设备和其他基建物资,予以免税。

③对区内企业自用的生产、管理设备和自用合理数量的办公用品及其所需的维修零配件,生产用燃料,建设生产厂房、仓储设施所需的物资、设备,予以免税;对保税区行政管理机构自用合理数量的管理设备和办公用品及其所需的维修配件,予以免税。

④对区内企业为加工出口产品所需的原材料、零部件、元器件、包装物件,予以免税。

前款第①项至第④项规定范围以外的货物或者物品从境外进入保税区,应当依法纳税,转口货物和在保税区内储存的货物按照保税货物管理。

⑤对区内企业从境外进口的原材料、零部件、元器件、包装物料,予以保税。从事保税性质加工,其加工产品全部出口的,免征加工环节增值税。

保税区是具有"境内关外"性质的、开放度最大的特殊经济区域,除了具有"免证、免税、保税"政策以外,还具备一些独特的政策优势:

①境内外企业、组织及个人均可在保税区内从事国际贸易及相关业务。

②从境外进入保税区储存的货物不征收关税及进口环节增值税、消费税,不实行配额、许可证管理,仓储时间不受限制。

③国外货物在保税区与境外自由进出。

④保税区中外资企业均可开立外汇现汇账户,实现意愿结汇,从事保税区与境外之间贸易不办理收付汇核销手续。

⑤区内货物可以在保税状态下进行分级、包装、挑选、分装、改装、刷贴商标或标志等商业性加工。

⑥境外企业的货物可委托保税区企业在区内储存并由其代理进口销售等。

2.保税区的区位优势

所谓区位优势,从经济角度讲,就是指设定的区域在走向国际市场,实现生产要素、产品、技术等在国际国内间的自由流动的过程中,其地理位置所显示出的独特的优越条件。利用区位优势设置的特殊经济区域,辅之以优惠政策和良好的基础设施来创造该地区的竞争优势,是一国政府强化对外来资金和技术吸引力、出口贸易扩散力、走向世界经济一体化能力的优势再造。这种优越条件,主要有3种情况:

第一种表现为具有天然生成的相当便利的交通,因此这一地区在国际交往,资金、人员、商品等经济上的交流都十分方便。具有这种优越地理位置条件的地区一般都靠近沿海,那里有良好的港口条件。沿海地区海上交通不仅便利、畅通,而且海运成本低于任何一种陆上运输成本,能够很方便地实现与全球各国各地区经济上的交往。

第二种区位优势是因与经济上比较发达的国家或地区相邻而产生的经济联动效应。两地毗邻,发达地区或国家在经济上会对落后地区产生较强的示范和带动效应,而且也容易使落后地区的经济运行方式与邻近发达地区相对接,形成一定空间内的超政治制度的经济联动或一体化圈带。

第三种是具有丰富而廉价的自然资源。以丰裕的自然资源为条件,可以大量引进外来资金、先进技术,可以加强海内外经济交往。

我国15个保税区均分布在沿海发达地区,交通与区位优势突出,并具有广泛的辐射效应。

首先,我国保税区从地理位置上来说,都位于港口城市,或在港口附近,或在港内。

其次,保税区所在地海、陆、空、铁交通网络发达。像天津港保税区,位居亚欧大陆桥起点,京津塘、津塘等高速公路将其与天津港、天津滨海国际机场直接连通;区内铁路与京山线等国家级铁路网络相连。

最后,腹地广阔。作为城市经济的最前沿,保税区均拥有广阔的腹地资源。

14.2.2　保税区的运作方式

基于海关和外汇的特殊管理机制,我国保税区形成了特殊的围绕四大基本功能的基本运作形式。

1. 保税仓储等保税物流运作形式

保税区内实行"境内关外"的政策,这样一来在保税区内形成了相当宽松优惠的保税政策,即货物从海外进入保税区不视同进口,只有从保税区再进入国内其他区域时才视同进口,货物从国内到保税区视同出口,这样就形成了以保税仓储为核心内容的保税物流运作形式。

在中国采购的国际企业可以将采购出口货物的配送中心设在保税区,直接对国外市场进行货物配送,从而解决销售地高成本配送问题。

销售到中国市场的进口货物可以先保税仓储在保税区内,再根据实际的销售数量和形式进行货物清关工作,一方面可以减少供应链维系的资金积压成本(海关税金占用流动资金),另一方面可以适应中国企业的不同销售形式(免税销售和完税销售)。

2. 出口加工等加工运作形式

保税区内的加工贸易企业不实行银行保证金台账,不实行外汇核销制度,非常有利于企业开展出口加工工作。

保税区内加工贸易企业使用的进口设备全部实行免税,不受项目内容限制和投资总额的限制。

3. 国际贸易等贸易运作形式

在保税区可以成立外资独资纯贸易性企业。企业也可以取得一般纳税人的权利,拥有人民币账户,开增值税发票,其实际上已经拥有在国内从事纯贸易活动的权利,这是保税区的国内贸易功能。

目前国内的贸易性公司无法从事转口贸易,但保税区内的企业有外币的现汇账号的,可以从事外币结算货物的贸易活动,实际上是拥有了国际转口贸易的功能。

保税区内的贸易性企业同时拥有国内贸易和转口贸易双重身份的权利,这就构成了保税区的贸易功能多样化形式。

4. 商品保税展示等展示运作形式

由于保税区实行的是国际自由贸易区的模式,国际商品的保税展示成为一项重要的保税区功能运作形式。

从国外运往中国的货物可以在保税区内进行商品展示,可以设立相应的展览场馆,并安装、模拟使用这些产品的样品,这样将大大有利于国际产品在中国的销售,降低展览成本,简化展览产品的通关手续,缩短国内企业考察的时间,降低采购成本。

目前在全国的保税区内主力展示的商品为保税汽车和大型工程机械成套设备,由于这些产品国内展示成本非常高,保税区展示优势非常突出。

14.3　保税物流

14.3.1　保税货物与保税物流

1. 保税货物

(1)保税货物概念与特征

根据《中华人民共和国海关法》,保税是对货物而言,一般说保税货物,是指经海关批准未办理纳税手续进境,在境内储存、加工、装配后复运出境的货物。

从以上定义可看出,保税货物具有以下 3 个方面特征:

①特定目的。我国《海关法》将保税货物限定为两种特定目的而进口的货物,即进行贸易活动(储存)和加工制造活动(加工、装配),将保税货物与为其他目的暂时进口的货物(如工程施工、科学实验、文化体育活动等)区别开来。

②暂免纳税。我国《海关法》规定:"经海关批准暂时进口或暂时出口的货物,以及特准进口的保税货物,在货物收、发货人向海关缴纳相当于税款的保证金或者提供担保后,将予暂时免纳关税。"保税货物未办理纳税手续进境,属于暂时免纳,而不是免税,待货物最终流向确定后,海关再决定征税或免税。

③复运出境。复运出境是构成保税货物的重要前提。从法律上讲,保税货物未按一般货物办理进口和纳税手续,因此,保税货物必须以原状或加工后产品复运出境,这既是海关对保税货物的监管原则,也是经营者必须履行的法律义务。

(2)保税货物分类

我国海关监管的保税货物主要有:仓储保税货物和加工贸易保税货物两类。

1）仓储保税货物

此类保税货物可分为两种形式：一是储存后复运出境的保税货物，包括国际转运货物（转口贸易）和供应国际运输工具的货物。二是储存后进入国内市场的保税货物，包括进口寄售用于维修外国商品的零配件（如果用于保修期内维修，可以免税；如果用于保修期外维修，则要征税。不包括进口耐用消费品）以及存入保税仓库的未办结海关手续的一般贸易货物和其他未办结海关手续的货物。

2）加工贸易保税货物

此类保税货物主要指为加工贸易而保税进口的料件，以及用这些保税料件生产的半成品、成品，用于进行加工装配的进口零备件、元器件、包装材料、辅材等。

2.保税物流

（1）保税物流含义与特点

目前，对保税物流还没有正式的、统一的定义。保税是滞后纳税或滞后核销，是海关对特定区域、特定范围的应税进口货物暂缓征税，当货物离开该特定区域、特定范围时，根据货物的真实流向决定征税与否。对货物的保税可减少经营者的流动资金占用，加速资金周转。

从上述保税货物定义这个意义上来看，保税物流是指保税货物的流动过程，它是伴随保税区的各项功能活动的展开而产生的物流活动。保税物流可定义为：货物在进出口过程中处保税状态，在海关的监管下的特定区域进行的运输、存储、加工等物流活动。

保税物流形式是由保税区功能活动所决定的，保税物流一般发生在保税区之内。但是保税物流非保税区物流。保税区物流是发生在保税区内的物流活动。"保税"是保税区政策功能的基本特征，却不是唯一的特征，保税区除了"保税"特征之外还包括"免税"特征。所以发生在保税区的物流活动不仅仅是保税物流，还包括免税物流（国际中转物流、较大型保税区的区内自用免税物流）和已税物流等。

从以上的分析来看，保税区物流的范畴比保税物流更广些。这里主要介绍保税物流相关运作。

保税物流是物流分类的一种，符合物流科学的普遍规律，但同时具有不同于其他物流类别的典型特点：

①系统边界交叉。保税物流货物在地理上是在一国的境内（领土），从移动的范围来看应属于国内物流，但保税物流也具有明显的国际物流的特点。例如，保税区或自由贸易区具有"境内关外"的性质，所以可以认为保税物流是国际物流与国内物流的接力区，是国际物流的一部分。

②物流要素扩大化。物流的要素一般包括运输、仓储、信息服务、配送等，而保税物流除了具有这些基本物流要素之外，还包括海关监管、口岸、保税、报关、退税等关键要素。两者紧密结合构成完整的保税物流体系。

③全过程管理。一般贸易货物的通关基本程序包括申报、查验、征税、放行，是"点式"的管理；而保税货物是从入境、储存或加工到复运出口的全过程，货物入关是起点，核销结案是终点，是全过程的管理。

④效率瓶颈问题。保税物流与一般的物流系统没有本质区别，但保税货物对时效性要求较高，追求降低运营成本、提高运作效率与反应速度。保税物流在物流的基础上叠

加了海关监管与保税制度,海关为了达到监管的效力,严格的流程、复杂的手续、较高的抽查率必不可少。这与现代物流追求便捷、高效率、低成本的运作要求相背,物流效率与海关监管效力之间存在"二律背反"。因此,在保税需求日益增长的情况下,海关的监督效率成为影响保税物流系统效率的瓶颈问题。

⑤平台性。保税物流是加工贸易企业供应物流的末端和销售物流的发端,甚至包括生产物流。保税物流的运作效率直接关系到企业正常生产与供应链正常运作,构建通畅、高效率的保税物流系统是海关、政府、物流企业、口岸等高效协作的结果。完善的政策体系、一体化的综合物流服务平台必不可少,例如,集商品流、资金流、信息流一体的物流中心将是保税物流的主要模式之一。

(2)保税物流相关的企业

从事保税物流的相关企业一般大致可分为以下几类:

①进口物流分拨企业。这类企业多以外国大公司为主,把零部件基地设在保税区充分发挥保税区的"保税"职能,国内客户需要多少,就完税报关出区多少,不存在进口过多或过少的问题,可大大减少企业的资金成本。目前,有相当比例的世界500强企业在中国的各个保税区设立了自己的物流分拨企业。

②国际贸易企业。这类企业有大有小,多从事相关产品的进出口代理业务,其中以汽车贸易居多。由于这类企业能充分利用保税区的政策优势,较快传递国内外紧缺产品信息,加之经营手段灵活,因此在保税区一直占有一席之地。

③区内配套服务类企业。这些企业多是为区内企业配套服务的,如报关代理公司、货运代理公司、翻译咨询公司等。随着保税区经济的快速发展,区内企业行业分工也越来越细,因此,这些属第三产业的中小企业在保税区也得到了较快发展。

(3)保税物流业务内容

保税物流包括报关、储运、保税物流策划与管理等方面的内容。具体包括口岸通关业务、国际配送业务、国际中转业务、保税仓储业务、"一日游"退税业务及其他增值服务等。

此外,随着我国外汇制度的放开与供应链金融的创新,保税区、特别是自由贸易区开展的保税物流运作可以解决三方贸易收付汇的问题,可降低国际物流成本,促进贸易的便利化。

14.3.2　保税物流的运作模式

我国保税物流的发展是随着保税区域的改革和发展而发展的,其物流运作模式也是不断发展变化的。我国保税物流运作模式经历了传统保税物流阶段、保税区区港联动与保税港区的保税物流阶段和目前的自由贸易区保税物流阶段。依据保税物流发展过程,主要的物流运作模式有以下几类。

1. 贸易和仓储类物流模式

该模式是我国传统保税物流阶段最早期的运作形式。较早时期保税区主要发展对外贸易和转口贸易、港口、仓储、出口加工以及金融服务等业务,但在实际发展中,各保税区的主要功能还只是局限在保税仓储和国际贸易。所以这个时候的保税物流形式主要是：以国际贸易、保税仓储为主要贸易方式的贸易、仓储类物流。这类货物一般在保税区进行仓储后经保税区进/出境，货物本身不发生性质、形态、用途等的变化。

这类形式的保税物流主要有以下6种模式，如图14-1所示。

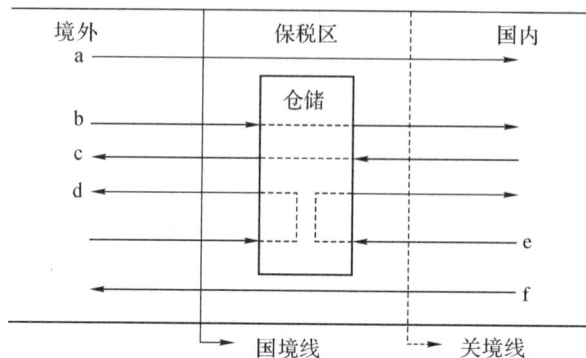

图 14-1　贸易和仓储类保税物流

第一种，直通进口(a)：货物从境外发运，经保税区直接进口(不仓储)。

第二种，仓储进口(b)：货物从境外发运，经保税区仓储一段时间后，正式进口。

第三种，仓储出口(c)：货物从国内发运，经保税区仓储一段时间后，正式出口。

第四种，仓储转口(d)：货物从境外发运，经保税区过境或仓储后转口至消费国。

第五种，出口复进口(e)：货物从国内发运至保税区，仓储或不经仓储复进口国内。

第六种，直通出口(f)：货物从国内发运，经保税区直接出口。

2.加工贸易类物流与展示、采购类物流模式

该模式是我国保税区发展到一定时期出现的保税物流主要运作形式。

为了突出保税区出口加工和商品展示的功能，保税物流模式主要有：①以加工贸易为主要贸易方式的加工贸易类物流，这类货物（主要指原材料和制成品）一般是由保税区内的生产加工企业输出/输入；②以保税区内政府机关、企业引进用于展示或为办公生产所需，从国内/外采购的机器设备、办公物资的展示、采购类物流，这类货物进入保税区后，暂时不再流动。

（1）加工贸易类保税物流

以制成品的流向为导向，有4种常见模式，如图14-2所示。

第一种，加工出境：(a)100%原材料来自境外；(b)100%原材料来自国内；(c)原材料分别来自境外和国内。

第二种，加工进口：(d)100%原材料来自境外；(e)100%原材料来自国内；(f)原材料分别来自境外和国内。

第三种，部分进口，部分出境：(g)100%原材料来自境外；(h)100%原材料来自国内；(i)原材料分别来自境外和国内。

第四种，委托加工：(j)区内企业委托区外加工（原材料来自境外，制成品返回境外）；(k)区外企业委托区内加工（原材料来自国内，制成品返回国内）；(l)区内企业委托境外加

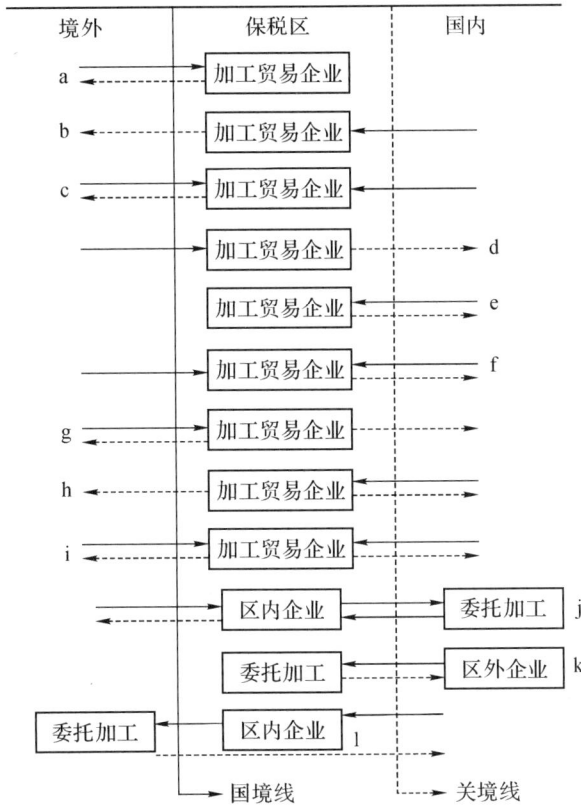

图 14-2 加工贸易类保税物流

注:—— 表示原材料 ------ 表示制成品

工(出料加工,原材料来自国内,制成品返销国内)。

(2)展示、采购类保税物流

展示、采购类保税物流有 3 种常见模式,如图 14-3 所示:

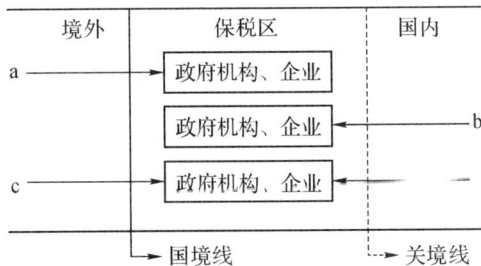

图 14-3 展示、采购类保税物流

第一种,(a)所采购物品 100% 来自境外,在保税区内展示、使用;

第二种,(b)所采购物品 100% 来自国内,在保税区内展示、使用;

第三种,(c)所采购物品部分来自境外,部分来自国内,在保税区内展示、使用。

3.物流分拨中心运作模式

从 1998 年至 2003 年这个阶段,物流分拨成为我国保税区的主要功能,并且取得了长足的发展。自 20 世纪后期以来,国际直接投资真正成为世界经济的推动者,跨国公司根据其全球化经营的需要,在世界范围内整合资源进行国际化生产和销售。而我国保税区特殊的保税免税功能为跨国公司提供了介入中国市场的最佳平台,伴随着跨国公司的抢滩,国际物流公司、跨国公司内部的分拨物流部门以及专业物流公司纷纷入驻保税区,成了这几年保税区新的增长点。

4.区港联动与保税港区物流运作模式

区港联动,即设立保税物流园区进行保税物流运作。保税物流园区主要功能可概括为:国际配送、国际采购、国际转口贸易和国际中转。在区港联动的基础上,进一步整合保税区、出口加工区和港口功能,实现区港一体化,即是我国保税港区模式。根据区港联动及保税港区的功能,其保税物流主要运作模式包括以下 4 种。

(1)基于国外大宗进口商品向国内市场分销的物流业务运作

国外大宗进口商品利用保税物流园区作为物流分拨基地,面向国内市场开展分销活动,是目前一些跨国公司和具有较强专业性国际企业的一种主要运作方式。

利用保税物流园区或保税港区作为物流分拨基地,其物流运作的特点:一是进口环节"大批量、小批次",而进入国内市场则采用"多批次、小批量";二是物流运作的主体比较多元化,既有跨国公司和专业化国际企业在保税物流园区设立的分支机构,也可以由其在中国的代理商负责,或委托保税物流园区内物流企业进行物流运作。利用保税物流园区作为物流分拨基地,可以从整体上降低进口商品销售成本、提高服务质量,如图 14-4 所示。

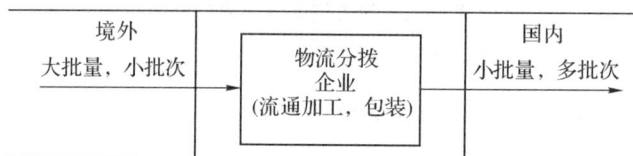

图 14-4　国外大宗进口商品向国内市场分销的物流模式

(2)基于国内出口商品在保税物流园区集结和处理的物流业务运作模式

随着全球经济一体化进程的加快和中国商品国际竞争能力的提高,跨国采购活动已日益频繁地出现在中国市场,许多生产性跨国公司、国际大型零售企业和专业化国际采购公司的国际采购网络正在向中国延伸。在保税物流园区或保税港区建立国际采购中心,利用保税物流园区低成本的物流及相关服务设施,降低集配活动物流成本,将中国市场采购的商品输往世界各地,带动了我国出口的活跃和发展。

国内企业在开拓市场、整合出口渠道方面,要重视利用保税物流园区的集配作用,根据国际市场生产和销售需求,提供配套商品和服务;出口企业能够在商品离境之前享受出口退税、结汇等政策,加快资金周转,降低出口企业的市场风险,缩短理赔、补货以及调换商品的时间。

国内出口商品在保税物流园区或保税港区集结和处理的物流业务的主要特点:一是国内出口商品进入保税物流园区的是少品种、小批量的物流,而离境的物流则是经过集配和优化运输选择的多品种、大批量、多方向的物流；二是物流运作主体也比较多样化。如图 14-5 所示。

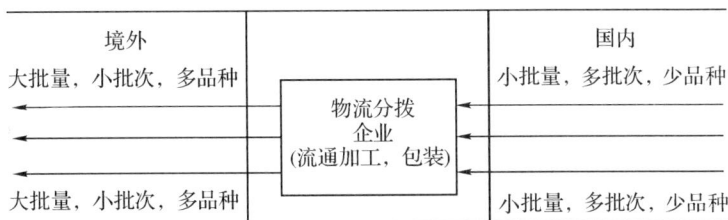

图 14-5　国内出口商品在保税物流园区集结和处理的物流模式

（3）基于转口贸易的物流运作模式

转口贸易的物流运作是以区内第三方物流企业为主体，其物流业务的主要内容是为转口过境商品提供仓储、多式联运、向不同区域市场分拨以及物流信息服务等。保税物流园区或保税港区通过提供商品展示功能和交易服务功能，可以促进区域贸易活动的开展，增加保税区域物流流量，如图 14-6 所示。

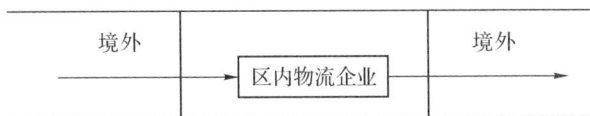

图 14-6　转口贸易物流模式

（4）国际货物中转物流模式

国际货物中转模式是指对国际、国内货物及进出口集装箱货物进入保税物流园区或保税港区进行分拆、集拼、转运至境内关外其他目的港。国际中转是为了更好地结合港口地缘优势和保税区优惠的政策优势，充分利用保税区所具有的"两头在外"的功能和港区航运资源，为货物快速集拼、集散等方面提供便利的条件而开展货物进口、出口、中转的集运、多国多地区的快速集拼和国际联合快运等业务，加快货物在境内外的快速流动。

国际中转模式主要分为整箱货转口和拼箱货转口，其流程如图 14-7、图 14-8、图 14-9 所示。

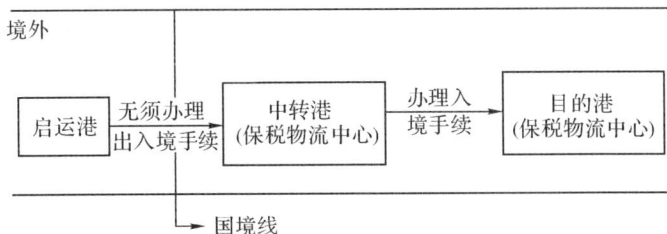

图 14-7　整箱货进口中转物流模式

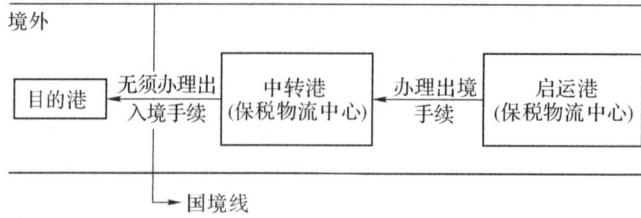

图 14-8　整箱货出口中转物流模式

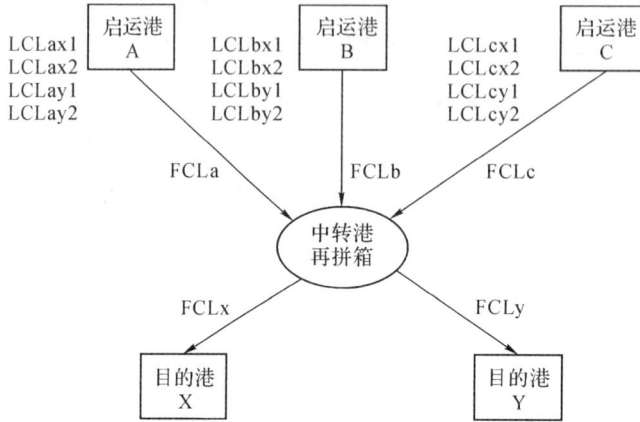

图 14-9　拼箱货中转物流模式

思考题

1. 我国自由贸易区的功能与保税区相比有哪些方面的突破？

2. 我国保税物流经历了哪几个阶段，为什么说自由贸易区是保税物流最高层次的功能区？

3. 试比较我国已设立的 21 个自由贸易区的优势与发展特点。

第五篇

国际物流管理

第 15 章

国际物流组织与管理

⤷ **本章要点**

　　本章阐述的主要内容有：全球物流的特征，经济全球化企业物流运作的主要内容，包括国际化采购、国际化生产和国际化配送等；国际物流的绩效评价，包括绩效评价的原则及评价体系的设计要求，绩效评价体系的实施步骤等；区域物流和区域物流的种类及区域物流组织问题等；国际物流的相关法律与法规。

　　第二次世界大战以来，各种全球性和区域性的贸易组织相继建立，越来越多的国家将经济自由化作为主要的方针政策。同时，由于运输技术的革新，运输速度越来越快，运输能力越来越强，原来阻碍国际贸易的地理空间因素影响越来越小，世界仿佛变"小"了。跨国公司，如著名的 IBM、微软、可口可乐、索尼、菲利浦等品牌以及我国的海尔、格力等品牌，大都从成本、效益的角度考虑将生产经营部门分散在全球各个角落，全球采购、全球生产、全球销售，从而使企业内物流逐渐呈现出了跨国化的趋势，物流管理的难度增大了。伴随着各国经济间联系的日益密切，贸易自由化与经济全球化有了更为宽松的经济环境——跨国融资、投资，生产更加自由，竞争也同样更加自由，更加白热化，而这也对企业的物流管理水平提出了更高的要求。产品要在国际市场上获得竞争优势，仅保持生产中的低成本是远远不够的，为赢得更多的市场份额，就需要采取更积极的策略，需要物流战略与营销、销售战略的密切配合，从而增加销售，扩大市场占有率。这就要求在从原材料采购到制成品，再运送到消费者手中的整个过程中所涉及的企业各部门（客户服务、营销中心等）也同样必须是经济、高效的。这对与产品相关的各环节的管理和控制都提出了要求，企业国际物流管理的重要性日益凸显出来。

　　现代通信技术的发展为国际物流发展提供了强有力的支持。一方面，它带来了远距离通信成本的迅速下降，企业之间的联系得以加强；另一方面，通信能力的加强，使得大量数据的低成本传送成为可能。20 世纪末，EDI、互联网乃至电子商务的发展进一步为国际物流系统中的数据交换铺平了道路。利用标准的电子计算机格式，位于全球各个角落的各组织之间都可以迅速、准确地交换信息,避免了数据的重复输入,以及由此产生的操作失误和更多的人力成本,使企业得以较好地控制物流系统的各个环节,为企业实施一体化物流管理战略提供了重要的技术支持,同时又带动了物流管理水平向更高层次发展。计算机的推广、互联网的发展还使得管理可以超越部门界限,使供货商可以从供应链整体的角度来探索优化系统结构、提高服务质量、提高物流系统效率的新的管理思路,这一切都极大地推动了国际物流一体化向纵深发展。尤其是20世纪80年代以后发展起来的许多新技术被迅速应用于社会经济的各个领域,客观上解决了国际物流管理中存在的种种问题。例如:条形码技术(bar code)配合现代化的高架仓库管理系统,使得商品的拣选、分类、存储等过程中的人工劳动大为减少,快速、准确、低成本的物流活动成为可能,条码技术在零售行业的普遍使用又使得生产、销售企业能够及时获得销售实点信息,是一体化物流管理的基础;GIS和GPS,为安全、准确、经济、快速地运输提供了可靠的技术保障,在此之上的货物查询、跟踪系统又使得货主能随时获取货物的有关信息,极大地提高了企业对货物的控制能力,也使准时制(just in time,JIT)管理等新型管理方式得到了更广泛的应用。

国际物流是国内物流的延伸和进一步扩展,不能简单地理解为物流空间的扩大,其社会经济环境、政策法律环境较特殊,国际物流在国际物流活动中,为实现物流合理化,必须要按照国际商务交易活动的要求来开展国际物流活动。国际物流组织与管理包括对物流活动诸要素的管理,对国际物流系统诸要素的管理和对国际物流活动中具体职能的管理等。

15.1 经济全球化下的企业物流运作

伴随着市场的全球化和竞争的全球化,全球跨国企业相应诞生。全球跨国企业为了实现竞争优势和增加盈利、在全球范围内分配和利用资源,必须协调其生产和流通活动。全球跨国企业最基本的战略是在通过采购、制造、流通等方面的规模效应寻求减少成本的同时,通过开拓新市场和深耕现有市场来扩大销售,实现企业的成长和效益的增长。跨国企业的全球物流活动的管理是企业全球经营能否成功的关键因素之一。产品和服务范围的增加、产品寿命周期越来越短、全球市场的成长和全球供销渠道的大量性及多样化增加了全球物流活动的复杂性,从而要求对全球供应链的物流活动进行管理协调和控制。

有效地协调国际性的物流活动是物流管理所面临的最困难的问题。国内物流已经很难协调,在国际范围内进行协调更是难上加难,这是由于所有的物流活动都变得更加复杂,包装要求、标签要求千变万化,交货期更长,库存管理更加复杂,牵涉到的中介结构更多,承运人更难选择,等等。企业物流的国际化运作主要包括3个环节,即国际化采购、国际化生产和国际化配送。

15.1.1　全球物流的特征

1.交货周期长

企业全球化的特征之一就是企业从规模经济的角度出发,把生产活动按专业化分工集中于少数几个地点,这种生产的集中化和专业化与市场的全球化和分散化之间存在着矛盾,这种矛盾直接反映在全球物流交货周期上。在海运条件下,全球物流运输距离远,需要花费大量时间,装卸报关等其他的全球物流活动也需要花费时间,这使得全球物流交货周期较长。

全球物流交货周期长往往造成两个后果:一是增加物流过程中的库存投资,占用大量资金;二是在迅速满足顾客方面存在困难。有些企业为了能迅速满足顾客需要,往往预先在销售地准备大量的安全库存作为缓冲。这虽然能及时满足各地顾客的要求,但需要储存的商品量大,要占用大量的资金,而且存在因顾客需要变化使得库存商品失去原来价值的风险。有些企业为了节约成本,以牺牲及时满足顾客服务为代价,采用长时间的交货周期来作为缓冲。目前被普遍接受的方法是在生产厂家和顾客之间建立一个中间库存水平来衡量成本和及时服务的关系。

案例:企业整个交纳周期

交纳周期	作业内容	累计交纳周期
(1)中国——墨西哥		
1周	零部件检查打包装箱、联系承运人、预约船舶	1周
1周	做成各种文书、把货物运至集装箱堆场、报关、装船	2周
6周	海上运输、到达墨西哥	8周
1周	完成报关手续、卸货、货物运到工厂	9周
(2)墨西哥工厂组装生产		
2.5周	验收、零部件上线、组装作业	11.5周
1周	出口检查打包装箱、联系承运人、预约车辆	12.5周
(3)墨西哥——美国		
1周	做成各种文书、报关、装车	13.5周
1周	公路运输到达美国、报关、货物运送到分销仓库、验收	14.5周

2.多种运送方式的选择——集装(consolidation)和撤装(break bulk)

在全球物流活动中,把货物从工厂运送到消费者手中存在多种运送方式。不同类型企业或者不同的营销渠道的运送方式往往是不同的。全球物流活动中运送方式的多样性是全球物流的一个特征。企业在全球物流活动中具体采用哪种运输方式需要根据多种因素来做决策,把不同企业的不同产品运送给不同顾客是常用的运送方式,主要有以下4种类型:

①在每一个企业内按最终顾客的不同对货物进行分类集装,以整箱货运送(FCL)方式从企业直接运送给最终顾客(见图15-1)。

| 工 厂 | → | 最终顾客 |

图 15-1　整箱货运送方式、直送

②在供应地物流中心对来自不同厂家的货物按最终顾客进行分类集装,以整箱货运送方式从物流中心直接运送给最终顾客(见图15-2)。

工厂A、工厂B → 供应地物流中心 → 最终顾客X、最终顾客Y

图 15-2　区域集装、整箱货运送方式、直送

③在每个企业内把不同顾客的货物(每个顾客的货物都不足一个集装箱批量)进行集装,以拼箱货运送(LCL)方式从企业运送到消费地物流中心(或中间物流中心),在消费地物流中心对集装箱货物进行开箱分装,再将货物分送给不同的最终顾客(见图15-3)。

工 厂 → 消费地物流中心 → 最终顾客X、最终顾客Y

图 15-3　工厂集装、拼箱货运送、方式、当地撤装分送

④在供应地物流中心把不同顾客的来自不同厂家的货物(每个顾客的货物都不足一个集装箱批量)进行集装,以拼箱货运送(LCL)方式从供应地物流中心运送到消费地物流中心,在消费地物流中心对集装箱货物进行开箱分装,把货物分送给不同的最终顾客(见图15-4)。

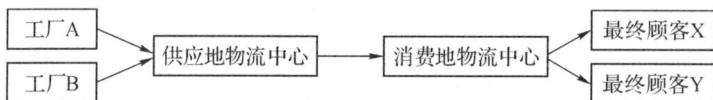

工厂A、工厂B → 供应地物流中心 → 消费地物流中心 → 最终顾客X、最终顾客Y

图 15-4　区域集装、拼箱货运送(LCL)方式,当地撤装分送

相对而言,在第一、二种运送方式下,一次运送批量大,因此能降低单位运输成本,但是会增加库存成本和降低顾客服务水平。在第三、四种运送方式下,一次运送批量小,能减少库存成本,通过频繁运送来提高顾客服务水平,但是会增加运输成本。

3.多种运输方式的选择和组合

全球物流运输方式有海洋运输、铁路运输、航空运输、公路卡车运输以及由这些运输手段组成的全球复合运输方式等。全球运输方式的选择和组合不仅关系到全球物流交货周期的长短,还关系到全球物流总成本的大小,运输方式选择和组合的多样性是全球物流的一个特征。海运是全球物流运输中最普遍的方式,空运是近年来全球物流运输中发展较快的方式。海运的特点是运输时间长但运费低、运量大;空运的特点是迅速及时,但运费贵。

全球物流运输活动中,由于门到门的运输方式(见图 15-5)越来越受到货主的欢迎,能满足这种需要的国际复合运输方式(international combined transport)得到快速发展,逐渐成为全球物流运输方式的主流。全球复合运输是指按照复合运输合同,以至少两种不同的运输方式,由复合运输经营企业将货物从一国境内接收货物的地点运往另一国境内指定的交付货物地点的运输形态。全球复合运输方式的目的是追求整个物流系统的效率化和缩短运输时间,中国远洋运输公司(COSCO)、美国联邦快递(FedEx)、日本邮船公司等世界有名的运输公司在向货主提供门到门运输服务方面走在了前列。

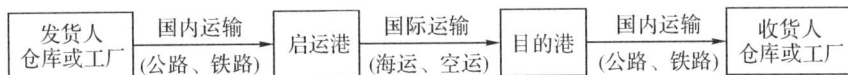

| 发货人仓库或工厂 | → 国内运输 (公路、铁路) → | 启运港 | → 国际运输 (海运、空运) → | 目的港 | → 国内运输 (公路、铁路) → | 收货人仓库或工厂 |

图 15-5　门到门运输方式(door to door)

在企业的全球物流活动中,运输管理的功能应该拓展为包含整个物流过程中的运输管理,以及从发货开始到收货人收到货物为止的整个运输交货周期(end to end lead time)管理。

4. 当地增值的中间产品运输方式

全球化企业的生产集中化和专业化能降低生产成本,而市场的全球化和分散化却增加企业的物流成本,同时企业难以满足当地消费者的特定需要。为了在这两方面取得平衡,领先的全球化企业采取了当地增值的中间产品运输(intermediate component shipping with local added value)这种新型的全球物流作业方式。这些企业通过重新评价审查它的整个价值链(value chain)来寻找机会使产品的最后组装加工作业尽可能在靠近消费地的地方进行,这样企业只要运送中间产品到当地,通过当地工厂就能组装加工成满足当地市场需求的产品。当地组装加工能够带来以下的优势,即当地化、提供不同产品的选择、当地语言包装、实现零部件等的集中库存、在当地市场产品可以直接向顾客运送等。当地增值的中间产品运输方式不仅能实现较低的成本,还能在维持较低的库存水平上满足当地市场的需求,当地增值的中间产品运输方式是全球物流的一个新型特征。

15.1.2　国际化采购

企业物流管理系统中连续不断的实物流动可简化为三大部分:通过采购使原材料等生产要素流入企业,经过生产制造过程将原材料转变为成品,通过实物分拨系统到达消费者手中。图 15-6 表示了企业这一简单的物流活动过程。从图 15-6 可知,采购是企业物料管理的重要组成部分。对国际化经营的企业来说,也离不开物料的采购。作为非生产性的国际贸易企业来说,要履行进出口合同,也存在一个备货的问题。而在备货的各种形式中,采购也是其重要形式之一。

随着经济全球化进程的加快,跨国公司对地区经济的影响力越来越大,它们将从全球角度考虑进口、出口、采购、开店,介入制造业,建立分拨中心,控制物流体系,直至控制研究与开发经费。因此,根据供应链理论,跨国公司大多建立了全球化的采购系统。例

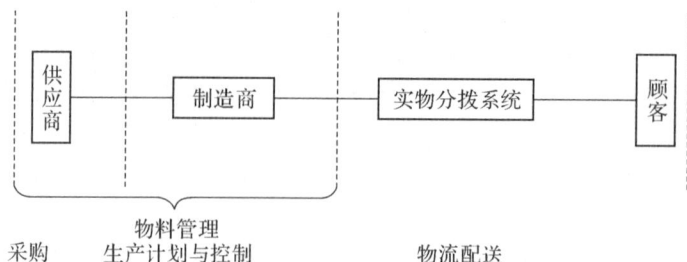

图 15-6　企业物流过程

如,连锁商业集团中的凯玛特、麦德龙、百安居、欧倍德、嘉士德、广利、家乐福等,跨国工业集团中的西门子、三星等均已在我国上海设立亚洲、大中华或中国地区的采购中心。

随着国际物流管理内涵的日益拓宽,采购功能在企业中变得越来越重要,要真正做到低成本、高效率地为企业国际物流服务,采购不仅需要涉及企业的各个部门,而且还要涉及供应商的管理。

狭义的采购(purchase),是指以购买的方式,由买方支付对等的代价,向卖方换取物品的行为过程。在买卖双方的交易过程中,一定会发生所有权的转移及占有。然而作为物流活动的采购,从图 15-6 可知,则是从供应商到需求方企业的物料流动活动,是企业为了达成生产或销售计划,从合适的供应商那里,在确保合适的品质的前提下,于合适的时间,以合适的价格,购入合适数量的商品所采取的管理活动。

采购引起物料向企业内流动,也称内向物流(inbound logistics),它是企业与供应商相连接的环节。

众所周知,公司的根本目标是追求利润最大化。增加利润的方法之一就是增加销售额。假设某公司购进 5 万元的原材料,加工成本为 5 万元,若销售利润为 1 万元,则需实现销售额 11 万元。如果要将销售利润提高到 1.5 万元,利润率不变,那么销售额就需实现 16.5 万元。这意味着公司的销售能力必须提高 50%,这是非常困难的。此外还有一种方法也可实现利润提高的目标,假定加工成本不变,可以通过有效的采购管理使原材料只花费 4.5 万元,节余的 0.5 万元就能直接转化为利润,从而在 11 万元的销售额上把利润提高到 1.5 万元。

上面的例子说明了良好的采购将直接增加企业的利润和价值,有利于企业在市场竞争中赢得优势。随着企业物流管理内涵的日益拓宽,采购功能在企业中越来越重要,要真正做到低成本、高效率地为企业物流服务,采购就需要涉及企业的各个部门。

采购的功能是选择企业各部门所需要的适当物料,从适当的来源,以适当的价格、适当的送货方式(包括时间和地点),获取适当数量的这种原材料。企业采购部门负责向供应商发出送货指令,一旦送货延误就可能引起整个企业的生产和销售混乱,造成巨大损失。而功能完善、运行良好的采购程序则可以大大减少企业由于此类问题遭受的损失,从而增加企业的利润。

国际化采购是企业在全球范围内进行采购的方式,一般可以通过招投标实现。企业首先提出采购的内容和要求,邀请或招引供应商在规定的时间或地点报价,通过对所有报价进行比较从中选择一家或几家供应商与之交易。通过招投标,可以避免在项目的采购中出现营私舞弊的行为,有利于防止贪污、浪费、贿赂或偏袒等现象的发生,保证最经济、最有效地采购到企业所需物资。

15.1.3 国际化生产

生产全球化是经济全球化的主要特征。第三次科技革命推动了国内分工向更深层次发展,各国在生产领域的合作愈加紧密。在生产全球化的进程中,跨国公司扮演着重要的角色。因为跨国公司是国际化的生产体系,它与外界的交换,母公司和子公司、子公司与子公司之间的交换都具有跨越国境的性质。因此,跨国公司不仅广泛深入地进入了国际市场,而且把外部市场转变为公司的内部市场。

企业通过在全球范围内组织生产可以实现以下优势。

1.国际化生产比在一国国内组织生产,再通过产品出口的方式进入国际市场更能接近消费者的需求

随着国际时尚和流行周期的缩短,以及随着市场的扩大和更多的季节性、风俗性、时令性消费进入国内市场,国际市场消费者的购买模式呈现出一种多样化、个性化的趋势,这不仅要求企业建立起柔性的生产体系与之相适应,更重要的是能及时对这种市场的要求变化做出反应。而国际化生产体系与国际市场的紧密结合顺应了这一要求。

2.国际化生产能充分利用世界上各个国家和地区的生产要素优势以降低生产成本,使企业资源达到最佳的配置

由于全球范围内自然条件和经济发展不平衡,各个国家和地区所拥有的生产要素(包括资本技术、劳动力、土地、自然资源、信息、管理等)存在一定的差异。只有将本国的优势生产要素和他国的优势与本国的弱势或相对弱势生产要素相结合,才能弥补国内生产要素的不足而获得更大的利益。

3.国际化生产可以避开东道国的贸易壁垒限制,更顺利地进入国际市场

一般说来,各国为了保护本国市场会采取一定的贸易保护措施,最常见的贸易壁垒主要有关税壁垒和非关税壁垒。企业通过产品出口的方式进入东道国,可能会遭遇贸易障碍,但是生产要素的进入往往不受贸易壁垒的限制。因为企业生产要素尤其是资本要素的输出是为世界上绝大多数国家所欢迎的。为了吸引外资,很多国家都采取了相应的优惠政策及措施,如前面提及的设立自由贸易区、保税区、出口加工区等,因此,国际化生产可以绕过贸易壁垒的限制,顺利地进入国际市场。

4.国际化生产可以降低运输、储存、搬运、装卸等物流费用,降低成本,提升产品的国际竞争能力

企业通过国际化生产可以在更接近市场的地方组织生产,缩短产品从生产者到达消费者手中的运输里程并减少环节,从而大大地节约物流费用。

生产计划与控制是企业管理主要内容之一,供应链管理思想无疑会对此带来很大的影响。传统的企业生产计划是以某个企业的物料需求为中心展开的,缺乏和供应商的协调,企业的计划制订没有考虑供应商以及分销商的实际情况,不确定性对库存和服务水平影响较大,库存策略也难以发挥作用。供应链管理思想下的生产计划与控制则不同,

供应链上任何一个企业的生产和库存决策都会影响供应链上其他企业的决策,或者说,一个企业的生产计划与库存优化控制不但要考虑某企业内部的业务流程,更要从供应链的整体出发,进行全面的优化控制,跳出以某个企业物料需求为中心的生产管理界限,充分了解用户需求并与供应链在经营上协调一致,实现信息的共享与集成,以顾客化的需求驱动顾客化的生产计划,获得柔性敏捷的市场响应能力。

15.1.4　国际化配送

配送是在经济合理的区域范围内,根据用户要求,对物品进行拣选、加工、包装、分割、组配等作业,并按时送到指定地点的物流活动。国际化配送是全球的配送活动,国际化配送中心作为国际物流的重要节点,在优化外向型企业的物流系统,合理配置库存资源,及时掌握国际市场动态,提高物流的共同化程度等方面发挥重要作用。在国际消费需求多变的今天,由于国际市场需求的不确定性,为了降低经营风险,国际用户的订货规模呈现小批量化,对商品供应的及时性、准确性要求越来越高。企业之间的竞争不再仅仅局限于质量、价格等方面,而是已经扩展到物流服务等无形手段的竞争,国际配送中心正是顺应了这一趋势。作为国际物流节点,它能更接近目标顾客、接近国际市场,将市场的需求及时反馈到生产企业。国际配送中心减少了流通过程的中间环节,提高了企业对客户需求的快速反应能力。因此,配送的国际化扩大了企业产品的销售空间,扩大了企业的生产销售规模,使企业实现了更大的利益。

在使企业得以更有效地利用规模经济所带来的成本降低的优势的同时,也会带来如下问题:①配送距离较长,会导致存货水平的上升;②配送距离较长,会影响对市场需求的反应速度;③配送距离较长,会导致配套的售后服务难以同步跟上;④配送距离较长,会造成贷款及时回收的困难;⑤配送距离较长,相应的配送费用也会较高,产品可能会缺乏市场竞争力;⑥跨国配送往往会受到双方政府贸易管制政策的影响;⑦货物销售收入会受到汇率变动的影响。

第三方物流系统(TPL)是一种实现物流供应链集成的有效方法和策略,它通过协调企业之间的物流运输和提供后勤服务,把企业的物流业务外包给专门的物流管理部门来承担,特别是一些特殊的物流运输业务。通过外包给第三方物流承包者,企业能够把时间和精力放在自己的核心业务上,提高了供应链管理和运作的效率。

第三方物流系统提供一种集成运输模式,它使供应链的小批量库存补给变得更为经济。因为在某些情况下,小批量的货物运输(非满载运输)显然是不经济的,但是多品种小批量生产的供应链环境必须小批量采购、小批量运输,这就提高了货物的供应频率,运输频率的增加就要增加运输费用,显然不经济。第三方物流系统是一种为大多数企业提高运输服务的实体,它为多条供应链提供运输服务,比如,当多家供应商彼此位置相邻时,就可以采用混装运输的办法,把各家供应商的货物依次装在同一辆货车上,实现小批量交货的经济性,这就是第三方物流系统提供联合运输(集成运输模式)的好处。

第三方物流系统不但提供运输服务,还可以提供其他的服务,如仓库管理(联合仓库)。图 15-7a 中的物流分销中心近靠用户所在地,图 15-7b 所表示的是通过一种第三方物流系统提供的服务把产品从中心仓库快速运输到用户所在地。

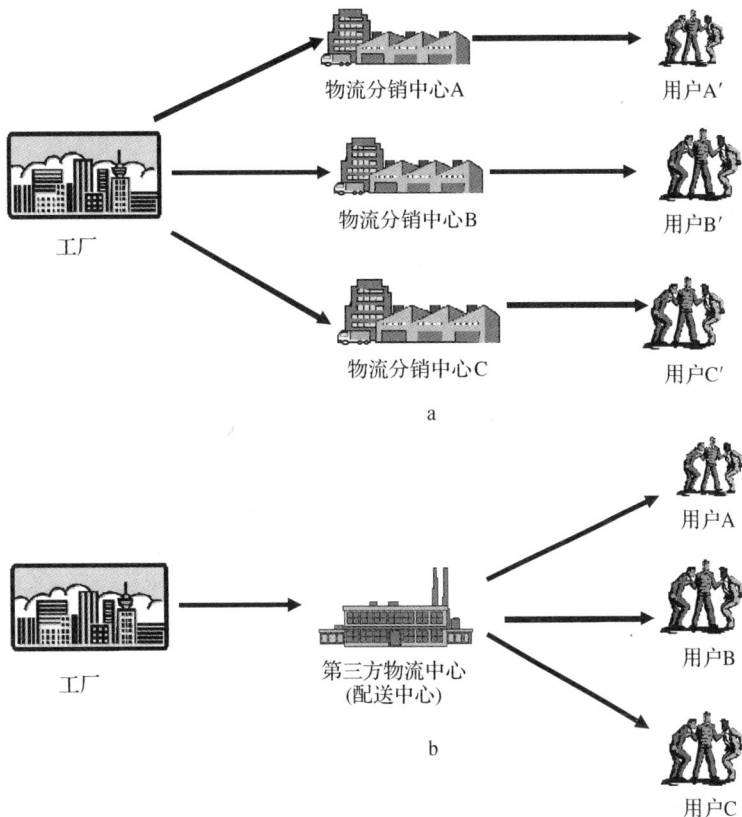

图 15-7 第三方物流服务的应用

第三方物流系统还可以提供其他形式的物流服务功能,如顾客订单处理等。采用第三方物流系统,企业可以获得如下的好处:①降低成本,②使企业更加集中于核心业务的发展,③改进服务质量,④快速进入国际市场,⑤获得信息咨询,⑥获得物流经验,⑦减少风险。

15.2 国际物流的绩效评价

为了及时了解国际物流运营的效益与业绩,应该及时进行绩效评价。国际物流的绩效评价是一个物流管理周期的最后环节,也是下一个管理阶段的开始。

15.2.1　国际物流绩效评价的原则及评价体系的设计要求

一个设计得很好的物流企业绩效评价体系可以使高层管理者判断现有经营活动的获利性，及时发现尚未控制的领域，有效地配置企业资源，客观地评价管理者的业绩。

1. 国际物流绩效评价的原则

国际物流绩效评价的原则主要有：

（1）客观公正的原则

其要求是坚持定量与定性相结合，建立科学、适用、规范的评价指标体系及标准，避免主观臆断。以客观的立场评价优劣，以公平的态度评价得失，以合理的方法评价业绩，以严密的计算评价效益。

（2）多层次、多渠道、全方位评价的原则

多方收集信息，实行多层次、多渠道、全方位评价。在实际工作中，综合运用上级考核、同级评价、下级评价、职员评价等多种形式。

（3）责、权、利相结合的原则

评价的目的主要是改进绩效，不能为评价而评价，为奖惩而评价，为晋升而评价。但是，物流企业绩效评价在产生出结果后，也应分析责任的归属，在确定责任时，要明确是否在当事人责权范围内，并且是否为当事人可控事项，只有这样，奖惩才能公平合理。

（4）经常化、制度化的评价原则

国际物流企业必须制定科学合理的绩效评价制度，并且明确评价的原则、程序、方法、内容及标准，将正式评价与非正式评价相结合，形成评价经常化、制度化。

（5）目标与激励原则

国际物流企业存在的目的就是要实现自己的目标，有效经营的物流企业是最有希望实现预定目标及战略目标的。目标的实现是很重要的激励机制。然而，以报酬作为激励也是现代化物流企业不可缺少的有效管理机制。国际物流企业绩效评价体系的设计目标和激励是必不可少的。

（6）时效与比较的原则

为了及时了解国际物流运营的效益与业绩，应该及时进行评价。评价绩效，数据是最佳的衡量工具，但是如果没有比较的基准数据，再及时的评价也是徒劳的。因此，国际物流企业的盈余或亏损，须同过去的记录、预算目标、同行业水准、国际水平等进行比较，才能鉴别其优劣。一定的基准数据同评价企业的经营结果进行比较及分析，物流企业绩效评价才具有实际意义。

2. 绩效评价体系的设计要求

（1）设计要求

国际物流绩效评价体系的设计要满足以下要求：

①准确。要想使评价结果具有准确性，与绩效相关的信息必须准确，计量什么、如何计量，都必须十分清楚，才能做到量化值的准确。

②及时。只有及时获取有价值的信息，才能及时评价、及时分析，迟到的信息会使评

价失真或无效。因此，何时计量及以什么样的速度将计量结果予以报告，是设计国际物流企业绩效评价体系的关键。

③可接受。国际物流绩效评价体系，只有为人利用才能发挥其作用。而不被人们所接受或者不甚情愿地接受下来，就称不上是有价值的体系。勉强被接受，信息可能是不准确、不及时、不客观的。所以在体系设计时，必须以满足使用者的需求为出发点。

④可理解。能够被用户理解的信息才是有价值的信息，难以理解的信息则会导致各种各样的错误。所以，确保信息的清晰度是设计国际物流绩效评价体系的一个重要方面。

⑤反映企业的特性。一个有效的国际物流绩效评价系统，必须能够反映企业独有的特性。从控制的观点出发，绩效评价的焦点一般集中在评价公司及经理，以确定被评价物流企业的业绩及效益。

⑥目标一致性。有效的国际物流绩效评价体系，其评价指标与企业的发展战略目标应该是一致的。

⑦可控性与激励性。对管理者的评价必须限制在其可控范围之内，只有这样，他才能接受，对管理者也公平。即使某项指标与战略目标非常相关，只要被评价对象无法实施控制，他就没有能力对该项指标的完成情况负责，因此，非可控指标应尽量避免。另外，指标水平应具有一定的先进性、挑战性，这样才能激发评价对象的工作潜能。

⑧应变性。良好的绩效评价体系，应对物流企业战略调整及内外部的变化非常敏感，并且体系自身能够较快地做出相应调整，以适应变化要求。

（2）应注意的问题

国际物流企业在设计绩效评价体系时必须满足上述八项要求的大部分。除此之外，还应注意下列问题：

①经济效益指标不可过高或过低。物流企业是服务性企业，特别是本公司的物流中心，其经营方略是整体利益最大，若经济效益指标过高则企业无法接受，但是也不能过低，这样就会失去评价的意义。国际上物流企业绩效评价的主要指标是销售的增长、市场份额及利润。

②如果物流企业的价格有较强的竞争力，而客户并不多，在利用评价结果与同行业进行比较性分析和在体系设计时，就应注意可比性。

③财务绩效评价结果较好，而股票价格毫无起色，这时，就需要审查体系设计的指标和标准是否合适。

④评价体系应兼顾眼前财富最大化和长远财富最大化，实现物流企业的可持续发展，获取长期利益。

⑤不可过分注重财务性评价，非财务性的绩效评价也不容忽视，因为它能更好地反映物流企业所创造的非财务报酬，例如客户满意程度、交货效率、订、发货周期等。

15.2.2　国际物流绩效评价体系的实施

评价是指根据确定的目的来测定评价对象系统的属性，并将这种属性变为客观定量的计值或者主观效用的行为。评价过程包括确定评价的目的、评价参照系统、获得评价信息、形成价值判断等主要环节。在评价过程中,只有先确定评价目的才可确定评价的参照系统,然后,才能去收集与评价相关信息。

国际物流绩效评价的实施步骤包括以下几方面:

1. 确定评价工作实施机构

评价组织机构直接组织实施评价,评价组织机构负责成立评价工作组,并选聘有关专家组成专家咨询组。如果委托社会中介机构实施评价,则先同选定的中介机构签订委托书,然后由中介机构组建评价工作组及专家咨询组。无论由谁来组织实施评价工作,都应对工作组及专家咨询组的任务和要求予以明确。参加评价工作的成员应具有较丰富的物流管理、财务会计、资产管理及法律等方面的专业知识,熟悉物流企业的绩效评价业务,有较强的综合分析判断能力。专家咨询组的专家应在物流领域中具有高级技术职称,有一定的知名度和相关专业的技术资格。

2. 制订评价工作方案

由评价工作组根据有关规定制订物流企业评价工作方案,经评价组织机构批准后开始实施,并送专家咨询组的每位专家。

3. 收集并整理基础资料和数据

根据评价工作方案的要求及评分的需要收集、核实及整理基础资料和数据。

①选择物流行业同等规模的评价方法及评价标准值。

②收集连续3年的会计决算报表、有关统计数据及定性评价的基础材料,并确保资料的真实性、准确性和全面性。

4. 评价计分

运用计算机软件计算评价指标的实际分数,这是物流企业绩效评价的关键步骤。

①按照核实准确的资料和会计决算报表及统计数据计算定量评价指标的实际值。

②根据选定的评价标准,计算出各项基本指标的得分,形成"物流企业绩效初步评价计分表"。

③利用修正指标对初步评价结果进行修正,形成"物流企业绩效基本评价计分表"。

④根据已核实的定性评价基础材料,参照绩效评议指标参考标准进行评议指标打分,形成"物流企业绩效评议计分汇总表"。

⑤对"物流企业绩效基本评价计分表"和"物流企业绩效评议计分汇总表"进行校正、汇总,得出综合评价的实际分数,形成"物流企业绩效得分总表"。

⑥根据基本评价的四部分(财务效益、资产营运、偿债能力、发展能力)得分情况,计算各部分的分析系数。

⑦对评价的分数和计分过程进行复核,为了确保计分准确无误,必要时可用手工计算校验。

5. 评价结论

将绩效基本评价得分与物流产业中相同行业及同规模的最高分数进行比较,将4个部分内容的分析系数与相同行业的比较系数进行对比,对物流企业绩效进行分析判断,形成综合评价结论,并听取物流企业有关方面负责人的意见,进行适当的修正和调整。

6.撰写评价报告

评价报告的主要内容包括:评价结果、评价分析、评价结论及相关附件等,送专家咨询组征求意见。评价项目主持人签字,报送评价组织机构审核认定,如果是委托中介机构进行评价,则须加盖单位公章。

7.评价工作总结

将评价工作的背景、时间地点、基本情况、评价结果、工作中的问题及措施、工作建议等形成书面材料,建立评价工作档案,同时报送物流企业备案。

对行业或多家企业同时进行分析和排序,其步骤为:确定评价对象,选定评价标准值,收集和核实基础资料,用计算机计算分数和排序,评价分析,撰写并报送评价分析报告。

15.3 区域物流

15.3.1 关于物流、贸易与生产布局关系的理论分析

瑞典经济学家俄林在《地区间贸易和国际贸易》(1933)一书中对转运费用、贸易和生产布局之间的关系有过经典性的论述。其最重要的理论观点可概括如下:

①区域和区域之间的贸易可称为地区间贸易。国际贸易是地区间贸易的一种,两者并无本质的区别。地区间或国际贸易存在的必要条件,是商品和生产要素在不同区域或国家间存在禀赋差异,以及由这种禀赋差异引起的生产要素价格差异。

②全世界可看作一个整体,它划分为若干个大区域,每个大区域又可划分为若干个次区域,每个次区域还可划分为若干个小区域,依此类推。区域是基本贸易单位,其所以成为基本贸易单位取决于两个条件:一是该区域的生产要素分布和它们的移动关系与其他区域存在差异;二是该区域的各小区域之间的生产要素分布和它们的移动关系的差异较该区域与其他区域的差异更小。

③在开放经济条件下,不同区域或国家之间的生产要素价格有均等化的趋势。这种均等化的趋势主要取决于生产要素和商品的区域或国家间移动。但转运费用(包括运输费用和克服贸易壁垒的费用)的差异使世界各国之间的生产要素和商品价格差距扩大。运输劳务在价格体系中占有与其他劳务和商品同样重要的位置。

15.3.2 保税经济区的发展

保税经济区是中国继经济特区、经济技术开发区、国家高新技术产业开发区之后,经国务院批准设立的国际贸易便利化程度较高的经济性区域。由于保税经济区按照国际惯例运作,实行比其他开放地区更为灵活优惠的政策,它已成为中国与国际市场接轨的"桥头堡"。近30年来,我国加工贸易额高速增长促进了保税经济区的快速发展,保税

经济区对于跨国公司全球供应链、国家产业升级及国际产业结构的调整又发挥了重要作用。

从 1990 年至 2011 年,我国保税经济区主要包括四大块区域:保税区、出口加工区、保税物流园区和保税港区。它是我国扩大开放、促进经济国际化、带动区域经济发展的示范区,在不同的发展时期、不同的成长阶段,保税经济区的发展特性、政策和制度演变的重点有所不同,具有世界通行的自由贸易区许多特点和功能,但又与世界自由贸易区有一定的差异。

自 2013 年开始,我国设立自由贸易试验区。中国(上海)自由贸易实验区最先设立,开启了我国自由贸易区建设阶段,标志着我国保税经济区的发展到最高目标,全面与世界通行自由贸易区接轨。至 2020 年,我国共批准设立 21 自由贸易区,同时批准海南建立自由贸易港。

15.3.3 区域物流系统规划

区域物流这里是指在上述经济区内所开展的物流活动,即主要为第 14 章所阐述的保税物流,是国际物流重要组成部分。构筑区域物流系统及物流监管系统对于实现保税经济区发展,创造区域物流的合理化是十分必要的。其中,区域物流系统规划即是区域物流管理的重点之一。

1.主要内容

区域物流系统规划需考虑区域经济发展水平、运输方式、物流基础设施布局及运行模式。其主要内容有:

①建设区域物流系统的基础设施体系。主要包括建设土地基础设施、干支线道路及多种运输方式集成枢纽、货物集散中心、货物储存及加工中心、海关监督管理办公场所等联合组成的物流设施网络。

②建设区域物流系统的信息网络。利用国际互联网、企业内部局域网,公用的经济信息网、计算机在线经营管理系统,以及移动通信、GPS 等现代通信和计算机网络技术,建立区域物流系统的信息网络。

③对进入区内的物流服务企业或制造企业的物流经营部门、子公司等给予特殊的投资鼓励政策。例如,以优惠的税收政策、便利的行政办公程序、快捷的通关手续等,吸引更多的企业进入区内,形成企业群落的外部规模效益。

通过搭建上述物流运作的优良平台,将经济特区建成货物跨国流动的无障碍区域,有助于跨国公司生产性或流通性投资的进入,从而将该区域建成跨国生产中心、跨国采购中心、跨国分拨中心,实现物畅其流,最大限度地实现对外贸易对一国经济发展的贡献。

2.应遵循的原则

区域物流系统规划所涉及的物流设施要与综合运输网、城市的物流系统协调一致。区域物流设施的重点是确定规模、数量和布局。区域物流设施,如货运枢纽、集装箱货运站、货运中转站、零担货运站等的设置要有效地将货物和运输结合起来,提高物流系统的效率。区域物流设施的规划布局和选址应遵循以下原则：

①系统规划，协调发展，建设统一的综合运输网络。布局要满足综合运输网协调发展的要求，并与所在城市的总体布局规划和交通规划相吻合。

②方便运输，方便配送，合理布局。货运场站应靠近主干线、货源，远离城市的商业区、文化区和居民区。

③满足需要，留有余地，适度超前发展。

④软硬结合，细化功能，提高物流效益。重视软件的建设，细化服务功能，挖掘硬件潜力，避免重复建设。

15.4　国际物流相关法律

15.4.1　《联合国国际货物销售合同公约》

1.该公约产生的背景

由于各国在货物买卖方面存在不少分歧，在国际贸易中不可避免地会引起尖锐的法律冲突，为解决这个问题，早在 1930 年起，罗马统一国际私法研究所经过多年努力，起草了《关于国际货物买卖统一法的公约》和《关于国际货物买卖合同成立统一法的公约》，并在 1964 年海牙国际会议上获得通过。前一项公约于 1972 年 8 月 18 日生效，后一项公约于 1972 年 8 月 23 日生效。由于上述两项公约主要是沿袭大陆法系国家的法律体系和原则，仅有七八个国家参加，其影响和作用十分有限。为此，联合国国际贸易法委员会成立后，于 1969 年组成了一个专门班子，在广泛听取各方面意见的基础上，于 1978 年把这两个统一法修改后加以合并，拟订了《联合国国际货物销售合同公约（草案）》。该公约草案已于 1980 年 4 月在维也纳召开的外交会议上经讨论修改后获得通过，故又称《1980 年维也纳公约》，根据该公约第 99 条的规定，已于 1988 年 1 月 1 日起对包括我国在内的 11 个国家生效。中国是该公约的缔约国。

2.该公约的主要内容

该公约共 101 条，除序言和结尾部分外，共分为 4 个部分，对公约的适用范围、合同的订立、国际货物买卖中买方与卖方的权利，以及公约的批准和生效等问题（也称"最后条款"），均做了较为详细的规定。

3.该公约的适用范围

（1）适用本公约的买卖合同

公约只适用于营业地在不同国家的当事人之间订立的货物买卖合同，也即：确定某项货物买卖合同是否具有国际性的标准是合同当事人的营业地是否处于不同的国家，而不是其不同的国籍。

（2）不适用本公约的买卖合同

根据公约规定，营业地虽在不同国家的当事人之间订立的货物买卖合同，具有下列性质和情况者,不适用该公约:①购买供私人、家长或家庭使用的货物买卖合同;②以拍卖方式进行的买卖;③根据法律或其他执行命令进行的买卖;④公债、股票、投资证券、流通票据或货币的买卖;⑤船舶、船只、气垫船或飞机的买卖;⑥电力的买卖。

此外,劳务或服务合同、来料加工、咨询合同以及来件装配合同等均不适用该公约。

4. 我国核准参加该公约时提出的保留

我国在核准参加该公约时,根据该公约第 95 条和 96 条的规定,对该公约做了两项重要的保留:

(1)关于书面形式的保留

按照公约第 11 条规定,国际货物买卖合同不一定要以书面形式订立或以书面证明,在形式方面也不受任何其他条件的限制。

我国对此提出了保留,即中国坚持认为:国际货物买卖合同必须采用书面的方式。因此,公约的上述规定和其他类似规定对中国不适用。

(2)关于扩大公约适用范围的保留

关于扩大公约适用范围的保留,也即对于依据国际私法规则导致公约的适用的保留。

根据该公约第 1 条第(1)款(a)项的规定,如果合同双方当事人的营业地处于不同国家,而且这些国家都是该公约的缔约国,则该公约就适用于他们之间订立的货物买卖合同,即:该公约适用于缔约国当事人之间的货物买卖合同。但是,上述条款(b)项又规定:即使双方当事人所在国不是公约的缔约国,如果按照国际私法的规则导致适用某一缔约国的法律,则该公约亦将适用于他们之间订立的国际货物买卖合同。

我国在核准该公约时,只同意(a)项规定适用,而(b)项规定对中国不适用。

15.4.2　国际货物运输法规

国际货物运输是指通过一种或多种方式,把货物从一国(地区)的某一地点运至另一国(地区)的某一地点的运输,是指在不同国家(地区)之间所进行的货物运输。

当国际货物买卖合同签订后,国际贸易的双方当事人为保证将货物按质、按量、按时从一个国家(地区)运送到另一个国家(地区),还需要签订货物运输合同,约定货物运输的方法。国际货物运输合同是由海商法、空运法、铁路与公路运输法以及有关的国际公约来调整的。

1. 国际货物运输法规的特点

各种国际货物运输方式都是通过双方当事人签订和履行合同,来设立和实现运输关系的,这类合同都是以运输者单方签字的运货单据为表现形式。国际货物运输的主要内容是对外贸易的货物运输,它是对外贸易中的一个不可缺少且相对独立的环节。其所形成的法律关系,是独立于国际货物买卖合同以外的涉外运输合同关系。

调整国际货物运输合同的主要法律形式有国际条约、国际惯例和有关国家的国内立法。统一实体法规范已成为调整国际货物运输的主要规范,它对各国国内的有关立法起着重大的影响。

2.国际海上货物运输的法律制度

鉴于海上运输是国际物流最主要的运输方式,这里将主要阐述国际海上货物运输的法律制度。

现代国际海上货物运输一般都是通过订立国际海上货物运输合同,以及履行这种合同来实现的。因此,国际海上货物运输的主要法律问题集中体现在国际海上货物运输合同的订立和履行中。

3.海上货物运输合同

(1)海上货物运输合同的概念

海上货物运输合同,是指承运人收取运费,负责将托运人托运的货物经海路从一港运至另一港的合同。

海上货物运输合同的当事人主要包括承运人和托运人。承运人是指本人或委托他人以本人的名义与托运人订立海上货物运输合同的人;而接受承运人的委托,运输托运人的货物或者部分货物的人,包括接受转委托后从事此项运输的其他人,属于实际承运人。托运人是指本人或者委托他人以本人名义或者委托他人为本人与承运人订立海上货物运输合同或者将货物交给与海上货物运输合同有关的承运人的人。

(2)海上货物运输合同的种类

班轮运输合同:由于提单是班轮运输合同订立和存在的形式和证据,班轮运输又称提单运输。

租船运输合同:又分为航次租船合同、定期租船合同、光船租船合同等。在航次租船合同中,船舶出租人就是承运人,承租船舶的人就是托运人。在租船业务中,为了便于交易的进行,通常都采用一些标准格式的租船合同。这些标准合同都是由航运业垄断组织制定出来的,其条款内容一般多是维护船东利益的。因此,在洽租船只时,租船人为了维护自身的利益,往往通过谈判,对标准租船合同格式加以修改或补充。

航次租船合同一般多采用"金康"(Gencon)承租船合同格式,定期租船合同一般多采用"波尔太姆"(Boltime)定期租船合同格式。

4.有关提单运输的国际公约

(1)1924 年《海牙规则》

1924 年的《海牙规则》又称《关于统一提单的若干法律规则的国际公约》,是国际法协会所属的海上法委员会于 1921 年在海牙制定的,1924 年在布鲁塞尔做了某些修改。其主要内容是规定了承运人的最低责任,并规定了承运人不得在提单条款上排除其按海牙规则应负的基本义务。

(2)1968 年《维斯比规则》

1968 年的《维斯比规则》又称《1968 年布鲁塞尔议定书》,其主要内容是对海牙规则做了某些修改,主要是提高了承运人对货物损害赔偿的最高金额,明确了集装箱和托盘运输中计算货物最高赔偿责任的数量单位,但这些修改都不是实质性的。

(3)1978 年《汉堡公约》

这是由联合国国际贸易法委员会起草,于 1978 年 3 月汉堡会议上通过,全称为《海上货物运输公约》。

该规则对《海牙规则》做了全面修改,废除了海牙规则的不合理条款,比较合理地规定了承运人、托运人双方对货物运输所承担的责任和义务。

5. 提单中承运人的责任制

(1)承运人的责任

①《海牙规则》第 3 条第 1 款:在开航前与开航时必须谨慎处理,以便:使船舶具有适航性;适当地配备船员、设备和船舶供应品;使货舱、冷藏舱和该船其他运载货物的部位适宜并能安全地收受、运送和保管货物(这 3 个方面归结为一点,就是"适航")。

②《海牙规则》第 3 条第 3 款:应适当和谨慎地装载、搬运、积载、运送、保管、照料和卸下所承运的货物(这七个方面归结为一点,就是"恪尽职责")。

(2)承运人的免责事项

《海牙规则》第 4 条第 2 款规定了承运人在 17 种情况下所引起的货物损失可以免责。

(3)承运人的责任期限

《海牙规则》第 1 条第 5 款,承运人对所运货物的责任期限,是从货物装到船上起,至货物从船上卸下时止。即:钩至钩原则。

(4)承运人的责任限制(最高赔偿责任)

①《海牙规则》第 9 条:每件货物或每一计费单位以 100 英镑为限。

②《维斯比规则》第 2 条第 1 款:每件每单位 10000 金法郎或毛重每千克 30 金法郎(每一金法郎=90%纯度的含量 65.5 毫克)。

③《汉堡规则》第 6 条:每件货物或每一装运单位不超过 835 SDR 或毛重每千克不超过 2.5 SDR。

15.4.3　海上货物运输保险合同

1. 海上货物运输保险合同的概念

海上货物运输保险合同由保险人与被保险人订立协议,由被保险人向保险人支付约定的保险费,而在保险标的由于发生承保范围内的海上风险而遭受损失时,由保险人对被保险人给予赔偿的合同。

海上货物运输保险合同是一种补偿合同,保险人只负责金钱赔偿责任,而不负使保险货物恢复原状或归还原主的责任。

①保险合同的形式有保险单、保险批单、保险凭证等。通常为保险单。

②保险合同的基本项目有:被保险人的名称、地址;保险标的及金额;投保险别及保险费;附有保险条款,明确规定双方在该项保险中的权利义务。

2. 保险人的除外责任

如果发生损失的原因不是自然灾害或意外事故,而是被保险人的恶意或过失,或者是商品本身的潜在缺点以及运输途中必然发生的途耗,则保险人不承担赔偿责任,这种情况称作"保险人的除外责任"。

保险单明确排除在外的风险主要有以下几种:被保险人的恶意行为或过失;货物本身特性所引起的损失、自然损耗、虫蛀鼠咬(damage by rats or vermin)、延期所造成的损失（loss due to delay）。

3.保险人的责任期限

保险人承保海上货物运输保险的责任期限,在国际上通常都按"仓至仓条款"(warehouse to warehouse)的规定办理,即自起运港发货人的仓库开始,至目的港收货人的最后仓库为止(以货物在最后卸货港全部卸离海船以后满60天为止)。

4.海上货物运输保险的索赔

索赔是指被保险人对承保范围内的货物损失,依据海上货物运输保险合同,向保险人要求赔偿损失。

理赔是指保险人收到被保险人的索赔通知书后,审查货物受损原因及程度,并据以做出赔偿与否的决定。

国际海上货物保险的索赔时效为2年,自被保险货物在最后一个卸货港全部卸离海轮之日起算。

5.海上货物运输保险中的代位权

代位权又称代位求偿权(subrogation right),是指在海上货物运输保险中,保险人赔偿被保险人的损失后,可以取得在其支付保险赔偿的限度内要求被保险人转让其对造成损失的第三人(责任人)享有索赔的权利。

无论是在全部损失或部分损失的情况下,只要保险人已经支付了保险赔款,保险人都有权取得这种"代位权"。

6.海上货物运输保险中的委付

委付(abandonment),也是海上货物运输保险中的一项制度,它是指被保险人以被推定全损的保险标的及其所附的一切权利、义务转移于保险人,而请求支付保险赔偿的行为。

委付与代位求偿的相同之处是:都涉及权利的转移。不同之处是:委付为物权的代位权,而代位求偿为债权的代位权。

委付的成立必须符合以下条件:①委付必须以推定全损为条件,②委付应针对保险标的全部,③委付不应附加条件,④委付应有意思表示,⑤委付须经保险人承诺方为有效。

思考题

案例资料:某国际知名企业在保税经济区设立加工工厂,其90%的原材料由境外供应,通过手册方式报关进口,在国内进行保税生产。生产完成之后的产成品100%出口,再由境外的分公司(经销商)依据订单,将一部分产品再返销国内。这样的模式导致采购周期过长、生产柔性不足以及成品在途时间过长、物流成本在途时间过长、物流成本浪费等问题(见图15-8)。

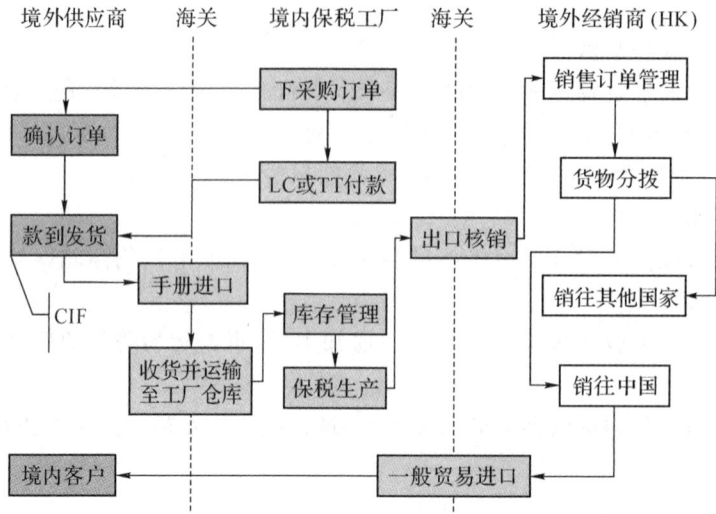

图 15-8　原有运作模式

分析思考:请你设计一个新模式来优化其运作。

第16章

国际物流信息系统与标准化

⮎ 本章要点

国际物流信息系统是沟通国际物流各个子系统之间的关键,是国际物流活动中的中枢神经。信息的标准化是实现国际物流标准化的基础。本章简单介绍了国际物流信息系统的特征、重要性及其管理的基本内容,和国际物流标准化方面的知识,重点阐述了条形码技术、EDI技术及其在国际物流中的应用。

16.1 国际物流信息系统

国际物流系统是一个多环节的复杂系统,其中的各个子系统通过流动的物品联系在一起,根据系统的总目标,各个环节间相互协调,适时、适量地配置和调度系统的资源。国际物流系统中的相互衔接是通过信息予以沟通的,资源的调度也是通过信息共享来实现的,因此,国际物流系统的组成必须以信息技术为基础。

16.1.1 国际物流信息的特征

国际物流系统中的信息种类多、地域跨度大、涉及面广、动态性强,尤其是在国际物流作业过程中,物流信息受自然因素和社会因素的影响较大。与国内物流信息相比,国际物流信息具有以下特点:

1. 国际物流中的物流信息分布广、数量大、品种多

信息的产生、加工、传播和应用在时间、空间上不一致。国际物流信息超越国家(地区)间的地理边界,不仅涉及国际物流内部作业各个层次、各方位、各环节,也与相关的各国经济政策、自然环境、发展战略和国家的外贸管理制度有着密切的关系。

2. 国际物流中的信息时效性很强,信息价值衰减速度快

由于国际物流涉及的范围十分广泛,不同于国内物流局限于国境内那样容易控制,

国际物流的动态性很强,过晚或过早到来的不合时机的物流信息都容易造成国际物流成本的加大。因而,国际物流信息管理对及时性和灵活性有很高的要求,对其运输、储存、配送、搬运、生产、销售等各个环节,及时准确地提供相关的国际物流信息是十分必要的。

3.国际物流中的信息流具有双向反馈的作用

国际物流运动的过程极其漫长,货物和商品流动的周期很长,如果没有信息流,将会形成一个单向的难以调控的半封闭的国际物流系统。而信息流具有双向反馈的作用,可以使国际物流系统易于协调、控制,使其合理高效地运转,以达到最大限度地降低国际物流总成本、提高国际物流经济效益的目的。

4.国际物流中的信息流具有动态追踪性

由于国际物流是国家(地区)间的商品流动过程,不仅要研究国际物流系统内部的相互联系,还要研究跨越地域的各国(地区)整体物流的合理化,取得有关各国(地区)间的协助与配合,这就要求时刻把握国际物流的脉搏,跟踪处理。国际物流信息的动态追踪性,不仅可以使国际物流的行踪得以随时掌握,提高国际物流过程中物流状态的透明度,还可以达到使国际物流的风险和损失减少到最小、获取最大效益的效果。

5.国际物流信息的标准化趋势

目前,企业间的物流信息一般采用 EDI 标准,企业内部物流信息也拥有各自的数据标准(如 EDI、E-mail、FAX 等)。网络技术和通信技术的发展和应用,使得不同企业,尤其是不同国家企业之间的信息交流变得十分便利,但由于不同的国家、企业的信息标准的不一致,彼此间的信息交换变得十分困难。随着国际贸易发展和国际物流量的加大,这种现状将被改变,以适应世界经济全球一体化发展的需要。国际物流信息的标准化将实现物流信息系统的自动数据采集和系统间的数据交换与资源共享,促进国际物流活动的社会化、现代化和合理化,在国际物流实践中做到"货畅其流"。

未来社会的经济发展,将越来越体现出国际化、全球化的趋势。为社会生产服务的物流产业也将呈现出社会化和国际化的趋势。这就对物流技术提出了新的要求——全球标准化。在未来社会,物流设备、物流系统的设计与制造必须满足统一的国际标准,以适应各国各地区之间高效率物流运作的要求。

16.1.2 国际物流信息系统的重要性与作用

国际物流系统是由多个子系统组成的复杂系统,国际物流信息成为各个子系统之间沟通的关键,在国际物流活动中起着中枢神经的作用。加强对国际物流信息的研究才能使国际物流系统成为一个有机的系统,而不是各个孤立的活动。

1.信息在现代国际物流中的重要性

信息在国际物流中的重要性主要体现在以下3个方面。

①国际物流中有关订货状况、产品可得性、交货计划表,以及发票等信息是整个顾客服务的一个必要的因素。与国内物流一样,顾客服务在国际物流中同样具有很重要的作用。

②为了达到整个物流过程中的最低库存,要认识到信息能够有效地减少存货,利用

新的信息制订国际物流货物的需求计划,能够通过减少需求的不确定性来减少库存。

③对有关从战略优势出发考虑的何时、何地及如何利用各种物流资源的问题,充足的相关信息也同样可以增加决策的灵活性。因此,及时而又准确的信息对国际物流信息系统的构建和完善有着不可估量的重要作用。

2.信息在国际物流中的作用

信息在国际物流中的作用主要有以下几个方面。

(1)信息是进行国际物流控制的手段

要加强国际物流的控制,必然存在着信息的反馈。用信息流反馈的方法对国际物流系统进行控制时,一般会产生两种不同的结果:如果信息的反馈使国际物流系统的作业得以发展,增加效益,这种情况称为正的反馈效应;反之,当信息的反馈造成国际物流的供给对需求的运动收敛、减少,则被称为负的反馈效应。不论是正反馈效应,还是负反馈效应,其目的都在于对国际物流系统进行调节和控制,以使整个国际物流系统高效率低成本地运转。因此,面对一个不断发展、变化的国际物流大系统,信息流的灵敏、正确、及时的反馈是非常重要的。

(2)决策支持的作用

国际物流是一个复杂的超越国界的大系统,信息流为国际物流系统的正常运转提供支持和保障的作用。首先,信息是国际物流活动的基础和保障。假如没有信息,国际物流系统将陷于瘫痪,无法正常运作。因为每一个子系统信息的输入和输出,都是下一个子系统运行的前提和基础,也是整个国际物流系统相互沟通、调节、运转的支持和保障,是国际物流大系统能够高效运行的关键。其次,信息是国际物流系统经营决策的保障和支持。决策是企业最基本的管理职能,这对于复杂的、动态多变的国际物流系统尤为重要。国际物流企业经营的范围和目标是根据各种信息,对这些信息进行分析、研究和论证之后方能进行相关的决策。信息的真实性和可靠程度决定国际物流经营的成败和国际物流企业的生死存亡,根据虚假的信息做出的错误决策有可能会造成企业全局性的失败和破产。所以,我们必须强调信息在国际物流系统中经营决策的支持作用。

(3)信息作为一种资源,是现代国际物流运作的基础

信息在国际物流系统中可以被视为一种重要资源。在现代物流系统中,信息可以代替库存、储存和经营资金。从某种意义上说,国际物流活动可以认为是物品资源在国际市场上的分配和竞争,进行这种活动的基本条件就是掌握相关的各种信息,以利用企业现有的资源取得最大的经济效益。然而,在企业的实际经营活动中,很多的不确定因素导致决策的风险性较大,这时信息的资源替代作用就十分明显。它可以降低决策的不确定性,从某种程度上代替企业的库存和经营资金。在国际物流活动中,企业要根据信息及时进行权衡利弊,适应不断变化的国际物流形势,降低风险、增加效益,这就是信息具有资源性作用的表现,是现代国际物流运作的基础。

16.1.3 国际物流信息系统管理

国际物流信息系统作为国际物流系统的一个子系统,可以理解为通过对与国际物流

相关信息的加工处理来达到对物流、资金流和商流的有效控制和管理,并为企业开展国际物流提供信息分析和决策支持的人机系统。

1. 国际物流信息系统的基本功能

国际物流系统的不同阶段、不同层次之间通过信息流紧密地联系在一起,因而在国际物流系统中,总存在着对物流信息进行采集、传输、储存、处理、显示和分析的国际物流信息系统。其基本功能可归纳为以下几个方面,如图 16-1 所示。

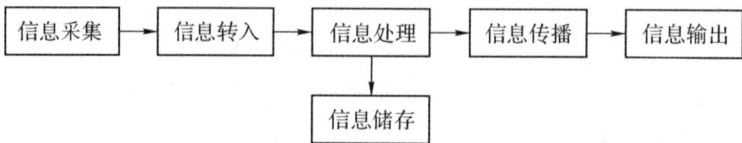

信息采集 → 信息转入 → 信息处理 → 信息传播 → 信息输出

信息处理 → 信息储存

图 16-1 国际物流信息系统的基本功能

(1)数据的收集和录入

国际物流信息系统首先是用某种方式记录下国际物流系统内外的有关数据,集中起来并转化为国际物流信息系统能够接受的形式并输入系统中。

(2)信息的储存

数据进入系统之后,经过整理和加工,成为支持国际物流系统运行的物流信息,这些信息需要暂时储存或永久保存,以供使用。

(3)信息的处理

国际物流信息系统的基本目标,就是将输入的数据转化、加工、处理成物流信息。国际物流信息的处理可以是简单的查询、排序,也可以是模型求解和预测。信息处理能力的强弱是衡量国际物流信息系统能力的一个重要方面。

(4)信息的传播

物流信息来自国际物流系统内外的有关单元,又为不同的物流职能所利用,因而克服空间障碍的信息传播是国际物流信息系统的基本功能之一。

(5)信息的输出

国际物流信息系统的目的是为各级物流人员提供相关的物流信息。为了便于人们理解物流信息,系统输出的形式应力求易读易懂、直观醒目,这是评价国际物流信息系统的主要标准之一。

国际物流信息系统应向信息采集的在线化、信息储存的大量化、信息传播的网络化、信息处理的智能化以及信息输出的图形化方向发展。

2. 国际物流信息系统管理的要求

国际物流信息管理系统,是为了对国际物流信息的计算机化管理而开发的软件系统,该系统的硬件由微机网络或小型机组成。管理信息系统能够进行手工操作无法胜任的繁杂的信息处理,及时、准确地提供有关国际物流的各类动态信息资源,提供管理信息和决策信息。因此,国际物流管理信息系统的质量必将直接影响到国际物流运行的效益。国际物流信息系统的管理应具备以下条件。

(1)信息系统开发的周期要短,费用要低,便于用户使用,其相应的软件应具有通用性、可移植性。

国际物流信息系统的开发是一个复杂的过程，主要包括以下内容：①系统分析。主要是对现行信息系统和管理方法以及信息流程等有关情况进行现场调查，给出有关的调研图表，提供信息系统设计的目标以及达到此目标的可能性。②系统逻辑设计。在系统调研的基础上，构造出国际物流信息系统整体的逻辑模型，并对各种模型进行优选，确定出最终的方案。③系统的物理设计。以逻辑模型为框架，利用各种编程方法，实现逻辑模型中的各个功能模块。④系统实施。将系统各个功能模块进行单独调试和联合调试，对其进行修改和完善，最后得到符合要求的国际物理信息系统软件。⑤系统的维护和评价。在信息系统试运行一段时间后，根据现场要求与变化，对系统作一些必要的修改，进一步完善系统。

（2）信息系统管理信息的覆盖面要广泛，能适应国际物流系统内、外部环境的要求

国际物流信息系统的管理不仅仅是数据、资料、报表的简单组合和传递，而应是一个经过分析、筛选、加工的全新过程，是一个门类齐全的、具有职能特性的信息网。通过这个信息网能及时掌握国际物流系统运行的状态，例如，物品的运行路径、运送方式、运输数量、品种规格以及销售网点库存状态和市场需求等，从而进行管理和控制。

（3）要加强信息的处理功能

国际物流本身的特性决定了国际物流信息来源具有不确定性、不完全性和不准确性等特征。这些缺陷必然使计算机程序对信息处理产生很大的困难，因此，加强国际物流信息系统的信息处理功能是十分重要的。一般来说，信息处理应包括 3 个基本环节：

①相关信息处理。首先，将庞大的信息进行分类识别，然后将无法分类的信息按其类别的相关度进行排序，这被称为信息的初级处理。

②信息的综合处理。在相关信息分类确定后，对信息进行筛选、分析、合并等综合研究工作。经过分析综合后的信息，信息系统虽然呈现的是分散的、局部的信息，但它的输入和运行，将反映国际物流整体的信息。

③评估信息。在信息综合分析的基础上，加强对信息的评估，增加信息的可信度，也是很重要的一环。因为管理决策信息的确定和提出过程，将执行对国际物流运行的指导、控制功能。例如，信息的老化就意味着对用户的作用随着时间的增加而降低。

综上所述，由于国际物流信息市场瞬息万变，国际物流要求更高效的信息系统，从而对国际物流信息系统的管理提出了更高的要求。信息的作用，使国际物流向更低成本、更高服务、更大量化、更精细化方向发展，许多重要的物流技术都是依靠信息才得以实现的，这在国际物流中比国内物流表现得更为突出。

16.2　国际物流标准化

信息技术推动了人类从工业社会过渡到信息社会。随着信息社会的到来，信息产业已经成为世界经济增长最快的产业之一。与信息产业不可分割的信息技术标准化，越来

越受到人们的重视。物流活动是改变商品/产品的时间和空间效能的活动,是国民经济正常运转的保障。随着电子商务的发展,物流系统的信息化要求日益迫切,在物流信息系统建设中,通过标准化来实现系统间的数据交换与共享已经成为电子商务的必然要求。

16.2.1 国际物流标准化的概念及意义

1.国际物流标准化的概念

标准化是对产品、工作、工程、服务等普遍活动规定统一的标准,并且对这个标准进行贯彻实施的过程。标准化的内容,实际上就是经过优选之后的共同规则。为了推行这种共同的规则,世界上大多数国家都有标准化组织,例如,英国的标准化协会(IGI)、我国的国家技术监督局等。在国际上,总部设在日内瓦的国际标准化组织(ISO)负责协调世界范围内的标准化问题。

国际标准化组织,即 ISO(international organization for standardization),该组织由非政府机构发起,其宗旨是在世界上促进标准化及其相关活动的发展,便于商品和服务的国际交换,在智力、科学、技术和经济领域开展合作。ISO 制定的标准很多,其中 ISO9000系列标准已成为世界认可的重要国际标准。

国际物流标准化是指以国际物流为一个大系统,制定系统内部设施、机械装备、专用工具等各个子系统的技术标准;制定系统内各分领域如包装、运输、仓储等方面的工作标准;以国际物流大系统为出发点,研究各分系统与分领域中技术标准与工作标准的配合性,按照配合性要求,统一整个国际物流系统的标准;研究国际物流系统与相关其他系统的配合性,进一步谋求国际物流大系统的标准统一。

2.国际物流标准化的意义及作用

在发展物流技术、实施物流管理工作中,物流标准化是有效的保证,主要表现为:

(1)物流标准化是实现物流管理现代化的重要手段和必要条件

物流资料从生产厂的原料供应、产品生产,经市场流通到消费环节,再到回收再生产,是一个综合大系统。由于分工日益细化,要求实现物流系统的高度社会化。从技术和管理的角度来看,要使整个物流系统形成一个统一的有机整体,物流标准化起着关键性的纽带作用。只有在物流系统的各个环节制定标准,并严格贯彻执行,才能实现整个物流系统的高度协调统一,提高物流系统管理水平。如过去同一物品在生产领域和流通领域的名称和计算方法互不统一,国家标准《全国工农业产品(商品、物资)分类与代码》的发布,使全国物品名称的标识代码有了统一依据和标准,有利于建立全国性的经济联系,为物流系统的信息交换提供了便利条件。

(2)物流标准化是物流的质量保证

物流活动的根本任务是将工厂生产的合格产品保质保量并及时地送到用户手中。物流标准化对运输、包装、装卸、搬运、仓储、配送等各个子系统都制定了相应标准形成物流的质量保证体系,只要严格执行这些标准,就能将合格的物资送到用户手中。

（3）物流标准化是消除贸易壁垒，促进国际贸易发展的重要保障

在国际经济交往中，各国或地区标准不一，是重要的技术贸易壁垒，严重影响国家进出口贸易的发展。因此，要使国际贸易更快发展，必须在运输工具、包装、装卸、仓储、信息，甚至资金结算等方面采用国际标准，实现国际物流标准统一化。例如，集装箱的尺寸规格只有与国际上相一致，与国外物流设施、设备、机具相配套，才能使运输、装卸、仓储等物流活动顺畅进行。再如"电子商务"将商品购售双方的一系列活动通过网络进行，没有标准化作保证，则"电子商务"难以顺利发展。

（4）物流标准化是降低物流成本、提高物流效益的有效措施

物流的高度标准化可以加快物流过程中运输、包装、搬运的速度，降低仓储的费用，减少中间损失，提高工作效率，因而可获得直接或间接的物流效益，否则就会造成经济损失。我国铁路与公路在使用集装箱统一标准之前，运输转换时要"倒箱"，为此每箱货物要增加1元的费用，全国"倒箱"数量很大，损失巨大。实践证明，物流标准化是提高经济效益的重要手段。

（5）物流标准化是我国物流企业进军国际物流市场的通行证

物流标准化已经是全球物流企业提高国际竞争力的有力武器。我国物流企业在物流标准化方面仍然较落后，面临物流国际化挑战，实现物流标准的国际化已经成为我国物流企业开展国际竞争的必备资格和条件。

16.2.2　国际物流标准化方法

从世界范围来看，物流体系的标准化，各个国家都还处于初始阶段。在这一开始阶段，标准化的重点在于通过制定标准规格尺寸来实现全球物流系统的贯通，取得提高物流效率的初步成果。

1.确定物流的基础模数尺寸

物流基础模数尺寸的作用和建筑模数尺寸的作用大体相同。基础模数一旦确定，设备的制造、设施的建设、物流系统中各个环节的配合协调就有所依据。目前，ISO中央秘书处及欧洲各国基本认定600毫米×400毫米为物流基础模数尺寸。确定物流基础模数尺寸的方法是国际上通用的"逆推法"。由于物流标准化系统较之其他标准化系统建立晚，在确定物流基础模数尺寸时主要考虑了目前对物流系统影响较大而又难以改变的运输设备的状况，由运输设备的尺寸来推算和确定物流系统的基础模数尺寸，并且在这一过程中，综合考虑了现在通行的包装模数和已使用的集装设备的基础模数的影响，从行为科学的角度研究了来自人及社会的影响，最终确定出来的。

2.确定物流模数

物流模数即集装基础模数尺寸。物流标准化的基点应建立在集装的基础模数之上，即要确定集装基础模数尺寸（即最小的集装尺寸）。集装基础模数尺寸可以从600毫米×400毫米基础模数的前提下，从卡车或大型集装箱的分割系列推导出来。

日本在确定物流模数尺寸时，采用了后一种方法，以卡车的车厢宽度为物流模数确定的起点，推导出集装基础模数尺寸（推导过程如图16-2所示）。

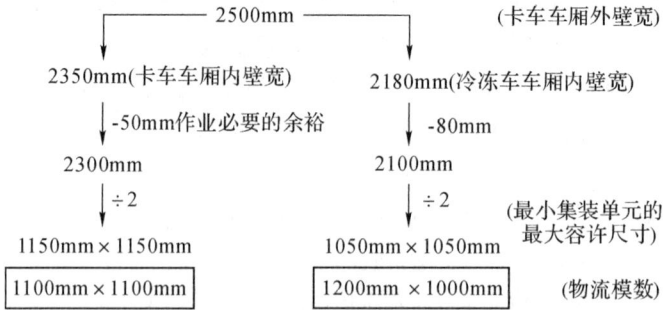

图 16-2　基础物流模数的形成

3. 以分割和组合的方法确定系列尺寸

物流模数作为物流系统各环节标准化的核心,是形成系列化的基础。依据物流模数进一步确定有关系列的大小和尺寸,再从中选择全部或部分,确定为定型的生产制度尺寸,这就完成了某一环节的标准系列。由物流模数体系,可以确定各环节系列尺寸,如图 16-3 所示。

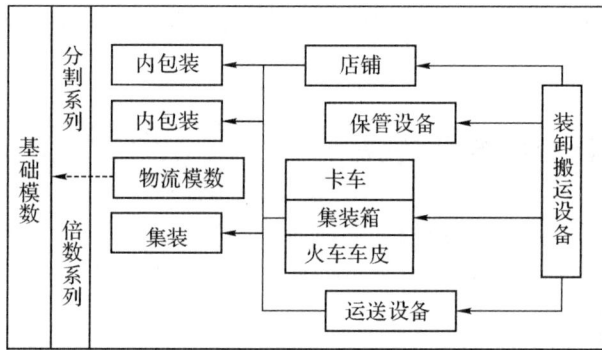

图 16-3　系列尺寸推导

目前,ISO 对物流系统标准化的研究工作还在进行中,但对于物流标准化的重要模数尺寸已大体上取得了一致的意见并拟订出了初步的方案。作为物流标准化的基础和物流标准化,首先要拟订数据,几个基础模数尺寸如下:

①物流基础模数尺寸,即 600 毫米×400 毫米。

②物流模数尺寸(集装基础模数尺寸),即以 1200 毫米×1000 毫米为主,也允许 1200 毫米×800 毫米及 1100 毫米×1100 毫米存在。

4. 识别与标志标准技术

(1)传统的识别与识别的标准方法

在物流系统中,识别系统是必要的组成部分之一,同时,识别系统也是最早实现标准化的系统之一。在物流领域,识别标记主要用于货物的运输包装上。传统的标准化,将包装标记分为 3 类,即识别标记、储运标记和危险货物标记。

①识别标记。包括主要标记、批数与件数号码标记、目的地标记、体积重量标记、输出地标记、附加标记和运输号码标记。

②储运标记。包括向上标记、防湿防水标记、小心轻放标记、由此起吊标记、由此开启标记、重心点标记、防热标记、防冻标记及其他诸如"切勿用钩""请勿斜放、倒置"标记等。

③危险货物标记。包括爆炸品标记、氧化剂标记、无毒不燃气体标记、易燃压缩气体标记、有毒压缩气体标记、易燃物品标记、自然物品标记、遇水燃烧物品标记、有毒物品标记、腐蚀性物品标记、放射性物品标记等。

传统标记方法简单、直观,这是很大的优点。但是,正因为如此,就限制了标志的内容,有许多应标记的项目不能被标记上。标记过于简单,也往往使人难以掌握得清楚透彻。此外,由人来识别标记,往往会出现识别错误,造成处置失当。因为人的识别反应速度有限,所以难以对大量、快速、连续运动中的货物做出准确的识别。

（2）自动识别与条形码标志

"自动识别＋条形码"是"人工识别＋标志"的一大进步,这种技术使识别速度提高了几十倍甚至上百倍,并使识别的准确程度达到了几乎无一失误,这是提高效率的重要进展。

"自动识别＋条形码"之所以能广泛实施,关键在于条形码的标准化,使自动识别的电子数据可以成为共享的数据,这样才能提高效率。和一般标志不同的是,条形码有大得多的数据储存量,可以将物流有关信息都包含在内,这是图记标记所不能做到的地方。条形码的重大缺陷是缺乏直观性,只能和自动识别系统配套使用,而无法人工识别,由此,条形码的提示、警示作用则远不如图记标识。

5.自动化仓库标准

自动化仓库标准主要内容有以下几个方面。

（1）名词术语的统一解释

这是自动化仓库的基础标准,统一使用词汇之后,可以避免设计、建造和使用时的混乱。一般而言,大体应由以下几部分组成：

①自动化仓库的设施、建筑、设备的统一名称,包括种类、形式、构造、性能等。

②自动化仓库内部定位名称,例如日本工业标准（JISB8940）是用以下语言定位的。W 方向,表示与巷道机运行方向垂直的方向;L 方向,表示与巷道机运行方向平行的方向。

③操作、运行的指令、术语等。

（2）立体自动化仓库设计的通用规则

通用规则包括适用范围、用语含义解释、货架、堆垛起重机、安全装置、尺寸、性能计算、表示方法等。

（3）立体自动化仓库安全标准

这部分规定了安全设施、措施、表示符号等,例如防护棚网标准、作业人员安全规则、操作室安全规则、设备自动停止装置、设备异常时的保险措施、紧急停止装置、禁止入内等。

（4）立体自动化仓库建设设计标准

立体自动化仓库建设设计标准和一般建筑设计标准的区别在于,要根据物流器具特点确定模数尺寸。标准还包括面积、高度、层数的确定,建筑的安全、防火、防震规定,仓库门、窗户尺寸及高度确定等。

16.2.3　发达国家物流标准化的现状及发展

日本是对物流标准化比较重视的国家之一,标准化的速度也很快。日本政府工业技术院委托日本物流管理协会花了 4 年时间对物流机械、设备的标准化进行调查研究,目前已提出日本工业标准(JIS)关于物流方面的若干草案,内容涉及:①物流模数体系,②集装的基本尺寸,③物流用语,④物流设施的设备基础,⑤输送用包装的系列尺寸(包装模数),⑥包装用语,⑦大型集装箱,⑧塑料制通用箱,⑨平托盘,⑩卡车车厢内壁尺寸等方面。

世界其他的国家也在努力修改本国的物流模数尺寸和有关的物流标准,以便和国际物流标准模数尺寸接轨。例如,英国、美国、加拿大等都已经打算放弃本国国内原来使用的模数尺寸,而改用国际物流模数尺寸。表 16-1 显示了世界各国参加国际物流标准化的情况以及我国对相应的管理标准的归口管理情况。

表 16-1　国际物流标准化委员会参加者名单

编　号	名　称	秘书国	我国归口原技术单位
ISO　TC7	造船	荷兰	全国船舶技术委员会秘书处
ISO　TC22	公路车辆	法国	机械部长春汽车研究所
ISO　TC51	托盘	英国	铁道部标准所
ISO　TC63	玻璃包装容器	捷克斯洛伐克	轻工部玻璃研究所
ISO　TC96	起重机	澳大利亚	机械部起重运输机械研究所
ISO　TC100	链条及链轮	英国	机械部标准所
ISO　TC101	连续装卸设备	法国	机械部起重运输机械研究所
ISO　TC104	集装箱	美国	全国集装箱标准化技术委员会秘书处
ISO　TC110	产业车辆	法国	机械部起重运输机械研究所
ISO　TC122	包装	加拿大	中国出口商品研究所
ISO　TC883	货物作业标志		
ISO　TC4	物流(协调有关标准)		国家经贸委综合运输所

16.3　条形码在国际物流中的应用

早在 20 世纪 40 年代发明的条形码技术,直到 70 年代之后,才得到了普遍应用,并且从初期在商品零售领域中使用条形码(简称"条码"),到现在工业、国防、医疗、仓储、物流等系统中都广泛采用了条形码技术。同时,条形码应用也越来越向自动化、智能化方向发展。

16.3.1 条形码的基本概念

条形码是一种先进的物品编码技术,条形码的识别技术也是一种广泛应用于商业、邮政、图书管理、仓储、工业生产过程控制、交通等领域的自动识别技术,具有输入速度快、准确度高、成本低、可靠性强等优点,在当今的自动识别技术中占有重要的地位。

1.条形码的定义

条形码是一种在商品外表借助按一定规则排列的不同宽度的深色和浅色条组合来表示商品编号的编码方法,能够通过专门的阅读设备来自动识别条形码,并还原成商品编号传送给计算机。条形码中深颜色反射率较低的线条,简称"条",条形码中浅颜色反射率较高的线条,简称"空"。

通常对于每一种商品,它的编码是唯一的,识别的条形码仅仅是商品的编号,还要通过计算机检索数据库,根据编号找到物品其他有关的信息,再由计算机的应用程序对其进行操作和处理。

2.条形码的符号结构

一个完整的条形码符号及排列方式如图 16-4 所示。

静区	起始字符	数据字符	校验字符	终止字符	静区

图 16-4 条形码符号结构

(1)静区

静区是指条形码左右两端外侧与空的反射率相同的限定区域,它能使阅读器进入准备阅读的状态,当两个条形码相距距离较近时,静区则有助于对它们加以区分。

(2)字符

字符用来表示一个数字或字母或符号的一组条形码深色的条或浅色的空。

(3)起始/终止字符

起始/终止字符是指位于条形码开始和结束的若干条与空,标志条形码的开始和结束,同时提供了码制识别信息和阅读方向的信息。

(4)数据字符

位于起始字符后面的字符,标志一个条形码符号的值,其结构异于起始字符,可允许进行双向扫描。

(5)校验字符

校验字符代表一种算术运算,条形码阅读器在对条形码进行识读并解码时,对读入的数据字符进行约定的运算,如运算结果与校验字符数值相同,则可判断本次识读有效;反之,本次识读无效。

3.条形码的码制

条形码的码制是指因条形码条和空的排列规则不同构成了不同的码制,一般可分为一维条码和二维条码两大类。

(1)一维条码

一维条码是在一个方向(一般是水平方向)表达信息,而在垂直方向则不表达任何信息,保持一定的高度通常是为了便于阅读器对准扫描。典型的码制有 EAN 码、UPC 码、39 码、25 码、交叉 25 码、1128 码、93 码、库德巴码(Codabar code)和 PDF417 码等。

(2)二维条码

二维条码可以分为层排式和矩阵式两种二维条码。

层排式二维条码形态上是由多行一维条码叠加而成,具有代表性的层排式二维条码包括 PDF417、Code 49、Code 16K 等。其条码中包含附加的格式信息,信息容量可以达到 1K。例如,PDF417 码可用来为运输/收货标签的信息编码,它作为 ANSI MH10.8 标准的一部分,为"纸上 EDI"的送货标签内容编码,这种编码方法被许多的工业组织和机构采用。层排式二维条码可用一维的线性扫描阅读器或 CCD 二维图像式阅读器来识读。

矩阵式二维条码以矩阵的形式组成,在一个规则的印刷(格子)内用点(方形或圆形等)的出现表示二进制"1",点的不出现表示二进制"0",通过多个"1"与"0"的组合来表示信息。如 Code one、Aztec、Date、Matrix、QR 码等。

矩阵式二维条码带有更高的信息密度,可以作为包装箱的信息表达符号,在电子半导体工业中,将 Date Matrix 用于标识小型的零部件。矩阵式二维条码只能被二维的 CCD 图像式阅读器识读,并能以全向的方式扫描。

(3)复合码(CS)

复合码是一种由一维条码和二维条码等不同的条码叠加在一起而构成的一种新的码制,以实现在读取一维条码所表示的商品单品识别信息的同时,还能够通过读取二维条码来获取更多描述商品物流特征的信息,主要用于物流及仓储管理。复合码是于 1999 年初由 EAN 与 UCC 合作联合推出的一种全新的适合各个行业应用的物流条码标准,其有利于加强对物流商品的单品管理,提高物流管理中商品信息自动采集的效率。

在设计复合码时,应使一维条码数据内容与二维条码数据 PDF417 的数据内容互相关联,以免扫描条码时造成一维条码数据和二维条码数据内容无法配对的错误,从而解决了多年未能解决的在一维条码的数据与二维条码的数据之间建立一种绝对的联系的问题,同时满足了用户既要表示商品或包装箱的单品标识信息,又要表示商品或包装箱的描述性信息的需求。

16.3.2　一维条码技术的应用

1.大型超市管理中的条码技术应用

目前,现代的大型超市,充分利用条码技术进行管理,再配合先进的电脑技术及自动识别技术,能够提高超市的管理水平,使超市的行政架构得以精简,减少工作强度及人力。清楚地了解货品的进、销、存和流向等资料,对掌握超市的季节性变化至关重要,而产品资料的实时性收集,更会加快超市的运作效率,提高超市的各项数据报告的精确度。

(1)商品流通的管理

超市中的商品流通包括收货、入库和出库、盘点、查价、销售等,具体操作如下:

1)收货

收货部员工手持无线手提终端,通过无线网与主机连接的无线手提终端上已有本次要收的货品名称、数量、货号等资料,通过扫描货物自带的条码,确认货号,再输入此货物的数量,无线手提终端上便可马上显示此货物是否符合订单的要求。如果符合,便开始入库步骤。

2)入库和出库

入库和出库其实是仓库部门重复以上的步骤,增加这一步骤仅仅是为了管理的需要,可以落实各部门的责任,也可防止有些货物收货后需直接进入商场而不入库所产生的混乱。

3)盘点

盘点是仓库部门最重要的环节。以前的盘点,必须暂停营业来进行手工清点,盘点期间对生意的影响很大。而大型超市的盘点方式已进行改进和完善,其主要分为抽盘和整盘两部分:抽盘是指每天的抽样盘点,每天分几次,理货员只需手拿无线手提终端,通过无线网按照计算机传输过来的主机指令,到指定货架,扫描指定商品的条码。确认商品后对其进行清点,然后把资料通过无线手提终端传输至主机,主机再进行数据分析。整盘就是整店盘点,是一种定期的盘点,超市分成若干区域,分别由不同的理货员负责,也是通过无线手提终端得到主机上的指令,按指定的路线、指定的顺序清点货品,然后,不断把清点资料传输回主机,盘点期间不影响超市的正常运作。因为平时做的抽盘和定期的整盘加上所有的工作都是实时性地和主机进行数据交换,所以,主机上资料的准确性十分高,整个超市的运作也一目了然。

4)查价

查价是超市的一项烦琐的任务。因为货品经常会有特价或调整的时候,混乱也容易发生,所以售货员手提无线手提终端,腰挂小型条码打印机,按照无线手提终端上的主机数据检查货品的变动情况,对应变价却还没变的货品,马上通过无线手提终端连接小型条码打印机打印更改后的全新条码标签,贴于货架或货品上。

5)销售

销售是超市 POS 系统应用条码进行销售的最主要的场合,在结账时收款员通过扫描商品上的条码,并根据商品条码的编号检索商品数据库,显示该商品的品名、单价,收款员输入数量。收款员逐一完成全部商品的扫描和输入后,即可通过电脑进行小计、打印票据、收款结账。因此,在销售的同时,可以收集包括商品、收款员、商品供货商、顾客等多种信息,是商场的管理决策内部信息源提供的主要来源。

(2)客户的管理

客户的信息管理可分为下游的顾客管理和上游的供应商管理。

1)会员制超市的顾客管理

新的客户要到会员制超市购物,必须先到客户服务中心填好入会表格,服务中心马上通过 NBS 条码影像制卡系统为客户照相,并在 8 秒钟之内把条码影像会员卡发到客户手上。会员卡上将有客户的彩色照片、会员编号、编号条码、入会时间、类别、单位等资料。客户凭卡进入超市选购货物,在结账时出示会员卡,收款员通过扫描卡上的条码确认会员身份,并可把会员的购货信息储存到会员资料库,方便以后使用。在会员制超市使用条码卡进行管理,主要优点在于:低成本、高效率、资料准确。

2)供应商管理

使用条码对供应商进行管理,主要是要求供应商供应的货物必须有条码,以便进行货物的追踪服务。供应商必须把条码的内容含义清晰地反映给超市,超市将逐渐通过货品的条码进行订货。

2.在物料搬运系统中应用的条码识别技术

物料搬运系统的特点有:货品种类繁多,信息量大,包装规格不一,常常不能确定条码标签的方向和位置。以机场的旅客行李为例,行李有长有短,有大有小,有的竖立,有的平躺,行李标签在行李上的位置是不确定的,而行李在运输机上的位置也是不确定的。货品通过扫描器的速度比较快,随着流通量的不断增大,运输机的速度不断提高,货品通过扫描器时的相对速度也比较高,可达 2.5 米/秒。

16.3.2 二维条码的应用

20 世纪 90 年代发明的二维条码,能够表示商品的全部重要信息,具有信息容量大、可靠性高、保密防伪性强、易于制作、成本低等优点,满足了人们"资讯跟着商品走"的需求。

1.国际物流运输中的应用

典型的运输业务过程一般要经过供应商、货运代理、货运公司、货运代理、客户等环节,在每个环节过程中都牵涉到发货单据。发货单据含有大量的信息,包括发货人、收货人、货物清单、运输方式等,如果各个环节都要使用键盘重复录入,则效率低、差错率高,已不能适应现代运输业的要求。同时,对于货运商来说,往往还会出现货到而单证未到或晚到的情况,以至于因不能及时确认装箱单内容而影响了货物运输和正式运单的形成。

二维条码在这方面提供了一个很好的解决方案,按照美国货运协会(ATA)提出的纸上 EDI 系统的做法:发送方将 EDI 信息编成一张 PDF417 二维条码标签提交给货运商,通过扫描条码,信息立即传入货运商的计算机系统。这一切都发生在和货物同步到达的时间和地点,使得整个运输过程的效率大大提高。

2.国际物流中的物料跟踪

美国钢管公司在各地有不同种类的管道需要维护。为了跟踪每根管子,他们将管子的编号、位置编号、制造厂商、长度、等级、尺寸、厚度以及其他信息编成一个 PDF417 条码、制成标签后贴在管子上。当管子移走或安装时,操作员扫描条码标签,数据库信息就能得到及时更新。

工厂可以用二维条码跟踪生产设备,医院和诊所也可以用二维条码标签跟踪设备、计算机及手术器械。

16.3.4 复合码(CS)在商业及物流管理中的应用

二维条码解决了一维条码表示信息容量有限的问题,但随着商业及物流管理的发展,提出了标识微小物品及表述附加商品信息的需求,复合码采用 EAN/UCC128 一维条码和 PDF417 二维条码多种灵活的组合编码方式,是解决人们标识微小物品及表述附加商品信息的问题领域的成功运用。

1. 复合码在零售业中的应用

在零售业中,复合码的应用首先解决了微小物品的条码标识问题。利用原有的 EAN/UCC 条码标识微小物品时,只能用 8 位的 KAN/UCC 缩短码,所表述的信息仅为商品唯一编号(8 位数据)。这种缩短码由于信息容量小、占用面积大、号码资源紧张,给商业用户带来了诸多不便。采用复合码以后,有效地增加了单位面积条码的信息容量。其次,复合码的出现,为商店散装商品及蔬菜水果等的条码标识提出了理想的解决方案。借助于复合码,不但可以表示商品的单品编码,还可以将商品的包装日期、最佳食用日期等附加商品信息标识在商品上,便于零售店采集,以对保质的商品实施有效的计算机管理和监控。

2. 复合码在物流系统中的应用

在物流系统中,越来越多的应用证明,采集和传递更多的运输单元信息是非常必要的。而目前现有的 EAN/UCC128 码受信息容量的限制,无法提供满意的解决方案。

物流管理所需要的信息主要可分为两类:运输信息和货物信息。运输信息包括交易信息,诸如采购订单编号、装箱单及运输途径等。复合码中包含这些信息的好处在于供应链的各个环节都可以随时采集所需信息而无须依靠在线式数据库。将货物本身信息编在二维条码中是为了给 EDI 提供可靠的备份,从而减少对网络的依赖性。这些信息包括包装箱及所装物品、数量以及保质期等,掌握这些信息对混装托盘的运输及管理尤其重要。

采用复合码以后,这种以 KAN/UCC128 码及 PDF417 二维条码构成的复合码可将 2300 个字符编入条码中,从而解决了物流管理中条码信息容量不足的问题,极大地提高了物流及供应链管理系统的效率和质量。

可见,采用复合码,对供应链中各个环节的物流管理意义极大。

16.3.5 条形码技术在国际物流领域中的应用

与条形码在国内生产、流通领域的应用相比,条形码在国际物流领域的应用要复杂得多,也发挥了重大的作用。这是因为国际物流领域涉及的地域范围、商品范围和信息范围都要比国内生产、流通领域中要广得多。条形码在国际物流中的应用主要包括以下方面:

①进出口商品的订货业务。进出口商品进入仓库的检查验收处理、商品检查验收和外发、商品在库内的保存等,均采用条码技术进行识别、标签、定位入格等。

②大型国际配送、加工中心的货物分拣。采用条码技术进行识别、分拣、签贴、存放、再出库等。

③外贸商品检验。采用条形码技术对拣货单进行扫描,再进行检验。

④海关、银行等系统都可以运用条形码技术,加快相关通关、结算业务的速度。

⑤国际出口单证业务处理采用条形码技术进行操作,会更加高速化、准确化。

条形码技术在国际物流领域的应用趋势将是不断地向标准化、通用化、准确化方向发展。

16.4 EDI 的应用

EDI 问世于 20 世纪 60 年代,70 年代就有了行业性的 EDI 系统,集中应用在银行业、运输业和零售业。80 年代 EDI 的应用迅速发展,1986 年欧洲和北美 20 多个国家开发了用于行政管理、商业及运输业的 EDI 国际标准(EDIFACT)。随着增值网的出现和行业标准发展成为通用标准,EDI 的应用和跨行业发展大大加快。90 年代出现的互联网 EDI,使 EDI 从专用网扩大到互联网,降低了成本,满足国际物流信息系统对 EDI 的需求。

16.4.1 EDI 的概念

1. EDI 的含义

国际标准化组织(ISO)对 EDI 的定义是:为商务或行政事务按照一个公认的标准,形成结构化的事务处理或消息报文格式,从计算机到计算机的数据传输方法。

EDI 是一种在不同公司或组织之间,依据一定的协议和标准,利用计算机和通信技术进行的资料交换业务,是远程消息处理技术、数据通信技术和现代网络技术相结合的产物。

EDI 是电子商业贸易的一种工具,将商业文件如订单、发票、货运单、报关单和进出口许可证,按统一的标准编制成计算机能识别和处理的数据格式,在计算机之间进行传输。EDI 以电子单证代替纸面文件,因此有"无纸贸易"或"电子贸易"的美誉。

2. EDI 标准

标准化的工作是实现 EDI 互通和互联的前提和基础。EDI 的标准包括 EDI 网络通信标准、EDI 处理标准、EDI 联系标准和 EDI 语义语法标准等。

①EDI 网络通信标准。这是要解决 EDI 通信网络应该建立在何种通信网络协议之上,以保证各类 EDI 用户系统的互联。目前国际上主要采用 MHX(X.400)作为 EDI 通信网络协议,以解决 EDI 的支撑环境。

②EDI 处理标准。这是要研究那些不同地域不同行业的各种 EDI 报文相互共有的"公共元素报文"的处理标准,与数据库、管理信息系统(如 MPRII)等接口有关。

③EDI 联系标准。这是解决 EDI 用户所属的其他信息管理系统或数据库与 EDI 系统之间的接口。

④EDI 语义语法标准（又称 EDI 报文标准）。这是要解决各种报文类型格式、数据元编码、字符集和语法规则以及报表生成应用程序设计语言等。

为了在国际贸易中更快、更省、更好地使用 EDI,世界各国特别是欧美等工业发达国家,都在强烈要求统一 EDI 国际标准。即"讲一种语言、用一种标准"。

在 EDIFACT 被 ISO 接受为国际标准之后,国际 EDI 标准就逐渐向 EDIFACT 靠拢。ANSI. X12 和 EDIFACT 两家已一致同意全力发展 EDIFACT,使之成为全世界范围内能接受的 EDI 标准。1997 年,X12 和 EDIFACT 标准合二为一,使家间用统一的标准进行电子数据交换成为现实。

16.4.2　EDI 对企业的作用

EDI 的快速、准确等特性,能为用户带来实质性的好处,主要包括 3 个方面。直接的好处,主要表现为 EDI 可高速、准确地传递信息;间接的好处,表现为 EDI 的应用可以改善企业的内部管理,提升企业的管理绩效;战略上的好处,主要表现在企业实施了 EDI 系统,改善了企业的市场地位。

EDI 的应用为企业带来的效益增加或成本的减少,具体表现在以下几个方面。

1. EDI 正在成为企业生存的支柱

在当今信息技术飞速发展的今天,对信息技术的应用能力已经成为企业实力的一个方面。很多的企业都希望其贸易伙伴能够采用 EDI 系统进行信息的交流和传递,而且这种趋势还在继续。在这些行业里,EDI 的应用已经成为一种必备的条件、一种行业的风范,在国际物流领域中尤为突出。因此,在 EDI 迅猛发展的今天,EDI 已经成为企业赖以生存的支柱;没有 EDI,企业将会被市场淘汰。有了 EDI 就会大大改善企业在激烈竞争的市场中的地位,使企业处于主动有利的地位。

2. 为企业带来成本的节约

EDI 的应用能够给企业带来成本的节约主要表现在:减少单据处理任务和费用,减少人事的层次和更好地安排人事,减少库存和储运费用,减少企业的其他业务的成本支出,减少含有差错的商业单据和遗失单据的数量来降低差错成本等。

商业单据的一个微小的差错将会造成巨大的经济损失,尤其是在国际贸易和国际物流领域中,这种现象更为明显。由于 EDI 减少了同一信息被输入不同计算机系统的次数,也就减少了差错的可能性;不需要重新输入,也就没有新的差错产生。EDI 软件中的编辑检验功能,能在数据输入阶段就发现产生的数据差错。EDI 的功能性数据会自动传送发送信息的一方,这就让发送方及时了解单据已被接收,就不会因数据遗失而导致整条生产线的关闭。

3. 改进企业内部的操作,提升管理绩效

EDI 的使用,在改善了企业内部管理和操作的同时,也提高了人的工作效率。因为 EDI 消除了大量通常用在准备单据上的工作,企业的管理人员可以腾出时间用于更为有效的工作。例如,一个采购部经理过去要花 80% 的时间用于纸张单据的操作,而只有 20% 的时间用于采购。由于 EDI 的应用,他就可以把绝大部分的时间用于真正采购、寻找货源和谈判等方面的工作,而从繁杂的单据处理工作中脱离出来,提高了工作的效率,也带来了管理绩效的提升。

4.改善企业与客户之间的业务关系

通过 EDI,用户可以极大地提高对客户的服务水平,而且由于 EDI 的快速响应能力,也提高了企业的销售量;EDI 快速传递订单的能力,又使客户能迅速调整在市场中的地位。现在许多有远见的企业家都认为,EDI 实际上延伸了组织的界限,把贸易伙伴也包括进来了。这种由 EDI 产生的联系,非常有利于加强贸易伙伴之间的关系。

5.提高企业的国际市场竞争能力

EDI 可以帮助企业提高适应当今全球市场快速变化的能力,从而可以有效地提高企业在国际市场中的竞争能力。企业国际交往中旧的通信方式限制了企业的国际竞争能力,这些方式不能提供企业需要的高效率,不能适应全球商务和物流的快节奏需要。EDI 使企业与制造商之间关系更加紧密,同时也改善了国际贸易单据的流通,提高国际物流的通过能力。

16.4.3　我国外贸行业应用 EDI 技术的必要性

我国外贸行业应用 EDI 技术的必要性,具体体现在以下几个方面。

1.EDI 法律规则的出现

随着世界经济格局向多极化、区域化发展,各发达国家和地区为保护其经济利益,都非常重视发展 EDI 技术。联合国贸易发展会议早在 1989 年年终报告中就指出:正在进行的这项信息技术(EDI)引起的革命将对生产方式和经济结构产生巨大的影响,任何国家和地区都不可等闲视之。在 1993 年 10 月,联合国贸发会电子数据交换组在维也纳召开了第二十六届会议,世界上 46 个国家和国际组织的代表团(其中包括中国在内)出席了这次会议,通过此次会议,EDI 统一法的结构已经明确,EDI 所涉及的法律问题也基本上确立,国际上第一次出现了世界 EDI 法律规则的基础。

2.统一惯例的修改

国际商会跟单信用证统一惯例特别强调:"如果开证行以有效的电讯传递方式指示通知行通知信用证或信用证修改书,该电文应视为有效信用证文件或有效修改书,且无须邮寄确认。如邮寄确认书已被发出,则该邮寄确认书也是无效的,通知行亦无义务对该邮寄确认书与经电讯收悉的有效信用证文件或有效修改书进行核对。"这就使电子单证与书面文件具有同样的法律效力。因此,我国的法律也应尽快确认电子单证与电子数据的法律效力,同时也应尽快搞好 EDI 标准化工作,促使我国的国际贸易方式与国际商会的最新国际贸易术语解释通则、跟单信用证统一惯例等国际贸易惯例接轨。这对我国国际贸易和国际物流的发展具有重大意义。

3.国际上 EDI 的应用

EDI 是一项新技术,许多发达国家在 EDI 应用方面已走到了前列。日本在销售、贸易和运输行业应用 EDI 技术已经很普遍,并且已经开发出多个跨行业贸易的 EDI 网络。欧洲许多国家已在汽车、化学、运输等行业建立了 EDI 标准和网络,在这些行业中,EDI 几乎成了做生意的唯一途径。在美国目前排名在前 100 家及前 500 家的大企业中,采用 EDI 技术的分别达到 97% 和 65%。同时有的国家对未采取 EDI 的国家商品采取歧视政策,如美国海关宣布自 1992 年开始全国采用 EDI 方式处理海关业务,对使用 EDI 的进口许可证和报关文件优先受理。对那些尚未具备使用 EDI 技术的国家的进口商品,海关手续会推迟受理,这在无形中形成了一种新的贸易壁垒。这就进一步削弱了这些国家的竞争力,降低了商品的竞争地位。因此,我国全面推行 EDI 贸易方式已是国际形势所迫,必须实行。

4.我国对外贸易量增长的需要

我国的进出口贸易额和国际物流量正在迅速地增长,这就势必伴随着更多的单据、文本需要处理,有更多的信息需要传递。因此,为了更好地适应我国对外贸易和国际物流的发展趋势,更好地融入全球化的竞争范围中,更好地适应日益激烈的全球化竞争,在我国迅速推广应用 EDI 技术已是我国外贸发展的必由之路。

在国际物流信息系统应用方面,GPS、RFID 等也越来越广泛地被应用,读者可参阅相关书籍。

思考题

1.描述国际物流信息系统的结构与功能。

2.何谓国际物流标准化? 国际物流标准化的主要内容是什么?

3.条形码如何应用在国际物流系统中?

4.我国国际物流管理过程中使用 EDI 的现状如何?

参考文献

[1]陈代芬,姜宏.国际物流报关实务.北京:人民交通出版社,2002.

[2]陈海宽等.交通运输服务贸易与物流.北京:中国海关出版社,2002.

[3]程言清,李秋正.港口物流管理.北京:电子工业出版社,2007.

[4][美]道格拉斯·朗.国际物流:全球供应链管理.刘凯等译.北京:电子工业出版社,2006.

[5]丁立言等.国际物流学.北京:清华大学出版社,2000.

[6]董维忠.对我国保税区和保税物流园区发展的认识与建议.宏观经济研究,2005(5):52-55.

[7]高明波.物流管理信息系统.北京:对外经济贸易大学出版社,2008.

[8]高融昆.中国海关的制度创新和管理变革.北京:经济管理出版社,2002.

[9]郭春荣,郑秉秀.浅析我国海关便捷通关模式.对外经贸实务,2006(5):61-62,80.

[10]海关总署报关员资格考试教材编委会.报关员资格全国统一考试教材.北京:中国海关出版社,2008.

[11]何明珂.现代物流与配送中心.北京:中国商业出版社,1997.

[12]黄祖庆,汤易兵等.现代物流管理.北京:科学出版社,2007.

[13]宋柏.跨国公司全球物流运作与管理.上海:中国纺织大学出版社,2001.

[14]宋德驰.中国港口与运输实务.北京:人民交通出版社,1999.

[15]宋华.现代物流与供应链管理.北京:经济管理出版社,2000.

[15]孙家庆.国际航运代理理论与实务.大连:大连海事大学出版社,2002.

[17]唐渊.国际物流学.北京:中国物资出版社,2004.

[18]王任祥等.现代港口物流管理.上海:同济大学出版社,2007.

[19]王学锋,陆琪,马修军.国际物流地理.上海:上海交通大学出版社,2005.

[20]王义源,曾凯.远洋运输业务.北京:人民交通出版社,2003.

[21]王之泰.现代物流管理.北京:中国工人出版社,2001.

[22]吴百福.进出口贸易实务教程.上海:上海人民出版社,2004.

[23]夏火松.物流管理信息系统.北京:科学出版社,2007.

[24]谢国娥.海关报关实务.上海:华东理工大学出版社,2000.

[25]徐力等.检验检疫原理与实务.上海:上海交通大学出版社,2007.

[26]许可,夏斯顺.海关通关实务.北京:对外经济贸易大学出版社,2001.

[27]阎景棠,鲁培勇,张英林.通关实务.北京:中国海关出版社,2002.

[28]杨才春,顾永才.国际物流.北京:首都经济贸易大学出版社,2003.

[29]张海波.我国保税经济区的演进轨迹探析.学术交流,2007(3):112-114.

[30]郑俊田.中国海关通关实务.北京:中国对外经济贸易出版社,2002.

[31]中国国际货运代理协会.国际货运代理理论与实务.北京:中国商务出版社,2007.

[32]http://www.21shipping.com

[33]http://www.customs.gov.cn

[34]廖倩,袁持平.国际贸易实务.北京:清华大学出版社,2019.

[35]王斌义.港口物流.北京:机械工业出版,2018.

[36]孙家庆,刘翠莲等.港口物流理论与实务.北京:中国物资出版社,2013.

附　录

样单 3-1

浙江省机械设备进出口公司
ZHEJIANG MECHINERY & EQUIPMENT IMPORT & EXPORT CORP

托　运　单
SHIPPING ORDER

托运人: Export	托运单号 No. : 日期 Date： 托运港 Loading Port： 目的港 Destination： 提单号 B/L No.：
收货人: Consignee	通知人: Notify

标记 Shipping Marks	件数 Quantity	货名 Description of Goods	净重 Net Weight	毛重 Gross Weight	尺码 Measurement

TOTAL：

可否分批 Partial Shipment：　　　　　　　正本 Original B/L：
可否转船 Transhipment：　　　　　　　　副本 Copy of B/L：
装船日期 Latest Shipment Date：　　　　　货存地点 Goods in：
结汇期限 Expiry Date：　　　　　　　　　发票金额 Amount：
运费缴付方式：　　　　　　　　　　　　　L/C号：
发票号 Invoice No. :　　　　　　　　　　合同号 S/C No. :
货证情况：
运输方式：

运费吨：　　　　　　　运费率：　　　　　　　运费金额：

特殊条款：

ZHEJIANG MECHINERY & EQUIPMENT
IMPORT & EXPORT CORP

样单 3-2

| Shipper | BILL OF LADING | B/L No. |

| Consignee | |

中国远洋运输（集团）总公司
CHINA OCEAN SHIPPING （GROUP） CO.

| Notify Party |

	Cable:		Telex:	
	COSCO PEKING		22264	CPCPK CN
		CANTON	44080	COSCA CN
		SHANGHAI	33057	COSCO CN
	COSCO	TSINGTAO	32037	OCSQD CN
		TIENTSIN	23221	TOSCO CN

| ·Precarriage by | ·Place of Receipt by Pre carrier | | DAIREN | 86162 | DOSCO CN |

ORIGINAL

| Ocean Vessel Voy. No. | Port of Loading |

| Port of Discharge | ·Final destination （if goods to be transhipped at port of discharge） | Freight payable at | Number of original Bs/L |

| Marks & Nos. | Number and kind of packages； description of goods | Gross weight kos | Measurement m³ |

Particulars Furnished by Merchants

TOTAL PACKAGES （IN WORDS）

Freight and charges

Shipped on board the vessel named above in apparent good order and condition （unless other wise indicated） the goodsor packages specified herein and to be discharged at the above mentioned port or discharge or as near thereto as the vessel may safely get and be always afloat. The weight, measure, marks, numbers, quality, contents and value， being particulars turnished by the Shipper， are not chacked by the Carryier on loading. The Shipper. Consignee and the Holder of this Bill of Lading hereby expressly accept and agree to all printed， written or stamped provisions， exceptions and conditions of this Bill of Lading， including those on the backhereof.

In witness whereof， the Carrier or his Agents his signed Bills of Lading all of this tenor and date， one of which being accomplished， the others to stand void.

Shippers are requested to note particularty the exceptions and conditions of this Bill of Lading with reference to the validity of the insurance upon their goods.

Place and date of issue：

Signed for the Carrier

Applicable only when document used as
a Through Bill of lading

（COSCO STANDARD FORM 06） Printed in 1986

样单 3-3

集装箱发放/设备交接单
EQUIPMENT INTERCHANGE RECEIPT　　OUT出场

NO.

用箱人/运箱人（CONTAINER USER/HAULIER）			提箱地点（PLACE OF DELIVERY）
发往地点（DELIVERED TO）		返回/收箱地点（PLACE OF RETURN）	
船名/航次 （VESSEL/VOYAGE NO.）	集装箱号 （CONTAINER NO.）	尺寸/类型 （SIZE/TYPE）	营运人 （CNTR. OPTR.）
提单号 （B/L NO.）	铅封号 （SEAL NO.）	免费期限 （FREE TIME PERIOD）	运载工具牌号 （TRUCK，WAGON，BARGE NO.）
出场目的/状态 （PPS OF GATE–OUT/STATUS）	进场目的/状态 （PPS OF GATE–IN/STATUS）		出场日期 （TIME–OUT）
			月　　日　　时

出场检查记录（INSPECTION AT THE TIME OF INTERCHANGE）			
普通集装箱 （GP CONTAINER）	冷藏集装箱 （RF CONTAINER）	特种集装箱 （SPECIAL CONTAINER）	发电机 （GEN SET）
□正常（SOUND） □异常（DEFECTIVE）	□正常（SOUND） □异常（DEFECTIVE）	□正常（SOUND） □异常（DEFECTIVE）	□正常（SOUND） □异常（DEFECTIVE）

损坏记录及代号（DAMAGE & CODE）

BR 破损 （BROKEN）	**D** 凹损 （DENT）	**M** 丢失 （MISSING）	**DR** 污箱 （DIRTY）	**DL** 危标 （DG LABEL）

左侧（LEFT SIDE）　　右侧（RIGHT SIDE）　　前部（FRONT）　　集装箱内部（CONTAINER INSIDE）

顶部（TOP）　　底部（FLOOR BASE）　　箱门（REAR）

如有异状，请注明程度及尺寸（REMARK）．

（1）外代留底

除列明者外，集装箱及集装箱设备交接时完好无损，铅封完整无误。
THE CONTAINER/ASSOCIATED EQUIPMENT INTERCHANGED IN SOUND CONDITION AND SEAL INTACT UNLESS OTHERWISE STATED

用箱人/运箱人签署　　　　　　　　　　　码头/堆场值班员签署
（CONTAINER USER/HAULIER'S SIGNATURE）　　（TERMINAL/DEPOT CLERK'S SIGNATURE）

様单 3-4

(1)

广东省纺织品进出口针织品有限公司

GUANGDONG TEXTILES IMP. & EXP. KNITWEARS COMPANY LIMITED

15/F., GUANGDONG TEXTILES MANSION, 168 XIAO BEI ROAD, GUANGZHOU, CHINA

装　箱　单（2）

PACKINGLIST

Exporter：(3)

GUANGDONG TEXTILES IMP. & EXP.
KNITWEARS COMPANY LIMITED
15/F., GUANGDONG TEXTILES
MANSION，168 XIAO BEI ROAD,
GUANGZHOU，CHINA.

Date：OCT. 05，1997(4)

Invoice No.：　YSM1999B (5)

B/Lading No.：　EWTE78125B (6)

S/C No.：　GD-98TX2509 (7)

Transport Details：(8)
from GUANGZHOU to SAN ANTONIO.
W/T HONG KONG BY VESSEL
Shipped per：G. H. V. 2111/SAN JOSE V. 9205E

标 记 Shipping Marks	件 数 Quantity	货 名 Description of Goods	净 重 Net Weight	毛 重 Gross Weight	尺 码 Measuremant
(9) JOHNSONS 97KCS05107 SAN ANTONIO CHILE No. 1－80 MADE IN CHINA	(10) 50PCS/CAR- TON 80CARTONS	(11) GARMENTS (100% COTTON JERSEYBABY'S OVERALL) 4000PCS	(12) @4.00KGS 320.00KGS	(13) @5.00KGS 400.00KGS	(14) @(42×23×25)CM 1.932CBMS
JOHNSON'S 97KCS05111 SAN ANTONIO CHILE No. 1－80	50PCS/CAR- TON 80CARTONS	GARMENTS (100% COTTON BABY UNDER WEAR 4000PCS	@8.50KGS 680.00KGS	@10.00KGS 800.00KGS	@（55×30×34)CM 4.420CBMS
160CARTONS			1000.00KGS	1200.00KGS	6.352CBMS

(15) Total Quantiy：8000PCS
　　Total：ONE HUNDRED AND SIXTY CARTONS ONLY.
(16) L/C No.：GDP976578

(17)
GUANGDONG TEXTILES IMP. &
EXP. KNITWEARS COMPANY LIMITED

国际物流
GUOJI WULIU

样单 3-5

▽

_____

Shipper（发货人）

_____

Consignee（收货人）

_____

Notify Party（通知人）

_____

Pre-carriage by（前程运输） Place of Receipt（收货地点）

_____

Ocean Vessel（船名）Voy. No.(航次）Port of Loading（装货港）

D/R No.（编号）

场站收据
DOCK RECEIPT

Received by the Carrier the Totailumber of-containers or other packages or units stated below to be transported subject to the terms and conditions of the Carrier's regular form of Bill of Lading（for Combined Transport or Port to Port Shipment）which shall be deemed to be incorporated herein.
Date（日期）：

场站章

Port of Discharge（卸货港） Place of Delivery（交货地点）	Final Destination for the Merchant's Reference（目的地）

Container No.（集装箱号）	Seal No.(封志号) Marks & Nos.（标记与号码）	No of containers of p'ks（箱数或件数）	Kind of Packages Description of Goods（包装种类与货名）	Gross Wight（公斤）	Measurement 尺码（立方米）

Particulars Furnished by Merchants（托运人提供洋细情况）

TOTAL NUMBER OF CONTAINERS
OR PACKAGES（IN WORDS）
集装箱数或件数合计（大写）

Container No.（箱号）Seal No.（封志号）Pkgs(件数) Container No.（箱号）Seal No.（封志号）Pkgs(件数)

	Peceived（实收）	By Terminal Clerk.（场站员签字）
FREIGHT & CHARGES	Prepaid at（预付地点） Payable at（预付地点）	Place of lssue(签发地点)
	Total Prepaid(预付总额) No of Original B(s)/L(正本提单份数)	BOOKING（订舱确认）APPROVED BY

Service Type on Receiving □–CY □–CFS. □–DOOR	Service Type on Delivery □–CY □–CFS. □–DOOR	Reefer Temperature Required（冷藏温度）	°F	℃
TYPE OF GOODS（种类）	□ Ordinary.（普通） □ Reefer.（冷藏） □ Dangerous.（危险品） □ Auto.（裸装车辆）	危险品	Class Property.
	□ Liquid.（液体） □ Live Animal.（活动物） □ Bulk.（散货）□ _____		IMDG Code page: CN No.

样单 12-1

中华人民共和国海关出口货物报关单

预录入编号：   海关编号：

出口口岸		备案号		出口日期		申报日期	
经营单位		运输方式	运输工具名称		提运单号		
收货单位		贸易方式		征免性质		征税比例	
许可证号		运抵国（地区）		指运港		境内目的地	
批准文号		成交方式	运费		保费		杂费
合同协议号		件数	包装种类		毛重（千克）		净重（千克）
集装箱号		随附单据				生产厂家	
标记唛码及备注							

项号	商品编号	商品名称、规格型号	数量及单位	原产国（地区）	单价	总价	币制	征免

税费征收情况

录入员　录入单位	兹声明以上申报无讹并承担法律责任	海关审单批注及放行日期（签章）	
报关员		审单	审价
单位地址　申报单位（签章）		征税	统计
邮编　　电话　　填制日期		查验	放行

样单 12-2

中华人民共和国海关进口货物报关单

预录入编号：　　　　　　　　　　　　　　　　　　　　　海关编号：

进口口岸		备案号		进口日期		申报日期
经营单位		运输方式		运输工具名称	提运单号	
收货单位		贸易方式		征免性质	征税比例	
许可证号		起运国(地区)		装运港	境内目的地	
批准文号		成交方式	运费	保费		杂费
合同协议号		件数	包装种类	毛重(千克)	净重(千克)	
集装箱号		随附单据			用途	

标记唛码及备注

项号	商品编号	商品名称、规格型号	数量及单位	原产国(地区)	单价	总价	币制	征免

税费征收情况

录入员　录入单位	兹声明以上申报无讹并承担法律责任	海关审单批注及放行日期(签章)	
报关员		审单	审价
单位地址　申报单位(签章)		征税	统计
邮编　　电话　　填制日期		查验	放行

样单 13-1

中华人民共和国浙江进出口商品检验局
ZHEJIANG IMPORT & EXPORT COMMODITY INSPECTION 正 本
BUREAU OF THE PEOPLES REPUBLIC OF CHINA ORIGINAL
No.

地址:浙江省杭州宝石二路 8 号
Address：8. Baoshi 2nd Road
　　　（E. l.），Zhejiang
电报:浙江 2914
Cable：2914，ZHEJIANG
电话 Tel：63211285

检 验 证 书
INSPECTION CERTIFICATE

日期 Date：

QUALITY

发货人：
Consignor _____

收货人：
Consignee _____

品　名：
Commodity _____

标记及号码：
Marks & No. _____

报验数量/重量：
Quantity/Weight

Declare _____

检验结果：
RESULTS OF INSPECTION：

We hereby certify that the goods are of the above-mentioned
quantity and of sound quality.

样单 13-2

中华人民共和国出入境检验检疫
出境货物报验单

报验单位(加盖公章):浙江纺织品进出口公司   编 号: LD-DRGSC01

报验单位登记号:03781   联系人:××× 电话:0571－87075888   报验日期:2001 年 5 月 10 日

发货人	(中文):浙江纺织品进出口公司				
	(外文):ZHEJIANG TEXTILES I/E CORP.				
收货人	(中文):				
	(外文):UNITED TEXTILES LTD.				
货物名物(中/外文)	H.S.编码	产地	数/重量	货物总值	包装种类及数量
床单 BED SHEETS 枕套 PILLOW CASES	61102001	中国	14400DOZS	884112USD	800CARTONS
运输工具名称号码	DONG ENG V208	贸易方式	一般	货物存放地点	杭州
合同号	LD-DRGSC01	信用证号	DRG-LDLC01	用途	
发货日期	2001/5/20	输往国家(地区)	U.S.A.	许可证/审批号	
起运地	NINGBO	到达口岸	NEW YORK	生产单位注册号	ST-HZS3781
集装箱规格、数量及号码	4 个 20 集装箱 67233331,67233332,67233333,67233334				

合同、信用证订立的检验检疫条款 或特殊要求	标记及号码	随附单据(划"√"或补填)	
	LD-DRGSC01/ UNITED TEXTILES /NEW YORK /NO.1－800	☑合同 ☑信用证 ☑发票 □换证凭单 ☑装箱单 □厂检单	□包装性能结果单 □许可/审批文件 □ □ □ □

需要证单名称(划"√"或补填)			检验检疫费	
☑品质证书	2 正__副	□植物检疫证书 __正__副	总金额 (人民币:元)	
□重量证书	2 正__副	□熏蒸/消毒证书 __正__副		
☑数量证书	__正__副	□出境货物换证凭单		
□兽医及卫生证书	__正__副	□	计费人	
□健康证书	__正__副	□		
□卫生证书	__正__副	□	收费人	
□动物卫生证书	__正__副	□		

报验人郑重声明: 1.本人被授权报检。 2.上列填写内容正确属实,货物无伪造或冒用他人的厂名、标志、认证标志,并承提货物质量责任。 签名:×××	领取证单	
	日期	
	签名	